A Análise dos Espetáculos

Coleção Estudos
Dirigida por J. Guinsburg

Créditos fotográficos – Marc Enguérand: p. 173, 176; Claire Heggen et Yves Marc: p. 97; Jens Koch: p. 177, 224; Jörg Landsberg: p. 83; Emidio Luisi/ Fotograma: p. 269, 270, 271, 276; Roger Pic: p. 220; Norman Price: 166, 167, 221, 222, 223, 224; Sonja Rothweiler: p. 159; Nicola Savarese: p. 275.

Equipe de realização – Tradução: Sérgio Coelho; Revisão: Marilena Vizentin; Sobrecapa: Sérgio Kon; Produção: Ricardo W. Neves, Sergio Kon e Lia N. Marques.

Patrice Pavis

A ANÁLISE DOS ESPETÁCULOS

TEATRO • MÍMICA • DANÇA • DANÇA-TEATRO • CINEMA

PERSPECTIVA

Título do original francês
L'Analyse des Spectacles

Dados Internacionais de Catalogação na Publicação (CIP)
(Câmara Brasileira do Livro, SP, Brasil)

Pavis, Patrice, 1947-
A análise dos espetáculos : teatro, mímica, dança, dança-teatro, cinema / Patrice Pavis ; [tradução Sérgio Sálvia Coelho]. — São Paulo : Perspectiva : 2015. — (Estudos ; 196 / dirigida por J. Guinsburg)

Título original: Lánalyse des spectacles : théâtre, mime, danse, danse-théâtre, cinéma.
3ª reimpr. da 2ª ed. de 2008.
Bibliografia
ISBN 85-273-0396-5

1. Artes cênicas 2. Artes cênicas - Filosofia 3. Artes cênicas - Semiótica I. Título. II. Série.

04-794 CDD-791

Índices para catálogo sistemático:
1. Artes cênicas : Artes da representação 111.85

2ª edição – 3ª reimpressão
[PPD]

Aos meus colegas e alunos que,
por meio de suas observações,
suas perguntas ou suas críticas
me fizeram progredir
no caminho da análise de nossos espetáculos,
dirijo aqui meus vivos agradecimentos e
dedico estas páginas.

Sumário

Introdução

A análise do espetáculo se atribui uma tarefa desmedida que ultrapassa talvez as competências de uma só pessoa. De fato, é preciso que ela leve em consideração a complexidade e a multiplicidade dos tipos de espetáculos, recorra a uma série de métodos mais ou menos comprovados, ou mesmo invente as metodologias mais adaptadas a seu projeto e seu objeto. Confrontado aos mais diversos espetáculos, o espectador, amador ou profissional (crítico, universitário), não dispõe, para dizer o menos, de um repertório de métodos de análise universalmente reconhecidos e comprovados. As análises existentes mantêm uma grande discrição sobre os meios e métodos utilizados, como se a recepção e a interpretação dos espetáculos se explicassem por si. A identificação das áreas do espetáculo e de sua organização não é, no entanto, coisa evidente para ninguém, ainda mais suas relações mútuas no interior da encenação e a maneira com a qual esses elementos se recompõem misteriosamente na cabeça do espectador. Esta reflexão sobre a análise dos espetáculos visa a esclarecer todas essas perspectivas e fornecer instrumentos simples e eficazes para receber e analisar um espetáculo. Isso exige primeiro um esforço de esclarecimento das principais técnicas da "análise" (voltaremos a esse termo).

É, pois, com a maior humildade, e sobretudo com a mais elementar prudência, que devemos avançar no terreno do espetacular, campo minado pelas mais contraditórias tendências e as suspeitas metodológicas mais insidiosas, terreno baldio que ainda não viu se desenvolver um método satisfatório e universal. É preciso então correr o risco de pisar em uma *mine en scène** se quisermos fazer um balanço e sobretudo uma prospectiva dos métodos de análise da encenação. Para isso se esforça a presente obra, que gostaria de dar ao leitor, não especialista mas aficionado por espetáculos, algumas referências e algumas chaves para a análise.

De certo modo, para ser bem-sucedido nessa empresa temerária, seria preciso recomeçar do zero, colocar-se na pele do fã de teatro, esquecer tudo o que já foi dito nos campos da semiologia, da estética da recepção, da hermenêutica ou da fenomenologia, como que para melhor aplicar intuitivamente todos esses saberes à descrição e à interpretação dos espetáculos vivos: tarefa tão ingrata quanto impossível. Essa aproximação pragmática é ainda mais delicada se considerarmos que não há evidentemente regras e provas para determinar se conseguimos descrever e compreender adequadamente uma encenação, ou se a multiplicidade das teorias e das observações contraditórias só fizeram obstruir a visão "simples e clara" do espetáculo.

A essa multiplicidade de métodos e pontos de vista acrescenta-se a extrema diversidade dos espetáculos contemporâneos. Não é mais possível reagrupá-los sob um mesmo rótulo, mesmo sendo um tão complacente como "artes do espetáculo", "artes cênicas" ou "artes do espetáculo vivo". Está concernido tanto o teatro de texto (que encena um texto preexistente) como o teatro gestual, a dança, a mímica, a ópera, o *Tanztheater* (dança-teatro) ou a performance: exemplos de manifestações espetaculares que são produções artísticas e estéticas, e não simplesmente "Comportamentos Humanos Espetaculares Organizados"[1]. A encenação não é mais concebida aqui como a transposição de um texto em uma representação, mas como a produção cênica na qual um *autor* (o encenador) obteve toda a *autoridade* e toda *autorização* para dar forma e sentido ao conjunto do espetáculo. Tal autor, é preciso insistir, não é necessariamente uma pessoa concreta (assim como um encenador ou um coreógrafo): é um "sujeito" parcial tanto em participação como em visão, desacerbado e de responsabilidade limitada, que se ramifica por todas as instâncias que levam a, no decorrer do processo da encenação, tomar decisões artísticas e técnicas, sem que tais decisões se reduzam a intenções que devam ser, uma vez o espetáculo desenvolvido e terminado, reconstituídas para testar sua realização ou fidelidade. A análise não deve, de fato, se obrigar a adivinhar todas essas decisões e intenções, ela se baseia no produto final do trabalho, por mais inacabado e desorganizado que esteja.

* Trocadilho do original a partir de *mise en scène*, "encenação". Nesse campo, o tradutor prefere não se arriscar a uma inseminação artificial. (N. do T.)

1. Jean-Marie Pradier, "Ethnoscénologie: la profondeur des émergences", *Internationale de l'Imaginaire*, n. 5, 1996.

A análise do espetáculo que abordaremos aqui se distingue da reconstituição histórica: o analista assistiu à representação, obteve dela uma experiência viva e concreta, enquanto o historiador se esforça em reconstituir espetáculos a partir de documentos e testemunhos. O analista relata a um ouvinte ou leitor que também (na maioria das vezes, mas não necessariamente) viu o mesmo espetáculo. Assim, só há análise, no sentido estrito, se o analista assistiu pessoalmente à representação, "ao vivo", em tempo e lugar reais, sem o filtro deformante de registros ou testemunhos. Nisso a análise se distingue da *reconstituição* de espetáculos do passado.

As formas dessas análises e os discursos em que se inscrevem são extremamente variados: comentários espontâneos dos espectadores, artigos especializados da crítica escrita ou audiovisual, questionários redigidos após um tempo de reflexão mais ou menos longo, registros mecânicos auditivos ou audiovisuais, descrição oral ou escrita dos sistemas de signos por semiólogos conscienciosos, meditação poética ou filosófica a partir do espetáculo etc. A lista desses discursos permanece aberta e suas combinações frequentes. Não se trata de encontrar *o* método correto de análise (que, como se sabe, não existe em si), mas de refletir sobre os méritos de cada abordagem ao examinar o que ela dá a descobrir em relação ao objeto analisado: pluralismo dos métodos e questionamentos que no entanto não é, muito pelo contrário, um relativismo pós-moderno... Voltaremos à questão.

O sumário deste livro reflete nossa preocupação de fornecer a leitores não especialistas, mas apreciadores de teatro, um estado atual da pesquisa (primeira parte), em seguida, de dedicar aos principais componentes de qualquer espetáculo verificações mais aprofundadas e fundamentadas em diversos métodos de investigação (segunda parte), antes de se colocar decididamente do lado da recepção (terceira parte) para reconstituir sua leitura dramatúrgica, suas reações conscientes e inconscientes, a dimensão sociológica e antropológica de seu olhar e de suas expectativas. Cada componente da representação merece ser examinado em si e em sua relação com os demais; exige seus próprios instrumentos de investigação e torna muito improvável uma teoria geral da encenação. Examinaremos então sistematicamente o funcionamento de cada componente, propondo métodos adaptados a seu objeto. Da mesma forma, continua sendo de capital importância dedicar à encenação um olhar de conjunto, sem que para isso se recaia em um impressionismo crítico ao qual as pessoas de teatro resistem pouco. Para escapar a esse impressionismo, sem dúvida elegante, mas no fundo reducionista, tomaremos alguns atalhos, para devolver ao espectador uma confiança em seu próprio olhar que ele nunca deveria ter perdido.

Parte I

As Condições da Análise

1. O Estado da Pesquisa

BALANÇO DA PESQUISA

Antes da Semiologia: A Análise Dramatúrgica

A análise do espetáculo não data evidentemente da época do estruturalismo e da semiologia. Todo espectador comentando um espetáculo faz disso *ipso facto* uma análise, a partir do momento em que localiza, nomeia, privilegia e utiliza este ou aquele elemento, estabelece ligações entre eles, aprofunda um às custas do outro. Ao comentar verbalmente o espetáculo, o espectador não se vê obrigado a verbalizar o inefável, mas antes se esforça em encontrar pontos de referência. A descrição se enxerta na maioria das vezes no relato de uma história (de uma fábula), ou pelo menos na narração dos acontecimentos cênicos mais marcantes, o que facilita uma localização dos materiais utilizados, uma segmentação natural da representação e uma extração dos tempos fortes ou dos trechos favoritos da encenação.

A tradição da análise dramatúrgica remonta a Diderot e a Lessing (*Sobre a Poesia Dramática*, 1758, *A Dramaturgia de Hamburgo*, 1767) em quem encontramos notáveis descrições do modo de representar do ator ou dos efeitos cênicos. Brecht, dessa forma, apenas retoma uma tradição já antiga e confirmada pela tradição alemã do *Dramaturg* (o conselheiro literário e teatral do encenador, a quem hoje denominamos dramaturgista). Ele propõe análises dramatúrgicas sobre o teatro de sua época ou sobre suas encenações que são revelações muito esclarecedoras sobre o conceito de encenação. Na França, tal abordagem será a de críticos-teóricos como Roland Barthes ou Bernard Dort. Suas análises partem sempre de mecanismos ideológicos e estéticos da encenação. Até os anos de 1960, esse modo de descrição domina todos os outros por sua largueza de visões, sua precisão e o compromisso que logra encontrar entre uma observação pontual e uma interpretação de alto voo. Sem se preocupar em ser ilusoriamente exaustiva, às vezes mesmo sem ter consciência de participar da descrição do espetáculo, a análise dramatúrgica oferece uma primeira abordagem sintética da representação e evita a dispersão do olhar, ao sublinhar as linhas de força do espetáculo.

Veremos no capítulo seguinte que muitos outros instrumentos estão à nossa disposição para relatar um espetáculo e que há vantagens em associar os métodos e multiplicar as fontes de informação. Convém antes mencionar as possibilidades de uma semiologia do espetáculo que é, ao mesmo tempo, "ciência" atualmente bem estabelecida e um campo de pesquisa em plena reestruturação.

Análise e Semiologia

O termo consagrado de "análise do espetáculo" não é dos mais felizes. Analisar, de fato, é decompor, cortar, fatiar o *continuum* da representação em camadas finas ou em unidades infinitesimais, o que evoca mais o trabalho de um açougueiro ou um "despedaçamento" do que uma visão global da encenação e pela encenação. No entanto, o espectador tem necessidade de perceber, logo de descrever, uma totalidade, ou pelo menos um conjunto de sistemas eles mesmos já estruturados e organizados, o que entendemos hoje pelo termo de encenação. Nesse aspecto, não haveria muito sentido em se falar da *análise da encenação*, já que a encenação é, por definição, um sistema *sintético* de opções e de princípios de organização e não, como o espetáculo ou a representação, o objeto concreto e empírico da futura análise. A encenação é um conceito abstrato e teórico, um ramal mais ou menos homogêneo de escolhas e limitações, designado às vezes pelos termos de *metatexto*[1] ou de *texto espetacular*[2]. O *metatexto* é um texto não escrito que reúne as opções de encenação que o encenador tomou, conscientemente ou não, ao longo do processo dos ensaios, opções que transparecem no produto final (ou, se não for o caso, que podemos encontrar no caderno de direção, sem que esse caderno seja, no entanto, idêntico ao metatexto). O *texto espetacular* é a encenação considerada não como objeto empírico, mas enquanto sistema abstrato, conjunto organizado de signos. Tais

1. Patrice Pavis, *Voix et images de la scène. Pour une sémiologie de la reception*, Presses Universitaires de Lille, 1985.

2. Marco De Marinis, *Semiotica del teatro*, Milano, Bompiani, 1982.

tipos de *texto* – no sentido semiológico e etimológico de tecido e de ramal – fornecem uma chave de leitura possível da representação, mas não devem ser confundidos com o objeto empírico: o espetáculo em sua materialidade e a situação concreta de sua enunciação. A análise do espetáculo – seja ela análise dramatúrgica ou simples descrição de fragmentos ou de detalhes – passa necessariamente pelo reconhecimento de sua encenação, a qual reúne, organiza e sistematiza os materiais do objeto empírico que é a representação. Nesse sentido, parece mais fácil – e mais evocativo para o espírito – propor algumas hipóteses gerais sobre o funcionamento da encenação que longas descrições que se pretendem objetivas e exaustivas de aspectos heterogêneos da representação. Mas tais hipóteses valem apenas, evidentemente, o que vale aquele ou aquela que as emite, no caso o espectador/analista em busca do funcionamento global da encenação. Não possuem nem a objetividade aparente da observação empírica, nem a universalidade absoluta da teoria abstrata; navegam sem instrumentos entre a descrição minuciosa, mas fragmentária, e a teoria geral, mas inverificável; entre significantes informes e significados polissêmicos.

É preciso ainda determinar a quem se dirige a análise e com que meta e espírito ela é empreendida. Ela parece ter duas funções principais: a reportagem e a reconstituição.

Dois Tipos de Análise

A análise-reportagem

Ela teria como modelo a reportagem esportiva efetuada ao vivo pela rádio; comentaria o desenrolar da representação como um jogo de futebol, indicando o que se passa em cena entre os "jogadores", esclarecendo a estratégia utilizada, anotando o resultado, os "gols" marcados, metas atingidas pelas equipes em conflito. Tratar-se-ia aqui de captar o espetáculo por dentro, no calor da ação, de restituir o detalhe e a força dos acontecimentos, de ter a experiência concreta daquilo que toca o espectador no momento da representação, qual é o seu *punctum*[3], como o espectador é interpelado emocional e cognitivamente pela dinâmica da representação, pelas ondas de sensações e sentidos geradas pela multiplicidade e a simultaneidade dos signos.

Idealmente, a pesquisa-reportagem deveria ser efetuada durante o espetáculo, o espectador reagindo imediatamente, tomando consciência de suas reações logo depois de sua manifestação, anotando a "pontuação emocional", tanto a da encenação como a sua própria. Pouco praticada no decorrer do espetáculo, a não ser para registrar medicamente as mudanças fisiológicas dos sujeitos observantes, ou

3. Roland Barthes, *La Chambre claire*, Paris, Gallimard-Seuil, 1980.

suas reações psicológicas muito sumárias, a reportagem, no entanto, colhe suas observações no calor da hora, localiza e observa *in situ* das reações vivas aos eventos cênicos. Escapa-lhe, no entanto, muitos traços dessas reações, pois, na cultura ocidental, o espectador de teatro (adulto, pelo menos), sobretudo em relação ao teatro de texto, raramente está autorizado a manifestar em voz alta e de corpo e alma suas impressões, reações e comentários; espera-se dele que aguarde o fim da representação para exprimi-las. Uma parte importante das impressões "quentes" dessa análise-reportagem perde-se para sempre, ou pelo menos fica soterrada sob as lembranças e racionalizações *a posteriori* das emoções passadas. Um dos deveres da análise é dar testemunho da emergência delas e de sua influência na formação do sentido (e dos sentidos). A crítica dramática, naquilo que tem de imediato e espontâneo, conserva às vezes um vestígio precioso delas, quando sua escrita logra restituir o espetáculo como metáfora da primeira impressão.

A análise-reconstituição

Trata-se de uma especialidade do Ocidente inclinado a conservar e a estocar documentos ou a fazer a manutenção de monumentos históricos. Ela vai ao encontro, nesse sentido, das reconstituições históricas das encenações do passado. Sempre efetuada *post festum*, ela coleciona os indícios, as relíquias ou os documentos da representação, assim como os enunciados de intenção dos artistas escritos durante a preparação do espetáculo e os registros mecânicos efetuados sob todos os ângulos e todas as formas possíveis (registro de áudio, vídeo, filme, CD-Rom, computador). Um tal *studium*[4] não tem fim, mas a dificuldade – como veremos no capítulo 2 – é de explorar o estudo de todos esses documentos de maneira a restituir uma parte da experiência estética que foi aquela do público. Pois, quer a encenação date de ontem ou dos gregos, já é passado irremediável e não conservamos dela nem a experiência estética nem o acesso à materialidade viva do espetáculo. Isso dito, devemos nos contentar com uma relação midiatizada e abstrata, junto ao objeto e à experiência estéticas, o que não mais permite julgar dados estéticos objetivos, mas, no máximo, intenções dos criadores e efeitos produzidos no público. Seja uma encenação da qual o descritor foi testemunha ou uma restituição de uma obra do passado, restitui-se na verdade apenas alguns princípios básicos e não o evento autêntico. Estabelecidos os princípios básicos, o texto espetacular torna-se objeto de conhecimento, objeto teórico que se substitui ao objeto empírico que foi o espetáculo. O enunciado de tais princípios básicos, ou então das intenções e dos efeitos, por mais útil e importante que seja, ainda não constitui,

4. *Idem*, p. 50.

no entanto, uma análise do espetáculo; trata-se antes de um quadro teórico do qual se servirá o analista assim que desejar detalhar certos aspectos da representação.

A *análise-reconstituição* se dedica sobretudo ao estudo do contexto da representação, a questão sendo pois conhecer a natureza e a extensão desse ou desses contextos. Poderá se tratar do local e do público de uma certa noite, de suas expectativas, de sua composição sociocultural, mas também do local e das circunstâncias concretas da representação. Evidentemente, não é fácil restaurar esses contextos e os comportamentos que os engendraram. A noção de "restauração do comportamento" introduzida por Richard Schechner permite imaginar e "restaurar" os comportamentos dos atores e de todos os artistas que participam das diversas *performances*. Mas esses contextos e esses comportamentos são extremamente variáveis, potencialmente infinitos e propriamente incomensuráveis:

> Mesmo se a memória humana pode ser melhorada graças à utilização do cinema ou de uma anotação exata, uma representação [*performance*] sempre se dá dentro de vários contextos e esses não são facilmente controláveis. As circunstâncias sociais mudam...[5]

Tais contextos, quer os concebamos como comportamentos restaurados (Schechner), códigos socioculturais ou *contexto social*[6], nos colocam em uma perspectiva semiológica ou, mais precisamente, sociossemiótica. Com certeza não se trata aqui da única metodologia existente para a análise dos espetáculos, mas ela já possui todo um conjunto de técnicas de análise que devemos relevar. Mais do que uma exposição metódica de todas essas teorias já bem conhecidas graças aos trabalhos de Kowzan, Ubersfeld, Elam ou De Marinis, faremos um balanço crítico delas, mesmo que seja apenas para medir suas aquisições e não esquecer o que o método semiológico nos ensinou, por mais que isso esteja hoje no domínio das evidências. Ao avaliar os debutes, os débitos e os debates da semiologia, esperamos também ultrapassar alguns preconceitos dogmáticos, que iremos enumerar de memória, para não sucumbir novamente a eles.

A Semiologia: Ascensão e Crise

Os anos de 1960 e de 1970 veem se desenvolver a análise estrutural da narração aplicada às áreas literárias e artísticas as mais diversas: conto, história em quadrinhos, filme, artes plásticas etc. O teatro,

5. Richard Schechner, *Between Theater and Anthropology*, University of Pennsylvania Press, 1985, p. 43.

6. Patrice Pavis, *op. cit.*, pp. 250-294.

texto e encenação, não escapam a essa sistematização e os primeiros tratados têm como objetivo verificar a hipótese de um signo teatral[7]. A semiologia da literatura e do teatro ocupa a cena como um meio de ultrapassar o impressionismo e o relativismo da crítica dita tradicional que se interessa, aliás, mais pelo texto que pela representação. Como reação ao discurso flutuante da crítica dramática, ela pensou por vezes ter encontrado na cibernética e na teoria da informação um modelo universal: mas este permanece muitas vezes escravo do modelo linear da comunicação. Conduz a graves ingenuidades na concepção de uma informação que seria codificada pelo encenador, depois decodificada pelo espectador, como se fosse o caso de transmitir uma mensagem com a menor perda possível! A semiologia não é um compartilhamento de códigos comuns ao autor-ator-encenador e ao espectador que decodificaria mecanicamente os sinais emitidos em sua intenção. Essa caricatura nunca foi aceita nas análises ulteriores de inspiração semiológica, mas um rumor persistente e bastante pernicioso atribui isso a uma certa concepção estreita e caricatural da semiologia.

A semiologia teatral estabeleceu-se como metodologia universitária dominante dos anos de 1970 com uma facilidade ainda maior devido à necessidade de o teatro (sensível desde Artaud) ser tratado em si mesmo e por si mesmo, como linguagem autônoma, e não como uma sucursal da literatura. Sua principal preocupação foi então a de partir da cena, de grandes momentos ou unidades cênicas, de examinar o texto no contexto de sua enunciação cênica. Isso levou a que se menosprezasse, ou mesmo desqualificasse, a semiologia do texto, ao separar radicalmente o texto e a cena, a análise dramatúrgica e a "linguagem teatral". No entanto, eis que o texto dramático está de volta, e sua volta foi notada: não se concebe mais o teatro unicamente como espaço espetacular, mas também – de novo, mesmo que de maneira bem diversa – como prática textual. Voltamos aqui a falar de teatralidade, mas no texto[8] e na língua[9]. Consideraremos adiante (Parte II, no capítulo 5) essa volta do texto encenado (e impostado) e da pragmática da cena na qual esse texto se diz e se desdiz.

A ascensão da semiologia nas ciências humanas coincidiu com uma crítica, em geral marxista, da ideologia dita "burguesa". Barthes foi quem melhor encarnou essa aliança da linguística e da sociologia:

7. Tadeusz Kowzan, "Le signe au théâtre", *Diogène*, vol. LXI, 1968 [Trad. bras. "Os Signos no Teatro", em *Semiologia do Teatro*, 2ª ed., São Paulo, Perspectiva, 1988], e *Semiologie du théâtre*, Paris, Nathan, 1992; Patrice Pavis, *Problèmes de sémiologie théâtrale*, Presses de l'Université du Québec, 1976; Anne Ubersfeld, *Lire le théâtre*, Paris, Éditions Sociales, 1977.

8. Michel Bernard, *L'Expressivité du corps*, Paris, Delarge, 1976; reedição "Points", Seuil, 1995.

9. Helga Finter, "Théâtre expérimental et semiologie du théâtre: la théâtralisation de la voix", *Théatralité, écriture et mise en scène*, J. Féral éd., Montréal, Hurtubise, 1985.

> Cansado do caráter móvel, oratório, das denúncias ideológicas, pressenti com deslumbramento, ao ler Saussure (era 1956), que poderia existir um método elegante (como se diz da solução de um problema matemático) que permitisse analisar os símbolos sociais, as características das classes, os mecanismos ideológicos[10].

O que mudou desde esse deslumbramento e esse otimismo dos anos de 1960 foi a crença em uma visão necessariamente sociocrítica da semiologia, foi a confiança em uma crítica radical da ideologia. Desde a queda dos impérios e das ideologias "socialistas", a semiologia frequentemente é acusada de ter pactuado em excesso com os ideólogos e os "donos do sentido". Ainda mais que nossa época já não se preocupa com a denúncia das imposturas e se volta contra as engrenagens de todo sistema constituído, de toda disciplina, de toda representatividade do teatro. Para muitos, dessas ruínas da ideologia e do pensamento crítico e militante mais nada se reerguerá, a não ser um relativismo cético e uma vaga meditação sobre "o fim da história" e a inutilidade das teorizações. Visão um pouco curta, cuja inanidade tentaremos demonstrar nos desenvolvimentos que seguem, a partir do momento em que a reflexão se firmará em descrever com detalhes e sistematicamente a encenação em todos os seus componentes: tarefa um pouco longa, claro, e que demanda paciência.

Tarefa ainda maior visto que a crítica pós-moderna acusa a semiologia de camuflar sob a significação as noções de intenção e de autoridade, às quais ela opõe as noções de abertura e não representação. É o próprio modelo do signo que é assim reconsiderado.

O mal-entendido não é de hoje, pois a semiologia sempre foi acusada de aplicar mecanicamente o modelo linguístico a outras áreas além da literatura, e, sobretudo, às práticas sociais ou artísticas. No entanto, desde Saussure e Barthes, já deveria estar claro que essas outras práticas, mesmo se elas se apoiam na oposição significante/significado, não se reduzem a uma tabela na qual os significantes não linguísticos seriam automaticamente traduzidos em significados linguísticos. Nada obriga, e, aliás, nada permite, traduzir em palavras a impressão obtida pela contemplação de uma luz, de um gestual ou de uma música para que tal impressão se integre à significação global da cena. A objeção do teórico quebequense Rodrigue Villeneuve nos parece então uma discussão equivocada: "O que parece difícil de se aceitar – escreve ele – é essa atitude geral, manifestada com mais ou menos clareza, que faz com que se rechace para uma zona indefinível tudo o que não é tradução linguística do objeto cênico"[11]. Não, a semiologia, mesmo saussuriana, não é obcecada pela vontade

10. Roland Barthes, *Essais critiques*, Paris, Seuil, 1964.

11. Rodrigue Villeneuve, "Les îles incertaines. L'objet de la sémiotique théâtrale", *Protée*, vol. 17, n. 1, 1989, p. 25.

de *descrever* tudo, o que, aliás, seria impossível, e ainda menos de traduzir tudo em palavras.

Há, aliás, nessa crítica do signo, várias questões entremeadas. Com certeza, o modelo saussuriano do signo é binário (significante/significado) e não ternário como o modelo de Peirce[12] (representação, objeto, intérprete). Isso permite conceber a representação teatral como um conjunto de significantes que só tomam sentido como uma série de diferenças. Quanto aos significados possíveis que emanam dessas séries de diferenças, é possível associá-los aos de outros sistemas semiológicos tomados de empréstimo ao referente (ou mundo real) e, logo, de fazer entrar esse mundo em nossa consciência como uma série de sistemas semiológicos já pré-moldados e pré-construídos pela cultura e pela linguagem. Podemos assim, graças a Saussure, captar o sentido como construção de uma significação e não ingenuamente como a comunicação de uma significação já existente no mundo.

Nada nos proíbe, por outro lado, quando assistimos à materialidade da representação (em termos saussurianos: os significantes) de nos colocar no plano pré-linguístico, "logo antes da linguagem", de captar "o corpo no espírito"[13], e é isso mesmo, aliás, o que fazemos quando assistimos uma dança, um gesto ou qualquer outro significante ainda não contaminado ou transcrito pela linguagem. Uma outra questão será saber juntar essas impressões de antes da linguagem aos outros elementos do espetáculo, sobretudo linguísticos e narrativos. Examinaremos mais adiante (Parte II, capítulo 1) se essa junção pode se efetuar fora de uma semiologia binária, se o olhar ou o desejo que o espectador dirige para a representação não é sempre canalizado, gerenciado, *vetorizado* pelos signos.

Haveria muitos outros mal-entendidos a serem esclarecidos sobre a emergência e a crise da (primeira) semiologia. Os que acabam de ser enumerados nos parecem facilmente dissipáveis; por outro lado, essa primeira fase da pesquisa semiológica possui mesmo limites que de fato devem ser necessariamente transpostos ao imaginarmos soluções bem diferentes.

Limites da Semiologia Clássica

Unidades mínimas

A representação teatral não é passível de ser decomposta, como as línguas naturais, em uma série limitada de unidades ou fonemas cuja combinatória produzisse todos os casos de figura possíveis. Não nos

12. Charles Peirce, *Écrits sur le signe*, Paris, Seuil, 1978.

13. Segundo o título do livro de Mark Johnson, *The Body in the Mind*, University of Chicago Press, 1987.

caberia, pois, transpor o modelo linguístico dos fonemas e dos morfemas para o plano do que chamamos metaforicamente, desde Artaud, de "linguagem teatral". Inútil procurar no *continuum* da representação unidades mínimas definidas como a menor unidade localizável no tempo e no espaço. Uma tal localização minuciosa só tem interesse se evita deixar de lado indícios úteis à compreensão; não explica o funcionamento dos signos e a unidade mínima não é ou não é mais a pedra filosofal que decomporia o espetáculo como que por encanto.

Categorias de signos

A análise tampouco tem que se preocupar em estabelecer um repertório de signos ou de sistemas de signos constituindo a representação e que poderíamos observar em toda encenação. Um repertório assim não existe e uma enumeração de signos ou de tipos de signos não prova nada, quer se trate de uma tipologia semiótica de signos[14] ou da classificação da representação: não há, pois, um grande interesse em se estabelecer uma "lista morta" das categorias de signos utilizados em toda representação (ocidental, de teatro de texto etc.) que a análise teria como missão ressaltar anotando suas frequências e suas ocorrências. As categorizações de Kowzan[15], Elam[16] ou Fischer-Lichte retomam todos os mesmos componentes tais como aparecem em um teatro ocidental "médio", sobretudo o teatro da ilusão e do realismo burguês. Infelizmente, essas subdivisões mais fixam do que esclarecem a representação. Obrigam a que se pense em categorias já prontas e gastas que toda vanguarda, ou simplesmente toda encenação, põe sistematicamente em questão. Dessa forma, a separação radical dessas categorias fora de moda entre sistema humano (animado) e sistema de objeto (inanimado) não é mais pertinente na prática atual da cena: o corpo humano é tratado às vezes como material inerte (dança Butô) e um objeto pode substituir e significar uma presença humana (como por exemplo, uma parte da roupa ou um acessório caro a uma pessoa). Por essa razão não retomaremos essas antigas categorias na presente obra, mesmo se fazem parte da herança cultural ocidental e se temos dificuldade em renunciar a elas para falar de teatro.

No lugar dessas categorias vindas de uma tradição teatral europeia bastante clássica, quase uma velharia, cuja estética e divisão do trabalho não têm mais muito em comum com a prática atual, proporemos sistemas transversais, a cavalo entre várias categorias antigas, como o sistema do ritmo dos cronotopos (cf. definição na

14. Patrice Pavis, *Problèmes de sémiologie théâtrale*, *op. cit.*

15. Tadeusz Kowzan, "L'art du spectacle dans un sistème général des arts", *Études philosophiques*, janeiro de 1970.

16. Keir Elam, *The Semiotics of Theatre and Drama*, London, Methuen, 1980.

Parte II, capítulo 3) ou da vetorização e outros utensílios transversais permitindo ultrapassar uma visão fragmentada do espetáculo.

Novas Saídas

Uma "dessemiótica"?

Tentativas mais recentes quiseram se distanciar da semiótica da primeira fase, demasiadamente taxionômica e fragmentadora, valendo-se da tradição hermenêutica e pragmática alemã (Wekwerth, Paul) ou da fenomenologia (Ingarden, Derrida, Carlson, States, Gardner). Na maioria das vezes, a questão era ultrapassar o binarismo saussuriano e o "encerramento da representação"[17], de propor, no lugar de um teatro dos signos, uma "dessemiótica generalizada" e um "teatro das energias"[18]. Lyotard, o representante mais articulado dessa tendência, efetuou pessoalmente em "La dent, la paume" ("o dente, a palma") uma crítica radical do signo de Brecht a Artaud, mas sua crítica do teatro como "lieutenance"* e como representação e sua proposta de um teatro energético permanecem, infelizmente, no estado de projeto e interrogatório:

> Ele [o teatro energético] não tem que sugerir que isso quer dizer aquilo; não deve tampouco dizê-lo, como queria Brecht. Tem que produzir a mais alta intensidade (por excesso ou escassez) do que está aí, sem intenção. Minha questão: é possível? Como?[19]

A *dessemiótica* de Lyotard é, parece, ainda menos possível e realizável que a semiótica, mas ela tem o mérito de pôr em crise a noção de signo, pelo menos do signo fixado, ligado à linguagem e se fazendo passar por toda a materialidade do espetáculo. A isso também se dedica a *fenomenologia*, que critica a divisão em signos e, logo, a função semiológica da representação. Para ela, a percepção do evento espetacular é global, o que torna absurdo todo corte semiológico:

> O problema com a semiótica é que, ao tratar o teatro como um sistema de códigos, ela disseca necessariamente a impressão perceptual que o teatro dá ao espectador. E, como disse Merleau-Ponty, "é impossível [...] decompor uma percepção, transformá-la em um conjunto de sensações, porque o conjunto é anterior às partes"[20].

17. Jacques Derrida, "Le théâtre de la cruauté et la clôture de la representation", *L'Écriture et la Différence*, Paris, Seuil, 1967, pp. 341-368. [Trad. bras., "O Teatro da Crueldade e o Fechamento da Representação", em *A Escritura e a Diferença*, 3ª ed., São Paulo, Perspectiva, 2002.]

18 Jean-François Lyotard, "La dent, la paume", *Des dispositifs pulsionnels*, Paris, UGE, 1973.

* Ao pé da letra, "lieutenance" é tenência, o cargo do tenente. Separada por hífem, a palavra parece remeter à expressão "tenir lieu de", estar no lugar de, estabelecer uma impostura. (N. do T.)

19. *Idem*, p. 104.

20. Bert States, *Great Reckonings in Little Rooms*, Berkeley, University of California Press, 1987.

Daí a reação contra a análise e o começo de uma fase globalizante onde se está mais em busca de sínteses que de tabelas de leitura.

Apreensão global e vetorização

Essas diversas críticas da análise semiológica clássica conduzem, nos anos de 1980, a uma fase globalizante que concebe o espetáculo como uma série de sínteses ou de quadros. A encenação, no sentido estruturalista do termo, torna-se a noção-chave de uma nova teoria capaz de sintetizar as opções de atuação, as escolhas dramatúrgicas e as linhas de força da representação. Em lugar de decompor a percepção, de sequenciar as sensações, de multiplicar os sentidos e, logo, de fragmentar arbitrariamente o significante para traduzi-lo em significados possíveis, concebemos antes os significantes como se à espera de significados possíveis e repensamos a noção de signos individualizados para estabelecer séries de signos agrupados segundo um processo que poderíamos descrever como vetorização. A *vetorização* é um meio ao mesmo tempo metodológico, mnemotécnico e dramatúrgico de estabelecer ramais de signos. Ela consiste em associar e conectar signos que são pegos em ramais no interior dos quais cada signo só tem sentido na dinâmica que o liga aos outros. Vamos supor que, como em *A Gaivota* de Tchékhov, uma pistola surja presa à parede: o espectador irá buscar a quais outros índices ele pode associá-la e, assim que ela tiver desaparecido, e que ele ouvir uma detonação, irá pressentir que o herói, muito deprimido e suicida, acaba de pôr fim a seus dias. Tais ramais são como redes que seguram a encenação e impedem sua decomposição permanente.

Essa globalização não é, no entanto, sem riscos, já que a análise passa a buscar uma espécie de "cifra" secreta da encenação, de sua forma centrada e concentrada, o que exclui as práticas cênicas fundadas no descentramento, no arbitrário ou no acaso. Para evitar esse fechamento da encenação e de sua análise que passam a ser coerentes demais, vai se dizer que a encenação – sua produção como sua recepção – nunca é dada "com as chaves", mas que é preciso construir a hipótese muitas vezes frágil de uma certa *vetorização*, ou seja, de um tensionamento de signos ou momentos de espetáculo e de um percurso de sentido que os une e torna sua dinâmica pertinente. Pode-se descrever apenas as linhas diretrizes da dramaturgia e as principais opções cênicas que não excluem, aliás, decisões pragmáticas desviantes da linha geral. Já que a exaustão é impossível, fastidiosa ou pouco pertinente, é grande o interesse em se colocar os signos e os vetores em um esquema diretor em perpétua evolução, o que evita se perder em detalhes insignificantes. Mais vale uma reconstituição desse ramal com suas orientações e suas linhas diretrizes que uma massa não organizada de restos materiais ou de documentos gravados com os quais não se sabe o que fazer. A descrição do espetáculo navega sempre entre uma exigência totalizante de síntese e uma individualização empírica, entre ordem e caos, abstração e materialidade.

A experiência da materialidade

Dessa materialidade o espectador confrontado ao espetáculo tem a experiência concreta quando percebe materiais e formas, e enquanto se mantiver do lado do significante, quer dizer, enquanto resistir a uma tradução imediata em significados. Quer se trate da presença e da corporalidade do ator, ou do som de sua voz, de uma música, de uma cor ou de um ritmo, o espectador é primeiro mergulhado na experiência estética e no acontecimento material. Não tem que reduzir essa experiência em palavras, saboreia "o erótico no processo teatral"[21], não tem pressa em reduzir a representação a seus signos, como faz às vezes, segundo Bert States, a semiótica:

> O perturbador com a semiótica não é sua estreiteza, mas sua confiança quase imperialista em seu produto, a crença implícita que você esgotou o interesse de algo, uma vez que explicou como isso funciona como signo[22].

De fato, seria bom levar em conta essa objeção e conceber a representação ao mesmo tempo como materialidade e como significação potencial, de nunca reduzir uma coisa ao estado de signo abstrato e fixo. Confrontado a um gesto, a um espaço ou a uma música, o espectador apreciará *o maior tempo possível* sua materialidade: ficará *primeiro* tocado e como que tomado pelo espanto e mutismo por essas coisas que se oferecem a ele em seu estar-aí *antes* de se integrar ao resto da representação e de se volatilizar em um significado imaterial. Mas, cedo ou tarde, é fatal que o desejo se vetorialize e que a flecha atinja sua presa, transformando-a em significado. Ler os signos do espetáculo é pois, paradoxalmente, resistir à sua sublimação: mas por quanto tempo?

Dessublimação

O corpo-a-corpo com a materialidade do espetáculo deve então ser tomado no sentido próprio: o analista (que, apesar disso, continua homem) efetua uma volta para o corpo da representação para além da sublimação que representa todo o uso de signos; compenetra-se na experiência estética e nas coisas materiais que lhe oferecem a cena. Tenta desesperadamente ultrapassar essa "cegueira de muitos

21. Hans-Thies Lehmann, "Die Inszenierung: Probleme ihrer Analyse", *Zeitschrift für Semiotik*, 11, 1, 1989, p. 48.

22. B. States, *op. cit.*, p. 7.

semiólogos pela força material dos significantes estéticos"[23], leva em conta o "fenômeno da não intencionalidade, o investimento libidinal dos acontecimentos, a materialidade sensual dos significantes, que obrigam a não deixar de lado a corporeidade das coisas, das estruturas e dos seres vivos graças aos quais os significantes são produzidos no teatro"[24]. Para se ter a experiência estética de um espetáculo de circo, de uma performance ou simplesmente de uma encenação que usa muitos materiais, é preciso se deixar impressionar por sua materialidade, não procurar lhes atribuir um sentido. É o que fazem naturalmente as crianças e aqueles que assistem a um espetáculo que pertence a uma outra tradição que não a sua.

Assim, a tendência atual da análise do espetáculo é para um retorno às realidades materiais e concretas da cena, um retorno dessublimado ao corpo da representação, o que rompe com a ideia abstrata da encenação como sublimação do corpo cênico, como esquema abstrato ideal. Veremos nos capítulos consagrados aos componentes da representação como tal materialidade pode ser destacada em detalhes e como se pode seguir à risca a vetorização que a organiza no *espaço-tempo-ação*. Vamos nos contentar aqui em indicar a possibilidade de seguir "à risca" a trajetória e a energia do que se desloca ou se profere, de cercar o mais perto possível o sopro, o ritmo e a voz que se envia do texto posto e impostado em cena. Essa "lógica da sensação" (Deleuze), esse movimento que move o texto e comove o espectador, esse deslocamento dos afetos e das intenções, só são tangíveis e sensíveis se nos abstivermos de ressublimá-los em um traço escrito inequívoco, reduzido a um significado ou a uma cifra secreta.

Entretanto, essa insistência no caráter material dos signos continua a se efetuar no quadro estruturado do fato organizado e canalizado que é a representação, ou seja, segundo uma certa vetorização. Semiotização e dessemiotização são, pois, operações antitéticas, embora complementares da obra de arte e de sua experiência estética. É preciso levar em conta nesse balanço os métodos de investigação do espetáculo. Há, vemos, uma dupla exigência na descrição do espetáculo: voltar ao próprio corpo da representação, mas também se abstrair dele e desenhar seus contornos e o seu percurso do ponto de vista desejoso do observador. Tal é o estado geral da análise: seus avanços são espetaculares, mas novas saídas continuam sendo necessárias. A semiologia deve se aproveitar dessa era da dúvida a que a leva seu demônio pós-moderno. Esbarra ainda em todos os bloqueios metodológicos que é preciso trazer à luz na impossibilidade de ultrapassá-los, em questões em suspenso que nos esforçamos em abordar aqui sistematicamente.

23. R. Villeneuve, *op. cit.*, p. 25.
24. H. Lehmann, *op. cit.*, p. 48.

QUESTÕES EM SUSPENSO

Por mais lamentáveis e duradouros que sejam esses limites e essas questões em suspenso, eles não têm, no entanto, nada de vergonhoso nem de inexplicável. Eles refletem a dificuldade de se adaptar a análise a espetáculos em plena mutação que desafiam toda interpretação e exigem novas estratégias.

Experiência ou Reconstituição?

A experiência normal do espectador que assiste uma única vez a uma representação basta para a análise? Em princípio sim e essa experiência única deveria ser a regra de ouro para se relatar um espetáculo, também ele único, e que organiza seu desenrolar em função do efêmero e da singularidade. A tentação é grande, no entanto, de trapacear e multiplicar as experiências do espectador que assiste a mais de uma representação (o que muda radicalmente a situação habitual do receptor) e reconstituir artificialmente a representação a partir de alguns substitutos ou mesmo resíduos do ato teatral: fotos, registros audiovisuais, discursos de antecipação dos criadores (notas, projetos, declarações de intenção ou entrevistas após a estreia). É preciso distinguir com cuidado o que é da ordem das intenções ou das declarações dos artistas e o que é o resultado artístico, o produto final entregue ao público, o único que deveria reter nossa atenção. Não se deve confundir o estudo dos enunciados de intenção (documentos anunciando um projeto em forma de plano, comentário, entrevista etc.), o paratexto (ou conjunto de textos em torno do texto dramático, sobretudo as indicações cênicas), as gravações mecânicas da representação (som, imagem, vídeo ou filme), a anotação efetuada tecnicamente após a representação, a análise semiológica dos signos e dos ramais de vetores, a interpretação hermenêutica da obra e os discursos críticos que se seguem à sua apresentação.

A análise tal como procuramos praticá-la aqui não exclui certamente a reconstituição histórica de obras do passado e todas as disciplinas que ela acarreta, mas se fundamenta antes de tudo na experiência individual e única do espectador confrontado ao evento cênico, experiência que a teoria procura em seguida generalizar em um método de análise.

A Divisão

A divisão permanece a questão-chave da análise. Se já se entende bem que não se ganharia muito em produzir uma atomização do espetáculo em unidades mínimas, hesita-se ainda sobre a dimensão das macrounidades a se propor. Infelizmente, a divisão do espetáculo é muito efetuada ainda em função do texto, ou seja, de sua disposição dramatúrgica em réplicas, cenas e atos; fundamenta-se raramente nas unidades observáveis na encenação. No entanto, a divisão que se fundamenta no texto não corresponde necessariamente à dinâmica do espetáculo. Esse último possui seus próprios quadros rítmicos, seus momentos de ruptura ou de cisão que fornecem os únicos pontos de referência adequados para a segmentação da representação.

Por reação à divisão textual (divisão fundada na estruturação sugerida pelo texto), foi-se com muita lógica em busca de unidades fundadas nas ações cênicas que constituem o espetáculo. Mas, ainda assim, os pesquisadores não resistem sempre à tentação filológica (ou texto-centrista) de reduzir a atuação cênica a unidades marcadas por momentos do texto em que se pode (e mesmo, segundo eles, se *deve*) constatar um deslocamento dos atores. Uma divisão assim, que faz absoluta questão de fazer coincidir os movimentos e as unidades dramatúrgicas segundo movimentos bem precisos e ancorados no texto, privilegia arbitrariamente um dos sistemas significantes (os movimentos visíveis e marcados) e impõe ao resto da representação uma segmentação fundada no texto. Em vez de procurar fundamentar no texto uma divisão puramente cênica, iremos propor uma divisão de acordo com o ritmo global do espetáculo, o ritmo das ações físicas e da composição musical da encenação segundo o embricamento temporal dos quadros rítmicos, em suma, procuraremos levar em conta as defasagens e as assincronias entre o texto e a cena, e, sobretudo, respeitar a ou as vetorizações possíveis do conjunto da encenação.

A Concretização Textual

Do mesmo modo logocêntrico, há (houve) uma tendência por vezes de assimilar a encenação à concretização cênica do texto dramático prévio, de fazê-la decorrer da leitura do texto dramático que se concretizaria em sua encenação. Para as obras clássicas muitas vezes interpretadas, podemos de fato compreender a necessidade de se referir ao texto para comparar a série das concretizações cênicas que ele pôde suscitar[25]. Mas de novo temos aqui uma atitude filológica, "escolar" (segundo a expressão implacável de Lehmann[26]) que faz questão de julgar a cena a partir de um texto, enquanto os dois domínios são incomensuráveis. A análise do espetáculo parte do objeto empírico analisado e não procura voltar ao que pôde engendrá-lo. É preciso considerar a cena como um domínio autônomo que não tem que concretizar, realizar ou infirmar, ao contrário do que pensa Ingarden,

25. Patrice Pavis, *Voix e images de la scène*, *op. cit.*
26. Hans-Thies Lehmann, *op. cit.* p. 43.

um texto dramático preexistente e que é então "uma prática artística estritamente imprevisível desde a perspectiva do texto"[27]. Voltaremos à relação entre o texto e a representação mesmo que seja para justamente ultrapassar essa falsa oposição (Parte II, capítulo 5).

O Estatuto do Texto

É o estatuto do texto na encenação, a que chamamos de texto posto e impostado em cena, que está em causa aqui. A palavra pronunciada pelo ator (ou por qualquer outra fonte de enunciação cênica) deve ser analisada enquanto inscrita e enunciada concretamente em cena, colorida pela voz do ator e a interpretação da cena, e não tal como a teríamos interpretado se a tivéssemos lido no folheto do texto escrito. Texto e representação não são mais concebidos em uma relação causal, mas como dois conjuntos relativamente independentes, que não se encontram sempre e necessariamente pelo prazer da ilustração, da redundância e do comentário.

O Modelo Narratológico

A análise da representação teatral pode recorrer igualmente à narratologia, que distingue os componentes e explicita a dinâmica da fábula e dos eventos cênicos. Mas, aqui novamente, como na divisão, o modelo narratológico não deve se fundamentar unicamente sobre o texto, mas sobre a cena; ele não deve ser nem universal demais, nem calcado demais em cada caso particular. Se a narratologia se desenvolveu particularmente bem no que toca à análise da narrativa e do filme, ela, por outro lado, não rendeu qualquer fruto no campo do teatro; talvez porque o teatro, especialmente o ocidental, é visto muito unilateralmente sob o ângulo da *mimesis* e não da *diegesis*. Em vez de se perguntar o que é representado mimeticamente, observaremos o que é contado, como, por quem e segundo qual perspectiva[28]. O teatro não é um mundo preenchido por signos miméticos, mas uma narração por meio de signos. As pesquisas muito dinâmicas sobre o contador de histórias no teatro[29] vêm oportunamente nos lembrar que o ator pode igualmente narrar e que a narratologia poderia prestar grandes serviços à dramaturgia.

A imbricação dos diferentes ritmos dos sistemas cênicos, o levantamento dos quadros rítmicos, a percepção do ritmo global que daí

27. *Idem*, p. 44.

28. Cf. Ivan Barko e Bruce Burgess, *La Dynamique des points de vue dans le texte du théâtre*, Paris, Lettres modernes, 1988.

29. Youssef Haddad, *Art du conteur, art de l'acteur*, Louvain, Cahiers-théâtre, 1982; Pepito Mateo, "Pepito Mateo, conteur?", *Dire*, *n. 15*.

resulta fornecerão um primeiro esboço. Para os espetáculos que contam uma história de maneira figurativa e cuja ação e fábula podem ser seguidas em sua lógica sensitivo-motora pelo espectador, ganha-se ao se inspirar nas noções stanislavskianas de ação física, de linha contínua da ação ou de superobjetivo. Proporemos mais adiante uma teoria dos vetores que agrupam e dinamizam momentos inteiros da representação. Essas figuras vetoriais se inscrevem por sua vez no interior de quadros delimitativos, mas esclarecedores, da ação orientada, da *fábula* e de sua apresentação cronológica dentro do *tema* (duas noções dos formalistas russos que faríamos bem em tirar do depósito de acessórios![30]).

A Questão da Subjetividade

A semiologia se constituiu como meio de evitar o discurso impressionista sobre o espetáculo. Mas, como simples levantamento de signos, eliminou autoritariamente o olhar subjetivo do espectador, olhar nunca neutro, dirigido para o objeto analisado em função de todo um aparelho conceitual e metodológico. Porém, esse frágil olhar, seja masculino ou feminino, não deveria ser totalmente eliminado, mas levado em consideração em sua relação com a cena, sobretudo com o ator, que fosse apenas para tentar captar intuitivamente "o indefinível da atuação do ator, o surgimento obscuro da emoção"[31].

Mas como captar e anotar preto no branco tais surgimentos? Podemos na melhor das hipóteses imaginar – evocando o olhar do cinema sobre a realidade teatral – que o olhar do analista é comparável, apesar de metaforicamente, ao da filmadora: ângulo de visão, distância, escala de planos, enquadramentos, ligações graças à montagem, associações livres da montagem no plano etc. As análises teatrais ganham, dessa forma, às vezes, quando se inspiram nas grandes figuras da linguagem cinematográfica, elas mesmas frutos de uma certa lógica do olhar.

Mas o olhar subjetivo da objetiva (fílmica ou dramatúrgica) não é tanto uma impressão fugaz captada mecanicamente quanto uma maneira para o espectador experimentar *estesicamente* os movimentos do objeto percebido, ou seja, de seguir corporalmente o ator-dançarino em suas evoluções e o espetáculo em sua dinâmica. Como Barba, "pensamos nesses raros espectadores capazes de seguir ou acompanhar o ator na dança do pensamento-em-ação"[32]. Ao nosso

30. Cf. Tzvetan Todorov, *Théorie de la littérature. Textes des formalistes russes*, Paris, Seuil, 1965.

31. Anne-Françoise Benhamou, "Méandres d'un enseignement atypique", *Théâtre/ Public*, n. 82-83, 1988, p. 10.

32. Eugenio Barba, "Théâtre eurasien", *Confluences. Le Dialogue des cultures dans les spectacles contemporains*, Saint-Cyr, 1992, p. 101.

ver, tais espectadores não deveriam ser tão raros, deveriam mesmo ser a regra geral: amadores de teatro capazes de sentir e explicitar as sensações e os movimentos de seus corpos, de perceber o pensamento-em-ação, o corpo dos *performers* e da performance como uma *auto-bio-grafia*, no sentido próprio, ou seja, como uma escritura do corpo do ator, tanto como do espectador, escrita que se inscreve por ela mesma na cena descrita ou a ser descrita.

O Não Representável

Nem por isso o evento cênico é sempre facilmente descritível, pois os sinais da atuação são muitas vezes, na prática atual, ínfimos, quase imperceptíveis e sempre ambíguos, ou mesmo ilegíveis: entoações, olhares, gestos mais contidos que manifestos constituem momentos fugazes nos quais o sentido é sugerido, mas fica dificilmente legível e pouco exteriorizável. Como ressaltar esses sinais quase não materializados, senão por intuição e por um "corpo a corpo" com o espetáculo graças ao qual o espectador se livra a uma percepção sensitivo-motora da atuação cênica? O termo pouco científico e semiológico de *energia* é muito útil para enfocar o fenômeno não representável de que é questão aqui: o ator ou o dançarino emana, por sua presença, seu movimento, seu fraseado, uma energia que atinge de chofre o espectador. Sentimos claramente que é essa qualidade que faz toda a diferença e participa da experiência estética como um todo tanto quanto da elaboração do sentido. O não representável, ou seja, essencialmente mas não exclusivamente, o invisível, procuramos identificá-lo, em reação a uma cultura visual hegemônica da evidência, na audição, no ritmo, nas percepções sinestésicas, logo além dos sinais visuais demasiadamente evidentes e unidades largamente visíveis. Trata-se, por exemplo, de ler o corpo como lemos o corpo dos dançarinos:

> Na dança, saber ler começa com o ato de ver, de ouvir e de sentir como o corpo se mexe. O leitor de dança deve aprender a ver e a sentir o ritmo no movimento, a compreender a tridimensionalidade do corpo, a ser sensível a suas capacidades anatômicas e à sua relação com a gravidade, a identificar os gestos e as formas feitos pelo corpo e mesmo a reinventá-los quando são feitos por diferentes dançarinos. O leitor deve também notar as mudanças nas qualidades de elasticidade do movimento – a dinâmica e o esforço com o qual é feito – e ser capaz de traçar a trajetória dos dançarinos de uma parte da representação a outra[33].

Todas essas questões em suspenso, cujas respostas ainda se fazem esperar, mostram o quanto a teoria e a análise do espetáculo

33. Susan Foster, *Reading Dancing*, Berkeley, University of California Press, 1988, p. 58.

se distanciaram, ao tentar romper todos os grilhões, de uma semiótica da comunicação e dos códigos, o quanto o modelo semântico do signo e dos níveis de sentido é pouco adaptado à encenação contemporânea. Por outro lado, já pressentimos, e os capítulos posteriores voltarão a isso, um modelo mais flexível do funcionamento dos signos e de seus vetores, desde que não se sublime o significante em um significado imaterial e que se indique as linhas diretrizes dos vetores. Essa vetorização do desejo – tanto o desejo do próprio corpo da representação como o do espectador – se torna um modelo possível para a análise, desde que se esteja em condições de localizar a vetorização como o que organiza o espetáculo, mas sem fixá-lo em uma pose definitiva, abrindo-o pelo contrário a olhares contraditórios.

Falta detalhar, para que esse modelo, apenas pressentido, se desenvolva, as condições de análise e as áreas teóricas nas quais ela poderá prosperar otimamente.

A RENOVAÇÃO DAS TEORIAS

A questão fundamental da análise é saber para quem e com qual meta a efetuamos e que método será mais bem adaptado para isso. Se a resenha na imprensa escrita ou audiovisual se dirige a um grande público que quer antes de tudo ser informado e aconselhado, a resenha semiológica, que exige um tempo de reflexão maior e um aparelho conceitual mais sofisticado, dirige-se quase sempre a outros teóricos e outros intelectuais do teatro, a colegas atolados na mesma relação friorenta, estudiosa ou fetichista com a cena. Quanto às pessoas de teatro, utilizam-se raramente das análises, seja por medo de serem reveladas, seja por um vago medo da teoria ou um antiintelectualismo primário, seja por desinteresse ou falta de tempo e de curiosidade. A questão não é de saber como interessá-las pelas nossas teorias, mas – modéstia à parte – como nossas teorias influirão na sua prática, da mesma forma como sua prática suscitou nossas teorias. A esse trágico mal-entendido se acrescenta o fato de que a pesquisa é efetuada quase sempre de modo isolado por um grupo de especialistas e, ainda mais, no interior de uma mesma tradição crítica que ignora muitas vezes as outras. Sabemos que entre a semiologia francesa, o empirismo holandês, os estudos de público suecos, o pragmatismo inglês, a hermenêutica alemã ou a historiografia italiana não há praticamente nenhuma troca. *Alas, poor Erasmus.*

Apesar da triste enumeração dessas questões em suspenso e desses bloqueios, parece que a análise, "vinte anos depois", possa partir sobre bases mais seguras, se solicitarmos a colaboração de disciplinas já bem estabelecidas e sofisticadas como a sociologia e a antropologia, as quais quase sempre foram elaboradas longe dos casos concretos dos textos ou das representações. Iremos nos limitar a enumerar, para registro, cinco áreas de pesquisa que conviria serem mais bem mobilizadas nas análises concretas e que encontraremos nos diversos capítulos deste livro.

Teoria Produtivo-Receptiva

Para uma análise atenta ao produto final da encenação, mas também às raízes de sua formação, convém inventar uma teoria que encare a produção tanto quanto a recepção; uma teoria que não seja nem parcial nem unilateral como foram os estudos sobre a criação literária e cênica, tanto quanto os da estética da recepção, a qual, por reação, tomou como único eixo as leituras da obra relativizada pela série de públicos sucessivos. Convém imaginar um modelo que combine uma estética da produção e da recepção, que estude sua tensão dialética, estabelecendo a parte da recepção antecipada pela produção e da produção ligada à atividade do espectador na recepção[34].

Certamente há um perigo, assinalado por Thies Lehmann, de simplesmente transferir os problemas ligados à produção para o campo da recepção e esperar ingenuamente da parte do espectador que ele os resolva todos com um golpe de varinha mágica, como se tivesse se tornado um espectador investido de todos os poderes teóricos. A teoria produtivo-receptiva procura, todavia, dividir o trabalho de pôr em formas e em signos entre as instâncias produtiva e receptiva; supõe que umas não podem ignorar as outras, mas que trapaceiam e instauram estratégias e pistas mais ou menos praticáveis. Dessa concepção produtivo-receptiva resulta a estratégia interativa das instâncias produtoras e receptoras que devemos tentar produzir como criador e a receber como espectador. Uma tal estratégia evita que se volte a cair no debate da intencionalidade do artista produtor e da subjetividade do espectador-receptor; ele nos lembra que não é nem em uma nem em outra, mas em sua sedução (e não redução) mútua que nós devemos procurar: sedução que as culturas em contato na troca intercultural conhecem bem para nela sucumbir sem trégua e não sem delícia.

Na mesma ordem de ideias, não parece muito útil reintroduzir a polaridade subjetividade/objetividade para concentrar a subjetividade do lado do artista e do espectador, a objetividade do lado da obra--coisa. Claro, é mesmo o sujeito que analisa e avalia, mas dizer que a análise é subjetiva é não apenas uma banalidade, mas pressupõe que haveria uma objetividade sobre a qual se poderia finalmente entrar em acordo e que seria a referência comum e estável, o objeto finalmente pego no voo do desejo.

34. Patrice Pavis, *Voix et images de la scène*, *op. cit.*, pp. 281-297.

Sociossemiótica

Uma outra área que seria preciso desenvolver é a de uma semiologia atenta às questões ideológicas, à maneira como os signos estão ancorados e constituídos por todo um contexto socioeconômico cultural. Os estudos empíricos com os públicos compreenderam (ou deveriam ter compreendido) que eles não podem se desinteressar do estudo dos mecanismos cognitivos, emocionais e semiológicos do espectador que constrói o sentido, e logo se engaja hermeneuticamente na elaboração desse sentido[35]. A abordagem semiocognitiva e as considerações sociológicas e ideológicas seriam conciliáveis? Tal é a questão crucial que uma disciplina como a sociossemiótica coloca explicitamente. A sociossemiótica se distingue ao mesmo tempo da teoria da recepção oriunda da *Rezeptionsästhetik* alemã e da teoria do *Reader-Response Criticism* americana, métodos esses que negligenciam inconvenientemente a pluralidade ideológica do leitor ou do público ao pressupor um leitor individual "ideal" e isolado e não uma encruzilhada ideológica e cultural de tensões e contradições remetendo a tendências e grupos em conflito (Parte III, capítulo 2).

Entre Sociossemiótica e Antropologia Cultural

A sociossemiótica evoluiu, ao longo desses últimos anos, em direção a uma antropologia cultural que engloba a dimensão cultural e relacional da representação. As pesquisas de um teatro intercultural (Brook, Grotóvski, Barba) nos últimos anos aceleraram o questionamento dos instrumentos puramente linguísticos e semióticos da análise. Uma semiótica intercultural incita a relativizar nossas escolhas, nossas prioridades e nossos gostos na análise dos espetáculos. Ela nos premune, por exemplo, de nossa obsessão em descrever um espaço visível e legível, de buscar e tratar quantativamente as informações e as redundâncias, de valorizar o que quebra a norma e dá provas de originalidade. Uma tal semiótica nos curará talvez de nossa surdez aos fenômenos da escuta, da voz, do tempo, do ritmo, de nossa incapacidade em seguir várias ações paralelas e avaliar a energia do ator. Sem renegar demagogicamente a nossos hábitos culturais ocidentais, trata-se simplesmente de constatar como nosso olhar etno – ou euro – centrista influencia e muitas vezes hipoteca nossa percepção, e o quanto ganharíamos se mudássemos de tempos em tempos de perspectiva e instrumentos de análise[36].

35. Henri Schonmakers (ed.), *Performance Theory*, Ultrecht, Instituut voor Theaterwetenschap, 1986; Wilmar Sauter, *New Directions in Audience Research*, Utrecht, Instituut voor Theaterwetenschap, 1988.

36. Patrice Pavis, *Le Théâtre au croisement des cultures*, Paris, Corti, 1990.

Fenomenologia

O pensamento fenomenológico[37] parte da ideia de que toda experiência fenomenal e perceptiva possui uma forma ou *Gestalt* que reúne alguns todos organizados e delimitados que se destacam sobre um fundo. A percepção do espectador tende a buscar a forma mais equilibrada, simples e regular, a distinguir conjuntos com contornos nitidamente desenhados, hierarquizados uns em relação aos outros, mas percebidos globalmente pelo olho e entendimento humanos.

> A percepção é, no fundo, um ato construtivo mais que um ato receptivo ou simplesmente analítico [...] Uma teoria dos processos mentais realmente satisfatória só pode entretanto existir se introduzirmos uma parte igual de teorias de motivação, de personalidade e de interação social. Seria um risco dizer que, quando as pessoas olham uma representação, buscam também continuamente pontos de referência, conexões causais entre os eventos[38].

A fenomenologia dá uma imagem dos processos cênicos que é ao mesmo tempo uma teoria da ação, da apropriação do espetáculo pelo perceptor (que confisca tudo!). "O teatro não chega até alguém, alguém faz 'chegar' o teatro a si mesmo"[39]. Quer se trate do pensamento conceitual, do olhar sobre a pintura ou sobre a representação teatral, o olho e o espírito são ativos e não registradores: "Pensar é tentar, operar, transformar, sob a única reserva de um controle experimental no qual intervenham apenas fenômenos altamente 'trabalhados', e que nossos aparelhos produzem mais do que registram"[40]. Da mesma forma, o espectador mais produz suas percepções e suas conexões do que se contenta em assinalá-las. Essa atitude da fenomenologia é um convite precioso para passeios interativos pelos caminhos do espetáculo e do sentido.

Teorias dos Vetores

Passeio, aliás, relativamente flechado, pela flecha do desejo (que procura, mas não acha), mas também por aquela que traça o percurso

37. Sobretudo o de Maurice Merleau-Ponty: *Phénoménologie de la perception*, Paris, Gallimard, 1944. Pode-se encontrar uma aplicação da fenomenologia ao teatro em Bert States, *Great Reckonings in Little Rooms*, *op. cit.*; Marvin Carlson, *Theories of the Theatre*, Ithaca, Cornell University Press, 1984 e Stanton Gardner, *Bodied Spaces*, Ithaca, Cornell University Press, 1994.

38. Carlos Tindemans, "L'Analyse de la représentation théâtrale. Quelques réflexions méthodologiques", *Théâtre de toujours, d'Aristote à Kalisky. Hommage à Paul Delsemme*, Bruxelles, éd. de l'Université, 1983, p. 53.

39. *Idem*, p. 55.

40. Maurice Merleau-Ponty, *L'Oeil et l'Esprit*, Paris, Gallimard, 1964, p. 10.

no espetáculo em função dos vetores, os quais veremos a propósito dos atores que eles quadriculam e dinamizam a representação como um todo. Essa visão de uma rede aberta, mas coerente, nos permitirá, no detalhar dos componentes do espetáculo e dos métodos de investigação, levar em consideração a necessária renovação das teorias, mesmo mantendo a armadura de uma vetorização. A semiologia permanece uma disciplina – no sentido de uma regra de conduta moral e metodológica – à qual recorremos naturalmente para observar o funcionamento da representação teatral. Ela deve, no entanto, se enriquecer – e, se possível, sem perder o seu rigor – com um estudo dos mecanismos da necessidade (sociológica) e do desejo (psicanalítico) na perspectiva de uma antropologia do ator e do espectador.

2. Os Instrumentos da Análise

Depois do balanço da pesquisa atual sobre análise dos espetáculos e antes de estudar em profundidade seus principais componentes, será certamente útil fazer o inventário dos instrumentos dos quais dispõe o espectador-analista para se lançar em seu trabalho de "reconstituição" e mesmo de simples reflexão sobre a encenação que ele acaba de assistir.

Tais instrumentos são numerosos e diversos, mas seu uso é delicado e deve se adaptar às circunstâncias. Dessa forma, proporemos aqui todo um arsenal apenas para deixar a cada usuário o cuidado de escolher o que corresponde às suas necessidades do momento.

A DESCRIÇÃO VERBAL

O método mais simples para analisar uma representação não seria o de comentá-la entre espectadores, alguns minutos, algumas horas ou alguns dias depois? Aliás, é assim que fazem naturalmente os espectadores, sem pretensão científica, como que para prolongar o prazer do evento, para verificar que compreenderam, ou pelo menos sentiram, coisas comparáveis. Quem poderia censurar essa verbalização "automática"? Ninguém, com certeza, a não ser que os participantes sintam-se por vezes repugnados em traduzir em palavras suas imagens ou suas emoções e que a linguagem, falada ou escrita, pode acabar fixando o evento cênico. "A memória das experiências vividas no teatro, uma vez traduzida em frases que permanecem, corre o risco de se petrificar em páginas impenetráveis"[1].

A verbalização vai até mesmo ao encontro de uma estética da arte que procura preservar na apresentação cênica seu caráter *figural*[2], ou seja, não reduzível à palavra. Certos elementos tentam dispensar a linguagem para captar a dimensão visual e rítmica da cena. Mas, na maioria das vezes, a verbalização passa por uma descrição mais ou menos aprofundada das ações cênicas. Ora, a descrição tem uma longa tradição e se aplica antes de tudo ao gênero narrativo que presta conta de um espaço e de uma situação estáticos.

A descrição é definida, na análise do romance, como "uma sequência organizada em torno de um *referente espacial* (e não temporal como na narração de eventos) e produzindo o *estado* de um objeto, de um lugar ou de uma personagem (o retrato)"[3]. Vemos que uma descrição se aplica apenas parcialmente ao espetáculo, o qual está ligado a uma sequência temporal de eventos nos quais tomam parte personagens visíveis e atuantes. No entanto, a descrição está de algum modo em condições de prestar contas da experiência do espetáculo para alguém que não o tivesse assistido. "Descrever é sempre [...] para um sujeito dado selecionar propriedades de um indivíduo do mundo para um outro sujeito, é, pois, um ato de significação dependente de condições pragmáticas"[4]. Ao descrever um espetáculo, nós escolhemos algumas propriedades que julgamos notáveis para outrem. Não tentamos ressaltar tudo para nós mesmos, avaliamos o que interessará a nosso próximo e a nós mesmos. Toda análise descritiva se efetua em função de um projeto de sentido que consideramos para um observador externo, como se precisássemos convencê-lo da pertinência de nossas observações.

A isso se acrescentam outros princípios da descrição que também valem para o espetáculo:

- *As balizas temporais* são indispensáveis para a descrição ("primeiro..., depois..., por fim..."): a análise do espetáculo precisa disso para respeitar uma cronologia mínima e lembrar em que ordem as ações se desenrolam e os signos desfilam;
- *Os organizadores espaciais* permitem ao descritor se orientar frente ao objeto: frente à ação cênica, o espectador é por vezes levado a se deslocar, o que relativiza a perspectiva adotada;
- *As* "*unidades* que nossa experiência do mundo estrutura em redes mais ou menos sistemáticas"[5] poderiam remeter, no interior da

1. Eugenio Barba, *Le Canöe de papier*, Lectoure, Bouffonneries, 1993, p. 26.
2. Para retomar a expressão de Jean-François Lyotard em *Discours, figure*, Paris, Klincksieck, 1971.
3. Yves Reuter, *Introduction à l'analyse du roman*, Paris, Bordas, 1991, p. 102.
4. Jean-Michel Adam, *Le Texte descriptif*, Paris, Nathan, 1989, pp. 8-9.
5. *Idem*, p. 105.

representação, a categorias preexistentes e recorrentes como, por exemplo, os corpos de funções engajadas na encenação (cenógrafo, figurinista, maquilador, músico etc.). Serão, no entanto, mais produtivas se partirem antes da estrutura do material e da sistemática que ela sugere, por exemplo, vetorizações pinçadas de um material ou de um elemento para outro;

- *A aspectualidade* – divisão e classificação dos elementos que compõem os objetos – depende assim mais da leitura e da vetorização que fazemos do espetáculo do que categorias já estabelecidas dos corpos de funções. Ela parte do todo formado pela obra e da divisão por partes que põe os diversos elementos em relação ao mesmo tempo temporal (cronológica) e espacial (topográfica);
- *A orientação narrativa e avaliativa* de toda descrição vale para o espetáculo descrito: ele é descrito sempre para provar uma tese, sugerir um julgamento de valores em função de um interlocutor implícito.

Mais do que uma descrição de um objeto estático, podemos conceber a análise de um espetáculo como um *relato*, uma maneira de falar de um acontecimento passado que não tem mais a autoridade de um texto escrito, mas constitui uma documentação mais geral sobre o que se passou e o que nos conta vários relatos: o da fábula, o dos fatos, o da arqueologia e o da antropologia que questiona uma cultura soterrada sob os sedimentos da história.

A TOMADA DE NOTAS

Seria preciso sugerir ao aprendiz-espectador, ao teatrólogo angustiado, tomar notas durante a representação? Certamente não, mas se ele fizer questão, nos aventuraríamos a lhe dar os seguintes conselhos:

Escrever ou desenhar? A redação de notas linguísticas durante o espetáculo obriga o escrivão a quebrar o encanto para racionalizar pela escrita. Sua visão e seu comentário do espetáculo passam a se afetar definitivamente com isso e lhe será muito difícil não voltar a passar pelo molde de suas primeiras impressões. Por outro lado, a menos que tenha ele mesmo inventado um sistema de anotação comparável aos da música e da dança, o espectador é obrigado a recorrer à linguagem se quiser anotar um detalhe fugaz da encenação.

O desenho – ou melhor, a garatuja noturna – traduz uma reação muito mais primária; fixa um perfil, um deslocamento, um ângulo da cenografia, sem ainda verbalizar a percepção; conserva assim um valor gestual e sinestésico que fornecerá mais tarde informações preciosas.

Escrita ou desenho, essa "anotação de emergência" será capaz de marcar os encadeamentos, as cisões, as transições que pontuam o espetáculo. É sempre expressivo e esclarecedor desenhar o relevo do espetáculo, sua trajetória e suas linhas de força – imagens essas que nos conduzem à da *vetorização*. Em vez de detalhes, procuraremos a trajetória geral, a textura, ou mesmo a partitura do espetáculo. Estando treinado para "ver" a partitura segundo as categorias de acúmulo/deslocamento/ruptura/embreagem, o observador experiente só precisará de alguns golpes para capturar sua presa.

Caído o pano, o espectador já está em busca de uma experiência obtida *apesar e graças* à escrita. Em que momento escrever sobre a encenação? Antigamente os jornalistas deviam redigir seu artigo nas horas que se seguiam à caída do pano; diz-se que certos críticos nunca puderam ver o quinto ato de *Hamlet* porque tinham de enviar sua resenha antes do duelo final! Atualmente, os historiadores têm todo o tempo do mundo para testemunhar sobre o que acabaram de ver, mas quanto mais esperam, mais o *punctum* do espetáculo lhes escapa, assim como os detalhes que fazem a carne da apresentação cênica.

A escrita cênica só tem uma lei: a de dar a ilusão de fazer reviver o evento passado pela escrita presente. A tomada de notas se faz então na perspectiva de um texto completo que poderá ser lido por outrem, ou simplesmente que servirá ao crítico como notas às quais ele se referirá mais tarde, quando as lembranças se tiverem esmaecido. Proporemos mais adiante um questionário que se aproxima mais do lembrete que do memorando e que força o crítico a reconstituir globalmente o sistema da encenação: tipo de teorização bastante *universitário*, já que ligado tanto ao universal como ao parasitário.

OS QUESTIONÁRIOS

Para tentar ser sistemático e completo – tanto quanto possível – propomos aos espectadores diversos questionários, dos quais daremos aqui três exemplos, os de Anne Ubersfeld e André Helbo[6] e o de Patrice Pavis[7]. Comentaremos brevemente os dois primeiros; quanto ao terceiro, já foi comentado e o presente livro se esforça em responder a ele de maneira detalhada.

6. Questionários reproduzidos em André Helbo *et al.*, *Théâtre. Modes d'approche*, Paris, Méridiens-Klincksieck, 1987.

7. Patrice Pavis, "Questions sur un questionnaire pour une analyse des spectacles", *Voix et Images de la scène*, *op. cit.*

O Questionário Ubersfeld

1. Os Suportes Materiais
a. Como o espetáculo se faz (ou não) conhecer? Balizas de identificação, assinaturas, fortuna crítica, programas e cartazes.
b. Como o espetáculo se situa no espaço (urbano). Bairro, público-alvo, desejo assumido, arquitetura, relação com o cotidiano.
c. Como o espetáculo se situa em relação à historicidade? Exploração/recusa/revelação de uma tradição, de um dispositivo, de uma ordem.

2. A Entrada
a. Como escolheu a peça?
b. Onde/como obteve os ingressos? Pesaram em seu orçamento?

3. A Comunicação
a. Função social do espetáculo: construção da convenção, da ilusão (papel do saguão, do intervalo, do pós-espetáculo, dos ensaios).
b. Papel do contrato espetacular: Há privilégio de uma dimensão do espetáculo?: comunhão de um saber, presença/corpo do ator/do grupo, emoção/estímulo, não comunicação, não cognitivo.

4. A Recepção
a. Como percebeu/compreendeu/interpretou o projeto espetacular?
b. O público foi interpelado globalmente?

Anne Ubersfeld insiste de início (1) no fundamento material do espetáculo agrupando publicidade (1a), inscrição geográfica e relação com a história. A dificuldade está em se ligar conceitualmente esses três níveis.

A questão do desejo (escolha da peça) é colocada sem rodeios (2a) assim como sua relação com a economia: faz-se apelo à psicanálise e à sociologia. Responderão ao chamado?

A ligação com o objeto teatral é colocada em termos de comunicação, enquanto podemos imaginar que o espetáculo é uma "finalidade sem fim", um objeto tanto a ser constituído graças ao desejo do espectador, quanto a ser comunicado segundo um contrato espetacular (3b) claramente estabelecido. As "dimensões" do espetáculo estão, além disso, especialmente confusas, tanto que um espectador terá maiores dificuldades em distinguir emoção, cognição, estimulação, assim como, aliás, em distinguir *as* funções do espetáculo: "social", certamente, mas também ritual, cultural, terapêutico, metafísico etc.

A noção de projeto espetacular (4a) é capital para a encenação ocidental, que implica decisões coletivas e uma coerência estética; ela é sem objeto para uma tradição oriental que retoma por repetição, confirmação e ínfimo deslocamento uma prática secular já fixada. A última questão (4b) visa a determinar se o público permaneceu dividido (como queria Brecht) ou se reagiu "como um só homem" na representação psicológica ou cultural.

O Questionário Helbo

1. O Espaço Cênico
Sua forma e a forma do teatro?
Sua natureza (mimética-lúdica)?
Coordenadas do espaço (aberto-fechado, altura-profundidade, vasto-reduzido, vazio-ocupado)?
Relações do cênico e do extracênico?
Que "estética" (cores, formas, "estilo", referências culturais)?

2. Os Objetos
Origem? Material?
Número? Polivalência?
Utilidade?
Funcionamento retórico-simbólico?

3. Os Atores
Número de atores.
Relação personagem-ator. Tipo-individuação.
Aparência, idade, sexo, gestual, voz-dicção, figurino?
Socialidade do ator: história, papéis já representados, pertence a um grupo?

4. O Drama
Que gênero?
Que fábula?
O modo de troca?
O papel do improviso e do aleatório?

5. O Trabalho do Encenador
Como ele valoriza a ficção (ficcionalização)?
Que tipo de referente escolhe (histórico, contemporâneo, fantástico...)?
Como faz a divisão em unidades? Privilegia o contínuo ou o descontínuo?
Há predominância do visual ou da escuta (palavra, música)?

A maioria das interrogações de Helbo refere-se a elementos concretos e visuais do espetáculo. Privilegiam o espaço, negligenciam a temporalidade e o ritmo. Se as descrições são aparentemente fáceis, sua avaliação estética (1a) coloca dificuldades bem maiores.

A noção de objeto, muito prática porque vaga, desemboca em uma neoretórica, da qual veremos que os vetores e a polaridade metáfora/metonímia podem servir para esclarecer o funcionamento simbólico.

Com os atores (3) o problema é que não são dados estatísticos, mas construtores ao mesmo tempo concretos e abstratos do sentido. Porém essa construção não resulta de um acúmulo de propriedades, mas de uma aposta da encenação da qual é preciso já ter captado a lógica.

Quanto ao drama, temos muita dificuldade em captar e dissociar a ação, a estrutura narrativa (4b), o esquema actancial (4c) e que o improviso e o acaso são por natureza imprevisíveis.

Por outro lado, as questões essenciais são colocadas a propósito do *trabalho* do encenador (5), particularmente seu lugar estratégico entre a ficção (5a) e a realidade (5b), e sua maneira de dosar os *sentidos*, os cinco sentidos do ser humano e os mil sentidos da obra realizada.

O Questionário Pavis

1. CARACTERÍSTICAS GERAIS DA ENCENAÇÃO
a. O que sustenta os elementos do espetáculo (relações dos sistemas cênicos)
b. Coerência ou incoerência da encenação: em que se fundamenta?
c. Lugar da encenação no contexto cultural e estético.
d. O que o perturba nessa encenação: que momentos fortes, fracos ou tediosos? Como se situa na produção atual?

2. CENOGRAFIA
a. Formas do espaço urbano, arquitetural, cênico, gestual etc.
b. Relação entre espaço do público e espaço da representação.
c. Princípios da estruturação do espaço:
   1. Função dramatúrgica do espaço cênico e de sua ocupação.
   2. Relação do mostrado e do escondido.
   3. Ligação entre o espaço utilizado e a ficção do texto dramático encenado.
   4. Relação do explícito e do velado.
   5. Como evolui a cenografia? A que correspondem suas transformações?
d. Sistemas das cores, das formas, das matérias: suas conotações.

3. SISTEMA DE ILUMINAÇÃO
Natureza, ligação com a ficção, com a representação, com o ator.
Efeitos sobre a recepção do espetáculo.

4. OBJETOS
Natureza, função, matéria, relação com o espaço e com o corpo, sistema de seu emprego.

5. FIGURINOS, MAQUIAGENS, MÁSCARAS
Função, sistema, relação com o corpo.

6. PERFORMANCE DOS ATORES
a. Descrição física dos atores (gestual, mímica, maquiagem); mudanças em sua aparência.
b. Sinestesia presumida dos atores, sinestesia induzida no observador.
c. Construção da personagem; ator/papel.
d. Relação do ator e do grupo: deslocamentos, relações de conjunto, trajetória.
e. Relação texto/corpo.
f. Voz: qualidades, efeitos produzidos, relação com a dicção e canto.
g. Estatuto do ator: seu passado, sua situação na profissão etc.

7. FUNÇÃO DA MÚSICA, DO BARULHO, DO SILÊNCIO
a. Natureza e características: relação com a fábula, com a dicção.
b. Em que momentos intervêm? Consequências para o resto da representação.

8. Ritmo do Espetáculo
a. Ritmo de alguns sistemas significantes (trocas de diálogos, iluminação, figurinos, gestualidade etc.). Ligação entre duração real e duração vivida.
b. O ritmo global do espetáculo: ritmo contínuo ou descontínuo, mudanças de regime, ligação com a encenação.

9. Leitura da Fábula por essa Encenação
a. Que história é contada? Resuma-a. A encenação conta a mesma coisa que o texto?
b. Quais escolhas dramatúrgicas? Coerência ou incoerência da leitura?
c. Que ambiguidades no texto, que esclarecimentos na encenação?
d. Que organização da fábula?
e. Como a fábula é construída pelo ator e a cena?
f. Qual é o gênero do texto dramático segundo essa encenação?
g. Outras opções de encenação possíveis.

10. O Texto na Encenação
a. Escolha da versão cênica: quais modificações?
b. Características da tradução (quando houver). Tradução, adaptação, reescrita ou escrita original?
c. Que lugar a encenação atribui ao texto dramático?
d. Relações do texto e da imagem, do ouvido e do olho.

11. O Espectador
a. No interior de que instituição teatral se situa essa encenação?
b. Que expectativas você tinha desse espetáculo (texto, encenador, atores)?
c. Que pressupostos são necessários para apreciar esse espetáculo?
d. Como reagiu o público?
e. Papel do espectador na produção do sentido. A leitura encorajada é unívoca ou plural?
f. Que imagens, que cenas, que temas o desafiam e permanecem com você?
g. Como a atenção do espectador é manipulada pela encenação?

12. Como Anotar (Fotografar ou Filmar) esse Espetáculo? Como Conservar sua Lembrança? O que Escapa à Anotação.

13. O que não é Semiotizável
a. Aquilo que na sua leitura da encenação não fez sentido.
b. O que não é redutível ao signo e ao sentido (e por que).

14. Balanço
a. Quais os problemas particulares a serem examinados?
b. Outras observações, outras categorias para essa encenação e para o questionário.

Elaborada ao longo dos anos de 1980 no contato com encenações, essencialmente ocidentais e parisienses, uma primeira versão desse questionário foi publicada em *Voix et images de la scène*[8]. Daremos abaixo uma última variante que leva em conta objeções e a evolução da criação teatral.

8. Patrice Pavis, *op. cit.*, pp. 318-324.

OS DOCUMENTOS ANEXOS

Se o questionário obriga o espectador a tomar partido, elementos objetivos acompanham a encenação, os quais o espectador pode consultar antes ou depois de ter assistido ao espetáculo. É o caso dos programas, de anotações de encenação, do paratexto publicitário, do material de divulgação ou das fotografias.

Os Programas

Hoje os programas contêm frequentemente muito mais do que o nome dos produtores e dos atores; sua ambição ultrapassa as necessidades da informação mínima, eles avançam na compreensão do espectador. Este pode de fato consultar, imediatamente antes da representação ou em casa, um dossiê crítico consagrado à obra, a seu autor e à sua época. A recepção será, pois, preparada – devemos dizer facilitada? – por um conhecimento imposto do pano de fundo, por um resumo da intriga, ou mesmo uma reflexão do encenador sobre a obra montada.

Para a análise do espetáculo, que permanece, é bom lembrar, a única realidade que deveria contar, devemos de repente levar em consideração também essas chaves entregues oficialmente com o edifício a ser explorado. Pesquisaremos, pois, para determinar que tempo o espectador consagrou à leitura do programa antes e depois da representação, quais de seus elementos ele reteve e em quê foram instrumentais para sua interpretação da obra. Isso obrigará a que se reconsidere os limites exatos da obra, de seu contexto e dessa margem indeterminada que separa a obra do mundo dito exterior. O programa fornece as seguintes informações:

- Intertexto da peça ou do espetáculo: os textos e as fontes artísticas aos quais a encenação se refere mais ou menos diretamente, seja por se tratar de empréstimos atestados ou de afinidades eletivas que inspiraram ou poderiam ter inspirado o encenador;
- O vestígio das discussões que precederam a criação: entrevistas dos artistas ou das celebridades ao longo dos ensaios, declarações de intenções fornecidas aos colaboradores, aos atores, à administração do teatro ou à imprensa, textos dos criadores preparados especialmente para o programa;
- Referências a outras encenações da obra ou do encenador;
- Citações de estudos universitários sobre a peça;
- Texto escolhido ou integral da peça, com destaque para as didascálias do autor;
- Todas as demais relíquias do espetáculo, próprias para estimar sua magnificência ou sua originalidade: fotos, trechos, exegeses etc.

Os Cadernos de Encenação

É preciso distinguir os programas dos cadernos de encenação, que em geral não são acessíveis ao espectador comum, mas que o teatro, ou a equipe artística, decidiu preparar por razões as mais diversas, sem se preocupar em influenciar um futuro leitor. Certamente, os *Regiebüchner* brechtianos (documentação preparada por Brecht na sequência de suas encenações e para o uso dos futuros encenadores de suas peças), os cadernos de encenação de um Stanislávski, de um Reinhardt, de um Copeau, ou as anotações de um Beckett são brilhantes exceções que confirmam a regra de uma produção efêmera e sem vestígios. Nos casos acima, o caderno não somente acompanha a encenação, mas constituem sua chave, ou até mesmo seu substituto (Craig e Stanislávski prepararam cadernos para obras nunca realizadas depois). A precisão e a inteligência desses cadernos são tais que independem quase da obra cênica e são criações plenas, e não notas, esboços e comentários. Quando o pesquisador dispõe além disso de documentos sobre a realização (gravações, testemunhos, lembranças pessoais), tem às vezes tendência em considerar seu trabalho como terminado, supérfluo, como se esses documentos falassem por si.

O Material de Divulgação

Trata-se aqui de um documento muitas vezes prévio ao término da encenação, preparado por um(a) assessor(a) de imprensa, visando a preparar o público e a atrair os jornalistas para a pré-estreia. Mistura de compilações diversas, de documentos xerocados e de notas inéditas dos artistas, o material de divulgação quer mais seduzir ("venha me ver") que convencer ("eis o que é dito"). Para as produções maiores, que envolvem grandes despesas, esse material poderá fornecer aos jornalistas, aos responsáveis por comunidades ou aos professores a informação que com certeza eles deverão levar em conta e que a imprensa não deixará aliás de retomar sistematicamente em suas matérias.

O Paratexto Publicitário

O paratexto da encenação, que não pode ser confundido com o paratexto do texto dramático (indicações cênicas ou didascálias), diz respeito a tudo o que o espectador teve a oportunidade de ler na imprensa sobre a encenação: anúncio, entrevistas, pré-estreia às vésperas da estreia, publicidade escrita e audiovisual. Por mais que se tente evitar se imbecilizar diante da publicidade, nunca se fica completamente incólume – mesmo no teatro.

As Fotografias

O interesse das fotografias para a análise é evidente já que são o traço tangível do que foi, um traço, todavia, que não leva necessariamente a conhecer o objeto fotografado, mas que propõe uma visão sobre uma obra de arte.

A documentação fotográfica alivia a memória do comentarista, fornece-lhe pontos de referência e de fixação para uma descrição verbal, por menos que a reportagem tenha sido feita de acordo com um certo método. Essa fixação é até mesmo indispensável para que a fotografia tome um sentido: "A fotografia, por ela mesma, não diz nada. É preciso fazê-la significar e para isso deve-se colocá-la em uma espécie de relação de atualização com outros elementos relativos à representação (restos, traços, descrição, texto...)"[9]. Fazer significar as fotos será então a tarefa do analista: ele as considera tanto como documento como obra de arte autônoma. Ele se esforça ao mesmo tempo para "desestetizar" as fotos artísticas salientando sua dimensão documentária e apreciar a estética fotográfica para imaginar o que essa visão revela do objeto reproduzido.

Quais poderiam ser os benefícios de um estudo da documentação fotográfica?

- A identificação dos espaços, dos objetos, das atitudes, de tudo que suporta ser fixado pelo olho da objetiva;
- A precisão trazida para um detalhe ou um momento fugaz quase imperceptível a olho nu;
- A captação de relações bilaterais entre, por exemplo, o espaço e o gestual, o objeto e o espaço, a iluminação e a maquilagem etc.;
- A reportagem sobre toda a atividade teatral em torno do espetáculo propriamente dito (Agnès Varda sobre Vilar, Roger Pic sobre o T.N.P. ou sobre Brecht[10], Josué sobre Dasté etc.).

O Vídeo

O vídeo restitui o tempo real e o movimento geral do espetáculo. Ele constitui a mídia mais completa para reunir o maior número de informações, particularmente sobre a correspondência entre os sistemas de signos e entre a imagem e o som.

Mesmo feita com uma única câmera a partir de um ponto fixo, a gravação em vídeo é um testemunho que restitui bem a espessura

9. R. Villeneuve, "Les îles incertaines. L'objet de la sémiotique théâtrale", *op. cit.*, p. 28.

10. Roger Pic e Chantal Meyer-Plantureux, *Bertolt Brecht et le Berliner Ensemble à Paris*, Arte éditions et Marval, 1995.

dos signos e permite ao observador captar o estilo de representação e guardar a lembrança dos encadeamentos e dos usos dos diversos materiais. Ele é frequentemente usado pelo encenador para retomar um espetáculo, para garantir a sua promoção e venda junto aos teatros ou para conservar seu registro.

O Computador e o *Compact Disc*

O computador é utilizado não somente para armazenar gravações de todos os tipos mas para preparar um documento que será uma reconstituição e um estudo sobre a encenação.

Um CD-Rom pode fazer desfilar a imagem e o texto, se concentrar em alguns detalhes, comparar uma cena em várias encenações, fornecer uma informação sobre um ponto histórico, criar encenações virtuais juntando cenografia, representação, vozes, iluminações etc. Em seu projeto para o Centro Internacional Shakespeariano do Globe, Larry Friedlander prevê projetos educativos que agrupem as diferentes versões multimídia de uma peça na tela do computador, com a possibilidade de acrescentar cenas mais recentes em documentos existentes, de representar junto ao seu ator preferido dando-lhe a réplica. Esses jogos inocentes não conhecerão limites, a não ser o de saber para que servem e como participam da produção do sentido. Pois há uma crescente defasagem entre a tecnologia científica dos relatórios e a hermenêutica subjetiva da interpretação. Já não se consegue mais relacionar essas duas ordens, ainda mais que o analista não ousa mais fazer a menor interpretação por estar paralisado pelas possibilidades da tecnologia e a multiplicidade de métodos. De tanto se querer anotar tudo já não sabemos mais o que pensar. Assim, atribuiremos um interesse particular a uma arqueologia do saber teatral que renuncia a uma tecnologia da reprodução para buscar no ator e na sua arqueologia a possibilidade de resgatar o passado e de reconstituí-lo, pois, como nota aquele que concebeu esse método, "a arqueologia não é apenas uma escavação (uma análise). Ela deve, de um certo modo, sintetizar (reconstruir, representar, simular) o passado"[11].

A ARQUEOLOGIA DO SABER TEATRAL

Arqueologia Teatral

Mike Pearson, responsável pelo grupo galês *Brith Gof*, propõe uma arqueologia que revela as pistas, as cicatrizes, as falhas da representação. Os objetivos dessa arqueologia do teatro são:

11. Mike Pearson, "Theatre / Archeology", *The Drama Review*, 38, n. 4, 1994, p. 134.

1. Encontrar maneiras úteis de descrever o que se passa ou o que se passava na representação.
2. Realizar uma síntese dos relatos dos observadores e dos observados.
3. Tentar reconstituições como textos e como representações distanciadas, o que é um processo criativo no presente e não uma especulação sobre o sentido ou a intenção do passado[12].

A representação se parece mais com uma nova representação do que com uma análise abstrata. Ela se interessa particularmente pela revelação do espaço, do tempo, da estrutura de conjunto e do detalhe. A estrutura corresponde em Pearson àquilo que nós nomeamos partitura/subpartitura, enquanto o detalhe é o estilo que se atribui ao encenador ou a um grupo, sua marca de fábrica, o que chamaremos de *ideologema* do espetáculo (Parte III, capítulo 2) e o *discurso global* da encenação ou mesmo seu *estilo*.

O gênero das "representações distanciadas" tornou-se um meio de reatuar/recriar/(re)inventar um espetáculo que já aconteceu, mas que, assim "recauchutado", vale sobretudo por si mesmo e constitui uma análise/síntese viva implicando o empenho de todos os meios técnicos e humanos para (re)criar um acontecimento. A distinção entre espetáculo antigo e reconstituição nova, entre criação original e reprise reelaborada tende a se esfumar, assim como a distinção entre a análise e a síntese, a teoria e a prática.

O Arquivo Vivo

O ator arquiva em si seus antigos papéis, faz sua manutenção, reapresenta-os, consulta-os, compara-os, refere-os à sua experiência passada e presente. Os alunos de Decroux são capazes de resgatar um exercício trabalhado com o mestre vinte anos antes, depois memorizado corporalmente e reativável por meio de um treino físico adequado. Eis aí uma façanha que realizam igualmente os atores de Barba ou de Grotóvski e outros criadores que "incorporaram" uma partitura física de extrema precisão (aquelas, por exemplo, de R. Wilson, M. Pearson ou P. Bausch). Por ocasião de demonstrações de trabalho, não é raro que tais atores retomem alguns momentos de seus grandes papéis e disponibilizem uma visão sobre o arquivo vivo dos espetáculos dos quais participaram, e dos quais oferecem fragmentos que parecem arrancados das profundezas da memória teatral. Ora, é essa memória viva do teatro que é o bem mais precioso, o tesouro que escapa às mídias e que concerne à lembrança vivaz do espectador: "Na época da memória eletrônica, do filme e da reprodutividade, o espetáculo teatral se dirige à memória viva que não é museu mas metamorfose"[13].

12. *Idem, ibidem*.
13. E. Barba, *Le Canoë de papier*, *op. cit.*, p. 61.

As reconstituições vivas podem assim apresentar-se como uma retomada da atuação, de um treino concebido como a escrita cotidiana de uma espécie de diário físico do ator, de uma demonstração de trabalho, de metaespetáculo ou espetáculo distanciado, em suma, de uma arqueologia que seja "uma outra maneira de se contar"[14].

O CORPO "MIDIADO" DO ESPECTADOR

Entre os instrumentos da análise, seria ou não preciso atribuir um lugar especial para o corpo "midiado" do espectador, na medida em que se torna um instrumento influenciado pelas mídias, um instrumento que incorporou e interiorizou algumas regras de seu funcionamento? A conjunção de diferentes mídias, sua entrada na obra cênica, nos levam a examinar sua *intermidialidade*, ou seja, as trocas de processos específicos às mídias das quais encontramos pistas na representação que nos propomos a estudar. O teatro põe muitas vezes em crise, em questão, os modelos perceptivos dominantes, sobretudo sob influência das mídias. Isto não é, na verdade, um fenômeno novo:

> A arte moderna começou a questionar modelos perceptivos correntes. A arte contemporânea continua com sua análise da publicidade e das outras mídias que ocupam hoje com excessiva frequência um lugar deixado vago pela natureza na nossa experiência do mundo. Em um tal ambiente é legítimo que a história da arte examine, claro que com todas as precauções necessárias, aquilo que em seus materiais históricos remeta-se aos modelos perceptivos e midiáticos[15].

Em relação ao teatro, devemos examinar o impacto desses modelos perceptivos e midiáticos tanto sobre o ator como sobre o espectador: em que seu corpo foi tocado e modelado pelas novas tecnologias? Teria ele se tornado esse "deus protético" de que nos fala Freud em *O Mal-estar na Civilização*?

> Graças a todos esses instrumentos [máquinas a motor, óculos, telescópio, microscópio, aparelho fotográfico, gramofone, telefone, escrita...] o homem aperfeiçoa seus órgãos – tanto motores quanto sensoriais –, ou então alarga consideravelmente os limites de seu poder [...] O homem tornou-se por assim dizer uma espécie de "deus protético", deus sem dúvida admirável, se estiver em posse de todos os seus órgãos auxiliares, mas estes não cresceram com ele e lhe causam frequentemente muitos problemas[16].

Novas Tecnologias, Novo Corpo?

Nossos sentidos se tornaram supérfluos? Nossos olhos e nossos ouvidos são substituíveis ou intercambiáveis? Nossa substituição pela

14. M. Pearson, *op. cit.*, p. 139.
15. Hans Belting, *L'histoire de l'art est-elle finie?*, Nimes, Éd. Jacqueline Chambom, 1989, p. 47.
16. Sigmund Freud, *Malaise dans la civilisation*, Paris, PUF, 1971, pp. 38-39.

máquina é iminente? Tais são algumas das perguntas que não cansamos de fazer mais ou menos maquinalmente ao corpo e ao cérebro que somos, nós os seres humanos desse começo de milênio. Não é tanto uma "fuga de cérebros" quanto uma desmaterialização do corpo, à qual é associado às vezes um processo compensatório de renaturalização da representação.

Podemos estimar que o confronto cotidiano com as mídias – do telefone à televisão passando pelo cinema, o vídeo, a fotografia, o computador ou... a escrita – influencia a nossa maneira de perceber e conceitualizar a realidade e que nós percebemos também a realidade espetacular de modo diverso do que há vinte, cinquenta ou cem anos. O impacto dessas mutações não é tanto fisiológico quanto neurocultural: nossos hábitos de percepção mudaram, ainda mais que nossa maneira de produzir e receber o teatro evoluiu. Isso ficará claro quando confrontarmos dois tipos de espetáculo: um, literário, é centrado no texto e no sentido *teatral*, o outro, ligado à *eletrônica sonora*, é descentrado e desconectado da realidade mimética. É essa diferença que melhor esclarece as mudanças da nossa maneira de perceber o mundo.

Teatro	Eletrônica Sonora
• o texto "textualizado" apresenta uma correlação dos sistemas de signos e uma resultante global compreensível para todos. • voz e corpo estão correlacionados: um é fixado solidamente no outro assim como sons e imagens estão integrados.	• a eletrônica sonora não procura correlacionar seus componentes; a representação frequentemente foi montada canal por canal, como uma montagem das diferentes pistas de um filme.
• o receptor é tranquilizado por um binarismo entre significante e significado: um remete ao outro sem nenhuma ambiguidade.	• uma cinestesia nova se instaurou, promovendo no espectador uma síntese corporal, contrariando seu sistema habitual de referência fundado na aliança do tempo, do espaço e do corpo.
• a obra, como seu receptor, permanece um sujeito centrado e unificado. Todas as percepções remetem a um núcleo estável: a estrutura da obra e a consciência unificada do observador.	• o sujeito é multiplicado e descentrado: abre-se para uma multidão de vozes e nós somos obrigados a escutar e olhar de modo diferente.

Essa breve confrontação, mesmo que apresentada um pouco brutalmente, indica pelo menos que a realidade e sua encenação nos levam a mudar de olhar, e mesmo de corpo, para estarmos em condições de percebê-las adequadamente.

Trabalhado por essa mesma metamorfose corporal está o ator, cuja presença física não é mais a regra sempre. Não se trata mais unicamente do ator filmado, para quem "a perda ocasionada por essa transposição atinge antes de tudo a heterogeneidade de densidades e de registros corporais com a qual a arte viva joga"[17]. Trata-se também do ator que passa a comandar um corpo virtual, pois "espera-se, com o aumento de velocidade de cálculo dos computadores, que um ator possa logo animar, em tempo real, com seu próprio corpo, um corpo virtual inteiramente sintetizado ou 'tomado emprestado' a uma outra pessoa"[18]. A transmutação física está bastante avançada.

Sob o risco de confundir seu corpo real com seu corpo virtual, de estar tanto presente como ausente, o ator do futuro próximo está em busca de um outro corpo e sobretudo de uma outra concepção de corpo. "A esse estágio do saber e da tecnologia corresponde um desejo de corpo renovado, fantasiado de modo diverso, fonte de gestos e de emoções rejuvenescidos, não é impossível que um outro corpo nasça da espuma dos números"[19].

A consequência para análise é considerável já que o corpo midiado, o do ator, como o do espectador, está agora acessível graças a um conhecimento das mídias que o (de)formaram. Essa teoria das mídias diz respeito tanto à constituição psicofísica do espectador como à composição *intermídia* do espetáculo no interior do qual se reencontram as diversas mídias. Donde a importância de se imaginar uma teoria da intermidialidade para analisar as produções "teatrais" de hoje.

Intermedialidade

Deixemos de lado o estudo contrastivo das principais mídias (cinema, vídeo, rádio, teatro) já realizado por outros[20]. Calcado na expressão e metodologia da *intertextualidade*, a *intermidialidade* "não significa nem uma adição de diferentes conceitos de mídia nem a ação de colocar entre as mídias obras isoladas, mas uma integração dos conceitos estéticos das diferentes mídias em um novo contexto"[21]. Entende-se "por intermidialidade, que há relações midiáticas variáveis

17. Sally Jame Norman, "L' image et le corps dans l'art vivant", comunicação ao colégio icônico, novembro de 1994, *Les cahiers*, n. 3.

18. Edmond Couchot e Hélène Tramus, "Le geste et le calcul", *Protée*, vol. 21, n. 3, 1993, p. 41.

19. *Idem*, p. 44.

20. P. Pavis, em A. Helbo *et al.*, *op. cit.*, pp. 33-63.

21. Jürgen Müller, "Intermedialität als Provokation der Medienwissenschaft", *Eikon*, n. 4, 1992, pp. 18-19.

entre as mídias e que sua função provém, entre outras coisas, da evolução histórica dessas relações", e pressupõe-se o "fato de que uma mídia guarda em si estruturas e possibilidades de uma ou várias outras mídias"[22].

Aplicada ao teatro, a pesquisa da intermidialidade de uma encenação consiste em analisá-la localizando o impacto em suas componentes de diferentes mídias específicas. É possível, por exemplo, interessarmo-nos pelas estruturas narrativas fílmicas, pela escritura dramática que procede por curtas sequências bruscamente interrompidas, ou então pela influência das iluminações cinematográficas sobre a prática cênica. Evitaremos uma estilística comparada das "essências midiáticas" (traços considerados como específicos de uma mídia) pois nos limitaríamos então a comparar lugares comuns atribuídos à essência fixa das mídias. Confrontaríamos, pelo contrário, a maneira pela qual as mídias (exteriores à obra cênica) se integram a materiais da representação utilizando propriedades historicamente atestadas dessas mídias de origem e tomando então, nesse novo contexto, uma dimensão bem diferente.

Vamos tomar três exemplos históricos onde observamos o impacto do cinema sobre três artes diferentes do espetáculo, o que nos autoriza a falar da *incorporação das mídias* no espetáculo vivo.

Incorporação das Mídias nas Artes Vivas da Cena

A estética teatral de Meierhold foi influenciada pelo cinema russo e soviético, sobretudo por aquele de seu antigo ator Eisenstein, mas seus empréstimos à estética do filme nunca foram diretos. Como escreve muito bem Uwe Richterich: "Meierhold não estava interessado na simples utilização do cinema como alargamento técnico das possibilidades do teatro, mas na incorporação das implicações *estéticas* do olhar fílmico"[23]. Se não encontramos no teatro de Meierhold tela e projeções em cena, por outro lado a encenação e a representação do ator utilizam técnicas de montagem cinematográfica, sobretudo a "montagem das atrações".

Decroux, apesar de sua homenagem a Chaplin, não se vale do cinema mudo, mas se refere explicitamente em *Palavras sobre a Mímica*[24] aos "dois movimentos contrários" do *saccadé* ("pontuado") e *fondu* ("fluente"), que caracterizam duas maneiras de se mover para o mímico. Ora, esses são termos e técnicas que têm a melhor ilustração

22. Jürgen Müller, "Le labyrinthe médiatique du film", *Mots/Images/Sons*, Colóquio internacional de Rouen, 1990, p. 145.

23. Uwe Reichterich, *Die Sehnsucht zu sehen. Der filmische Blick*, Francfort, Peter Lang, 1993, p. 43.

24. Étienne Decroux, *Paroles sur le le mime*, Paris, Gallimard, 1963, p. 72.

no cinema, com a câmera rápida e o *fade* ou a câmera lenta. É ao evocar esses dois tipos de desenrolar do filme que o mímico melhor saberá executar seu gesto, e é o hábito de percebê-los realizados na tela que inspirará seu gestual. As noções de *close* ou de montagem encontram um equivalente gestual na noção de mobilização/imobilização de uma parte do corpo e na de fragmentação do corpo em que cada segmento é utilizado por vez. A oposição entre a observação pontuada (o *glance*) e a contemplação panorâmica (o *gaze*) foi frequentemente teorizada, particularmente por Beckett em *Film*:

> O *coup d'oeil* é o olhar externo, o da câmera e da montagem, que introduz uma quebra de plano a plano e uma descontinuidade de um plano ao outro. Tais olhadas da visão ávida* agridem seu objeto e introduzem um *staccato* que se reflete na descontinuidade espaçotemporal dos planos [...]
>
> A contemplação dos objetos se faz pelo contrário em um movimento de *legato* e de panorâmica percorrendo sem arrancos o mundo externo que se torna assim ainda mais estável, e global, e que preexiste ao olhar: as coisas e o espaço parecem já estar lá, à espera de um olhar, de um EYE/I colocado sobre eles, como se tais objetos estivessem constantemente expostos à vista[25].

Pina Bausch, e com ela boa parte da dança contemporânea dita pós-moderna, utiliza processos de composição coreográfica que seriam esperados mais na estética do filme ou do vídeo: fragmentação do gesto, repetição de uma sequência, efeito de *close* e de focalização, *fades*, olhares para a câmera, elipse narrativa, montagem em câmera rápida. Como se a maneira de coreografar passasse por um olhar midiado pela câmera ou a mesa de montagem do cinema ou vídeo.

Ou bien le débarquement désastreux

Em *Ou bien le débarquement désastreux* (*Ou Então o Desembarque Desastroso*), espetáculo composto por Heiner Goebbels, com estreia em Nanterre em março de 1993, foram reunidos um certo número de objetos musicais, textuais, cenográficos segundo um "método" que revela um novo uso das mídias. Como se a maneira tradicional de tratar os materiais cênicos estivesse deslocada.

Os textos de Conrad, Müller e Ponge são mais recitados e citados do que representados por André Wilms. A montagem é não só temática (há referência a uma floresta), mas gramatical: as entradas do *Diário do Congo* de Joseph Conrad estão na primeira pessoa; a narrativa de *Héracles 2 ou a Hidra* de Heiner Müller coloca em cena uma personagem descrita na terceira pessoa; o poema de Ponge sobre a floresta

* No original, "*haptique*", neologismo formado a partir do verbo *happer*, "abocar com avidez". (N. do T.)

25. Patrice Pavis, "*Film* est um film", *Protée*, vol. 19, n. 3, 1991.

de pinheiros se dá como descrição objetiva, sem sujeito implicado na narração, segundo os princípios de um pseudocientificismo. Esses três modos de discurso cobrem o conjunto dos meios linguísticos de descrever ou de escrever sobre uma floresta. Vê-se como o locutor e o ser humano se retraem pouco a pouco como presença, para se tornar uma linguagem que se basta em si mesma e se limita a definir seus termos ("Uma floresta de quarenta anos se chama...").

Além disso, tal linguagem, mais transportada do que encarnada pelo ator, está imersa em um dispositivo musical e cênico onipresente. A música é produzida ao vivo a partir dos mais diversos lugares: os tocadores de guitarra elétrica e de trombone se deslocam, assim como a cantora e o tocador de kora africanos. Há uma luta acústica e simbólica entre essas músicas e a palavra do ator. A intermidialidade está particularmente tematizada na justa (mais do que prova de força) entre a tecnologia musical ocidental de meios consideráveis e a voz cantada dos *griots* acompanhada pela *kora*, instrumento africano ancestral. Por uma inversão irônica dos signos e das tecnologias, o daxofone é um instrumento inventado para reproduzir os ruídos dos animais da floresta: os gritos naturais só podem ser imitados por uma tecnologia complicada, mas que se parece também com a técnica do serrote musical. A nova "junção" entre homem e máquina consiste em a máquina reproduzir exatamente o que o corpo e a voz humana ou animal fariam sem dificuldade.

Se há um desenvolvimento separado das mídias visuais, uma sarabanda contínua das novas técnicas e dos novos efeitos, há necessariamente, em contrapartida, um mesmo espaço sonoro no qual devemos escutar o conjunto das diferentes fontes sonoras, o sentido estando no contraste entre voz nua e tecnologia sofisticada.

O resultado é uma filmagem/ uma captação/ uma percepção imaginárias em um espaço multimídia neutralizado, aberto, espaço do estúdio ou do ateliê no qual se passa de uma fonte à outra, sem que se saiba muito bem qual possa ser a resultante. Tem-se antes a impressão de uma temporalidade por "quilômetro rodado", como em um ensaio interminável ou uma improvisação onde passamos de um ateliê para o outro.

O dispositivo deixa à mostra as diferentes mídias, em vez de tentar integrá-las, como se o desembarque fosse antes de tudo tecnológico: produz-se, estoca-se, as questões são seriadas, ocupa-se e esquadrinha-se o terreno. A única interação possível dessas mídias é dramatúrgica, pois a série de textos produz uma fábula lógica em três tempos: intrusão colonialista, violência, preconceitos primitivistas como traços na língua.

A mensagem ideológica do espetáculo, o que chamaremos de seu ideologema (Parte III, capítulo 2), parece se resumir a isso: o homem branco invade a floresta do homem negro; o resultado desse desembarque é infeliz (mais que *desastroso*[26]), ou seja, não é bem-sucedido. Tal ideologema, evidente no plano do conteúdo narrativo, é aberto no plano formal: o interartístico, o intercultural, o intermidiático estão abertos, quer dizer que não impõem uma hierarquia, um resultado, um percurso e um discurso ideológico. A tecnologia musical e o canto africano, mesmo que diferentes, encontram-se em sua capacidade de escuta e de tolerância recíproca.

A intermidialidade é apenas um dos meios, o mais recentemente teorizado talvez, para anotar e analisar um espetáculo. Pudemos constatar que os instrumentos de investigação não faltam, mas nenhum deles é universal e nada se faz automaticamente, sejam quais forem os instrumentos utilizados: nos absteremos assim de cair na ilusão "tecnologista", que nos faria crer que a máquina vai acabar mesmo por anotar tudo e explicar tudo. Por isso não relatamos aqui os meios eletrônicos de captação do espetáculo, nem os diferentes sistemas de anotação[27].

Apesar da informatização galopante, incluída a de nossos corpos, de nossos reflexos e de nossas ideias, teríamos antes vontade de nos distanciar dos instrumentos puramente mecânicos da anotação, de confiarmos mais na memória, na intuição, em suma, de correr alguns riscos hermenêuticos em vez de nos contentarmos com certezas eletrônicas. Assim, é mais a um diálogo com a obra cênica, a um questionamento mais que um questionário, que nós gostaríamos de incitar o espectador desorientado, tanto sábio como iniciante. A arqueologia da representação, se está fundada em uma reflexão antropológica (esboçada aqui mesmo, Parte III, capítulo 3), estará talvez habilitada para renovar a abordagem do espetáculo, sem sucumbir à vertigem do detalhe e da quantificação. Por isso, os sistemas de anotação e de captação devem manter sua função puramente instrumental. O que conta de fato é a incorporação do espetáculo em nós e a arqueologia do vivo que nos ajudará talvez a torná-los claros e vívidos.

26. O título alemão, *Oder die glücklose Landung*, sugere que o desembarque é infeliz (*glück-los*), que não é bem-sucedido.

27. Cf. P. Pavis, *Voix e images de la scène*, *op. cit.*, pp. 145-169.

Parte II

Os Componentes da Cena

1. O Ator

A análise do espetáculo deveria começar pela descrição do ator, pois este está no centro da encenação e tende a chamar o resto da representação para si. Mas é igualmente o elemento mais difícil de se captar. Antes de tentar analisar a representação, é preciso começar propondo uma teoria do ator.

O TRABALHO DO ATOR

A Abordagem por uma Teoria das Emoções

Do que necessitamos para descrever o trabalho do ator? Seria mesmo preciso partir de uma teoria das emoções, como poderia sugerir a história da atuação do ator moderno, desde Diderot até Stanislávski e Strasberg? Uma tal teoria das emoções aplicada ao teatro valeria apenas, na melhor das hipóteses, para um tipo bem definido de ator: o do teatro da mimese psicológica e da tradição da retórica das paixões. Por outro lado, teríamos a maior necessidade de uma teoria da significação e da encenação global, na qual a representação mimética dos sentimentos é apenas um aspecto entre vários outros. Ao lado das emoções, aliás muito difíceis de decifrar e anotar, o ator-dançarino se caracteriza por suas sensações cinestésicas, sua consciência do eixo e do peso do corpo, do esquema corporal, do lugar de seus parceiros no espaço-tempo: parâmetros esses que não têm a fragilidade das emoções e que se poderia mais facilmente relevar.

No teatro, as emoções dos atores não têm de ser reais ou vividas; elas devem ser antes de tudo visíveis, legíveis e conformes a convenções de representação dos sentimentos. Tais convenções são ora as da teoria do verossímil psicológico do momento, ora as da tradição de uma atuação que codificou os sentimentos e sua representação. A expressão emocional do ser humano, que reúne os traços comportamentais pelos quais se revela a emoção (sorrisos, choros, mímicas, atitudes, posturas), encontra no teatro uma série de emoções padronizadas e codificadas, as quais figuram comportamentos identificáveis que, por sua vez, geram situações psicológicas e dramáticas que formam a estrutura da representação. No teatro, as emoções são sempre manifestadas graças a uma retórica do corpo e dos gestos nos quais a expressão emocional é sistematizada, ou mesmo codificada. Quanto mais as emoções são traduzidas em atitudes ou em ações físicas, mais elas se liberam das sutilezas psicológicas do indizível e da sugestão.

A teoria das emoções é por si só insuficiente para pretender descrever o trabalho tanto do dançarino como do ator e é preciso um quadro teórico muito diverso, que ultrapassa em muito o da psicologia. Aliás, assim que o estudo do ator se abriu aos espetáculos extraeuropeus, ultrapassou-se logo a teoria psicológica das emoções, a qual vale, na melhor das hipóteses, para as formas teatrais que imitam os comportamentos humanos, sobretudo verbais, de maneira mimética, como a encenação naturalista.

Uma Teoria Global do Ator?

Seria possível uma teoria do ator? Nada é menos garantido que isso, pois se pensamos saber em que consiste a função do ator, temos muita dificuldade em descrever e captar o que ele faz ao certo, em compreendê-lo não somente com os olhos mas, como o pede Zéami, com o espírito. Mal podemos dizer que ele parece falar e agir não mais em seu próprio nome, mas em nome de uma personagem que ele faz de conta ser ou imitar. Mas como ele procede, como realiza todas essas ações e que sentidos produzem para o espectador? Muito temerária e ambiciosa seria a teoria que pretendesse englobar todas essas atividades de atuação e de produção do sentido, pois a ação do ator é comparável à do ser humano em situação normal, mas acrescida do parâmetro da ficção, do "faz de conta" da representação. O ator se situa no coração do acontecimento teatral: é o elo vivo entre o texto do autor (diálogos ou indicações cênicas), as diretivas do encenador e o ouvido atento do espectador; é o ponto de passagem de toda descrição do espetáculo.

Paradoxalmente, seria mais fácil fundar a teoria do ator não a limitando à teoria do ator ocidental, mas incluindo nela a do ator--cantor-dançarino de tradições e culturas extraeuropeias. Pois, para essas tradições, a arte do ator é muito mais técnica, ou seja, mais facilmente descritível e estritamente limitada a formas codificadas e reproduzíveis que não devem nada à improvisação ou à livre expressão. Nada comparável com o ator da tradição ocidental psicológica, o qual não conquistou todas essas técnicas gestuais, vocais, musicais, coreográficas e se alojou em um gênero determinado: o teatro de texto falado. O ator ocidental parece sobretudo querer dar a ilusão que incarna um indivíduo do qual lhe confiaram o papel em uma história em que intervém como um dos protagonistas da ação. Donde a dificuldade de descrever a atuação ocidental, pois as convenções tentam se negar; dificuldade também para se esboçar uma teoria de sua prática, partindo do ponto de vista do observador (espectador e/ou teórico) e não do ponto de vista da experiência subjetiva do ator. Que faz o ator em cena? Como se prepara para sua atividade artística? Como transmite ao espectador uma série de orientações ou de impulsos para o sentido? Não faremos aqui uma história do ator através dos tempos – tarefa aliás que deveria ser feita – mas nos restringiremos a algumas observações sobre a metodologia da análise do ator contemporâneo ocidental, que não deve no entanto se limitar ao ator naturalista ou àquele do Método, inspirado por Stanislávski e Strasberg[1]. De fato, o ator não imita necessariamente uma pessoa real; ele pode sugerir ações por meio de algumas convenções ou por um relato verbal ou gestual.

Seria preciso primeiro estabelecer *desde quando* o ser humano está em situação de ator, em que consistem os traços específicos de sua atuação. O ator se constitui como tal assim que um espectador, ou seja, um observador externo, o olha e o considera como "extraído" da realidade ambiente e portador de uma situação, de um papel, de uma atividade fictícia ou pelo menos distinta de sua própria realidade de referência. Mas não basta que tal observador decida que tal pessoa representa uma cena e, logo, que é um ator (estaríamos assim naquilo que Boal chama de "teatro invisível"), é preciso também que o observado tenha consciência de representar um papel para seu observador, e que assim a situação teatral esteja claramente definida. Quando a convenção está estabelecida, tudo o que o observador faz ou diz não é mais vendido pelo preço que se comprou, mas como ação ficcional que tem sentido e verdade apenas no mundo possível no qual observador e observado convencionam se situar. Assim procedendo, ao definir a atuação como uma *convenção ficcional*, estamos no caso do ator ocidental que finge ser um outro; pelo contrário, o *performer* oriental (o ator-cantor-dançarino), quer cante, dance ou recite, realiza essas ações reais como ele mesmo, como *performer*, e não como personagem fingindo ser um outro ao se fazer passar como tal aos

1. Para um excelente sobrevoo histórico cf. Robert Abirached, "Les jeux de l'être et du paraître", *Le Théâtre*, Paris, Bordas, 1980.

olhos do espectador. Se o termo *performer* é cada vez mais usado, no lugar de "ator", é para insistir na ação completada pelo ator, por oposição à representação mimética de um papel. O *performer* é antes de tudo aquele que está presente de modo físico e psíquico diante do espectador.

Os Componentes e as Etapas do Trabalho do Ator

O ator ocidental – e mais precisamente o de tradição psicológica – estabelece sistematicamente um papel: "compõe" uma partição vocal e gestual na qual se inscrevem todos os indícios comportamentais, verbais e extraverbais, o que dá ao espectador a ilusão de que está sendo confrontado a uma pessoa real. Não só empresta seu corpo, sua aparência, sua voz, sua afetividade mas – pelo menos para o ator naturalista – se faz passar por uma pessoa verdadeira, semelhante àquela com quem esbarramos cotidianamente, com a qual podemos nos identificar, já que tanto encontramos nela impressões de similitude com o que sabemos de nosso caráter, de nossa experiência do mundo, das emoções e dos valores morais e filosóficos. Muito cedo, esquecemos que estamos comprando gato por lebre em relação a nós mesmos, construindo uma totalidade a partir de parcos indícios: esquecemos a técnica do ator para nos identificarmos com a personagem e mergulharmos no universo que representa. No entanto, o ator cumpre um trabalho bem preciso do qual não se imagina muitas vezes a complexidade. Não é fácil também distinguir, como fazem Stanislávski e Strasberg, a *preparação do ator* e a *preparação da personagem*. Enquanto a preparação de si mesmo – ou seja, essencialmente o trabalho sobre as emoções e o aspecto externo do ator – está no centro de seus escritos, a preparação do papel, que leva a toda uma reflexão dramatúrgica, permanece bastante negligenciado, vem sempre após uma preparação psicológica: o trabalho sobre o papel não deve começar antes que o ator tenha adquirido os meios técnicos para realizar suas intenções. Na verdade, aquilo que ocorre é antes um ir-e-vir constante entre o eu e o papel, entre o ator e sua personagem. O que o ator trabalha em si mesmo compreende as técnicas de relaxamento, de concentração, de memória sensorial e afetiva, assim como o treino da voz e do corpo, em suma, tudo o que é prelúdio à figuração de um papel.

Os indícios da presença

O primeiro "trabalho" do ator, que não é trabalho propriamente dito, é o de estar *presente*, de se situar aqui e agora para o público, como um ser transmitido "ao vivo", sem intermediário. É comum se dizer que os grandes atores têm antes de tudo uma *presença* que é um dom do céu e que os diferencia dos tarefeiros. Talvez! Mas todo ator presente diante de mim não manifesta uma inalienável presença por definição? É uma marca do ator de teatro que eu o perceba "de cara" como materialidade presente, como "objeto" real pertencente ao mundo externo e que "depois" eu o imagine em um universo ficcional, como se não estivesse ali na minha frente, mas na corte de Luís XIV (se estivermos falando do *Misantropo*). O ator de teatro tem pois um *status* duplo: é pessoa real, presente. E ao mesmo tempo personagem imaginário, ausente, ou pelo menos situado em uma "outra cena". Descrever tal presença é a coisa mais difícil que há, pois os indícios escapam a toda captação objetiva e o "corpo místico" do ator se oferece para logo se tomar de volta. Donde todos os discursos mistificadores sobre a presença de tal e tal ator, discursos que na verdade são normativos ("esse ator é bom, esse ator não"[2]).

A relação com o papel

Sua segunda tarefa é de "não perder a personagem" e, para o ator naturalista, de manter a atuação, de não quebrar a ilusão que ele *é* essa pessoa complexa na existência da qual devemos acreditar. Isso necessita uma concentração e uma atenção de todos os momentos, seja qual for a convicção íntima do ator de ser a personagem ou sua técnica para dar simplesmente sua imagem externa. Ele pode, de fato, tanto se identificar ao papel por todo o tipo de técnicas de autopersuasão, como iludir o mundo externo, dar gato por lebre ao fingir ser outro, ou então tomar distância de seu papel, citá-lo, ironizá-lo, sair e entrar dele a seu bel-prazer. Seja como for, deve ser sempre o dono da codificação escolhida e das convenções de atuação que ele aceitou. Descrever a atuação obriga a observar e a justificar a evolução do liame entre ator e sua personagem.

A dicção

A *dicção* de um texto eventual é apenas um caso particular dessa estratégia comportamental: ora ela é tornada verossímil, submetida à mimese e às maneiras de falar do meio onde se situa a ação, ora desconectada de qualquer mimetismo e organizada em um sistema fonológico, retórico, prosódico, que possui suas próprias regras e não busca produzir efeitos de realidade ao copiar maneiras autênticas de falar.

O ator na encenação

Graças ao controle do comportamento e da dicção, o ator imagina possíveis *situações de enunciação* nas quais tanto seu texto como suas

2. Sobre a crítica da presença na teoria do ator, sobretudo em Barba, cf. Patrice Pavis, "Un canöe à la dérive?", *Théâtre/Public*, n. 126, 1995.

ações tomam um sentido. Tais situações, na maioria das vezes, são apenas sugeridas por alguns índices que esclarecem a cena e o papel. É responsabilidade do encenador, mas também do ator, decidir quais índices serão escolhidos. Só o ator sabe (mais ou menos) que escala têm os seus índices gestuais, faciais ou vocais, se o espectador está em condições de percebê-los e quais significações ele é suscetível de atribuir a eles. Na "pose" de seus signos, é preciso que seja, ao mesmo tempo, suficientemente claro para ser percebido, e sutil para ser diferenciado ou ambíguo. Nesse sentido, a teoria do ator se inscreve em uma teoria da encenação e, mais geralmente, da recepção teatral e da produção do sentido: a preparação do ator, em particular de suas emoções, só faz sentido na perspectiva do olhar do outro, logo, do espectador, que deve estar em condições de ler os índices fisicamente visíveis da personagem trazida pelo ator.

Gestão e leitura das emoções

O ator sabe gerir e dar a ler suas emoções. Nada o obriga a sentir realmente os sentimentos de sua personagem e se toda uma parte de sua formação consiste, a partir de Stanislávski e Strasberg, em cultivar sua memória para melhor encontrar prontamente e seguramente um estado psicológico sugerido pela situação dramática, esta é apenas uma opção entre muitas outras – a mais "ocidental", mas não necessariamente a mais interessante. Aliás, mesmo o ator do "Sistema" stanislavskiano ou do "Método" strasberguiano não utiliza um sentimento seu tal e qual para representar a personagem, como fez o ator romeno Polus que se serviu das cinzas de seu próprio filho para representar o papel de Electra portando a urna de Orestes. É igualmente importante para o ator saber fingir e reproduzir a frio suas emoções, mesmo que fosse apenas para não depender da espontaneidade, pois, como observa Strasberg, "o problema fundamental da técnica do ator é a não confiabilidade das emoções espontâneas"[3]. Mais que um domínio interno das emoções, o que conta em última instância para o ator é a legibilidade das emoções que ele interpreta para o espectador. Não é necessário que este encontre o mesmo tipo de emoções que encontra na realidade, logo que o ator se entregue a uma expressão quase "involuntária" de suas emoções. As emoções são, com efeito, por vezes codificadas, repertoriadas e catalogadas em um estilo de atuação: como por exemplo na atuação melodramática no século XIX, as atitudes retóricas na tragédia clássica ou nas tradições extraeuropeias (por exemplo a dança indiana Odissi). Às vezes os mímicos ocidentais (Decroux, Marceau, Lecoq) tentaram codificar as emoções com a ajuda de um tipo de movimento ou de atitude.

3. Lee Strasberg, *L'Actors' studio et la méthode*, Paris, Interéditions, 1989, p. 177.

Segundo Jacques Lecoq, "cada estado passional se encontra em um movimento comum: o orgulho sobe, a inveja obliqua e se esconde, a vergonha se abaixa, a vaidade gira"[4].

Na prática contemporânea, desde Meierhold e Artaud até Grotóvski e Barba, o ator permite a leitura direta de emoções já traduzidas em ações físicas cuja combinatória forma a própria fábula. As emoções não são mais para ele, como na realidade afetiva, uma "perturbação súbita e passageira, um 'desvio' na trajetória da vida cotidiana", são posturas em movimento, *moções* físicas e mentais que o motivam na dinâmica de seu jogo, o espaço-tempo-ação da fábula na qual se inscreve. Em vez de se prestar (para o ator como para o espectador ou o teórico) a profundas introspecções sobre o que sente ou não o ator, é preferível pois partir da postura na forma, da codificação dos conteúdos emocionais. De fato, é mais fácil observar o que o ator *faz* do seu papel, como o cria e se situa em relação a ele. Pois o ator é

> um poeta que escreve sobre a areia [...] Como um escritor, ele extrai de si mesmo, de sua memória, a matéria de sua arte, ele compõe uma narrativa segundo a personagem fictícia proposta pelo texto. Mestre de um jogo de enganos, acrescenta e elimina, oferece e retira; esculpe no ar seu corpo em movimento e sua voz mutável[5].

Na prática teatral contemporânea, o ator não remete mais sempre a uma pessoa verdadeira, a um indivíduo formando um todo, a uma série de emoções. Não significa mais por simples transposição e imitação; constrói suas significações a partir de elementos isolados que toma emprestado de partes de seu corpo (neutralizando todo o resto): mãos que mimam uma ação inteira, boca unicamente iluminada com exclusão de todo o corpo, voz do narrador que propõe enredos e representa sucessivamente vários papéis.

Da mesma forma que para a psicanálise o sujeito é um sujeito "lacerado", intermitente, com "responsabilidade limitada", o ator contemporâneo não é mais encarregado de mimar um indivíduo inalienável: não é mais um *simulador*, mas um *estimulador*; ele "atua" antes de tudo suas insuficiências, suas ausências, sua multiplicidade. Não é tampouco obrigado a representar uma personagem ou uma ação de maneira global e mimética, como uma réplica da realidade. Foi, em suma, reconstituído em sua profissão pré-naturalista. Pode sugerir a realidade por uma série de convenções que serão localizadas e identificadas pelo espectador. O *performer*, diferentemente do ator, não representa um papel, age em seu próprio nome.

4. Jacques Lecoq (ed.), *Le Théâtre du geste*, Paris, Bordas, 1987, p. 20.
5. Antoine Vitez, *Le Théâtre des idées*, Paris, Gallimard, 1991, p. 144.

É aliás raro, para não dizer impossível, que o ator esteja inteiramente embuído no papel, a ponto de fazer esquecer que é um artista representando uma personagem e construindo assim um artefato. Mesmo o ator segundo Stanislávski não faz esquecer que está representando, que está empenhado em uma ficção e que constrói um papel, e não um verdadeiro ser humano à maneira de Frankenstein. Em um palco, o ator não se deixa nunca esquecer que atua como artista-produtor, pois a produção do espetáculo faz parte do espetáculo e do prazer do espectador (estou sempre consciente que estou no teatro e percebo um ator, logo um artista, um ser artificialmente construído).

Identificação ou distância

Muitas vezes o ator procura se identificar com seu papel: mil pequenas artimanhas lhe servem para se convencer de que ele é essa personagem da qual lhe fala o texto e que ele deve incarnar aos olhos do mundo externo. Finge crer que sua personagem é uma totalidade, um ser semelhante aos da realidade, quando, de fato, ela é composta apenas de parcos indícios que ele e o espectador devem completar e suplementar de maneira a produzir uma ilusão de pessoa. Às vezes, ao contrário, ele indica por uma ruptura da atuação que ele não se ilude com a manobra e lhe acontece de trazer seu testemunho pessoal sobre a personagem que ele deve representar.

Métodos de Análise da Atuação Cênica

Para contrabalançar a visão metafísica, ou mesmo mística, do ator (e todos os discursos mistificadores que acompanham isso, sobretudo na literatura jornalística sobre "a vida dos atores"), para ultrapassar o debate estéril sobre o "reviver" e o "fingir", não haveria nada melhor que secas análises mecânicas sobre a atuação. Os instrumentos da análise sendo ainda pouco elaborados, nos limitaremos a sugerir algumas pistas possíveis para a pesquisa futura.

As categorias históricas ou estéticas

Cada época histórica tende a desenvolver uma estética normativa que se define por contraste com as precedentes e propõe uma série de critérios bastante rígidos. É tentador então descrever estilos de atuação correspondentes: romântico, naturalista, simbolista, realista, expressionista, épico etc. O espectador moderno dispõe muitas vezes de uma grade histórica rudimentar que o ajuda a identificar, por exemplo, atuação "naturalista", brechtiana, artaudiana, actors' studio ou grotoviskiana. Momentos históricos e escolas de atuação são assim assimilados a categorias estéticas muito aproximativas. O interesse dessas categorizações é de não isolar o estudo do ator de todo seu ambiente estético ou sociológico. O ator naturalista, por exemplo, o da época de Zola ou Antoine, será descrito segundo uma teoria do meio, de uma estética do verossímil e dos fatos reais, conformemente à ideologia e à estética determinista e naturalista. A análise permanece, no entanto, muitas vezes superficial, ou mesmo tautológica: é ator naturalista, diz-se muito, aquele que evolui em um universo naturalista... Semelhante tautologia não esclarece em nada os gestos especificamente naturalistas e os processos da atuação psicológica.

Melhor seria tentar uma hipótese a partir de um modelo cultural que distingue no tempo e no espaço diversas maneiras de conceber o corpo e de se prestar a diferentes modos de significação.

As descrições semiológicas

Elas dizem respeito a todos os componentes da atuação: gestualidade, voz, ritmo da dicção e dos deslocamentos. É precisamente a determinação desses componentes e, logo, o recorte em sistemas, que criam um problema e que não são evidentes, pois não há, nessa matéria, recorte e tipologia objetiva e universal. Cada domínio recorre às semiologias sectoriais existentes para isolar os princípios gerais de sua organização. A dificuldade está, no entanto, em não fragmentar a performance do ator em especialidades estreitas demais, perdendo assim de vista a globalidade da significação: tal gestualidade só faz sentido relacionada a um deslocamento, um tipo de dicção, um ritmo, sem falar do conjunto da cena e da cenografia da qual faz parte. É preciso pois procurar desenvolver um recorte e unidades que preservem coerência e globalidade. Em vez de uma separação entre gesto e texto, ou gesto e voz, um esforço será feito para se distinguir macrosequências no interior das quais os diversos elementos se reúnem, se reforçam ou se distanciam, formando um conjunto coerente e pertinente, suscetível em seguida de se combinar com outros conjuntos.

Poderíamos também considerar o ator como o realizador de uma montagem (no sentido fílmico do termo), já que compõe seu papel a partir de fragmentos: índices psicológicos e comportamentos para a atuação naturalista que acaba por produzir, apesar de tudo, a ilusão da totalidade; momentos singulares de uma improvisação ou de uma sequência gestual incessantemente reelaborados, laminados, cortados e colados para uma montagem de ações físicas em Meierhold, Grotóvski ou Barba. A análise da sequência da atuação só pode ser feita ao se levar em consideração o conjunto da representação, recolocando-a na estrutura narrativa que revela a dinâmica da ação e a organização linear dos temas. Une-se assim à análise da representação. É, por exemplo, possível distinguir em um trabalho gestual, vocal e semântico do ator vários grandes tipos de vetores. O vetor se define como uma força e um deslocamento desde uma determinada origem até um ponto de aplicação e segundo a direção dessa linha que vai de um ponto ao outro. Distinguiremos quatro grandes tipos de vetores:

1. ACUMULADORES: condensam ou acumulam vários signos;
2. CONECTORES: ligam dois elementos da sequência em função de uma dinâmica;
3. SECIONANTES: provocam uma ruptura no ritmo narrativo, gestual, vocal, o que chama a atenção no momento em que o sentido "troca de sentido";
4. EMBREADORES: fazem passar de um nível de sentido a outro ou da situação de enunciação aos enunciados.

Tais vetores são a primeira estrutura do trabalho do ator, que é obviamente muito mais fino e lábil, constituído por uma miríade de microatos, de nuances infinitas da voz ou do gesto. São, no entanto, indispensáveis para que o ator seja, ao mesmo tempo, coerente e "legível" e que funcione como um divisor de águas e um amplificador para todo o resto da representação.

De fato, o ator só tem sentido em relação a seus parceiros de cena: é preciso pois notar como se situa diante deles, se sua atuação é individualizada, pessoal ou então típica daquela do grupo, como se inscreve na configuração (o *blocking* como se diz em inglês) do conjunto. Mas como descrever o gesto por meio de um discurso sem que perca toda a especificidade, todo o volume, toda a intensidade, toda a relação vivificante com o resto da representação? O trabalho do ator só se compreende quando recolocado no contexto global da encenação, lá onde participa da elaboração do sentido de toda a representação. De nada serve anotar todos os detalhes se não se vê em quê esse trabalho se prolonga em toda a representação.

Pragmática da atuação corporal

A descrição do ator exige uma abordagem ainda mais técnica para captar a variedade do trabalho corporal executado. Partiremos, por exemplo, da pragmática da atuação corporal tal como a descreve Michel Bernard[6] ao determinar os sete operadores que seguem:

1. A EXTENSÃO E A DIVERSIFICAÇÃO DO CAMPO DA VISIBILIDADE CORPORAL (nudez, mascaramento, deformação etc.), em suma, de sua iconicidade.
2. A ORIENTAÇÃO OU A DISPOSIÇÃO DAS FACES CORPORAIS relativamente ao espaço cênico e ao público (frente, costas, perfil, três-quartos etc.).

6. Michel Bernard, "Quelques réflexions sur le jeu de l'acteur contemporain", *Bulletin de psychologie*, t. XXXVIII, n. 370, 1986.

3. AS POSTURAS, ou seja, o modo de inserção no solo e mais amplamente o modo de gestão da gravitação corporal (verticalidade, obliquidade, horizontalidade...).
4. AS ATITUDES, ou seja, a configuração das posições somáticas e segmentárias em relação com o ambiente (mão, antebraço, braço, tronco/cabeça, pé, perna...).
5. OS DESLOCAMENTOS ou as modalidades da dinâmica de ocupação do espaço cênico.
6. AS MÍMICAS COMO EXPRESSIVIDADE VISÍVEL do corpo (mímicas fisionômicas e gestuais) em seus atos tanto úteis como supérfluos, e, por conseguinte, do conjunto dos movimentos anotados.
7. A VOCALIDADE, OU SEJA, A EXPRESSIVIDADE AUDÍVEL DO CORPO e/ou dos substitutos e complementos (barulhos orgânicos naturais ou artificiais: com os dedos, os pés, a boca etc.).

Essas sete referências de Michel Bernard permitem uma descrição precisa da corporalidade do ator, o que é um meio de notar e comparar diferentes usos do corpo. Poderíamos acrescentar dois outros: os *efeitos do corpo* e a *propriocepção do espectador*.

8. OS EFEITOS DO CORPO. O corpo do ator não é um simples emissor de sinais, um semáforo regulado para ejetar sinais endereçados ao espectador; ele produz efeitos sobre o corpo do espectador, sejam eles designados por energia, vetor do desejo, fluxo pulsional, intensidade ou ritmo. Como veremos mais adiante com a análise de *Ulrike Meinhof*, tais efeitos são mais eficazes que uma longa explicação de signos gestuais pacientemente codificados e depois decodificados em intenção a um espectador-semiólogo "médio". Donde esta observação de Dort: o ator seria o antissemiólogo por excelência, já que destrói os signos da encenação em vez de construí-los[7].
9. PROPRIOCEPÇÃO DO ESPECTADOR. Não se trata mais diretamente de uma propriedade do ator, mas da percepção interna pelo espectador do corpo do outro, das sensações, das impulsões e dos movimentos que o espectador percebe no exterior e transfere para si mesmo.

As "técnicas do corpo": rumo a uma antropologia do ator

Todas as descrições da semiologia e da pragmática preparam uma antropologia do ator, ainda a ser inventada, que faria o mais concretamente possível as perguntas ao ator e a seu corpo, questões que a análise do espectador deve sistematicamente colocar para toda encenação.

1. De que corpo o ator dispõe antes mesmo de acolher um papel? Em que ele está já impregnado pela cultura ambiente e como esta se alia

7. Bernard Dort, *La Représentation émancipée*, Arles, Actes Sud, 1988, p. 183.

ao processo de significação do papel e da atuação? Como o corpo do ator "dilata" sua presença assim como a percepção do espectador?[8]

2. O que mostra, o que esconde o corpo? O que a cultura, de San Francisco a Ryad, aceita nos revelar sobre sua anatomia, que escolhe para mostrar e esconder, e em que perspectiva?
3. Quem "mexe os pauzinhos" do corpo? Ele é manipulado como um títere ou dá ele mesmo, e do interior, suas ordens de funcionamento? E onde fica o piloto?
4. O corpo é centrado em si mesmo, remetendo toda manifestação a um centro operacional de onde tudo parte e para onde tudo volta? Ou então ele é descentrado, posto na periferia de si mesmo, tendo importância sobretudo para o que está apenas na periferia?
5. O que, em seu meio cultural ambiente, passa por um corpo controlado ou por um corpo "desenfreado"? O que será vivido como um ritmo lento ou rápido? Em que o retardamento ou a aceleração de uma ação mudará o olhar do espectador, solicitando seu inconsciente ou provocando seu inebriamento?
6. Como o corpo falante e atuante do ator convida o espectador a "entrar na dança", a se adaptar ao sincronismo e a fazer convergir os comportamentos comunicacionais?
7. Como o corpo do ator/atriz é "vivenciado": visualmente? cineticamente ao perceber o movimento? avidamente (ao efetuar o movimento)? Visto "por cima" ou por dentro, segundo qual acontecimento cinético e estésico? Como é solicitada a memória corporal do espectador, sua motricidade e sua propriocepção?
8. Em suma, para colocar a questão junto a Barba, o ator troca de corpo assim que deixa a vida cotidiana pela presença cênica e pela energia dispensada sem reservas? Em que permanece sempre para o espectador um "estrangeiro que dança" (Barba)?

Uma vez traçado esse quadro da antropologia do ator, resta examinar como a atuação pode ser objeto de uma análise; experimentaremos isso ao analisarmos o gestual em *O Avarento* e no *Ulrike Meinhof*.

EXPLICAÇÃO DE GESTOS OU VETORIZAÇÃO DO DESEJO?

Os Diferentes Pontos de Vista sobre o Gesto

A análise da atuação teatral coloca de imediato, como acabamos de ver, a questão teórica do objeto estudado e das unidades utilizadas para descrevê-lo. Que queremos ao certo examinar, quando abordamos

8. Eugênio Barba, *The Secret Art of the Performer*, London, Routledge, 1991, p. 54.

o ator/atriz? Diversos pontos de vista, objetos e discursos se oferecem à análise, que a descrição deve distinguir com cuidado:

- O ATOR/(ATRIZ), no sentido amplo e sua situação na representação.
- O CORPO e a problemática filosófica de sua figuração no teatro: sua corporiedade.
- A ATUAÇÃO: a maneira com a qual o ator atua no espetáculo, no duplo sentido do verbo, o estilo da atuação adotada (naturalista, realista, simbolista etc.).
- OS GESTOS, O GESTUAL, A GESTUALIDADE: maneiras de focar a atenção na utilização do corpo, sobretudo dos membros superiores e inferiores: poses, posturas, deslocamentos, encadeamento de movimentos.
- A COMUNICAÇÃO NÃO VERBAL: o que o ator "diz" com seu corpo, consciente e inconscientemente.
- A COORDENAÇÃO INTERACIONAL: ou "conjunto de fenômenos de sincronização, de afinação, de controle"[9], ou seja, a maneira com a qual o gesto se une à palavra, em cena, do ponto de vista do ator e do espectador.
- A CADEIA POSTURO-MIMO-GESTUAL: que é "contínua no tempo e tridimensional no espaço"[10], e agrupa o conjunto dos dados físicos antes de estabelecer sua ligação com a atividade da palavra.

Todos esses são pontos de vista e campos de estudos já existentes e que a análise da atuação deve adaptar a seu objeto específico. Diante da complexidade dos fenômenos teóricos que atuam aqui e o estado de desolação do estudo do ator, proporemos a seguir uma simples análise de dois curtos excertos centrados na atuação do ator/atriz: Louis De Funès em seu filme *O Avarento* (1979) e Regine Fritschi em *Ulrike Meinhof* (1990), "teatro coreográfico" de Johann Kresnik[11]. Exemplos muito diferentes já que um acompanha e ilustra o texto "inalterável" de Molière enquanto o outro "dança" a vida imaginária da célebre "terrorista" da "Rota Armada Fraktion". A "explicação de gestos", ao se concentrar na "cadeia posturo-mimo-gestual", a considera como um sistema, claro que não isolável e extraível do conjunto da representação, mas pelo menos coerente e analisável segundo suas próprias unidades. Partindo da "explicação dos gestos" (no sentido em que

9. Jacques Cosnier, "Introduction", *Protée*, vol. 20, n. 2 ("Signes et gestes"), 1992, p. 38.

10. J. Cosnier e A. Brossard, *La Communication non-verbale*, Paris-Neuchâtel, Delachaux et Niestlé, 1984, p. 9.

11. A escolha dos espetáculos foi claramente guiada pela possibilidade de o leitor poder se remeter aos exemplos analisados, o que nos levou, em certos casos, como aqui, a trabalhar com teatro filmado para o cinema ou a televisão. Tal registro do teatro não deve evidentemente nos fazer esquecer o teatro e a variedade das práticas espetaculares, que iremos tratar com destaque.

se fala de "explicação de texto" que analisa o detalhe da feitura do texto), contamos localizar de maneira empírica alguns funcionamentos típicos do gesto no teatro e se servir livremente das teorias do gesto na vida cotidiana, aquela que não tem (ainda) nada de artístico, para examinar como o ator utiliza comportamentos gestuais na construção de sua personagem. À essa análise semiológica do gesto em situação mimética de comunicação, oporemos uma "energética" (Lyotard) de um corpo "silencioso", mas que sofre. A questão é saber se uma tal alternativa pode realmente ser mantida, e se é preciso continuar a opor uma comunicação semiológica a uma energética isolada de qualquer mímese e de qualquer referência ou signo.

Antes de entrar no detalhe das análises da gestualidade, convém lembrar que o gestual é apenas um elemento da representação, arbitrariamente isolado do resto da encenação. No entanto, é sempre o contexto global da cena e o olhar do espectador que sobredeterminam o gesto. Além disso, é preciso ter cuidado para não se contentar em descrever o gesto externamente, a partir dos meros índices visíveis, que são apenas a face que emerge de um comportamento e que são legíveis apenas dentro de uma estética do verossímil e do mimético. Isso equivale a dizer que as teorias tomadas de empréstimo à comunicação não verbal devem ser apenas um meio, e não um fim, para esclarecer um sistema estético, ou seja, uma poética construída artificialmente.

Explicação de Gestos: *O Avarento*

O exemplo escolhido é a cena 1 do ato III de *O Avarento*, desde a réplica de Harpagon para Valère e mestre Jacques (réplica enumerada aqui 1) até o final da cena (réplica 64). Adotemos um dispositivo que distingue a palavra subdividida em suas réplicas **R**, o gestual **G** e o comentário teórico **T** sobre a utilização do gesto. Vamos nos esforçar, para esta *explicação de gestos*, em seguir o curso da cadeia verbo-posturo-mimo-gestual para observar e descrever o mais concreta e "secamente" possível alguns dos procedimentos de sua "encenação".

- **R**^{1} Acréscimo verbal: "Bom, então, todo mundo: hop!"
  G: Este texto acrescentado (cujo significado seria: "que todos saiam, menos vocês dois") é induzido da situação gestual como sua verbalização imediata. O gesto prolonga o significado da palavra ("Saiam").
  T: Há de fato uma continuidade entre corpo e palavra: a *cadeia posturo-mimo-gestual* é contínua, o olhar e o entendimento passam insensivelmente de um a outra, a redundância e a imbricação das informações garantem a leitura uniforme da mensagem, sobretudo a direção do movimento, a separação entre o que está incluído e o que está excluído da conversa.

- **R**[1] Harpagon: "Ora essa, mestre Jacques, aproximai-vos".
G: Duas mãos de dedos colados, trazidas paralelamente de fora para o busto de Harpagon indicam o movimento dêitico da aproximação.
T: Qual seria a tipologia dos gestos melhor adaptada ao estudo do teatro ocidental (no qual a palavra vem primeiro e acompanhada do gesto)? A de Rimé[12] distingue três funções principais do gesto na interação social.

1. *Gestos ideativos*	– de marcação
	– ideográficos
2. *Gestos figurativos*	– icônico (pictográfico, kinetográfico, espacial)
	– pantomímico
3. *Gestos evocativos*	– dêiticos
	– simbólicos (emblemáticos)

No caso, o gesto é aqui evocativo-dêitico: remete ao objeto do discurso ("Venha aqui") inscrevendo-o na situação deítica[13] que deseja gerar; orienta a conversa no sentido que importa ao locutor-gesticulador. Essa tipologia confirma apenas parcialmente a dos teóricos da mímica ou do teatro corporal, por exemplo a de Lecoq que distingue as três categorias que seguem:

Os gestos de ação envolvem mais o ato do próprio corpo, os gestos de expressão, mais os sentimentos e os estados da pessoa, os gestos de indicação pontuam a palavra, a precedem, a prolongam ou a substituem[14].

A classificação de Lecoq separa artificialmente a *ação* mimética e a *expressão* modalizadora e emocional, enquanto a *indicação* pode ser ao mesmo tempo ou sucessivamente ideativa, figurativa ou evocativa.

- **R**[2] Mestre Jacques: "É a vosso cocheiro, senhor, ou a vosso cozinheiro que quereis falar? Pois sou tanto um quanto o outro".
G: Em contraste com a agitação de Harpagon-de Funès, Mestre Jacques-Galabru oferece um corpo plácido, robusto, apaziguador; suas mãos se abrem para Harpagon em sinal de procura e de oferta.
T: O gesto, ainda mais o do ator, é legível apenas em relação com o do outro, donde a importância das teorias do *gestus* (Benjamin, Brecht) que estudam a maneira pela qual as determinações sociais e as relações hierárquicas se inscrevem nas trocas de olhar, as relações das massas corporais, a diferença das atitudes.

12. B. Rimé, "Communication verbale et non verbale", *Grand dictionnaire de la psychologie*, Paris, Larousse, 1991.

13. A *deixis* é a inscrição da palavra na situação concreta do espaço e do tempo.

14. J. Lecoq, *op. cit.*, p. 21.

- **R^3** Harpagon: "É a ambos".
- **R^4** Mestre Jacques: "Mas a qual dos dois em primeiro?"
- **R^5** Harpagon: "Ao cozinheiro".
- **R^6** Mestre Jacques: "Esperai então, por favor".

G: Como o diálogo verbal, a sequência de interação gestual não deveria ser decomposta em unidades autônomas, mas analisada globalmente, o que não exclui as observações sobre os diversos momentos gestuais da interação:

- **R^3** O nervosismo de Harpagon produz um leve levantar de ombros que se propaga pelos braços, antebraços e mãos.
- **R^4** A calma ingênua de Mestre Jacques "replica" por uma imobilidade beata e segura de si, donde a irritação gestual e verbal de Harpagon em **R^5**.
- **R^5** O tronco pende para a frente como se todo o corpo, e não somente o olhar ou as mãos, quisesse entrar na discussão. Em contraste, Valère permanece imóvel e apresentado em postura de espera, o busto ancorado solidamente na área de influência de Harpagon, enquanto o olhar é colocado à frente (fora do campo, em direção a mestre Jacques), como para controlar de cima toda intrusão eventual do cozinheiro.

T: A compreensão global da situação dramática permite atribuir a cada ator-personagem um corpo e um gestual característicos de seu tipo, que poderíamos descrever – de maneira impressionista – como segue:

Louis de Funès: pequeno, magro, seco, agitado, instável
Michel Galabru: grande, bronco, jovial, lento, seguro de si
Hervé Bellon: grande, rígido, tenso, elegante, eloquente.

Uma retórica das paixões com todo um repertório de atitudes e gestos típicos logo se instala, cada qual recorrendo a seu roteiro gestual favorito. As personagens se individualizam em função de seu caráter, sua profissão (manipulador no caso do Avarento, besta de carga no do pajem, aristocrata à espreita no de Valère). O sistema de tipos na dramaturgia clássica europeia ou nas artes tradicionais do extremo oriente se baseia em semelhantes propriedades que sempre são definidas em função de um tipo morfológico e de uma maneira específica de representar e mover o corpo e a personagem.

- **R^7** Harpagon: "Que diacho de cerimônia é essa?"

G: O paralelismo e a diferença das atitudes e das esperas são marcados por índices claramente diferenciais: Valère, de braços cruzados, na expectativa, refletindo a longo prazo e com o corpo já tenso e em função da possível sequência dos acontecimentos; Harpagon, mãos (não visíveis) na mesa, instalado no imediato da situação.

T: Todo estudo do gestual é comparativo: seu sistema e suas regras se estabelecem por contraste entre os diversos protagonistas. A interação não é necessariamente direta, às vezes é paralela e relativa. O gestus concentra no corpo temporalidades diferentes.

- **R**[8] Mestre Jacques: "É só falar".

G: Mestre Jacques sai do eixo do plano, desloca-se assim como a câmera que o reenquadra, para a esquerda, depois volta ao mesmo lugar ajustando seu barrete. Reestabelece pelo olhar a troca com Harpagon. A naturalidade desse recentramento (ao qual Jacques aparentemente está acostumado dada a diversidade de seus empregos) transmite-se na naturalidade da entonação que faz como se a comunicação pudesse retomar sem a menor dificuldade, assim que o contato visual e profissional esteja restabelecido.

T: A percepção do gesto e do movimento depende do enquadramento, no sentido amplo do termo: não só o da câmera, mas mais fundamentalmente o do olhar do observador. O ator fixa por si mesmo as coordenadas de seus deslocamentos e controla em grande parte os efeitos de focalização/desfocalização induzidos no espectador.

- **R**[9] Harpagon: "Comprometi-me, mestre Jacques, em oferecer esta noite uma ceia".

G: Em "uma ceia", expressão que encerra a frase com uma autoênfase provocada pela surpresa desta notícia inesperada, De Funès abaixa a cabeça como se quisesse ficar ao alcance de Bellon esboçando uma saudação para implorar, sem dizê-lo, a ajuda milagrosa do cozinheiro.

T: Aqui o gesto segue, e ao mesmo tempo revela, o discurso; participa da dinâmica da interação, faz função de "facilitação cognitiva" como gesto ideativo de marcação, como que para melhor ancorar discurso e gestual em uma mesma situação facilmente decodificável.

- **R**[10] Mestre Jacques: "Grande prodígio!"

G: A insistência gestual de Harpagon em R[9] é tanta que Jacques acompanha seu interlocutor com a cabeça, dá uma barretada*, enquanto suspende a respiração, dado aquilo que sabe sobre seu patrão avarento.

T: Vemos aqui a atitude facial e corporal da personagem se modelar no interlocutor, a interação se desenvolver em sincronia, entre a

* A expressão do original em francês *opiner du bonnet*, ao pé da letra "dar sua opinião com o barrete" se origina no costume dos doutores da Sorbonne de levantar o barrete para expressar uma adesão total ao argumento do outro. "Tirar o chapéu" talvez seja a expressão mais próxima em português; no entanto, "barretada", como mesura exagerada, mantém o trocadilho original com o barrete do cozinheiro, foco desta cena. (N. do T.)

resposta ao outro e o futuro troco preparado pela réplica entre séria e irônica de R^{10}: "Grande prodígio!" O cinema é especialmente apto para captar com planos breves a reação fugaz mas distinta do interlocutor.

- **R^{11}** Harpagon: "Diga aqui para mim: vamos ter boa ceia?"
  G: A cadeia mimo-gestual cinde a frase em dois momentos: a primeira parte joga com a enunciação de uma conivência afetada pelo patrão em relação ao criado ("Diga", "vamos"). O gestual mima essa aproximação forçada: o Avarento se inclina levemente para seu criado. A segunda parte da cadeia ("boa ceia") alonga consideravelmente a última palavra, sem razão aparente, a não ser como um movimento de incômodo*.
  T: Quando a insistência verbal (entonação sobre um termo) é especialmente assinalada, o corpo é obrigado a seguir, a apresentar uma sequência cuja duração e intensidade saem da norma. Aqui, a expressão facial indica essa extensão inabitual da sílaba e o busto acompanha o enunciado com um movimento descendente cuja forma expressiva claramente exagerada em relação à norma torna-se um sinal muito forte de estetização do gesto e da assinatura gestual do ator, do qual reconhecemos um dos gestos do repertório.
- **R^{12}** Mestre Jacques: "Sim, se me déreis [de fato] dinheiro".
  G: A entonação e a força da atitude facial – ou seja, a atenção dirigida à autoenunciação graças ao esbugalhar de olhos e ao efeito de "sapo inchado" de Galabru – permitem escamotear a palavra "de fato" que parece arcaica demais, sem que sequer essa omissão seja realmente de se notar**.
  T: O gesto, sobretudo o que acompanha uma entonação, tem sempre tendência a simplificar o discurso arcaico ao torná-lo natural, ao atrair a atenção para os termos essenciais ou compreensíveis da mensagem verbal. Colocado no ponto culminante em relação ao texto, o gesto entonativo esclarece, apaga, deforma o texto à vontade. Não somente ele controla e sobressignifica o texto, mas ele regula sua escuta e sua recepção. O gesto tem um imediatismo e uma contemporaneidade, ligados à *deixis* de sua produção, que primam sobre a semântica do texto, a qual exige um "movimento de recuo" do espírito e um leve deslocamento temporal para ser apreciado com justeza. Além disso, o estilo da encenação é tão centrado no imediatismo da recepção que o detalhe do texto é às vezes sacrificado "para o bem" da história e do cômico popular.

* No original: "Dis-moi un peu, nous feras-tu bonne chère?" sendo que "chère", que se refere à boa "cara" da ceia, é palavra mais fácil de se alongar. (N. do T.)

** No original: "Oui, si vous me donnez [bien] de l'argent". (N. do T.)

- R[13] Harpagon: "Que diabo! Sempre o dinheiro! Parece que não têm outra coisa a dizer: dinheiro, dinheiro, dinheiro! Ah! Só têm essa palavra na boca, dinheiro! Sempre falar de dinheiro! Eis sua espada de cabeceira, dinheiro!"

  G: A primeira legítima crise aguda de avareza colérica é visível nesse monólogo do "dinheiro". Tanto verbalmente quanto gestualmente, esse termo único, escandido com repetições obsessivas, estrutura a "saída" do Avarento. O arcaísmo "espada de cabeceira"* (o argumento habitual deles) é sem dúvida pronunciado, mas de maneira quase inaudível, não tanto fonicamente como ritmicamente pois é sobretudo coberto pelos gestos frenéticos de Harpagon.

  T: O texto, mesmo o mais arcaico, é susceptível de ser encampado por uma situação preponderante, no momento em que é reforçado pelo gesto. Na estética do verossímil (da qual participa esse filme "popular") o corpo simula criar o texto no momento em que este é proferido, ele o naturaliza e guarda dele apenas a armação necessária para a construção de uma situação tangível.

- **R[14]:** "Nunca vi resposta mais impertinente que esta! Eis uma bela maravilha fazer uma boa ceia com dinheiro de fato! É coisa das mais fáceis, e não há tolo que não logre fazê-lo; mas para agir como homem hábil, é preciso fazer boa ceia com pouco dinheiro".

  G: O texto é longo, e desde "Eis uma bela maravilha..." o filme enquadra a reação indignada de mestre Jacques. O gestual de Valère aparece pelo que é: uma construção retórica armada apenas para os olhos do Avarento, o qual, de certo modo derrotado em seu próprio campo da economia, pode apenas acrescentar "É isso" e abrir as mãos, para aprovar o discurso de seu intendente.

  T: O mesmo gestual, no caso oratório e nobre, o de uma vigorosa defesa de causa, parece ora vibrante e sincero, ora, como aqui, vazio e falso. Sua veracidade depende pois da compreensão da situação (vemos Valère olhar para o lado do Avarento para avaliar o efeito de sua artimanha). Trata-se em suma de saber se os códigos (as armações) da retórica devem estar ou não visíveis para revelar a fabricação da personagem. Apenas um conhecimento do contexto, e acessoriamente de alguns índices arrumados pela encenação, informa sobre a chave gestual de toda uma sequência e o valor que convém atribuir aos gestos. Seja como for, há sempre uma codificação dos gestos que é mais ou menos legível e contaminada por um índice de veracidade ou falsidade.

- **R[15]** Mestre Jacques: "Boa ceia com pouco dinheiro?"
- **R[16]** Valère: "Sim".

* No original: "épée de chevet". (N. do T.)

G: A citação do discurso do outro é acompanhada aqui de um efeito vocal e mímico de paródia, ou seja, de retomada exagerada da palavra e do gestual utilizados. Para Galabru, é a expressão facial, sobretudo os olhos quase saindo das órbitas, que transmite e amplifica o discurso relatado. A retórica nobre e "distinta" de Bellon é retomado parodicamente em um modo "popular", com grande dispensa de energia para bloquear o tronco, inchar o rosto e agitar os braços para todos os lados.

T: O gesto tem a faculdade de citar, parodiar, escarnecer outros gestos, de se apoiar sobre eles para criticá-los e ir de encontro a eles. No fenômeno de "ecoização"[15], o interlocutor retoma expressões faciais e gestuais de seu parceiro. Aqui, na retomada exagerada de Mestre Jacques, a ecoização torna-se amplificação. Da mesma forma, vemos o Avarento aprovar com o gesto ("É isso": *deixis* ao mesmo tempo verbal e gestual) o discurso de Valère; ele revive e se revê nele e dá a impressão de se verter no pensamento e corpo de seu intendente: ele ergue o torso, pontua o discurso com um "é isso" aprovador. Tudo acontece como se o gesto reescrevesse ("regesticulasse") enunciados anteriores impondo sua própria modalidade e tensão, as quais poderão, por sua vez, ser retomadas pelo próximo "locutor". Tal intergestualidade serve de fio condutor a toda a sequência.

- **R[17]** Mestre Jacques: "Palavra, senhor intendente, faça pois o obséquio de nos revelar tal segredo, e de tomar meu ofício de cozinheiro: já que aqui se mete a ser o *factotum*".

15. J. Cosnier, "Introdução", *op. cit.*, p. 36.

G: Mestre Jacques de fato está entregando o boné*: deixa-se levar e sua cólera culmina na acusação de *factotum* (faz-tudo) que ele pontua com um gesto ideativo de marcação.

T: Este tipo de gesto sugere mais do que pode dizer: está ligado a uma ambiguidade verbal de um elemento do discurso que o gesto tenta, se não destrinchar, pelo menos assinalar; intervém "nas frases de ambiguidade verbal, trazendo ênfase para um elemento específico do discurso, tendo como efeito a redução da ambiguidade"[16].

- **R^{18}** Harpagon: "Calado. O que será preciso?"
  Harpagon varre com a manga o protesto do criado: gesto ao mesmo tempo evocativo-simbólico (que mima a eliminação de um parceiro e de uma palavra julgados supérfluos) e ideativo-ideográfico, por marcar a progressão do pensamento, passando o mais rápido possível de uma ordem (calar-se) a uma pergunta interessada (o que é preciso?)

- **R^{19}** Mestre Jacques: "Eis o senhor vosso intendente que vos fará boa ceia por pouco dinheiro".
  G/T: O criado continua no mesmo espírito que em **R^{15}**, a retórica parodiada é cada vez mais caricatural; cresce a agitação.

- **R^{20}** Harpagon: "(Haye!) Quero que me respondas".

* No original: "être prés du bonnet", ter um ataque de raiva; trocadilho com o "bonnet du cuisinier". Ver nota p. 65. (N. do T.)

16. B. Rimé, *op. cit.*, p. 148.

G: O termo arcaico "Haye" é substituído, ou talvez simplesmente coberto pelo barulho do soco na mesa, tal um presidente de sessão que, com seu martelo, chama à ordem.
T: O corpo cobre a linguagem, o inverso é menos frequentemente verdadeiro. O corpo cria a situação e produz um efeito de imediato corporal, descritivo e psicológico. Acontece no entanto que o corpo se subtraia diante da dicção do texto, sobretudo do texto clássico arcaizante, provocando um efeito de desaceleração mental e obrigando o ouvinte a decodificar o enigma ou a linguagem. Um ator como De Funès trabalha o contraste entre uma despesa furiosa de gestos e uma economia de meios: como nota Novarina, era "Um atleta da despesa. Um controlador de energia: entre duas crises paroxísticas, sua sobriedade exemplar e a pureza de sua atuação lembravam Hélène Weigel"[17].

- **R[21]** Mestre Jacques: "Serão quantas pessoas à mesa?"
Harpagon (Acréscimo): "Psiu!"
Mestre Jacques (sussurrando): "Serão quantas pessoas à mesa?"
G: Este jogo de cena suplementar permite a Galabru e a sua personagem dar provas de sua virtuosidade e de seu controle perfeito de suas emoções e sua locução. Tudo é jogo, mesmo a cólera. Um gesto do patrão (ver ilustração) basta para fazer o criado mudar de tom: as mãos paralelas ao chão mimam a ideia de "se conter" e produzem um efeito calmante por si só, tais os gestos do domador acalmando a besta-fera.

17. Valère Novarina, "Pour Louis de Funès", *Le Théâtre des paroles*, Paris, P.O.L, 1989, p. 115.

• R[22] Harpagon: "Seremos oito ou dez; mas só precisa contar oito. Quando tem comida para oito, tem também para dez".
G: A mão esquerda varre o espaço, do exterior para o interior, segundo o gesto codificado que significa: "Alguém tire isso, basta, não importa".

T: Todo o gesto se inscreve em uma série de gestos, dos quais alguns não raro são repetidos várias vezes, o que permite ao gesticulador fazer alusão a uma espécie de gesto-modelo que ele cita e varia segundo a inspiração do momento.

• R[24] Mestre Jacques: "Pois bem, vamos precisar de quatro grandes sopas e cinco pratos. Sopas... Entradas..."
G: Mestre Jacques tem o prazer perverso de enumerar os pratos contando nos dedos, enquanto sustenta o olhar em Harpagon, como para se desculpar da obviedade da lista. Há uma oposição e uma diferença de direção corporal entra a persuasão gestual das mãos contando os pratos e a intimidação do olhar dirigido a Harpagon. Cada prato enumerado é acompanhado por um sinal de cabeça que é como a esquiva de um golpe que o Avarento, por ecoização, parece receber reagindo com o corpo inteiro: ele desaba sob os golpes e a surpresa o faz esbugalhar os olhos em uma série de escalões gestuais que situam a progressão do relato ou da argumentação.

T: A marcação ideativa estrutura a enumeração ao representar esquematicamente o volume dos pratos mencionados (gestos pois igualmente figurativos-pictográficos). A atenção dos dialogantes se concentra então na série e volume dos pratos evocados pela mímica.

• R[25] Harpagon: "Que diabo! Isso daria para uma cidade inteira!"

G: O gesto vocal de insistência e ênfase incide em "inteira" (alongamento bem marcado da última sílaba).

T: A insistência é tanto vocal (intonativa) quanto gestual (atitude): é marcada por traços comuns ao corpo e à voz: alongamento entonativo, abaixamento do troco e manutenção além da norma do gesto vocal e da atitude [...]

- **R**[31-32-33] Valère: "Quereis por acaso matar a todos? [...] *é preciso comer para viver, e não viver para comer*".

GT: Mesma técnica gestual que em **R**[14]. Ao final da sentença de Valère, ouve-se de repente um coro religioso que entoa um *Te Deum*. Tocado por uma iluminação mística ao escutar essa sentença de economia, o Avarento levanta os braços para o céu como que para render graças.

Tal figuração religiosa aparece como uma citação incôngrua, bem no meio de uma disputa doméstica. O cozinheiro procura com o olhar a causa desse impulso místico. Toma a pergunta "Estás ouvindo?" (**R**[36]) como uma alusão à música que ele não ouve. O gestual se dá como uma imitação barata dos quadros dos místicos (evoca-se El Greco!). Um plano em câmera baixa – na mais pura linha de Eisenstein! – chega a deformar a frágil silhueta de De Funès, como que parodiando sua súbita conversão.

O mesmo corpo muda assim constantemente de corporeidade, entenda-se de contexto onde encontra emprego e extensão: corpo físico ou clínico, corpo antropológico (uso e técnica do corpo), corpo fictício (do ator), corpo místico (nesse trecho do filme) etc.

- **R**[42] Harpagon: "Vamos precisar dessas coisas que ninguém come, e que primeiro estufam: um desses feijões bem gordos, com um pote de patê repleto de castanhas. Pronto, que isso abunde".

G: Harpagon mima a cena, reduzindo-a à representação do comedor, retomando em onomatopeias sonoras e faciais os termos do cardápio. As bochechas infladas, a repetição dos *p* ("potes de patê") como consoante que empanturra é um mimodrama, um "faciodrama", mas também um psicodrama para o Avarento que imagina o empanturramento de seus convivas ao reatuá-lo.
T: Encontra-se assim explicitada a hipótese de Marcel Jousse, segundo a qual a onomatopeia e a gestualidade são os primeiros meios de comunicar a experiência antes do surgimento da linguagem verbal. O *mimema*[18], essa "reverberação do gesto característico ou transitório do objeto no composto humano" permite ao homem, segundo Jousse, construir sua primeira expressão, sua mimagem, antes de sua linguagem. Para tal, o homem reatua em si mesmo o que recebe, que o modela por dentro, ao "inteligir" as interações do real. O Avarento precisa apenas reatuar esses movimentos da mastigação e da ingestão para se saciar imediatamente, ao mesmo tempo que esses convivas alimentados apenas pelo som de sua voz: gestual quase crístico que faz ofício de comunhão para a casa inteira.

- **R**[43] Valère: "Confiai em mim".
G: Em contraste absoluto com o mimodrama agitado do Avarento, Valère proporciona uma pausa após uma troca tensa, pontua a sequência com uma atitude muito aristocrática e uma inflexão de voz que acalma a atuação.
T: Às vezes, o gesto vale sobretudo pela arte de estruturar a interação, de levá-la a termo e de pontuá-la. Tais "fermatas" são úteis sobretudo por ajudar à respiração dramatúrgica de toda uma sequência, ao marcar as viradas da ação e resumir a situação e o *gestus* dos protagonistas. Walter Benjamim observava, em referência a Brecht, que "o ator deve ter os meios de compor seus gestos da mesma maneira que o tipógrafo dispõe de suas palavras"[19]. Esta é uma regra geral da comunicação não verbal: o gesto ajuda a estruturar o fluxo verbal. "Podemos supor", anota Klaus Scherer, "que a segmentação do fluxo verbal por comportamentos não verbais durante a codificação representa igualmente para o auditor, por ocasião da decodificação, auxílios à compreensão"[20].
- **R**[44-56] (Resumo): Mestre Jacques agora representa o papel do cocheiro. Seus cavalos estão tão magros que são apenas silhuetas desenhadas na parede, o que introduz um outro registro, o da representação gráfica do gesto. Os cavalos dos quais se fala, o referente do discurso, são ilustrados de modo divertido por um desenho que

18. Marcel Jousse, *L'Anthropologie du geste*, Paris, Gallimard, 1974, p. 54.
19. Walter Benjamin, *Versuche über Brecht*, Frankfurt, Suhrkamp, 1931, p. 27.
20. Klaus Scherer, em J. Cosnier e A. Brossard, *op. cit.*, p. 29.

os representa na cocheira. O Avarento e Jacques reagem como se os cavalos fossem "reais": um comportamento de apego aproxima o cocheiro de seus animais, facilitando ao mesmo tempo uma aproximação dos dois homens que se traduz em um plano mais próximo deles. Momento de calma relativa no qual Harpagon não é mais o monstro desfigurado pela avareza mas um poeta do exagero lírico.

- **R**[57] Mestre Jacques: "Senhor, não poderia suportar os bajuladores; e vejo que o que ele faz, seus perpétuos controles sobre o pão e o vinho, a lenha, o sal e a vela, são apenas para tirar proveito de vós e vos cortejar. Mordo-me com isso, e tenho raiva de ouvir todos os dias o que dizem de vós: pois, diabo, tenho ternura por vossa pessoa, apesar de tudo; e, depois de meus cavalos, sois a pessoa a quem mais quero".

  G: Mestre Jacques marca com a mão o ritmo de seu discurso, sobretudo quando enumera o objeto dos controles. Tais gestos o ajudam a organizar seu furor, a dar uma imagem dos vexames impostos, de sua periodicidade frequente e de sua amplidão; eles "se contentam em ritmar o discurso e acentuar a entonação vocal, sem parecer implicar de nenhum modo o conteúdo verbal propriamente dito"[21]. Ao apontar vagamente em direção a seu objeto virtualmente presente, os gestos instituem uma cena imaginária na qual a ação poderia ocorrer. Não há dúvidas que o escandir é também um modo de espancar à distância: o intendente assiste a seu próprio castigo.

- **R**[58] Harpagon: "Poderia saber de vós, mestre Jacques, o que dizem de mim?"

  G: A réplica é pronunciada, confidencialmente e à meia-voz, em um plano sonoro bem diferente, em um ritmo corporal muito desacelerado.

  T: Essa desaceleração dos efeitos e do gestual miniaturiza a cena, produz uma mudança de escala e de plano visual e sonoro que exige do espectador uma focalização bem diferente. Avaliar o gestual implica primeiro que se decida em qual quadro, em qual escala e com que tipo de unidades ele é posto para funcionar. É preciso escolher a chave gestual de uma sequência; o ator a modifica quando quer, guiado pela estratégia global da encenação.

- **R**[59] Mestre Jacques: "Sim, senhor, se estivesse seguro que isso não vos iria zangar".
- **R**[60] Harpagon: "Não, de forma alguma".

  G: De Funès massageia as têmporas, suaviza e tempera sua imagem; compõe para si manualmente uma fisionomia de circunstância, manipulando seus traços e seu caráter. Ao mesmo tempo, ele torna visível o processo.

21. Rimé, *op. cit.*, 1984, p. 443.

T: O ator compõe sempre seu rosto e sua personagem, mas na maioria das vezes ele apaga o processo de fabricação. Ao contrário da vida cotidiana, no teatro o espectador está atento para a construção da personagem; essa elaboração não é preliminar ao ato teatral, ela faz parte integral dele. Mesmo o ator naturalista constrói metodicamente seu "texto teatral" e um espectador com um olho treinado distingue as costuras da personagem e os truques do ator. A encenação tem a escolha entre disfarçá-los ou valorizá-los.

- **R[62]** "De maneira alguma, pelo contrário, será um prazer, e folgo em saber como falam de mim".

G: Harpagon multiplica os sinais faciais para acalmar seu informante. Quanto mais a informação se quer íntima e pessoal, mais os sinais faciais são sutis e discretos. O esgar do Avarento, a mensagem de incitação e de confiança que ele veicula, privatiza o uso do corpo, obriga, por sua sutileza, a uma aproximação física do outro e indica que há uma troca de registro na comunicação não verbal. Antes da confidência de mestre Jacques (**R[63]**), Harpagon expulsa com um gesto da mão o intendente, sequência repetida ainda mais violentamente pelo criado, depois convida mestre Jacques a sentar a seu lado, ou seja, a compartilhar um espaço privado comum. Sentam-se um ao lado do outro, como se a confrontação cedesse o passo à combinação, a uma maneira "amigável" de olhar para a mesma direção. Ao cabo desse curto parêntese gestual, Harpagon faz um gesto dentro do gesto, convidando Jacques a balançar as pernas em um mesmo ritmo, para sugerir a igualdade e o paralelismo das condições. Tal parêntese no sistema autoritário das relações proxêmicas hierárquicas não engana ninguém, nem mesmo ao criado que obedece a contragosto, senão a contramovimento.

A longa confidência de mestre Jacques (**R[63]**) é antes de tudo legível pelo reflexo que emana pelo rosto do Avarento. Todas as reações involuntárias à descrição de Jacques se inscrevem como ritos e tiques nervosos descontrolados que Jacques não percebe, por estar tão ocupado em acumular as provas da mesquinhez. A arte de De Funès é a de aparentar produzir sinais descontrolados, reagir como que sem querer a todos os argumentos do criado. É a ausência de "coordenação interacional", o fato de que o criado não esteja "ligado" às reações de seu patrão, que produz o efeito cômico: mestre Jacques não percebe nem o esgar de Harpagon, nem o momento no qual ele arregaça as mangas. Esse ínfimo deslocamento não é característico apenas do cômico, mas do gesto no teatro que é pertinente apenas quando nos projeta já na ação seguinte, prepara o gesto oposto tal o *appel* (invocação) segundo Lecoq (na tradição de Stanislávski, Meierhold e Decroux):

> No deslocamento maior de um objeto ou de si mesmo (lançar, pular) criamos, antes do gesto de ação propriamente dito, um gesto em sentido contrário que serve

para definir a direção, buscar seu apoio e concentrar a força de propulsão. É o *appel* do esforço, seu impulso.

O *appel* diz respeito tanto ao gesto próprio como ao do outro. Muitas vezes, duas séries paralelas de gestos só tomam sentido se confrontadas graças ao olhar *jocoso* e *conjuntivo* do espectador. De um lado eis Jacques, néscio sincero demais que martela suas definições ("de avarento, de odiento, de vilão e unha-de-fome") do outro eis Harpagon que arregaça progressivamente as mangas e cuja expressão facial reage a cada nova acusação. A ausência de "coordenação interacional" é fonte de mal-entendido entre as personagens, mas produz um efeito cômico para o espectador.

A martelagem de certos termos se impõe como meio de ritmar o texto e estruturar o acréscimo: o corpo do ator "trabalha" iconicamente o pensamento e exerce uma influência estruturante sobre a memorização ou a produção verbal por suas características rítmicas (temporais e espaciais). No caso de um texto dramático preexistente do qual o ator deve se apropriar, este se instaura no interior de um quadro espaçotemporal (na maioria das vezes pela mímica de uma situação dramática) colocando-se a si mesmo (como anunciador) e colocando as réplicas de seu texto e os pontos de referência da cadeia falada-gesticulada. Apoia-se mais ou menos consciente e sistematicamente nas tomadas de posição corporais que o ajudam a fixar seu texto (no espaço e na sua memória) e constituem o que chamaremos (e definiremos mais abaixo) de sua "subpartitura".

- **R**[64] Harpagon: "Sois um sonso, um biltre, um patife e um impudente".

  G: Harpagon persegue mestre Jacques, mune-se de um bastão e o cobre de pancadas. Estas são anunciadas e ilustradas por uma coorte de movimentos desordenados mostrando a perseguição e os protestos do criado.

  T: Os golpes de bastão revelam claramente a dupla dimensão do gesto: são ao mesmo tempo reais, ou seja, aplicados autêntica e dolorosamente, e fictícios, e assim totalmente fabricados. O golpe verdadeiro é recebido *estesicamente* pelo espectador, como um efeito fisicamente sensível, ao feitio da performance do circo ou da dança. O golpe fictício é percebido *esteticamente* em um quadro imaginário: pode-se imaginar que o Avarento, como personagem, force mais ou menos seus golpes, o que conta é seu valor de signo, pois já sabemos que os golpes não são realmente fortes ou que o ator usa um figurino com enchimento que amortece o choque. No interior da ficção, perceberemos claramente as diferenças: Valère, na cena seguinte da adaptação cinematográfica, é claramente mais brutal que Harpagon: não hesita em bater vigorosamente, enquanto o Avarento não é mau sujeito, se levarmos em conta a moleza de seu punho.

No teatro, o gesto é tomado na polaridade do real e do fictício, assim como o corpo do ator, que é ao mesmo tempo um ser humano e a imitação de um ser humano. Às vezes, uma escola ou uma teoria do gesto busca um sistema de equivalências entre sensações estésicas e sentidos estéticos (ou psicológicos). Os inumeráveis tratados de retórica repertoriavam a codificação ideal de uma paixão em uma certa pose ou expressão facial. De certa forma, é o que faz aqui De Funès. Mas seus movimentos são definidos por convenção e em função da norma comum segundo a cultura ocidental (mais que segundo uma universalidade antropológica) e as paixões assim evocadas são as mais primitivas. Como ilustrar, por exemplo, uma paixão tão complexa como a avareza?

Toda a arte de De Funès consiste em somatizar, a tornar fisicamente visível essa paixão (ou esse traço de caráter) ao inventar algumas atitudes e movimentos simples que a recriam instantaneamente, alguns *lazzi* que só pertencem a ele. De Funès oscila entre a *retensão* (das informações, dos bens, do ouro assimilado a uma matéria fecal da qual não quer se separar) e a *explosão* de raiva assim que o gasto o ameaça e o põe fora de si: a partir de então, o corpo seco é gasto no lugar da carteira. A semiótica da avareza limita essa paixão a alguns traços pertinentes, reduz o jogo do ator a *leitmotive* gestuais (furor: punhos fechados que parecem bater em uma mesa; astúcia: rosto plácido e doçura na voz etc.).

O corpo e o gesto estão presentes para manipular as seis grandes emoções universais a partir de um repertório limitado de *lazzi* que são "marcas registradas" que pertencem propriamente ao ator: magreza, patas em gancho, gestos secos, explosões bruscas, perfil aquilino e plumagem eriçada de ave de rapina. Nenhuma tentativa é feita para interiorizar, "justificar" (Stanislávski), psicologizar todas essas marcas físicas. Pelo contrário, toda emoção se reduz a uma utilização concreta e virtuose do corpo. Para além da aparente *gesticulatio* desordenada do Avarento encontramos uma depuração dos gestos, uma valorização do *gestus*: desrazão da gesticulação, razão do *gestus*, escreve Jean-Claude Schmid[22] a propósito do gesto na idade clássica. De Funès concentra tudo em um *gestus*, o da raiva e da astúcia: reter e explodir, tal é seu lema.

A explicação dos gestos encontra um bom número dos processos da comunicação não verbal na vida corrente, mas esses são usados com uma concentração e uma estilização próprias à formalização teatral. Quanto mais a representação é mimética do real (comportamentos humanos gestuais), mais os processos são pura e simplesmente retomados e citados. Nesse sentido, a descrição não escapa ao signo

22. Jean-Claude Schmid, *La Raison des gestes dans l'occident médieval*, Paris, Gallimard, 1990, p. 30.

e à comunicação de uma significação mais ou menos latente. Seria conveniente a partir de então modificar o tipo de análise para um espetáculo não baseado na mímese de uma comunicação, como a dança ou a dança-teatro, o que faremos com o exemplo de *Ulrike Meinhof.* Mas primeiro vamos concluir essa "explicação de gestos" deslocando a questão desde a *gestualidade* até uma *antropologia da corporeidade*. Todas as descrições da semiologia, da pragmática ou da linguística preparam uma antropologia do ator, ainda a ser inventada, que colocaria o mais concretamente possível as questões ao ator e ao seu corpo. Respondamos, a propósito de *O Avarento*, às perguntas que coloca toda antropologia do gesto.

1. De Funès dispõe de um corpo agitado e ágil, modelo do por demais famoso francesinho nervoso e colérico, do "gendarme de Saint Tropez"*, pronto a reagir. Sua mobilidade, seu "pique" dilatam sem esforço sua silhueta esguia e sua presença: no centro de toda atuação, ele cobre um terreno considerável.
2. Vestido com um redingote negro, espécie de macacão que permite qualquer cabriola, ele usa um figurino sombrio, sinistro e sem floreios, comparável à *prozodiejda*, aquele "macacão" que usavam em cena os atores de Meierhold; tal grau zero do figurino neutraliza as caracterizações para o benefício de uma facilidade de atuar.
3. De Funès é o organizador de suas raivas e explosões. Sem dúvida é levado por sua paixão, mas controla todos os seus desvarios. Dessa máquina de economizar, ouvem-se quase todas as ordens de marcha.
4. Homem-orquestra, manipulando todo o seu pessoal e levando-os a rédea curta, o Avarento é completamente autocentrado, até a hora em que, tomado pela raiva, "fora de si", ele "perde os eixos" e já não controla mais nada: daí em diante não traz mais nada para si – coisa trágica para um avarento! – lança-se em todo tipo de aventuras periféricas: a agitação de seus braços e pernas testemunham dessa despesa bastante inútil.
5. Ele "desatina" então, mas a rapidez de seus movimentos não tem nada de excepcional e o espectador se habitua com suas acelerações bruscas, seguidas de movimentos mais calmos e refletidos. Calmarias assim provocam a reflexão do espectador, relativizam seu julgamento negativo sobre o Avarento, o submetem a constantes "duchas escocesas".
6. O espectador é convidado a seguir esse movimento endiabrado, a sincronizar suas próprias reações com as do Avarento: o domínio desse monstro sagrado simpaticamente cabotino é tamanho que não podemos nos distanciar dele e que suas crises de avareza

* Referência ao personagem mais famoso de De Funès, do filme homônimo de Jean Girault (1964). (N. do T.)

tomam um rumo lógico e tranquilizador. A atuação e a encenação estão inteiramente a serviço de uma legibilidade fácil das motivações e das ações. Corpo e movimento fazem de tudo para levar e naturalizar um texto por vezes arcaico ou literário. O gesto redobra a palavra, a ponto de realizar uma cadeia verbo-posturo-mimo-gestual homogênea na qual cada elemento substitui e expressa todos os outros.

7. O corpo do ator De Funès é vivido ora visualmente, quando observamos suas crises, ora estésica e hapticamente como um "furacão negro" que sopra o quente e o frio. Os efeitos de caricatura gestual não estão tanto a serviço de uma caracterização (afinal de contas banal) do Avarento quanto de uma experiência cinestésica da rapacidade e do movimento contínuo. A memória corporal desse filme é feita por um movimento contínuo entrecortado por movimentos paroxísticos e convulsões faciais: momentos de crise nos quais tudo acaba em virtuosidade, e nos quais a propriocepção e a motricidade do espectador são então muitas vezes solicitadas.
8. Assim o ator dá a impressão de mudar de corpo, ou pelo menos de completar, prolongar o corpo de que dispõe: De Funès de fato permanece esse louco que dança e faz dançar o espectador com tanto prazer.

O Figural

Uma tal explicação do gesto é possível apenas no exemplo clássico no qual um texto dramático preexistente é "incorporado" pelo ator que imita comportamentos cotidianos e logo se depara necessariamente com características da cadeia posturo-mimo-gestual da comunicação não verbal. Como fazer no caso de um espetáculo de dança ou de teatro-dança no qual o gestual não acompanha um texto ou uma narrativa? No excerto de *Ulrike Meinhof* de Johann Kresnik (os cinco últimos minutos do espetáculo que analisaremos adiante) estamos diante de um grupo de personagens, os prisioneiros, que estão sendo maltratados por seus guardas. O sentido da sequência é claro (série de humilhações e torturas), mas é muito mais difícil de propor a partir dela uma análise que exponha a qualidade e a intensidade dos gestos: primeiro, porque se trata de "gestos para dentro", não espetaculares e pouco observáveis, gestos que não são a codificação estereotipada de emoções; depois porque as ações são discontínuas, limitadas a eventos intensos, mas breves; por fim e sobretudo, porque não são a representação mimética de situações reais. É preciso pois encontrar outros meios além dos da análise gestual semiológica inspirada pela comunicação não verbal para que se faça sentir os eventos estésicos dessa coreografia. A lógica do significado, a referência a um texto canônico já não bastam, como no caso de *O Avarento*. Trata-se aqui de interrogar, de experimentar o sabor do significante, a "lógica da sensação" (Deleuze), lógica sensorial e cinestésica, que escapa à notação semiológica de um objeto externo, ou pelo menos a completa.

Busquemos a ajuda de pensadores que, como Lyotard, desconfiam de toda comunicação por signos, de toda semiologia e propõem um modelo "energético" do efeito artístico sobre o observador. Em *Discours, figure*[23], Jean François Lyotard faz uma distinção clara entre o *discursivo*, que é da ordem do signo e do linguístico, e o *figural*, que é um acontecimento libidinal irredutível à linguagem. Ora, o gesto em *Ulrike Meinhof* não parece redutível a uma sequência de emoções ou palavras. Ele consiste em uma sequência de eventos isolados: eventos sem dúvida tematicamente orientados para o significado "tortura" se nos limitarmos à semântica e à sintaxe dos signos, mas eventos pulsionais que se sucedem em momentos e segundo intensidades muito heterogêneos.

Tais momentos particularmente intensos poderiam ser chamados de "*figurais*", na medida em que sua tradução (sempre possível) em um significado linguístico, em um discurso, não esgota de forma alguma seu sentido e sua função. O momento em que Ulrike Meinhof secciona a língua com uma faca trazida pelos guardas significa sem dúvida seu suicídio político forçado, sua redução ao silêncio, mas é também uma figura muito mais complexa, um teatro da crueldade que não representa nada além dessa ação muito "energética" – ação ou trabalho do sonho ou da cena – que o espectador e o analista devem decifrar a grandes custas. Desta forma, o que se lê e decifra com os meios da semiologia e com a teoria dos vetores, pode ser igualmente integrado a um circuito energético. O que não evita de todo modo decodificações aberrantes ou aleatórias: leituras políticas ou inconscientes. Vemos, por exemplo, Ulrike Meinhof mutilada e reduzida à inação tendo como pano de fundo o muro de Berlim arrombado. Seria preciso fazer uma ligação entre as duas mensagens políticas? O muro só poderia cair no Leste quando o terrorismo fosse estrangulado no Oeste? Leitura inverificável, mas possível! Não é tanto a conjunção e a concordância dos signos que fazem sentido (como na semiologia clássica) mas o circuito energético que cremos descobrir neles e entre eles e para o qual a encenação nem sempre dá a chave, por estar tão ligada a se fixar em sinais visíveis e fixos. A vetorização de certos elementos do espetáculo produz necessariamente surpresas, potencialidades que é preciso reter ou descartar. Como um teatro energético poderia produzir "a mais alta intensidade (por excesso ou escassez) do que está ali sem intenção?"[24] Ora, o que está ali, nesses corpos martirizados, não está sem intenção: a mensagem política é clara, clara demais dirão alguns. Mas, a um outro nível, o dos investimentos

23. Jean François Lyotard, *Discours, figure*, Paris, Klincksieck, 1971.
24. Jean François Lyotard, "La dent, la paume", *op. cit.*, p. 104.

psíquicos do espectador nessas cenas de tortura, não há mais nenhuma certeza. Se considerarmos esses corpos e esses gestos como um sonho que foi trabalhado e que devemos trabalhar, tudo permanece aberto ao olhar do intérprete.

Vetorização do Desejo e Trabalho do Gesto: O Exemplo de *Ulrike Meinhof*

Vamos partir das quatro operações do trabalho do sonho evidenciadas por Freud: condensação, deslocamento, tomada de consciência da figuralidade, elaboração secundária[25]. Um exemplo de cada categoria bastará para observar a maneira pela qual o gestual e sua encenação são o teatro desse trabalho do sonho/da cena. Nossa hipótese será que a encenação é sempre, em maior ou menor grau, uma encenação do inconsciente.

A condensação

A música oscila entre o hino nacional *Deutschland, Deutschland über Alles* e uma cerimônia de abertura para os jogos Olímpicos: qual vitória exatamente está sendo festejada? A da queda do muro? Da democracia da Alemanha Ocidental? Da polícia antiterrorista? A montagem musical conduz sem quebras de um tema a outro. A música que resulta é triunfante, segura de si, ecumênica. Tal polaridade do objeto festejado se encontra no contêiner que é tanto a chama olímpica perpétua presidindo às provas de Ulrike como uma alusão ao incêndio voluntário de Frankfurt pela *Rote Armee Fraktion*. No mesmo espírito de concentração e de condensação dos efeitos, temos no quadro final três planos paralelos que, por sobreposição ou simplesmente colocados em perspectiva, fornecem uma chave possível para o quadro desses corpos mutilados: no primeiro plano Ulrike está achatada, reduzida a uma foto amarelecida na grande imprensa; no plano central a segunda Ulrike exibe sua mutilação, ela também congelada como uma estátua oficial; ao fundo, o muro arrombado, ao pé do qual jazem os prisioneiros, se abre para uma reconstrução a mais, ao oriente, aberta à violência. Modelo da *figura-matriz*, lugar que "pertence ao mesmo

25. Respectivamente: *Verdichtung*, *Verschiebung*, *Rücksicht auf Darstellbarkeit* e *sekundäre Bearbeitung*. Cf Sigmund Freud, *A Interpretação dos Sonhos* (1900). Notemos com satisfação a posição similar de Michel Corvin: "Tudo no teatro [...] é apenas substitutos, deslocamentos, desalinhos, amostragens, simulacros, ou seja, metáforas e metonímias [...]. Tudo no teatro é figura – no duplo sentido de aparência concreta e jogo retórico – tudo ali faz sinal". *Dictionnaire encyclopédique du théâtre*, Paris, Bordas, 1991, p. 821.

tempo ao espaço do texto, da encenação e da cena"[26] esses três planos se sobrepõem para nosso olhar e nos obrigam a uma "figuração" do que poderia ter se reduzido anodinamente a séries paralelas de signos.

A condensação procede ora por uma acumulação-sobreposição-interferência dos signos por meio dos vetores-acumuladores, ora pela passagem de um ao outro por um sistema de equivalências e substituições (embreagem metafórica).

O deslocamento

Ele substitui um elemento por um outro, não por similaridade, mas por conexão ou contiguidade espacial ou temporal. "O deslocamento (a *Verschiebung* ou a *Entstellung* de Freud) é um processo energético, Freud diz econômico; a libido investe tal região da superfície corporal"[27]. Vamos tomar o mesmo exemplo de antes: o corpo esmagado e posto na vitrine, comprimido e reduzido à espessura de uma fotografia de jornal, remete por deslocamento à *imprensa*: imprensa que esmaga o corpo dos recalcitrantes, imprensa da mídia que persegue, acusa e finalmente arquiva o caso criminal. O corpo é deslocado do vivo ao inerte, da atualidade "quente" ao arquivo. O deslocamento efetua-se em todos os sentidos: assim como "o corpo erótico-mórbido pode funcionar em todos os sentidos"[28], o corpo de Ulrike circula, se conecta e se desloca pelo menos (para a sequência analisada) entre três planos distintos: o primeiro, o dos casos arquivados, do museu dos monstros no formol; o segundo, o da atualidade ainda sangrenta; e, no plano de fundo, o da abertura do muro e da continuação ou fim da história. Cada plano desloca o seguinte; cenas como as feridas dos corpos são abertas o suficiente para promover conexões múltiplas e reversíveis entre as *membra disjecta* da representação (ver foto, página seguinte).

O deslocamento apresenta-se ora como um elemento visível que expulsa um outro: a conexão é aparente e o deslocamento aparece então como um encadeamento temporal ou causal (vetor-conector); ora como um movimento de ruptura, que encerra bruscamente uma série e passa sem transição a uma outra (vetor-secionante).

A tomada de consciência da figurabilidade

Tomar consciência da figurabilidade (*Darstellbarkeit*) do sonho, é observar como o "desejo [...] toma a palavra ao pé da letra; o pé da letra é a figura. [...] A *Rücksicht auf Darstellbarkeit* é esse arranjo de um texto inicial que, aos olhos de Freud, persegue dois objetivos: ilustrar esse texto, mas também *substituir* determinadas

26. Jean François Lyotard, *Discours, figure*, *op. cit.*, p. 278.
27. Jean François Lyotard, "La dent, la paume", *op. cit.*, p. 96.
28. *Idem, ibidem.*

porções dele por figuras"[29]. No caso tanto do sonho como no da cena ou do corpo da atriz somos confrontados a figuras que representam o texto inicial a partir de suas figurações, de suas imagens próprias à representação[30], nos perguntaremos qual *modelo de corpo* implica esse texto inicial, ou seja, qual concepção da corporeidade está pressuposta pela representação concreta dos corpos. Vamos dizer, para sermos rápidos, que o corpo representa aqui ao mesmo tempo metafórica e metonimicamente uma prótese da violência do Estado: o corpo das diferentes Ulrike é controlado, agido, vivido por máquinas torturantes que a manipulam de fora: o enquadramento de cena móvel, as pinças de açúcar gigantes, a mesa de operação, a vitrine privam o corpo de qualquer autonomia, o descentram, o descaroçam. A figura dominante é a dessa prótese que penetra na carne e a obriga a se curvar à sua lei por todo tipo de trotes que vão até o suicídio telecomandado e ao sepultamento em uma prisão translúcida na última imagem do espetáculo.

A elaboração secundária

A elaboração secundária do sonho consiste em transformá-lo em sonho acordado (*Tagtraum*), a tirar dele qualquer aparência de absurdo e dotá-lo de uma ordenação conforme às leis da inteligibilidade. Ela impõe a linguagem articulada a um material que não conhece nada do pensamento razoável.

29. Jean François Lyotard, *Discours, figure*, *op. cit.*, p. 218.
30. No texto alemão, no sentido de *darstellungsfähig*, "capaz de ser representado".

Transposta para o campo do trabalho de cena, a elaboração secundária se esforçaria em transformar esse material cênico em uma linguagem racional, logo de transformá-lo em um comentário verbal. Não sem riscos, porém, já que essa transformação reduz o figural em um discurso excessivamente baseado na significação linguística, logo no sentido próprio *desfigura* a atriz e a cena. Toda leitura excessivamente simbólica ou política se arriscaria a uma tal desfiguração; assim, a secção da língua não é nem uma simples castração, nem um banal amordaçamento do indivíduo. A elaboração secundária busca impor semelhantes pistas. Sem negar a pertinência de uma interpretação assim, trata-se de *figurar* outra coisa por trás dessa ação de choque. É a força de Krisnik de ser bastante mimético e político em sua mensagem aparente, *mas* de trabalhar também a partir de afetos, de procurar não tanto o sentido do gesto mas suas sensações estésicas e de se pôr em busca da origem profunda do gesto: por que tem ela esse gesto de *crueldade*, como seu corpo se prepara para isso por meio da imobilidade, a concentração e o afeto incontrolável da passagem ao ato? Sem dúvida, Ulrike é manipulada, teleguiada, "suicidada" pelos seus guardas, logo pelo referente histórico, mas seu corpo é dançado, tratado, movido, experimentado de modo bem diverso, como um evento tendo seu ritmo e sua energia própria.

Diferentemente de *O Avarento*, não é o sentido e a ficcionalisação mimética do ator que contam, mas sim a intensidade, o efeito corporal produzido no espectador, os silêncios e os gritos corporais. Ao mesmo tempo, esse corpo se transfigura em um corpo místico, cerimonial, quase crístico, simbólico da situação da prisioneira, que é praticamente posta na cruz. Em vez de um tratamento representativo e mimético do movimento, com o qual poderíamos ainda nos contentar com *O Avarento*, estamos aqui confrontados e submetidos a flutuações de intensidade e a chamados sinestésicos e estésicos, a toda uma manipulação física e emocional que não tem nada de ficcional.

Vemos isso em uma sequência como a em que Ulrike se secciona a língua com uma faca. Não há necessidade aqui de uma leitura semiológica dos signos que seria banal. Por outro lado, o olhar deve avaliar a tensão do corpo, o ritmo do gesto fatal, a figuração da dor, a autenticidade do ato, o efeito produzido por sua crueldade. Tudo está na dosagem do movimento e do esforço: antes do ato, Ulrike está imóvel, frente ao público, "de costas para o muro", absolutamente descontraída. A decisão do ato é tomada de uma só vez, sua execução é rápida, mas controlada, o rosto permanece no mesmo nível, quase não faz careta, o sangue jorra da boca, a língua cortada aparece, ensanguentada na mão esquerda estendida em oferenda sem ostentação excessiva, a mão segurando a faca volta à posição anterior. Na imobilidade do corpo e a fixidez do olhar sobre o espectador, nenhuma representação de um sofrimento individual, somente a direção do olhar e do corpo mutilado, somente o lugar no qual "a libido investe determinada região da superfície corporal (superfície que involui em 'órgãos internos' também)"[31] no qual se produz "um fluxo pulsional, uma busca de intensividade, um desejo de *potência*"[32], uma "errância de fluxo, uma deslocabilidade e uma espécie de eficácia por afetos que são os da economia libidinal"[33]. No instante de sua realização, o ato sacrificial não remete a nada além de si mesmo. A identificação do espectador não concerne a personagem (Kresnik não tenta nos convencer de teses "terroristas") mas das sensações físicas do corpo mutilado do *performer*.

Como ler todos esses deslocamentos libidinais; como fazer deles a elaboração secundária? A questão é saber se uma teoria dos vetores e da vetorização estaria em condições de apontar tais flutuações de intensidade ao mesmo tempo em que mantém uma semiologia clássica dos signos e de suas principais funções: acumulação, conexão, ruptura, embreagem. Nossa hipótese seria que os sinais e as intensidades não se excluem umas às outras, mas ao contrário se fundem umas às outras: não há percepção da semiótica de uma sequência sem o detonador de seu poder energético e inversamente. Donde resulta que a semiótica do gesto e a energética da pulsão corporal não se excluem mutuamente, mas se completam naquilo que nomearemos *semiotização do desejo* ou *vetorização*.

31. Jean François Lyotard, *Discours, figure*, *op. cit.*, p. 26.
32. *Idem*, p. 98.
33. *Idem*, p. 99.

Tomemos o exemplo da sequência final de *Ulrike Meinhof* para nos convencer disso e examinemos os quatro tipos de vetor de significação *e* de intensidade. Sua classificação se faz segundo a polaridade, evidenciada por Freud, do deslocamento e da condensação, duas categorias correspondendo à oposição entre metonímia e metáfora e que podemos subdividir em conexão simples (por proximidade ou acumulação) e conexão complexa (por ruptura ou transferência).

Deslocamento	Condensação
2. Vetores-conectores	1. Vetores-acumuladores
3. Vetores-secionantes	4. Vetores-embreadores

Na sequência estudada, cada uma dessas quatro categorias poderia receber um título caracterizando a operação efetuada ao mesmo tempo pelos signos e pelos afetos:

1. A mulher mutilada.
2. Os sofrimentos da jovem Ulrike.
3. O final de uma revolta.
4. As vítimas da vitória da nação.

Imaginemos um percurso que nos leve de uma categoria à outra:

1. A mulher mutilada. Observamos uma acumulação não estruturada desses mesmos sofrimentos e sevícias, acumulação que não deixa de cansar e limitar a mensagem em uma afirmação redundante. Ainda aqui podemos ou nos agarrar aos significantes imediatamente transformáveis em um significado único ("tortura"), ou nos deixarmos levar pela sucessão de ondas, sobretudo musicais, do *crescendo* no terror e na mutilação.

2. Os sofrimentos da jovem Ulrike. Tudo é conectado de maneira a que o espectador siga passo a passo a trama da ação única: as sevícias infligidas à prisioneira. A conexão é sobretudo narrativa e, a esse título, articula-se em uma série de significados que se enraízam em uma sequência de indícios do sofrimento. A conexão concerne também os significantes que são concebidos de modo a que se encadeiem segundo uma lógica causal inexorável.

3. O final de uma revolta. O *crescendo* e a acumulação são, no entanto, periodicamente interrompidos, bastante brutalmente aliás: pelas mudanças de plano, e sobretudo pelas *fermata* ao termo de uma série, por exemplo quando ao final do filme a imagem de Ulrike, esmagada entre os dois vidros da gaiola, se fixa e se transforma em uma fotografia amarelada que cede lugar à bandeira alemã. Quando o princípio de conexão e de acumulação é de repente posto em causa, a fábula não pode deixar de parar bruscamente.

4. *As vítimas da vitória da nação.* O final da revolta, a destruição física dos terroristas, faz a embreagem então diretamente para o triunfo da nação reunida, a queda do muro e o fim da história.

O corpo sofrido e mutilado de Ulrike *representa*, quer dizer *figura e substitui*, um outro corpo, o corpo político regenerado da nação triunfante, o de um além-cena no qual convergem todas as alusões. A mutilação é ao mesmo tempo o sinal desse discurso ideológico e a simulação de uma verdadeira violência, feita a si mesmo. O teatro coreográfico de Kresnik deve sua força a essa mistura íntima do ficcional e do autêntico, do histórico e do individual, da representação e da performance.

A confrontação desses dois exemplos nos convence facilmente de que a análise do gesto do ator deve se adaptar estreitamente a seu objeto e que não possui metodologia global e universal. A clivagem se faz a partir do fato de o gestual representar ou não uma ação mimética, de ele acompanhar a leitura e a dicção de um texto (como em *O Avarento*) ou de se apresentar como corpo dançado, ritmado, energético (como em *Ulrike Meinhof*). Para *O Avarento*, estamos diante de uma profusão de signos e alusões culturais que remetem a inumeráveis referências culturais, a uma hiperlinguagem, "linguagem do corpo hipersofisticado que se funda em referências culturais, antropológicas, picturais, literárias ou outras, e que deve ser decodificada para revelar seu sentido e seu "sabor"[34]. Para *Ulrike Meinhof*, o corpo "fala" por si mesmo, mas sem fazer alusões precisas, sem ser redutível a uma fábula ou a uma linguagem falada. Estamos em uma "pré-linguagem", "linguagem anterior à palavra, mais primitiva e mais direta. Que falaria diretamente aos sentidos e à cinestesia do corpo do espectador, sem a mediação, sem o filtro do intelecto"[35]. O corpo é uma espécie de médium que faz transitar em si fluxos incontroláveis; é atravessado ao mesmo tempo por fenômenos culturais e por desejos inconscientes. Seria no entanto funesto opor radicalmente um gestual hiperverbal a um gestual pré-verbal. Vimos que *O Avarento* tem também momentos (raros, é verdade) de cinestesia isolada da linguagem (cena de pancadaria), enquanto *Ulrike Meinhof* é igualmente bastante mimético da realidade histórica e política. A automutilação é tanto uma parábola política, uma alusão à história, quanto um momento de sensação física provocada diretamente no espectador, abstração feita de toda significação simbólica.

34. Gélinas, em Philippe Henry (ed.), *Mime contemporain e dramaturgie. Résultats de la première étape du projet de recherche dramaturgique impulsé à partir de la Fédération européenne de mime*, Paris, policopiado, 1993, p. 11.

35. *Idem, ibidem.*

A clivagem a ser evitada, sublinha Phillipe Henry a propósito da análise das obras gestuais, é aquela que instaura "como uma espécie de corte e ruptura entre sugestão de um universo fictício e apresentação de um evento propriamente rítmico e energético"[36]. É por isso que nossas análises examinam tanto a narratividade do gesto como os afetos corporais e sua possível vetorização: a "explicação dos gestos" deve se acompanhar de uma semiotização do desejo, de uma *vetorização*.

Se quisemos evitar esse corte, por outro lado vimos bem que não poderíamos permanecer na superfície dos gestos e que é preciso compreender tanto sua origem como seu espírito. O gesto é referente ao corpo, mas igualmente referente ao mundo; o corpo aparece ora como enclavado e enfiado na encenação (a de *O Avarento*, digamos), ora explodido e fazendo explodir os limites que o cercam em cena, dinamizando toda a encenação, em tensão perpétua com ela. Às vezes, o estudo do corpo e do gesto do ator se dissolve no corpo geral da cena: é a esse preço que circulam os vetores e os fluxos de intensidade. Em uma cena na qual ele se dá em espetáculo, o corpo do ator deixa seus limites estreitos, se estende até os confins do espaço visto e vivido pelo espectador, torna-se emblemático da questão do senso e do signo, e nos obriga a rever as categorias outrora mutuamente excludentes (dança, teatro, palavra, canto etc.), ele se inscreve no "arco-íris" das artes do corpo.

Este duplo exemplo de *O Avarento* e de *Ulrike Meinhof* nos convida a reconsiderar as oposições acirradas entre uma semiologia clássica do signo e uma energética pós-estruturalista recusando o signo e invocando, um pouco rapidamente, "fluxos do desejo" ou uma prática significante à mercê do espectador. O gestual (e mais geralmente toda a representação) não pode ser descrito como um objeto sem direção, sem vetorização – como um objeto pelo qual passam fluxos incontrolados de desejo; inversamente, a vetorização, a explicação e o encadeamento dos gestos que propõe a encenação são susceptíveis de serem interrompidos e contraditos a todo momento pelo olhar e a atenção do espectador. Há pois entre explicação dos signos e evento energético um compromisso necessário, ao qual demos aqui o nome de *semiotização do desejo* ou *vetorização*.

PARTITURA E SUBPARTITURA DO ATOR

Definições

Na análise do espetáculo, temos naturalmente tendência a privilegiar a perspectiva de um observador que descreve os signos visíveis e

36. P. Henry, *op. cit.*, p. 21.

audíveis da representação. O ator não está excluído dessa observação, mas, na maioria das vezes, descrevemos, no máximo, o que percebemos exteriormente, sem nos aventurar muito na ligação que se estabelece entre ele e o resto da representação: ele é observado como um animal curioso, catalogado como um livro novo, desconstruído como uma coisa descartável, espetado como uma borboleta exótica. Torna-se o objeto de uma *partitura*: partitura em várias zonas (gestos, expressão facial, voz, olhar etc.) e partitura do tipo musical sobre a qual inscrevemos os sinais que emite ou que cremos identificar nele; ou melhor *sobre* ele, pois ainda aqui a visão é externa e superficial, na maioria das vezes. Mas devemos, na análise do espetáculo, nos contentar com uma descrição superficial – no sentido próprio – da *partitura* do ator? Não deveríamos nos interessar pela sua *subpartitura*, pelo que está escondido sob a partitura, mas também pelo que a precede, a sustenta, até mesmo a constitui como suporte e parte imersa do iceberg, cujo cume visível é apenas a superfície congelada e congelante do ator?

É importante definir melhor essa noção de *subpartitura*. Esse neologismo está calcado no termo de *subtexto*, que julgamos excessivamente baseado no teatro psicológico de texto (tal como Stanislávski, montando Tchékhov, podia interpretar). Preferimos *partitura* a *texto*, pois a partitura não se limita ao texto linguístico, compreende todos os sinais perceptíveis da representação. A noção de *partitura* é, aliás, explicitamente utilizada por Stanislávski, que a considera como o ponto de chegada da preparação de todos os artistas, em função do superobjetivo do autor:

> Se pudéssemos reter cada fase do trabalho de todos os participantes da representação, obteríamos uma espécie de partitura de orquestra para toda a peça. Cada participante teria que representar seu papel e suas notas bem precisas. Todos aqueles que integram o espetáculo representam em seguida juntos – desde que se completem harmoniosamente – o superobjetivo do poeta[37].

Quanto à subpartitura, ela é essa sólida massa branca imersa sobre a qual se apoia o ator para parecer e permanecer em cena, tudo aquilo sobre o que ele baseia sua atuação. Trata-se do conjunto dos fatores situacionais (situação de enunciação) e das competências técnicas e artísticas sobre as quais o ator/a atriz se apoia quando realiza sua partitura.

Dois Tipos de Partitura

Seria preciso distinguir dois tipos de partitura: uma partitura preparatória e uma partitura terminal. A *partitura preparatória* é constituída

37. Constantin Stanislávski, *Die Arbeit des Schauspielers an sich sebst*, Berlin, Das Europäische Buch, vol. 2, 1988, p. 319.

ao longo dos ensaios por uma sequência de escolhas que se concretizam dentro de uma trama em perpétua evolução; a *partitura terminal* é a do espetáculo "concluído", ou pelo menos tal como é apresentado ao público e que fixa (mais ou menos) a escolha dos signos e das ações cênicas; ela corresponde, em uma outra terminologia, à noção de *texto espetacular*. Na perspectiva que é aqui a nossa – a da análise do espetáculo – nós nos referimos a essa partitura terminal mesmo sabendo que ela nunca está concluída e que ela carrega os traços da partitura preparatória.

A Partitura e a Subpartitura: Síntese de seus Componentes

O desconhecido ou minha vida pessoal

Um primeiro conjunto de definições refere-se ao eu profundo do ator, ao seu segredo, às experiências nas quais se baseia nos momentos concretos da criação. Experiências pessoais vivenciadas que o ator deve utilizar para seu papel e que alimentam seu jogo, sem que saibamos no entanto ao certo como são utilizadas e onde elas acabam.

Embaixo – atrás

Pela própria definição, a subpartitura se situa *sob* a partitura visível e concreta do ator: ao contrário da partitura, ela não está visível, perceptível, assimilável a um signo realizável concretamente. Ela é a ideia por trás da ação, o fundamento da partitura, o ramal de associações ou de imagens, o corpo invisível da ação. Esteja ela *sob* ou *atrás* ou *ao lado* da partitura, a subpartitura subtende e suporta a parte visível e emersa do ator: sua partitura. Ela a sustenta, a precede e a engendra: nesse sentido ela é muito mais que um suporte provisório e aleatório, muito mais que uma massa gelada informe, ela é um terriço sobre o qual florescerá o ator. De fato, ao mesmo tempo gelo e terriço. Pois, por um lado, a subpartitura do ator é talhada no mesmo bloco translúcido de sua partitura, não há diferença radical entre ela e o que mostrará o ator, a diferença entre o oculto e o manifesto é muito relativa, só depende do nível das águas; e por outro lado precisa se enraizar em um terreno que difira dele e o alimente, dando-lhe as matérias-primas, os sais minerais, as vitaminas necessárias à sua composição e ao seu crescimento. Gelo ou terriço, superfície escorregadia ou terreno alagado, a subpartitura é, em todo caso, o que sustenta o ator, aquilo sobre o que ele se apoia: em suma, é apenas ele mesmo, já que tudo o que faz só pode vir de seus próprios recursos, físicos ou mentais.

Estrutura de conjunto

Em vez de buscar a essência ou o local oculto da subpartitura, podemos nos interessar pela forma de sua apresentação. Estamos à procura então de uma estrutura de conjunto, de uma relação de cada ação ou de cada momento particular à significação do conjunto em busca de uma série de referências nas quais o ator, assim como o espectador, podem retomar fôlego e verificar sua compreensão.

Pontos de referência, pontos de apoio

O ator toma referência e se apoia em uma série de pontos que formam a configuração e a estrutura de sua atuação. Tais pontos de apoio sustentam sua memória emocional e cinestésica, seu "corpo pensante". São particulares ao ator e não têm em si valor absoluto. Trata-se muitas vezes de imposturas, de lugares de indeterminação, de astúcias para memorizar mental e corporalmente a trajetória do papel e a situação cronotópica do ator. Ultrapassam os limites do indivíduo para se estender ao grupo. É de fato o grupo e o espaço-tempo de sua situação cênica que realizam a inscrição cinestésica do ator na representação, o orientam e o situam graças a uma série invisível de sinais, referências e estímulos. O ator instala passo a passo um trilho de segurança que guia sua trajetória, em função de pontos de apoio e de referência, que são, ao mesmo tempo, físicos e emocionais.

Trabalho preparatório

Essa instalação é o objeto de um longo trabalho preparatório, do qual não sabemos muito, mas do qual adivinhamos a importância. Tal trabalho faria parte de uma semiologia do ator e de uma análise do espetáculo? No sentido clássico da semiologia de uma representação concreta e acabada, com certeza não, mas não seria preciso introduzir na descrição da atuação do ator considerações sobre a influência da tradição e da aculturação do ator sobre a futura partitura de seu papel? Stanislávski já insistia sobre a importância do "trabalho do ator sobre si mesmo", em seguida sobre "seu papel"; mais ainda, para um estilo de atuação adquirido ao longo dos anos de treino e de aculturação, importa observar como o tempo, a cultura, as técnicas corporais se sedimentaram no corpo do ator antes mesmo que ele entre em cena.

Pressupostos culturais

Mas a subpartitura não é simplesmente uma estrutura controlada pelo ator em busca de sua partitura, ela é feita de normas culturais e de modelos de conduta dos atores e dá testemunho da marca da cultura sobre ele.

Síntese: O Sistema da Subpartitura

O sistema da subpartitura faz surgir os princípios seguintes:

- A subpartitura busca, é claro, o que está oculto na preparação do ator, o que existe antes de sua expressão visível e fixada na partitura da atuação, mas ela também já se encontra infiltrada e formada pela cultura ambiente.
- A subpartitura é mais ou menos fixa e fixada, em proporções que não são necessariamente simétricas àquelas da partitura correspondente. A uma subpartitura muito elaborada e articulada não corresponde necessariamente uma partitura idêntica.
- A subpartitura é, claro, construída segundo a perspectiva do ator, mas este leva em conta o que o futuro espectador perceberá dela, pelo menos por meio da partitura cênica; a esse título, o espectador participa de sua fabricação e de sua validação.

Tais princípios permitem propor a seguinte definição:

SUBPARTITURA: Esquema diretor cinestésico e emocional, articulado sobre pontos de referência e de apoio do ator, criado e configurado por este, com ajuda do encenador, mas que pode se manifestar apenas através do espírito e do corpo do espectador.

A Reposição do Corpo no Espírito

Assim concebida, a noção de subpartitura poderia se tornar uma interface entre, por um lado, a abordagem genealógica do trabalho do ator (ao longo dos ensaios e de combinação com o encenador) e, por outro lado, a abordagem descritiva do resultado constituído pela representação recebida pelo espectador. Ela renovaria a análise do espetáculo fundada de modo excessivamente unilateral na observação dos resultados e pouco atenta ao processo de preparação e de inculturação que se sedimentaram no objeto da análise. Ela corrigiria a visão simplificadora que a assimila à vida interior do ator por oposição à sua aparência externa, que seria a personagem. Perceber-se-ia assim o trabalho de amasso e filtragem da subpartitura para a partitura, trabalho que Brook traduz em termos muito felizes:

> O ator se apoia antes de tudo em sua bagagem habitual para compreender a personagem, em seguida, convencido que esta é a todos os níveis mais rica, maior, mais extraordinária que ele, se esforça de revelar tudo o que ele mesmo esconde em estado virtual, em profundidade, o que não se expressa em tempo normal e de que não tem consciência, para que essas fontes subterrâneas possam pouco a pouco atravessar a lama e chegar à superfície[38].

Desse processo de amasso e filtragem do corpo e da alma do ator passando da subpartitura à partitura, a teoria semântica do sentido e

38. Peter Brook, "À la source du jeu", *Le Corps en jeu*, O. Aslan éd., Paris, CNRS, 1993, p. 302.

da linguagem não está, para dizer a verdade, muito distante. Em *The Body in the Mind*, Mark Johnson[39] mostra o quanto a imaginação e o corpo estão presentes na formação do sentido e da razão. Nosso conhecimento do mundo é possível graças a esquemas de imagem (*image schemata*) que organizam nossa percepção e que encontramos nas formas mais abstratas:

> Um esquema de imagem é uma estrutura recorrente, dinâmica de nossas interações perceptuais e de nossos programas motores que dá coerência e estrutura à nossa experiência [...] As estruturas imaginativas, fundadas na experiência dessa categoria de esquema de imagem, fazem parte integrante da significação e da racionalidade [...] Os esquemas de imagem são um caráter sinésico – não estão ligados a uma única modalidade perceptual, embora os esquemas visuais parecem predominar[40].

Do mesmo modo, como vimos, o ator se agarra facilmente ao trilho de segurança de uma trajetória visual ou visualizável; para fundamentar sua subpartitura, depois sua partitura, busca o que precede a linguagem e para ele a significação se baseia no corpo e no estado físico. Para o ator, como para o semântico, trata-se de "repor o corpo no espírito", de reencontrar o "preconceitual e o não proposicional", pois, seres humanos ou atores, "nunca nos separamos de nossos corpos e das forças e energias agindo sobre nós para dar impulso a nossa compreensão como ser-no-mundo"[41].

A subpartitura é essa mistura de experiência cinestésica e verbal, melhor dizendo, esse corpo pronto a se expressar (verbal e gestualmente), mas já no entanto infiltrado pela cultura, logo também, mesmo que parcialmente, pela linguagem.

Para uma Estésica do Ator e do Espectador

A questão da subpartitura nos leva inevitavelmente à da percepção do espectador: sua resposta ao espetáculo, sobretudo ao trabalho do ator ou do dançarino, é cinestésica e de uma certa maneira simétrica à sua trajetória. A pesquisa em dança sabe disso há muito tempo, já que descreve a recepção do movimento dançado como "uma resposta cinestésica" ao dançarino:

> Todo movimento, por mais distante que esteja da experiência normal, dá ainda uma impressão de que está ligada à experiência normal. Há uma resposta cinestésica no corpo do espectador que reproduz nele, em parte, a experiência do dançarino; se o dançarino executa um movimento sem a motivação da necessidade interna, o espectador não experimentará nenhuma resposta interna[42].

39. Mark Johnson, *The Body in the Mind*, University of Chicago Press, 1987.
40. *Idem*, p. 25.
41. *Idem*, p. 205.
42. John Martin, *The Modern Dance*, New York; reed. Dance Horizons, 1966, p. 60. Trad. francesa, *La Danse Moderne*, Arles, Actes Sud, 1991.

Meierhold, ao propor suas séries de exercícios biomecânicos, procurava igualmente testar o efeito sobre o parceiro e sobre o espectador, medir sua resposta cinestésica. Barba, também ele, observa o corpo dilatado do *performer* e, ao fazê-lo, "dilata a percepção cinestésica do espectador edificando uma nova arquitetura de tônus musculares que não respeitam a economia e o funcionamento do comportamento cotidiano"[43]. Fenômeno de resposta que é uma maneira de dar sentido ao mundo por meio de uma reação corporal que ainda não está infiltrada pela linguagem. Os homens de teatro formulam assim uma teoria que lembra aquela da antropologia do gesto de Marcel Jousse, o qual estuda a origem dos gestos e seu papel no reconhecimento do real.

> O homem conhece apenas aquilo que recebe em si mesmo e aquilo a que reage. É o mecanismo do conhecimento pelos nossos gestos de rejeição. [...] O Antropos é um animal interacionalmente mímico, quer dizer que só o Homem "intelige" as interações do real[44].

O espectador seria assim o alvo último do ator, a cuja partitura reage ao repassar em seu espírito e seu corpo a subpartitura que adivinha no ator e que acaba por compartilhar com ele. Nesse sentido, seria preciso talvez rever as oposições seguras demais de si e bastante eurocêntricas que gostariam de nos convencer, tal Suvin, que antropologicamente, por natureza e essência, o teatro separa sempre tatilidade e visibilidade. Segundo Suvin, não haveria interação entre cena e público:

> Como o *feed-back* entre o palco e a plateia é possível? Está enraizado no fato teatral fundamental e constitutivo que a posição pragmática dos espectadores é especificamente uma posição privada de tatilidade; podem olhar mas não tocar. O Mundo Possível no teatro é constituído centralmente pelo corte fundamental que daí resulta e que o público vive entre o espaço visual e o espaço tátil[45].

Isso vale no máximo (e com ressalvas!) para a prática espectatorial clássica burguesa (o espectador acuado em uma poltrona de veludo vermelho a respeitável distância da cena) mas a história é bem outra para os espetáculos que exigem a participação deambulatória e sobretudo *cinestésica* do espectador, quer dizer, no fundo, para todo espetáculo no qual se reage a um corpo humano: a dança, a mímica, mas também todo gênero exibindo o corpo humano. Em vez de universalizar essa pretensa cisão entre visualidade e tatilidade – que a psicologia e a semântica contestam aliás hoje como vimos com

43. Eugenio Barba, "La ficion dans la realité", *Le corps en jeu*, *op. cit.*, p. 253.

44. M. Jousse, *op. cit.*, p. 55.

45. Darko Suvin, "The Performance Text as Audience-Stage Dialog, inducing a Possible World", *Versus*, n. 42, 1985, pp. 15-16.

Johnson –, em vez de retomar a visão sedentária do espectador instalado frontalmente e a distância que se refugia no esquema unicamente visual e teórico de uma perspectiva global, seria mais judicioso levar em consideração a percepção *estésica* do espectador, observar como ele reage fisicamente à partitura e ao que ela implica como subpartitura e estar no mundo para o ator. A descrição semiológica do ator e de sua partitura deve pois integrar a perspectiva estésica do espectador e avaliar como ele está consciente de sua própria presença corporal e tátil. Ao avaliar corporalmente a subpartitura do ator, ao tocá-lo com os olhos por não poder tocar com as mãos, ao modelar seu esquema corporal por cima do dele, o espectador reaprende a ver, questiona o modelo de corporeidade: visão clássica panótica ou fragmentação, movimento contínuo da visão ou *staccato* do olhar, truques de vídeo que provocam as sensações do observador. O teatro, "reino das identificações oculares infantis"[46], convida o espectador a completar com seu corpo a aparente cisão entre o visual e o tátil.

O EXEMPLO DE *TERZIREK*

Vamos tomar o exemplo de um vídeo do *Théâtre du mouvement* (1992): *Terzirek*. Gravado em um deserto, narra o surgimento da vida humana na terra. Vemos criaturas quase não identificáveis a seres humanos, que pouco a pouco se transformam em macacos. O espectador reconhece imediatamente os atores que mimam a conduta desses animais e o filme lhe dá a possibilidade de uma experiência estésica original.

A Subpartitura Reconhecível pelo Espectador

A partir das categorias definidas acima tentaremos reconstituir e esboçar a subpartitura das criaturas humanoides que emergem da areia.

1. O desconhecido e o mistério caracterizam esse filme baseado narrativamente em um enigma, uma busca da identidade das formas em movimento. Para o espectador, é como se fosse a incógnita de sua vida, anterior ou interior, que emerge da areia e que ele identifica cada vez melhor. A evolução desse deserto animado parece nos dizer (segundo um tópico velho como o mundo) que o ator deve incessantemente se transformar e fazer emergir novos signos, para não entediar o espectador. Aliás, segundo B. States, é "nossa exigência inconsciente que haja sempre algo de novo que emerja do jogo do ator"[47].

46. Otto Fenichel, "On Acting", *Psychoanalytic Quartely*, n. 15; versão alemã *in Aufsätze*, Bd. II, Frankfurt, Ulstein, 1985, p. 398.

47. Bert States, *Great Reckonings in little Rooms. On the Phenomenology of Theater*, Berkeley, University of California Press, 1985, p. 142.

2. Por baixo, sob a areia, dentro do saco, sob a aparência da pedra ou dos cruzados do deserto se escondem de fato seres humanos (mulheres e/ou homens) cuja motricidade é mesmo humana, por mais que se esforcem para sugerir a de um escorpião, de um fantasma sem cabeça, de um lagarto apressado ou de um macaco andando de quatro. A dificuldade para os dançarinos é de não deixar aparecer a humanidade do movimento, ao mesmo tempo em que sugerem que a humanidade acabará por emergir dessas formas arcaicas.
3. A multiplicidade dos planos reforça a ideia de que cada actante atravessa as mesmas fases e de que o sentido da sequência (a evolução da espécie) se estabelece globalmente, cada imagem vindo confirmar e depois ultrapassar as outras. Cada dançarino baseia seus progressos em pontos de referência idênticos aos dos parceiros, referências claramente estabelecidas para o tipo de movimento, o detalhe característico de cada fase da evolução das espécies animais (ver foto, página seguinte).
4. Os pontos de referência são, como é natural, pontos de apoio acompanhando o processo de humanização dos animais do deserto; tais pontos de referência constituem um suporte para a atitude corporal dos dançarinos e sua localização no decorrer da ficção. Tudo em seu trabalho corporal é *justificado* (no sentido de Stanislávski), ou seja, coloca-se como a resultante de uma lógica do movimento e de uma situação actancial clara. O gesto é, de fato, como afirma States, "toda forma de expressividade na qual o corpo do ator é justificado".
5. Sua *preparação*, a julgar pelo corpo atlético, musculoso (andar dos macacos) pode ter sido a de uma mímica clássica capaz de sugerir muito com pouco. O domínio está longe de ser perfeito: os pés são visíveis na silhueta que supostamente escorregaria por si mesma, o nado na areia é um pouco forçado, e no entanto o gesto é de uma grande sobriedade: em suma, há Decroux no ar! "É preciso", estimava Decroux, "conseguir mobilizar apenas o que se quer mobilizar: um único órgão dado, ou vários"[48]. O corpo é capaz de utilizar apenas a parte requerida para o movimento: pés invisíveis, pois escondidos pelos sacos, que produzem o movimento, enquanto o resto do corpo permanece imóvel, como se escorregasse milagrosamente pela superfície das dunas.
6. Os pressupostos culturais são facilmente reconhecíveis. A genealogia da vida, a evolução das espécies, a humanização do homem-macaco: lugares comuns que o mímico adora e que o público identifica sem esforço. A enciclopédia implícita é feita de gestos quase convencionais para significar a vida, o movimento, a busca.

48. Étienne Decroux, *Paroles sur le mime*, Paris, Gallimard, 1963, p. 105.

Terzirek, pelo *Théâtre du mouvement*

A Experiência Estésica do Espectador

Ela está ligada antes de tudo à estrutura narrativa e rítmica do filme e de sua música: no silêncio, na infinidade e no sepultamento do deserto emergem traços, formas e sons. Tal forma de aparição e identificação impregna toda a fábula.

1. *Superação da cisão entre o visual e o tátil.* Evidentemente, o vídeo, por natureza, impede o espectador de apreender tatilmente a representação. Porém, a escolha e a composição dos planos na areia, as cristas, o escorrer dos grãos, as colunas arcaicas, tudo isso sugere a materialidade tátil dessa natureza inviolada.
2. *Em contratempo.* Os planos no deserto sugerem a gênese do movimento e da vida. A emergência de corpos saídos da areia, a passagem da morte mineral à vida animal liberam e ativam nossa angústia do sepultamento. As cabeças que giram em seus eixos, se descolam do tronco, despencam o declive estão submetidas a movimentos antinaturais que são fisicamente dolorosos para o receptor, produzem nele uma angústia de fragmentação e sacodem violentamente seu esquema corporal.
3. *O traço de uma trajetória irreversível.* Todos esses signos e esses afetos, fortemente e estreitamente vetorizados em uma mesma direção, tal um desejo canalizado pelas formas, acabam traçando uma trajetória global, retomada por cada animal, mas também pela fábula geral dessa parábola (que lembra o mimodrama de Decroux, *Passagem dos homens sobre a terra).* Parábola que seguimos no traço localizando-nos pelos momentos fortes e claros desse relato da humanização dos seres: como se a subpartitura se inscrevesse do modo mais claro quando emerge e desponta na superfície visível da partitura de cada dançarino, e, globalmente, de todo o vídeo.

A descrição e a análise do ator/atriz é, convenhamos, muito mais complexa do que parece à primeira vista, exatamente porque a vista e o visível não bastam e que é preciso se habituar a perceber o invisível por trás do visível, a subpartitura por trás da partitura, o outro por trás de si e o si por trás do outro.

A descrição engloba até o olhar do espectador, o qual, se continua sendo *o outro* do ator ou da atriz, é também *o mesmo*: compartilha o mesmo espaço-tempo, no qual se insere mas que também institui, revive em seu corpo e sua alma os mesmos tormentos que o ator/personagem à sua frente e que está também nele como sua imagem e seu esquema corporal.

A subpartitura torna-se assim o terreno invisível (o que não quer dizer irreal) no qual se encontram o ator, antes e durante sua performance, e o espectador, ambos convidados a alargar seu campo de análise para além do visível e do imediato.

Assim, eles podem perceber o que faz o ator e, ao mesmo tempo, tudo o que essa ação de tornar visível e audível significa, em profundidade. Devem *ler* a partitura em um primeiro tempo, mas devem em seguida *viver* tudo o que ela implica em um nível mais profundo.

Para a análise do espetáculo, a noção de subpartitura recoloca em questão muitos dogmas sobre a análise do visível, da ação, das funções e do sentido dos signos. Ela permite fazer do ator o pivô da representação e de sua descrição, ao mesmo tempo em que não o limita à presença do corpo humano e estende seu império a toda representação da qual a subpartitura/partitura torna-se o modelo reduzido.

A subpartitura serve ao mesmo tempo ao ator (para se localizar em seu papel e sua partitura) e ao espectador que se apoia nela para descrever e captar, consciente e inconscientemente, o espetáculo. Ela se torna, para o ator e para o espectador, uma modelização de toda experiência, desde o processo de elaboração do papel até sua recepção pelo espectador. A subpartitura é o que permanece quando esquecemos tudo.

De uma certa maneira, a subpartitura é o Cavalo de Troia que introduz no coração da análise do espetáculo o testemunho subjetivo do ator, sua biografia, sua maneira de falar do espetáculo e de sua experiência. O que era um princípio consagrado: analisar a obra sem escutar o que tais criadores têm a dizer sobre ela, se relativiza, assim que o discurso dos comediantes deixa de ser incomunicável ou pessoal, mas permite compreender como o papel se constrói e como o testemunho do ator pode se tornar o que Julia Varney, atriz do Odin Teatret, chama de uma "auto-historiografia".

ANÁLISE TEATRAL, ANÁLISE FÍLMICA: O EXEMPLO DE *MARAT/SADE*

Para terminar esse sobrevoo da análise do ator, vamos comparar o ator no teatro e na dança ao ator do cinema, o que na mesma ocasião obriga a contrapor análise teatral e análise fílmica.

Condições da Análise

As condições da análise de *Marat/Sade*[49] são facilitadas se as estudamos em sua versão em vídeo gravada pela televisão alemã, com o texto inglês original da representação e a "legenda" que vem a ser o texto original de Peter Weiss. Essa gravação em vídeo facilmente acessível e consultável nos dispensa aqui de um resumo obcecado

49. A peça de Peter Weiss, publicada em 1964, foi traduzida para o francês em 1968 por Jean Baudrillard (Paris, Seuil). Baseada em acontecimentos históricos, ela mostra como Sade organizava com os "pacientes" de Charenton espetáculos históricos, particularmente, citando o título de Weiss, *A Perseguição e o Assassinato de Jean-Paul Marat Representados pelo Grupo Teatral do Hospício de Charenton sob Direção de Monsieur de Sade.*

por uma ilusória exaustividade. Existe aliás uma descrição cena por cena feita por Jones[50], o qual não informa no entanto se descreve o espetáculo ou o vídeo. A análise é efetuada aqui dentro da preocupação metodológica de fazer um balanço sobre a descrição comparada do espetáculo e do filme.

O Olhar do Analista

O diretor do vídeo é também o da encenação teatral: seu olhar, ao mesmo tempo posterior e diferente do olhar do homem de teatro, é necessariamente disposto a levar em consideração o que foi o teatro. O vídeo foi gravado em duas semanas, logo após as últimas representações da Royal Shakespeare Company em Nova York, com a mesma distribuição, em um estúdio reconstituindo bastante fielmente o cenário original. Peter Brook se sentiu obrigado a "se manter o mais próximo possível da versão cênica, que estava ensaiada e pronta" e logo de

> ver se uma linguagem puramente cinematográfica poderia ser encontrada que nos distanciasse do caráter mortal da peça filmada e que captasse um outro prazer, puramente cinematográfico [...]. Finalmente, creio que consegui captar uma visão altamente subjetiva da ação e só mais tarde fui me dar conta que a verdadeira diferença entre filme e teatro residia em uma subjetividade assim[51].

Pode-se imaginar a dificuldade de fazer derivar essa subjetividade (fílmica) da subjetividade cênica, tanto do ponto de vista da produção (já que Brook não detalha suas escolhas) quanto do ponto de vista da recepção (já que não temos mais vestígios das opções da encenação teatral). O estatuto desse vídeo é muito difícil de se estabelecer. Por um lado, esse vídeo não é uma captação do acontecimento cênico destinado a uma reportagem sobre o que foi a representação teatral. Seu discurso é elaborado e autônomo o bastante para perder a pista do que pôde ter sido essa representação, à qual de todo modo não temos acesso, já que a atuação é refeita especialmente para as câmeras sem o olhar do público de teatro. Por outro lado, no entanto, a câmera declara abertamente que capta um material já trabalhado e formalizado que sai diretamente do ateliê teatral de Brook. Brook, cineasta, cuida de restituir as propriedades conhecidas de sua atividade teatral: rapidez, intensidade e imediatismo da atuação, mistura de momentos da crueldade artaudiana e do distanciamento brechtiano, mudanças constantes de tempo-ritmo, alternância de violência e lirismo. Brook retoma todos esses elementos em seu filme, mas os insere em um discurso fílmico

50. David Jones, *Great Directors at Work*, University of California Press, 1986.

51. Peter Brook, *The Shifting Point*, New York, Harper and Row, 1987, pp. 189-190 (trad. bras.: *O Ponto de Mudança*, Rio de Janeiro, Civilização Brasileira, 1994. Citação retraduzida a partir da versão de Pavis [N.do T.]).

específico, modificando imperceptivelmente o profílmico teatral, o que não tem nada de espantoso já que o ponto de vista, aqui também, cria o objeto e o destrói no próprio instante em que pensa captá-lo:

> Durante a gravação, analisei plano por plano fazendo pequenas mudanças hábeis, modificando o eixo de modo que a ação ficasse mais íntima, mais convincente para a câmera. Percebi que a encenação cinematográfica era improvisada: íamos muito rápido à medida que trabalhávamos, passando por toda uma linguagem cinematográfica de planos aproximados, depois distanciados, para dar uma impressão viva, muito subjetiva da peça[52].

Ao mesmo tempo "vídeo-vídeo" e "teatro-vídeo", *Marat/Sade* é analisável pelos dois gêneros. No "teatro-vídeo", é a câmera que vai até seu objeto, tentando captá-lo; no "vídeo-vídeo", é o objeto que se coloca em relação à câmera. *Marat/Sade* é ora um vídeo com suas próprias técnicas, ora um documento sobre uma representação teatral. O que é notável no entanto é que as marcas habituais do estilo da atuação são aqui assumidas e revesadas por processos especificamente fílmicos.

Processos Fílmicos

O corte fílmico

O corte é efetuado em função da ordem de apresentação das sequências e dos diálogos tais como são previstos pelo texto da tradução inglesa. A montagem parece obedecer a uma exigência de clarificação das ações. A vetorização dos planos (a direção induzida por seu imbricamento) é inevitável, todos os materiais estão submetidos a essa superdeterminação.

No entanto, é preciso acrescentar imediatamente que tal corte, por sua vez, é ditado por uma estrutura narratológica que ultrapassa e subsume as unidades mínimas constituídas pelos planos e que toma assim suas subdivisões emprestadas da leitura da fábula tal como Brook pôde fazê-la ao produzir a encenação teatral e tal como ela se solidificou no profílmico teatral do qual se apropriaram as câmeras em viravolta de Brook. Vê-se o paradoxo: o corte fílmico, por mais inevitável que seja, só é verdadeiramente legível com referência a uma lógica da narrativa já solidificada na fábula do texto e no profílmico formado pela cena e pela atuação do ator. É nessa dupla perspectiva, estritamente fílmica *e* largamente narratológica, que deve proceder a análise do filme. Trata-se pois de partir das unidades do plano para logo retroceder a unidades maiores que são da ordem da estrutura narratológica e dramatúrgica. Aliás, o espectador entendeu logo isso, assim que percebeu que o apresentador exerce esse papel ao mesmo tempo fílmico e narratológico ao

52. Peter Brook, "À propos du *Roi Lear* e de *Marat-Sade*", *Cahiers Théâtre Louvain*, n. 46, 1981, p. 20.

introduzir e concluir a maior parte dos quadros e ao reinserir as ações na lógica sadiana dessa encenação, entrando e saindo do quadro para melhor tanto dividir quanto conectar os planos do filme e os episódios da fábula (ver comentário da foto, p. 111).

Defasagem dos ritmos

Apesar do esquema diretor do corte narratológico que, acabamos de assinalar, influencia e dá leitura ao corte fílmico em planos ao retotalizá-lo, o ritmo do filme é essencialmente impregnado pelo corte fílmico. Esse corte e esse ritmo ficam especialmente nítidos por destoar dos outros ritmos contidos em componentes do profílmico, sobretudo o ritmo gestual e espacial do ator e o ritmo verbal da direção (do fraseado do texto), cujo ritmo verbal está em parte enxertado no ritmo corporal do ator. No caso de um profílmico já estilizado pela representação teatral (como é o caso com *Marat/Sade*), filma-se (e logo "ritma-se") um material que possui seu próprio corte, o qual não foi estabelecido, em princípio, em função de sua futura captação fílmica. É essa dupla ou mesmo tripla ritmização que constitui a marca do ritmo global do filme, assim que as defasagens, os paralelismos, os saltos entre os ritmos se tornam pertinentes.

A isso se acrescenta, pela dicção dos atores de *Marat/Sade* um duplo movimento contraditório: cada ator trata sua personagem à sua própria maneira, procurando o *gestus* vocal que melhor corresponde à sua doença e seu papel; porém, os atores da Royal Shakespeare Company têm em comum um tipo geral de atuação e dicção que os distancia da individualização de seus tipos e contribui para uma homogeneização de seus fraseados. Weiss, assim, está no mesmo caso de Shakespeare:

> No verso corretamente pronunciado, cada personagem atua em seu ritmo próprio, tão pessoal quanto sua escrita própria, mas o que acontece muitas vezes em Shakespeare, é que cada qual compartilha um ritmo generalizado que passa impessoalmente de um para outro[53].

Tal generalização prosódica impessoal é reforçada pela homogenização imposta pelo ritmo da montagem, que tende a subjulgar todos os ritmos do profílmico ao ritmo da montagem.

Unidades da narrativa fílmica

A narrativa fílmica articula-se em unidades e tipos de planos dos quais daremos aqui alguns exemplos (plano-sequência, escala de planos).

53. Charles Marowitz referindo-se ao *Rei Lear* de Peter Brook, citado por D. Jones, *op. cit.*, p. 237.

1. O *plano-sequência* varre generosamente o espaço cênico, favoriza uma localização dos cenários e dos protagonistas, passeia o espectador pelo interior do espaço, sobretudo aquele no qual estão fechados os pacientes, facilita a recitação da intriga. Trata-se de um conjunto, de uma sequência no sentido técnico que estabelece as ações entre os actantes, ou entre os actantes e os locais, e que dá muitas vezes a ilusão de uma cena teatral (como no primeiro plano-sequência do filme que nos introduz no universo hospitalar e carcerário). Quando o texto é dito em *off*, por exemplo durante a apresentação dos prisioneiros pelo anunciador (cena 4), a imagem parece seguir o texto, reinterá-lo, mas também provocar, pelas mudanças de foco e de ajuste, uma montagem no plano, uma hierarquia dos enunciados, uma vistoria das relações de força. Assim é por exemplo para a apresentação de Roux: vemo-lo primeiro frontalmente, em *close*, tendo o anunciador por trás do ombro direito; em seguida vira lentamente a cabeça para a esquerda, mal abre a boca antes de ser imediatamente interrompido com um gesto pelo diretor do hospício, Coulmier, que por obra da mudança do foco e do ajuste, aparece como que por milagre por trás de seu ombro esquerdo para reduzi-lo ao silêncio. A dramaturgia da cena é visível no modo como são relacionados os três espaços e os três actantes.

2. *A escala de planos* tem um papel importante para indicar a mudança do regime ficcional e variar a distância emocional do espectador à ação. Três tipos de planos voltam sistematicamente:

- *O plano geral*, quando o grupo dos atores da representação de Sade deve tomar a iniciativa (por exemplo: "queremos a revolução, agora..." ou ainda a pantomima da cópula, cena 30). Tais planos gerais deixam ver o espaço de maneira global, sugerem uma cena de teatro tornando claramente legível a configuração actancial e a dinâmica do grupo. Contrariamente aos velhos hábitos do teatro filmado, esse tipo de plano não é inserido no começo para documentar as relações espaciais, mas depois do grupo ter sido introduzido em uma série de retratos individuais e emergido como força coletiva. O plano geral serve também para pontuar uma sequência ao fazer dela um balanço visual de conjunto (por exemplo, o final da cena 11, "Death's Triumph").
- *O plano médio* reúne um grupo reduzido de duas ou três personagens integradas em uma mesma ação. É o caso do coro dos quatro cantores ou das personagens ativadas pelo anunciador. Nessa subcena, os atores parecem entrar livremente, entrando no campo (por exemplo as entradas de Charlotte Corday pela porta de Marat mimado pelo anunciador).

- *O close* acua os pacientes ou os prisioneiros tentando arrancar seu segredo, o que nos vale uma impressionante galeria de retratos. Ao enquadrar os rostos, a câmera intensifica a autenticidade das cenas, sublinha os efeitos de realidade psicológica, aproxima o espectador da realidade humana carcerária ou hospitalar.

Pulsações

O jogo entre esses três tipos de plano cria uma dinâmica ao alternar momentos acentuados e momentos mais frouxos da trama narrativa. Resulta uma pulsação baseada no acúmulo de energia e de violência, de intensidade dramática, vocal ou visual, acumulação esta que leva a uma explosão: crise nervosa de um pensionário do hospício, intervenção de Coulmier, transbordamentos de Roux ou de Marat. Tal explosão termina em uma volta à calma: ducha fria, camisa de força, repressão ou às vezes momento lírico de canto e de escuta. Depois a tensão é retomada, as contradições se acumulam até uma nova explosão e assim por diante. A energia dos atores fica assim controlada, canalizada e acompanhada pelo discurso fílmico.

Uma pulsação semelhante comanda a alternância entre cenas de multidão com música e canto e cenas individuais, mais calmas e dedicadas a um debate de ideias. Esse retorno cíclico organiza a pulsação e se vê tomado por um *crescendo* que leva a um paroxismo de violência durante a revolta final dos detentos. O filme termina de repente com um *black-out* e um golpe de gongo, mascarando assim qualquer desfecho da tensão e qualquer conclusão.

Transição

Essas bruscas variações de intensidade se dão mais frequentemente no interior de uma mesma cena. As transições entre as cenas são garantidas pelo intermediário do anunciador, ora por uma intervenção direta para a câmera, ora pela voz em *off*. O plano geral final resume e pontua uma frase da ação.

Todos esses procedimentos fílmicos – escala dos planos, cortes, defasagens – inscrevem o profílmico teatral (ou o que resta dele) em um discurso de forte identidade fílmica, que não dá nunca a impressão de teatro filmado. Verifica-se aqui de novo a observação de André Bazin, segundo a qual "quanto mais o cinema se propuser a ser fiel ao texto e às suas exigências teatrais, mais ele deverá necessariamente aprofundar sua linguagem própria"[54]. Nesse *Marat-Sade*, todos os procedimentos fílmicos estão a serviço da teatralidade.

54. André Bazin, "Théâtre et cinéma", *Esprit*, jun. e jul.-ago. 1951, p. 171; republicado em *Qu'est-ce que le cinéma?*, Paris, Éd. du Cerf, 1975.

Procedimentos Teatrais

Aparte para a câmera

Seja ele explícito e exagerado (para o anunciador) ou confidencial e discreto (para Sade ou Marat), o aparte para a câmera abre a quarta parede, rompe a ilusão de uma representação fechada em si mesma e denuncia a convenção realista, acentuando a teatralidade (foto página 111).

Abertura do espaço

O anunciador, homem das transições, das pistas e dos encontros, é frequentemente encarregado de abrir espaços pela narração, utilizando seu bastão literalmente como uma varinha mágica que cria espaços narrativos e conecta as palavras e as coisas. Pelo gesto dêitico ou o olhar móvel, o espaço se transforma em um lugar lúdico e convencional a ser preenchido pela atuação e pelo ator.

Cenografia

Mesmo regime misto para o espaço cênico: ora a câmera nos faz habitá-lo e vivê-lo do interior, como se estivéssemos nós mesmos confinados ali; ora o revela a nós em perspectiva, de muito longe, acima das cabeças dos espectadores do público diegético ou através das barreiras que fixam uma fronteira inatingível. Nos dois casos, não percebemos um fora-de-campo, um espaço conexo para o qual os prisioneiros e nós mesmos poderíamos escapar: todos estamos no mesmo barco, em um espaço fechado ao mesmo tempo patológico, carcerário, lúdico e formal. O profílmico foi trabalhado visando a uma abstração, a uma redução, a uma estilização que transformou o lugar concreto em uma "outra cena", em um lugar simbólico do imaginário. O espaço fechado clássico traz as numerosas ações para as grandes figuras da alienação, do encarceramento e da loucura. Nenhuma tentativa aqui de injetar de modo forçado "cinema" no teatro: vemos bem que o lugar filmado é um cenário de teatro e não um hipotético hospício de Charenton. O local cênico é assimilado pelo espectador do filme a uma estrutura cênica, ou seja, "um lugar materialmente fechado, limitado, circunscrito, cujas únicas 'descobertas' são as de nossa imaginação complacente"[55]. A iluminação também é bastante artificial e teatral: uma luz leitosa, opaca, cria uma auréola nos contornos em vez de acentuá-los; muitas vezes recebida em contraluz, mantém uma homogeneidade, como se todas as cenas fossem vistas pela parede colorida de um aquário.

55. *Idem*, p. 98.

Dicção

Nesse espaço fechado ou ironicamente aberto para a câmera, os principais protagonistas (excluindo o coro dos pacientes fechados em sua alienação) adotam uma dicção bastante "apresentacional", logo lenta, submetida à convenção teórica dos longos monólogos clássicos recitados em uma cena. O texto da tradução de Geoffrey Skelton é perfeitamente integrado ao ritmo gestual, vocal e musical adotado. É musicado, moldado no ritmo da música e da prosódia, ora projetado para a câmera, ora introjetado no ator alienado, inscrito em todas as opções de atuação, maleável como um material muito flexível. As legendas em alemão que retomam o texto original de Weiss permitem ao espectador-leitor verificar a exatidão da tradução ao mesmo tempo em que se concentra no fraseado e a plasticidade da linha melódica inglesa. O texto é como que levado por toda uma dinâmica cênica, sobretudo por efeitos de atração e repulsa dos atores frente à câmera.

Status ficcional

Esses efeitos de teatralidade e de interpelação são ainda mais notáveis por se alternarem com momentos que parecem extraídos de um documentário sobre a loucura e a internação. A progressão da fábula e a montagem fílmica se esforçam em fazer variar constantemente o estatuto ficcional da representação: momentos documentários apresentados no presente de uma reportagem em meio hospitalar alternam com uma reconstituição histórica da vida de Marat representada pelos detentos de 1808. O espectador deve a todo momento adaptar seu olhar à época e à realidade cênica que oscila entre o documento hospitalar bruto e a encenação de ficções representadas pelos aprendizes-atores.

Dois tipos de visão

O modelo do corpo e a determinação de sua densidade representativa se estabelecem a partir do tipo de visão ao qual corresponde um lugar bem definido da câmera.

A *visão à distância*, bastante fria e clínica, é a do corpo dos pacientes (e do corpo paciente): os planos do filme que correspondem a ela são instantâneos, retratos muitas vezes fixos. É a visão contemplativa[56]. Em oposição, o corpo dos histriões ou dos prisioneiros é, na maioria das vezes, abordado em uma *visão háptica*, ou seja, segundo o olhar e uma câmera ávida que, através do corpo inteiro, realiza o ato da percepção, a olhada. Aqui as câmeras móveis agridem e bicam

56. O *gaze*, de que fala Norman Bryson, em oposição ao *glance*, olhada com alvo definido. Norman Bryson, "The Gaze and the Glance", *Vision and Painting*, Cambridge, King's College, 1983.

o objeto a ser reproduzido em uma visão *escópica* na qual "o gesto como movimento (é) dado a ver"[57], pegam seu objeto "no braço" como o faz o espectador de teatro que investe nos elementos de cena que escolheu focalizar. Durante os debates ideológicos (entre Marat e Sade, com Marat e Roux sobretudo), os diálogos parecem, ao contrário, situar-se em relação a uma câmera fixa e "preexistente" para a qual dirigem seu olhar e seu corpo, "nos" tomando por testemunha, uma câmera que aspira e comenta a agitação cênica. A análise-reportagem que propomos aqui deve incluir as reações do espectador frente à linguagem fílmica ao descrever de que modo ele é mandado de um lado para outro entre os diversos esquemas corporais, entre distância e *envolvimento*, entre visão panorâmica e intervenção visual háptica. Brook parece ter realizado filmicamente com perfeição essa indeterminação do sentido e essa tomada de consciência das contradições ideológicas de que fala a peça:

> Weiss nos força a relacionar oposições e a encarar contradições. Deixa-nos sem respostas. Busca um significado em vez de definir um e remete a responsabilidade de encontrar respostas lá onde devem estar. Longe do dramaturgo e próximas de nós[58].

Esta responsabilidade intensificada do espectador e de seu olhar nos distancia talvez de uma descrição objetiva da encenação, mas não dispensa o estudo do ator e da maneira pela qual recebemos e (re)constituímos sua atuação. Descrever a atuação é pois avaliar o corpo-a-corpo com o ator e a cena à qual nos entregamos, tendo, além disso, a possibilidade de utilizar o substituto de nosso corpo que é a câmera e seu olhar. O estudo do ator deveria assim ficar facilitado, mas é mesmo esse o caso?

O Estudo do Ator

Paradoxalmente, o ator de cinema quase não foi estudado pela semiologia, a narratologia ou a teoria da enunciação. É verdade que a análise da atuação obriga a abandonar as estruturas semiológicas, narrativas e enunciativas[59], para extrair o ator do discurso fílmico reconstituindo-o no profílmico, sem se preocupar muito com as formas, para ir diretamente a seu encontro. Mesmo enquanto o ator de cinema permanece pouco conhecido (e que seu registro em filme não facilita em nada seu estudo, como se poderia esperar) o "filme-teatro", ou seja, o filme sobre o teatro, pode facilitar o conhecimento sobre a atuação.

57. Jacques Lacan, "Les quatre concepts fondamentaux de la psychanalyse", *Séminaire*, livre XI, Paris, Seuil, 1973, p. 107.
58. Peter Brook, *The Shfting Point*, *op. cit.*, p. 48.
59. Como constatam Ch. Metz e Marc Vernet, "Entretien", *Iris*, n. 10, 1990.

Como isso se dá em *Marat/Sade* e qual poderia ser, a partir daí, o programa para o estudo do ator?

Estatuto ficcional

Trata-se de determinar o quadro no qual é percebido o ator e o estatuto de verdade ou de ficcionalidade que lhe é atribuído. Por exemplo, a atuação dos pacientes é tão natural e patética (*e pois* cheia de efeitos de realidade) que eles tentam representar um papel; o papel dos "organizadores" (Coulmier, Sade, o anunciador, os quatro cantores) é, pelo contrário, "apresentacional": sublinha a convenção teatral. Poder-se-ia estabelecer uma escala da autoconsciência e da teatralidade ostentada das personagens, em ordem decrescente: o anunciador, os quatro cantores, Coulmier, Sade, Duperret, Marat, Corday, os outros pacientes).

Dialética autenticidade/teatralidade

Brook faz alternar (em vez de opô-los) efeitos de autenticidade e efeitos de teatralidade: a insistência na atuação e na convenção reforça a autenticidade da situação (pacientes condenados a representar); o recurso ao naturalismo no retrato da loucura leva a cenas de pura convenção. Uma mesma atriz como a que representa o papel de Simone pode, ao mesmo tempo, criar uma personagem de doente com uma verdade alucinante (olhar, atitude corporal, ritmo) e se prestar a ações teatrais por convenção (abrir a porta fictícia a Corday). Naturalismo e ficção se alternam sem parar. Esse "torvelinho" incessante explica a faculdade das personagens de "mudar de corpo" e provoca no espectador um desconforto físico e psíquico, aliás reforçado pela mudança constante de perspectiva, de tipo de plano, de enquadramento. O espectador permanece sempre consciente de que se trata de uma captação de um evento teatral: as câmeras em viravolta cumprem uma análise-reportagem que se prende ao evento, vai até ele, encontra a maneira de filmar observando os atores, preservando assim uma parte da espontaneidade do evento teatral. É por isso que a análise do filme aqui proposta se inspira mais na análise-reportagem que na análise-reconstituição. Disso resulta um reforço da teatralidade no filme: permanecemos sempre conscientes que se trata de teatro, que tanto o cenário como os protagonistas são "falsos", ou seja, são objetos estéticos e não uma fotografia da realidade.

Relação com a câmera

A polaridade autenticidade/teatralidade, aliás característica das encenações de Brook, verifica-se na relação do ator com a câmera: quanto mais o olhar para a câmera é frequente e insistente, mais a atuação é hiperteatral; quanto mais a câmera deve ir buscar o ator que finge ignorá-la e existir sem ela, mais a atuação se dá como naturalista e documentária (retratos de um louco, de um detento ou de um ator amador).

O sistema dos tipos de atuação

Ele é fácil de elucidar, sobretudo porque o profílmico teatral permaneceu ainda legível e continua a formar um bloco, não foi despedaçado por um discurso fílmico dominante. De fato, a teatralidade e os efeitos de teatro são facilmente perceptíveis porque a estrutura da fábula, a música diegética, a totalidade sistemática da atuação ainda estão perfeitamente conservadas, porque o profílmico (o teatro) faz bloco como sistema fechado de convenções. Do mesmo modo, a fábula e as estruturas dramáticas (ações, espaço, tempo) aguentam firme de modo notável, como uma espécie de *baixo contínuo*, de trilha sonora (ou melhor de "trilha de fábula") ininterrupta e impossível de ser decomposta.

A análise de um "filme-teatro" inspira-se em grande parte nas categorias da dramaturgia; ela não precisa ser tão técnica, precisa, submetida ao quadro a quadro de uma análise de filme. A roteirização do "filme-teatro" não é pura e simplesmente ligada à estrutura narrativa do filme; ela se apoia em parte em sua referência às estruturas dramáticas e teatrais e é muito mais flexível quanto à determinação de suas unidades e de sua segmentação. Inversamente, verifica-se o adágio dos homens de cinema segundo o qual quanto mais o filme é formalmente e especificamente refinado, menos se precisa de atores que saibam representar diante da câmera: "O melhor ator de cinema é aquele que sabe melhor não fazer nada", proclamava Hitchcock[60].

Na verdade, o ator, na tela como na cena, faz muito, mas nós é que somos pouco dotados para descrever suas proezas: sobretudo quando hesitamos entre uma análise fílmica que é obsecada pelos processos especificamente fílmicos, e uma análise dramatúrgica e teatral que carece de referências verificáveis.

A análise formal e a tipologia dos vetores não se limitam aos casos de figuras aqui enumerados. Os vetores mobilizam o conjunto dos materiais, ligam os significantes em vários ramais em vez de se contentar em traduzi-los em significados. Além disso, não são incompatíveis com uma abordagem sociossemiótica da obra teatral ou fílmica, e até mesmo demandam uma teoria da ideologia e sugerem a busca de ideologemas[61].

60. Citado em Michel Mouret, *Sur un art ignoré*, Paris, La Table Ronde, 1965, p. 51.

61. Sobre essa noção, ver a Parte III, capítulo 2 e também P. Pavis, *Voix e images de la scène*, *op. cit.*

Ideologema da Indecidabilidade

O ideologema que parece emergir com mais frequência é o da indecidabilidade dos debates. Logo que tentamos esclarecer a filosofia de Sade, Marat ou Roux, topamos com contradições insolúveis, os pontos de vista se relativizam e se anulam entre si. Ainda mais que a peça dentro da peça é uma construção de Sade e que ele faz os outros dizerem o que escolheu para eles e que seu benévolo patrão Coulmier é capaz de tolerar. Mesmo os protestos de Coulmier fazem o efeito de intervenções provocadas por Sade ou ensaiadas antecipadamente mais por um comparsa do que por um verdadeiro contraditor. A origem da palavra é obscurecida pela imbricação dos discursos e a mistura de identidade dos sujeitos. A indecidibilidade dos debates corresponde a um ideologema do sujeito alienado, voltado para si mesmo, impossível de ser liberto, nem pelos outros nem por si mesmo, acometido de um isolamento psíquico, político e artístico no qual ele está condenado a agir, a (re) agir ao passado, a ser atuado e autuado pelas autoridades.

Tal ideologema do encarceramento, da alienação mental, política, teatral e artística, Peter Brook o transplanta no plano formal do discurso fílmico. Trata os protagonistas de forma equânime (escala e duração dos planos, focalização), isola os debatedores em vez de mostrar suas trocas de ideias. Ao mesmo tempo em que mantém um equilíbrio estrito e um *status quo* entre Marat e Sade, Brook parece privilegiar o papel ambíguo do anunciador. Seria mesmo um doente como os outros? Não parece, e escuta seu mestre bastante distraidamente. Em contrapartida, organiza o espetáculo não somente pela palavra, como sugere o texto de Weiss, mas também pelo controle do enquadramento da imagem e do tempo-ritmo. Brook parece se servir dele como de um duplo irônico encarregado de organizar um espetáculo, sublinhar os pontos importantes da fábula, conectar os acontecimentos e as personagens. A impressão de indecidibilidade é acentuada até o ponto de ruptura: a brusca interrupção do filme, e da revolta dos prisioneiros, com um *black-out* e um golpe de gongo. A resolução final da revolta permanece na incerteza: transbordamento descontrolado da loucura, da ficção sobre o real, da agitação sobre a ordem pública ou interrupção brutal? Enquanto o texto de Weiss indica mais claramente a repressão de Coulmier, que se mantém no comando, Brook escolheu a indeterminação. Atuação que degenera ou controle absoluto de todas as revoltas? "We must choose" como diz o anunciador. Todos os filões do filme, os vetores e suas tensões, os discursos e suas contradições, convergem nesse local não localizável da indeterminação, lá onde a temática e as redes formais encontram um equilíbrio precário e onde o sentido mal tem tempo de se instalar.

Comentário das Fotografias

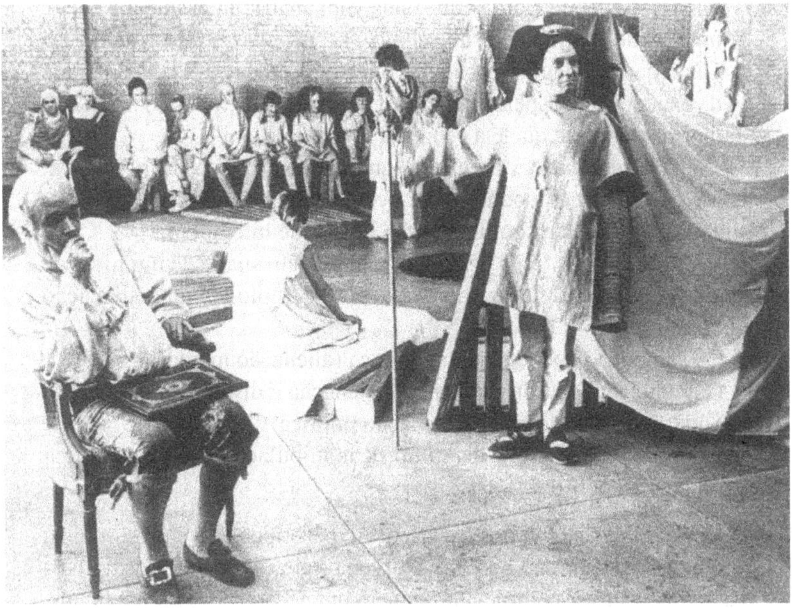

O sentido do andar

Sem a dimensão temporal, não podemos propor uma análise vetorial completa. Os fotogramas obrigam a captar o que se fixou para a fotografia e o que vai acontecer logo depois desse instantâneo. O enquadramento instaura um ramal de olhares e de hierarquias entre vários conjuntos:

- Ao fundo, o público dos pacientes, tendo nas bordas o louco furioso e Duperret.
- Na "ribalta", Sade, na espera, o olhar voltado para si mesmo.
- No meio, agachada, de costas, Charlotte Corday.
- Em pé, abrindo as cerimônias, o olhar para o público, o anunciador.

Esses conjuntos são ligados por um sistema de vetores:

Os acumuladores servem de exórdio como redundância e repetição do mesmo significado ou significante. Por exemplo, no plano de fundo, no banco, cada ator retoma e varia as mesmas atitudes corporais e a mesma impressão de prostração. A acumulação implica inclusive variantes: o Louco e Duperret, de pé, prontos para entrar em ação. Mesmo privada de sua duração, a cena deixa adivinhar a acumulação das ações cênicas.

Os conectores, que ligam os grupos ao organizar uma ação e uma história entre eles, graças sobretudo ao sistema dos olhares:

- Olhar ensimesmado dos doentes, mas cujo acúmulo forma um olhar meio distraído, meio interessado voltado para o centro da cena.

- Olhar ausente-presente de Sade, já voltando as costas para a realidade que está encenando.
- Olhar ausente de Corday que nada vem abalar, antes que lhe deem, mais tarde, a arma do crime (Foto 2).
- Olhar que se imagina circular e conector do anunciador encarregado da execução do espetáculo, ensaiador que reúne todos os fios dessa marionete inerte que é a cena.

Os secionantes precisam igualmente do tempo para intervir, mas servem também, como se vê nesse fotograma, para cindir e distinguir os diferentes conjuntos (a, b, c, d) que interagem.

Os embreadores permitem a passagem suave de um nível de sentido ou de um universo ao outro, por exemplo, de uma alienação a outra:

- Os pacientes: doença mental e física (alienação mental).
- O anunciador: bufonaria teatral (alienação e distanciamento).
- Sade: reflexão filosófica (alienação política).
- Coulmier e nós (fora de campo): manipulação estético-política (alienação político-teatral).

Com esse sistema dos quatro principais tipos de vetores, muitas "entradas" na cena são possíveis: diversos circuitos, diversas trajetórias se instalam, se completam, seguem um pedaço de caminho juntas, se separam. A entrada e o circuito escolhido se fazem de qualquer modo em função de uma hierarquia decidida pela encenação de Peter Brook. Aqui, a vetorização tal como pode ser lida na configuração espacial dos grupos desenha claramente um circuito indo dos doentes, ao fundo, para Sade (via Corday) e de Sade para o anunciador.

Lemos essa cena fixa do espetáculo em movimento *tomando parte* e *tomando partido* da trajetória entre esses conjuntos de cena: o sentido é produzido ao termo de uma trajetória da vetorização.

O momento no qual Sade entrega a Charlotte o punhal destinado a matar Marat é um *punctum*, no sentido de Barthes, designando o detalhe principal da fotografia. Tal *punctum*, detalhe que nos "punge" e nos impõe seu sentido, é aqui punhal, posto em primeiro plano por um efeito de focalização e de *zoom* do olhar, graças também ao cruzamento nele dos olhares de Sade e de Corday.

As quatro principais operações de vetorização se fazem aqui visíveis:

- *Os conectores* são os dos olhares, olhar oblíquo e distante de Sade, direto e fascinado de Corday que se cruzam em um lugar e em um momento, que coincidem, mas diferem em sua finalidade. Sade persegue um objetivo ainda distante ao manipular o punhal e sua utilizadora; Corday já vive e vê a cena do assassinato de Marat.
- A clareza das conexões, dos olhares cruzados e das ações que encaram dispensa a utilização marcada de *acumuladores-totalizadores*.

O *punctum doloris*

A diferença das densidades representativas

- Apesar da arma afiada, não são tampouco necessários *secionantes*, já que passamos sem saltos e sem ruptura de um olhar e de um simbolismo objectal a outro.
- O mesmo objeto se presta à *embreagem* e à transição de uma ação à outra (entrega da arma por Sade, execução futura do assassinato por Corday); ele garante também a passagem entre o uso denotativo do utensílio e seu valor simbólico (sexual, ritual, político) no curso da peça. Assim organizadas, coneção, acumulação, secção e simbolização se encontram para a produção do sentido dessa cena: a *deixis*, que consiste em indicar pela mão, pelo olhar, o entrecruzamento dos vetores (o que só tem sentido na situação do momento); essa *deixis* é ao mesmo tempo concreta (entrega da faca) e abstrata (evocação fantasmática do futuro uso assassino da arma).

O plano da foto acima mostra três dos quatro cantores em volta de Marat, cuja apatia contrasta com o entusiasmo dos bufões. O entrelaçamento dos olhares e a diferença das expressões faciais entre Marat e os cantores são sintomáticas da multiperspectiva, da impossibilidade de reduzir os conflitos a um centro dado como se a vetorização estivesse aqui bloqueada: as conexões não levam a qualquer acumulação e não motivam a embreagem de um plano a outro. É preciso pois completar o estudo das vetorizações por uma comparação das "densidades representativas" de diversos elementos da cena, sobretudo dos rostos dos atores. Distinguem-se imediatamente nesse fotograma uma corporalidade lúdica, teatralizada, ficcional, a dos cantores, e uma corporalidade clínica, naturalista, referencial, a do paciente representando Marat. Essas duas atitudes se opõem em seu ritmo, sua concentração, a tensão dos traços do rosto. A densidade é sensivelmente diferente: o rosto, o de Marat, está vazio, imóvel, pálido, introvertido; os outros, os dos cantores, estão plenos, móveis, coloridos, extravertidos. A diferença de seus rostos não é tanto psicológica quanto cinestésica e corporal. Não se trata tanto para o espectador de se identificar ao rosto e de identificá-lo quanto de sofrer sua cinestesia e seus efeitos físicos. Um elemento é tanto mais denso quando se integra em um número elevado de vetorizações e que se situa na intersecção das vetorizações e das trajetórias do sentido.

NO ARCO-ÍRIS DAS ARTES DO CORPO: MÍMICA, DANÇA, TEATRO, TEATRO-DANÇA

A fim de resumir e sintetizar todas as análises, vamos comparar o uso do corpo em diferentes artes da cena.

"O dançarino e o mímico são sempre falsos amigos", aponta Étienne Decroux[62]. Poderíamos facilmente acrescentar: "e tudo isso, por culpa do teatro!" Pois se o dançarino e o mímico não podem entrar em acordo, é talvez porque não conseguem encontrar o campo de entendimento do teatro. Evitaremos no entanto comparar abstratamente a essência desses três gêneros, pois vemos bem que a prática cênica de hoje passa facilmente de um a outro, toma empréstimo de todos, propõe um arco-íris das artes do corpo no qual se vai imperceptivelmente de uma cor à seguinte em um percurso transversal que se ri das velhas compartimentações.

Para evitar essa comparação abstrata das essências, confrontaremos as maneiras de descrever a mímica, a dança e o teatro (e, para ser completo, o *Tanztheater* ou teatro-dança). Não tomaremos – por falta de espaço – exemplos específicos, mas teremos presente na memória os casos das figuras seguintes: mímica de Decroux, dança de Saporta, teatro de Chéreau, *Tanztheater* de Bausch.

Localização da Trajetória

A mímica

Conforme a etmologia, o mímico imita seu objeto, mas essa imitação não tem de ser direta e conforme. Ela se baseia em uma codificação do gesto e da personagem, estabelece e fixa os pontos

62. E. Decroux, *op. cit.*, p. 66.

de passagem obrigatórios da sequência gestual, conduzindo a uma depuração do gesto, depuração reconhecível e logo reproduzível. "Tal é nossa arte: depurar sempre, depois, segundo o caso, aumentar ou não. Depurar e aumentar o quê? O que fazemos na vida todas as vezes em que não dançamos"[63]. O corpo do mímico arruma, organiza e baliza sua trajetória, preparando assim o percurso do olhar do espectador.

O dançarino

Não se espera dele que imite uma ação ou conte uma história. Localiza-se mais dificilmente sua trajetória, a partir do momento em que não está inscrita segundo a lógica de uma narrativa ou de uma fábula. Por outro lado, a intensidade e a direção do movimento são muito mais facilmente perceptíveis que seu conteúdo ou seu sentido. "O dançarino só pode trabalhar a partir de um corpo vetor que não se define em sua estrutura, mas em sua organização de intensidade"[64]. O corpo do dançarino queima seus últimos cartuchos, submete-se a um "saber de descontrole" (Saporta).

O ator de teatro

Ele adota uma posição intermediária entre o mímico e o dançarino: por um lado, baseia seu gesto e sua palavra em codificações, por outro, tende a negá-las, a apagar os pontos de referência, a mascarar a construção convencional de sua personagem. O corpo-teatro é submetido a uma perpétua denegação: apresenta-se em sua materialidade e refugia-se em sua ficcionalidade.

O dançarino-ator do *Tanztheater*

Ele hesita entre dois tipos de gestual que pratica alternadamente: o gesto dançado e o gesto mimético. O corpo do ator-dançarino transmite ao espectador essa incerteza da ancoragem, muda sem parar de estratégia: ora se deixa levar pelo movimento muscular, ora imita e codifica o mundo que representa. A coreografia do movimento se mune também de uma encenação (espacialização, uso de cenário, texto e construção narrativa), que pertence habitualmente ao teatro.

Vetorização

Feita essa primeira localização da trajetória, examinemos o tipo de percurso e de vetorização que se instaura entre os componentes de

63. *Idem, ibidem.*

64. Hubert Godard, "Le déséquilibre fondateur", *Art Press*, número especial, 1992, p. 138.

cada campo. A vetorização é o primeiro impulso de uma narrativa ou de uma cronologia entre diversas partes da obra cênica, o percurso do sentido pela floresta dos signos, a ordenação da representação.

O mímico

Ele submete seu corpo e seu gestual a uma vetorização forçada que torna legível seu percurso e previne todo desvio do "bom caminho" (ou pelo menos tende a limitar seu alcance). A vetorização é cronológica, claro, mas se traduz, na maioria das vezes, visual e espacialmente. Ela é pois facilmente localizável, reproduzível e objetivável.

O dançarino

O dançarino – pelo menos o da dança dita pós-moderna – despreza pelo contrário toda vetorização narrativa ou mimética, o que pode sugerir que só é submetido a seus impulsos e a seu desejo e que seu corpo foge a qualquer controle, linearidade, ou projeto de conjunto. A dificuldade, para o dançarino como para o espectador, é de dispor de uma visualização vetorizada do desejo.

O ator de teatro

O ator de teatro e – mais ainda – o dançarino-ator estão divididos entre vetorização linear e pulsão não canalizável. Mudam sem parar de regra do jogo ao alternar desejo mimético e fluxo pulsional.

Olhar Espectatorial

A vetorização é claramente a tarefa do ator-dançarino, mas ela precisa do olhar do espectador para se afirmar e se confirmar. Esse olhar muda segundo o gênero e o quadro de leitura ou de desejo que exige.

O mímico

O mímico clássico (Decroux por exemplo) capta o olhar do espectador para levá-lo por uma trajetória claramente percebida e pouco modificável. A identificação do espectador se dá mais com a técnica gestual do que com a personagem ou suas emoções. O corpo espectatorial inscreve-se, na maioria das vezes, sem ambiguidade na trajetória percebida e no modo de codificação. Trata-se, para ele, de identificar o objeto mimado e de captar como esse objeto é significado.

O dançarino

Ele atrai "em bloco" o corpo do espectador: este se joga "de corpo e alma" no arabesco e no torvelinho do movimento. Sem a rede protetora de uma narrativa claramente estabelecida, o espectador "dançado" (quer dizer, tocado pela graça da dança) acaba "dançando" ao se submeter aos fluxos da dança sem poder se subtrair à intensidade energética do corpo dançante. A percepção do dançarino está ligada à imagem corporal do observador; ela é antes de tudo motórica e cinestésica (ela não é narrativa e codificada, ligada ao desenvolvimento linear do sentido e da fábula, à decodificação dos conteúdos figurativos).

O ator de teatro

Ele dá a ver uma representação teatral da ação, um mundo ficcional entregue em bloco, mas também submetido a uma certa lógica narrativa. O corpo e o espírito do espectador efetuam um vai-e-vem contínuo entre o interior e o exterior: às vezes, ele se percebe de dentro ao se identificar ao objeto; às vezes, ele percebe o outro de fora, como um corpo estranho. Há uma denegação perpétua da realidade do percebido.

O dançarino-ator

Ele apenas amplifica e acentua o movimento pendular dessa negação, leva o espectador a passear entre ficção distanciada e performance vivida, engolfa-o no movimento e, em outros momentos, ancora-o em uma ficção na qual se mistura seu próprio conhecimento da realidade.

O estatuto do gesto varia assim de um gênero para outro, segundo uma dominante que não exclui, no entanto, as influências dos outros gêneros:

- *Ficção* para o teatro no qual o corpo representa sempre também algo além do seu estar-aí.
- *Ficção dobrada* para a mímica na qual o corpo designa seu objeto como uma construção efetuada pelo corpo que mima;
- *Fricção* do corpo que dança em tudo o que o cerca e o cerceia, provocando sua combustão imediata por simples contato e por identificação do observador com o movimento e o esquema corporal;
- *F(r)icção* entre representação e evento para o *Tanztheater*;

A que poderíamos acrescentar:

- *Fusão* para a ópera e suas artes multiplicadas e fundidas na obra total na qual os componentes se seguram uns nos outros ao se fundir uns nos outros;
- E, por assim dizer, *micção* para a corrente incontinente das imagens do filme, do vídeo ou dos espaços virtuais de síntese.

Tipos de Análise

A cada tipo de trajetória e de olhar espectatorial corresponde uma análise específica, mas é conveniente combinar todas as análises quando se aborda as obras gestuais contemporâneas.

Para o mímico, esforçamo-nos em determinar as regras quase geométricas que regem o processo de codificação, de depuração e de "aumento" do gesto e do corpo. A captação do sistema gestual é decisiva, pois permite tanto ao espectador como ao analista ler o espetáculo de mímica olhando para além da realidade física. A descrição não apresenta dificuldades insuperáveis, a partir do momento em que as regras de transposição e de codificação do real tenham sido claramente estabelecidas.

Para a dança, a análise tenta localizar não as leis de transposição do real ou os pontos de passagem da trajetória gestual, mas antes a "finalidade sem fim" do movimento, a força vetorial do corpo em movimento e do conjunto dos dançarinos. O espectador (que melhor seria chamar de *espectator* já que não se trata para ele de olhar, mas antes de mexer pelo corpo e olhar) pode "decodificar" apenas na hora, não ao anotar os signos e suas séries, mas intervindo por meio de seu esquema corporal e sua motricidade, acompanhando o percurso dos dançarinos e de sua coreografia. O que resta então dos nossos amores, de nossos balés? Alguns entrecruzares de desejos. A análise coreográfica, quando se limita a um relato, a uma notação ou a um gráfico dos deslocamentos, é pouco convincente, enquanto os mesmos resíduos dariam, no caso da mímica e do teatro, cartografias úteis para a partitura gestual e cênica.

Para o teatro, de fato, os resíduos da análise – partitura do espetáculo, composição do papel, localizações cenográficas etc. – são documentos de primeira mão que informam sobre a produção do sentido, na medida em que este é, por essência, ligado à representação de um mundo ficcional que se distingue do mundo concreto e eventual da cena. A análise teatral permanece, além disso, muito dependente da narratividade e do estabelecimento da fábula.

Os outros "*gêneros*" exigem, eles também, um tratamento especial: "misto", ou seja, *f(r)iccional* para a dança, *fracional* para o cinema, *fusional* para a ópera.

A ópera, apesar da riqueza e da diversidade de seus signos e de suas fontes, presta-se mal a uma dissecção e a uma enumeração de seus materiais. Pois essa matéria, sob influência do ritmo musical e gestual, já entrou em fusão, misturando e fundindo o que parecia se opor: a palavra e a música, o espaço e o tempo, a voz e o corpo, o processo e a estase. Desde Wagner até a semiótica, tomou-se o hábito de procurar correspondências e modos fusionais entre os elementos da ópera. Tal faculdade de ligação transversal e de fusão generalizada obriga a uma análise que não separe radicalmente os elementos do drama musical.

Quanto ao cinema, apesar do correr *miccional* de sua película, ele se caracteriza sobretudo pelo lado *fracional* e fusional de sua roteirização: cortes, colagens, momentos de quebra e de ruptura, construção facilmente fragmentária, elíptica e contrapontual.

2. Voz, Música, Ritmo

Mais difícil ainda para se analisar do que o gestual, a voz do ator (essencialmente então a voz falada) não pode ser desassociada do corpo, do qual é um prolongamento, e do texto linguístico que ela incarna ou pela menos leva. Pensamos que seria útil tratá-la juntamente com a música, os ruídos e o ritmo. Mas todo o universo sonoro, por mais coerente que seja, só consegue se manifestar no espaço-tempo das ações cênicas (Parte II, capítulo 3) e em relação com todos os outros elementos da representação (Parte II, capítulo 4).

A VOZ

O Aparelho Vocal

A análise da voz impõe um conhecimento aprofundado do aparelho vocal[1], que compreende: o aparelho respiratório, a laringe, as cavidades de ressonância. Cada um desses três componentes pode ser objeto de uma descrição fisiológica muito precisa, mas a análise das vozes dos atores se interessa antes pelos efeitos específicos produzidos por cada órgão.

1. *O aparelho respiratório*: graças aos músculos expiratórios abdominais e intercostais internos, ele é responsável pela inspiração

1. Guy Cornut, *La Voix*, Paris, PUF, "Que sais-je?", 1983.

e expiração. Na análise sonora, devemos relevar o trabalho físico da respiração, medir os esforços e as energias gastos, determinar se a respiração (inspiração ou expiração) é claramente audível e que sensações e emoções ela veicula, avaliar a corporiedade que o sopro dá a entender e a sentir. Pelas retomadas do fôlego, o texto e suas articulações ficam como que estruturados e, com eles, a continuidade cênica. "Para transmitir e restituir o pensamento de um autor com a máxima exatidão, o ator deve decompor o texto em vetores energéticos ligados à sua respiração, ditados pela sintaxe"[2]. Compreender e analisar o texto e a cena, é antes de tudo perceber os blocos do discurso, utilizar os intervalos para descansar no caminho, seguir o ator pelo pensamento e o sopro. Todo esse relevo respiratório pode ser anotado e utilizado como uma partitura na qual todas as nuanças apareçam. "Entre os maiores atores, não se consegue mais distinguir a trajetória verbal do sentimento. É a aliança perfeita entre a técnica e a expressividade. Não se sabe mais se é o sentimento que faz nascer a trajetória verbal ou se é a trajetória verbal que faz nascer o sentimento"[3].

2. *A laringe* é o órgão que produz as variações de altura que se pode dividir em registros. Dentro do registro grave, dito "de peito", as cordas vocais têm um alongamento tênue, enquanto no registro agudo, dito voz "de cabeça" ou voz "de falsete", elas sofrem uma tensão importante. O auditor experiente estará em condições de reconhecer os cinco principais registros e de notar seus efeitos: voz de peito (registro grave), voz de falsete, voz mista, *strohbass*, assobio. Não se deve confundir os registros e os modos de emissão:

– Os registros: infragrave, grave, médio-baixo, médio, médio-alto, agudo, superagudo.

– Os modos de emissão: voz de peito (infragrave, grave, médio-baixo), voz mista (médio), voz de cabeça (mulheres) ou voz de falsete (homens).

3. *Os ressoadores* são constituídos pelas cavidades que o som laringiano deve atravessar para chegar ao ar livre: faringe, cavidade bucal, nasofaringe, fossas nasais. Será possível para um auditor treinado discernir os órgãos de que dependem os ressoadores: mandíbulas, língua, músculo da faringe, laringe, velo palatal, lábios. A qualidade física da voz será então um elemento de informação de primeira importância que impede de reduzir a língua falada à sua semântica abstrata ao insistir na sua produção física e na impressão corporal que se transmite ao espectador (melhor seria dizer: ao espectauditor).

2. Michel Bernardy, "La métamorphose du verbe par l'acteur", *Change*, n. 29, dez. 1976, p. 201.

3. Michel Bernardy, *Le Jeu verbal ou traité de diction française à l'usage de l'honnête homme*, Éditions de l'Aube, 1988, p. 200.

Deixemos de lado a questão, muito mais complexa, da voz cantada, lamentando que não exista para a voz falada do ator uma aprendizagem tão exata como para o canto:

> Se a aprendizagem do canto é tão difícil, é porque é preciso fazer abstração dos automatismos utilizados na palavra para conquistar novas coordenações neuromusculares extremamente complexas, sem nenhuma ajuda visual ou tátil como é o caso para a aprendizagem dos outros instrumentos de música. A essa dificuldade, vem se juntar a busca constante de um delicado equilíbrio entra a estética do som e a inteligibilidade do texto cantado[4].

Fatores Objetivos

Diversos parâmetros acústicos da voz podem ser objetivamente medidos pelo sonógrafo e ser objeto, no caso da voz falada ou cantada, de uma análise científica.

A *frequência* média para cada indivíduo, ou "fundamental usual da palavra", serve para avaliar as variações durante a fala, que se expressam na melodia e na intonação. Para as línguas nas quais as variações tonais e as diferenças melódicas têm um valor semântico, será fundamental para o auditor localizá-las e levá-las em conta a fim de compreender o sentido da frase. O conhecimento do esquema intonativo da língua, a percepção da melodia – afirmação, interrogação, dúvida etc. – darão indicações precisas sobre o estado da personagem, mesmo se as variações individuais entre os locutores são sempre consideráveis e logo não são imediatamente imputáveis a diferenças entre personagens. A intonação, essa "corrente na linguagem"[5] é uma fonte considerável de informações que, aliás, ultrapassam muitas vezes o quadro objetivo e possuem conotações individuais e culturais. O tom da voz é o que a torna aguda ou grave, o que é imputável à altura. A intensidade caracteriza a potência ou a fraqueza da voz, enquanto o timbre diz respeito à voz, clara ou escura, apagada, velada, surda, profunda ou fraca.

A *intensidade* da voz resulta da pressão do ar pulmonar acima das cordas vocais e da resistência dessas últimas. É um fator pertinente que depende ao mesmo tempo da anatomia-fisiologia do sujeito, de seus hábitos e de sua educação vocal. As variações individuais e culturais serão percebidas assim como as variações significativas para a interpretação do papel em função da teoria implícita das emoções do auditor. A expressão das emoções está ligada a uma mudança de intensidade que tende a encontrar sua codificação adequada: a raiva será por exemplo sensível numa maior intensidade e tensão da voz.

4. Nicole Scotto di Carlo, "La Voix Chantée", *La Recherche*, n. 235, set. de 1991, p. 1025.

5. Antonin Artaud, *Le Théâtre et son double*, Paris, Gallimard, 1964, p. 54.

Em cena, o ator deve colocar e projetar sua voz, ou seja, acomodar suas cavidades de ressonância de modo a que amplifiquem o som laringiano. Se ele aumentasse a intensidade de sua voz, ele se esgotaria e não aguentaria até o final do espetáculo.

O *timbre* resulta da modelagem do som laringiano nas cavidades de ressonância: timbre vocálico cuja variação está ligada aos indivíduos. Trata-se, para afinar a análise da voz, de apreciar a modulação do timbre e as razões das mudanças. O timbre ou a cor da voz corresponde a uma visão de cores, que por sua vez correspondem a sons ou a vogais como no poema *Voyelles* de Rimbaud, ou mesmo a sensações táteis. Está ligado ao "grão da voz" (Roland Barthes). O registro caracteriza a altura da voz, o timbre, sua cor.

Entre esses fatores objetivos – frequência, intensidade, timbre –, é provavelmente o fluxo verbal que apresenta para a representação teatral as propriedades mais pertinentes. Vamos anotar particularmente, para essa análise da elocução:

- a continuidade/ descontinuidade do fluxo verbal;
- as cisões e as pausas: tamanho, lugar, função;
- a rapidez da elocução comparada à norma cultural e individual do auditor;
- a acentuação, o destaque, o apagamento da voz.

A interpretação desses fatores, no entanto, não é evidente e leva aos dados subjetivos da voz. Assim, o locutor apropria-se da linguagem e a utiliza para se situar ele mesmo no mundo.

Fatores Subjetivos

São ao mesmo tempo os mais numerosos, os mais difíceis de captar e sobretudo os mais determinantes para a análise das vozes, dos atores e das encenações.

A traição dos sentimentos

Toda atividade vocal, sobretudo a produzida no palco, revela um estado emocional que, às vezes mas não necessariamente, é acompanhado e codificado por uma ação vocal: gemidos, gritos, choros, surpresa, risos. A voz se colore – de maneira indelével – com as emoções que expressa e gera ao mesmo tempo; ela trai e traduz estados involuntários e inconscientes do locutor. Para se convencer disso, basta compará-la com a voz tratada eletronicamente[6] e que obedece então a regras bem diferentes. As informações sobre o sexo, a identidade e o estado psicológico do emissor distante dessa voz ressintetizada não

6. Por meio de um aparelho chamado *harmonizer.*

são mais confiáveis. É possível mudar o sexo do locutor ao modificar, ao vivo, a voz original de alguns semitons, ao torná-la mais forte, mais quente, ou pelo contrário mais fraca. Assim, o elemento que parecia o mais humano, o mais direto e o mais autêntico, a voz, é passível de ser desconectada do corpo, transmitido por autofalantes. O importante nessa manipulação vocal não é de descrever o protocolo científico da experimentação, mas de explicar as consequências dramatúrgicas da intervenção tecnológica.

A projeção do eu

O locutor age sobre seu interlocutor por meio de sua voz, variando sua intensidade, sua tonalidade, seu fluxo, os gestos paralinguísticos. "É pela voz que a consciência se abre para o inconsciente, e o homem para si mesmo e para o outro"[7]. Disso resulta uma projeção vocal, o que, em um palco, é duplamente necessário, já que o ator deve se fazer ouvir não somente por seu parceiro de cena, mas sobretudo pelo público. Por isso é difícil distinguir o que pertence à técnica de projeção como convenção cênica para "dizer bem" o texto e o que pertence à técnica vocal da personagem reveladora do seu ser psicológico e social. O ator deve ao mesmo tempo – na perspectiva stanislavskiana – sentir e possuir a arte de modificar os parâmetros de sua própria voz para melhor caracterizar sua personagem. Busca não somente a atitude corporal, o gestual, a mímica, o "gesto psicológico" (M. Tchékhov) mas também a identidade vocal de sua personagem. A isso se acrescenta sua faculdade de tocar diretamente o auditor por meio de efeitos e afetos que ultrapassam a comunicação semântica de informações, e usam a materialidade corporal da voz e seus efeitos imprevisíveis, ou até mesmo indescritíveis. Assim, para Antonin Artaud, "ali onde o grosso da multidão resiste a um discurso sutil cuja rotação intelectual lhe escapa, não resiste a efeitos da surpresa física, à dinâmica de gritos e de gestos violentos, a todo um conjunto de efeitos tetanizantes"[8]. Escutar as vozes da cena constitui uma experiência que provoca às vezes uma descarga afetiva, nos remetendo a tal ou tal pessoa, viva ou morta. A análise do espetáculo é, nesse sentido, também uma psicanálise que diz tanto sobre nós como sobre o objeto percebido.

O grão da voz

"É o corpo na voz que canta"[9], quer dizer sua materialidade, sua tessitura corporal, o que ela tem de rude e de cru, de físico e de único

7. Denis Vasse, *L'Ombilic et la Voix*, Paris, Seuil, 1974.
8. Antonin Artaud citado por G. Cornu, *op. cit.*, p. 54.
9. Roland Barthes, *Essais critiques*, Paris, Seuil, 1972, p. 62.

(de eunuco também, às vezes). O que nos encanta ou nos horripila é precisamente o que mais importa na manifestação corporal do ator, e o que é mais difícil de descrever para o espectador, tão poderoso, inconsciente e inefável é o efeito produzido. No teatro, a palavra do ator (e não somente a melodia do cantor) é sempre, de alguma forma, encantada, constituída por um afeto-corpo que a colore com vigor. "O canto constitui a forma artística na qual o afeto-corpo mais prevalece sobre a palavra-código"[10].

Paradoxalmente, é mais uma vez a tecnologia, a do microfone no caso, que melhor permite encontrar a dimensão corporal e pulsional do corpo:

> Nós que chegamos sempre depois da hora, nós que carecemos de animalidade, eis que dispomos, quase que subitamente, da tecnologia eletrônica que vai revolucionar não nossa ciência da voz, mas *nossa voz vivenciada*[11].

A tarefa do analista é a de relatar essa vivência, de não se limitar ao lado racional e semântico da informação veiculada, mas de revelar a dimensão pulsional e inconsciente das vozes, de mostrar também como o ator gera essa aliança entre o racional e o pulsional, como ele se deixa deliberadamente transbordar por sua corporalidade que diz sempre mais que os signos intencionais de sua personagem. Por isso a análise permanecerá sempre atenta ao conjunto linguagem/voz/corpo no ator, observando suas relações íntimas.

De uma semiologia a outra

De fato, a voz diz sempre mais que o significado da personagem (sua identidade na ficção); ela não se contenta em levar uma mensagem ou em caracterizar o estado de uma personagem fictícia, ela é também um significante (uma materialidade corporal) aberto e irredutível a uma significação unívoca, uma marca inscrita na carne viva do auditor que não pode lhe escapar. Por isso desprezaremos uma semiologia clássica, para a qual a voz é simplesmente o significado da personagem[12], por uma semiologia de tipo barthesiano. A semiologia clássica, a de Fischer-Lichte por exemplo, se interessa apenas pela função comunicativa da língua e da voz, "porque a voz do autor funciona sempre como signo" e "como signo de certas características corporais

10. Marie-France Castarède, *La Voix et ses sortilèges*, Paris, Les Belles Lettres, 1987, p. 153.

11. Daniel Charles, "Thèses sur la voix", *Traverses*, n. 20 ("La voix, l'écoute"), 1980, p. 5.

12. Erika Fichter-Lichte, *Semiotik des Theatres*, Tubingen, Narr Verlag, vol. I, 1983, p. 40.

e/ou caracteriais da personagem"[13]. A semiologia barthesiana, pelo contrário, é sensível ao "grão da voz":

> A semiologia seria, a partir de então, esse trabalho que recolhe o impuro da língua, as sobras da linguística, a corrupção imediata da mensagem: nada menos que os desejos, os temores, as expressões de rosto, as intimidações, os avanços, as ternuras, os protestos, as desculpas, as agressões, as músicas, de que é feita a língua ativa[14].

Tal semiologia em trabalho se impõe para o estudo do ator, se quisermos captar essa impureza do texto e essa corporiedade da voz nua que é talhada no mesmo pano que o corpo do locutor. Evitaremos, nas descrições, separar as observações sobre a voz daquela sobre a corporiedade do ator: assim como se pode discernir se a voz ao telefone sorri, devemos poder sentir o corpo que leva e é levado pela voz.

Materialidade e teatralização da voz

Como, no entanto, analisar essa materialidade da voz?

- A espessura semântica da voz: a corporalidade, a sensualidade ou a musicalidade da voz são tão fortes que eclipsam o sentido do texto;
- A perfeição formal da pronúncia, a espacialização da frase, o sentido do ritmo fazem efeito de um oratório: quase se pode desenhar a emergência e a polifonia da palavra, descobrimos a paisagem do texto;
- As palavras na encantação: elas são "tomadas em um sentido encantatório, realmente mágico – pela sua forma, suas emanações sensíveis, e não mais somente pelo seu sentido"[15];
- A língua, segundo Fonagy, funda-se em ações corporais, a pronúncia de certas consoantes exige uma energia pulsional anal-sádica: reencontramos traços dessa energia anal na "embocadura" (por assim dizer) do texto e nos mimodramas da face e do corpo. Releva-se então a emergência e a inscrição física e visual da energia vocal sobre o corpo do ator e da cena.

Todos esses fenômenos são perfeitamente concretos e são objetos de um apanhado sistemático; pertencem àquilo que muitas vezes é chamado de teatralização da voz, ao mesmo tempo sua exteriorização e sua espacialização. Tal é aliás, segundo Barthes, a definição da teatralidade: "O texto escrito é *a priori* subjugado pela exterioridade dos corpos [...], a palavra logo se fluidifica em substâncias"[16]. A teatralização é sempre um exagero dos mecanismos vocais em relação à norma

13. *Idem, ibidem.*
14. Roland Barthes, *Leçon*, Paris, Seuil, 1978, pp. 31-32.
15. A. Artaud, *op. cit.*, p. 189.
16. R. Barthes, *Essais Critiques*, *op. cit.*, p. 42.

habitual: declamação cantante, pronúncia hipercorreta com todas as "liaisons"* e aliterações; visualização lúdica do esquema melódico.

Análise dramatúrgica das mudanças de voz

O essencial para a análise não é encontrar uma definição técnica da voz, mas sim compreender o valor dramatúrgico dos efeitos vocais, diferenciar a paleta das vozes, sentir também como o locutor muda de voz segundo seus interlocutores e o que significam essas variações.

Fatores Culturais

Fora os fatores objetivos ligados à fisiologia humana, e os fatores subjetivos submetidos às variações individuais, é preciso levar em conta, para a análise vocal, os limites culturais. Estes tornam a avaliação das vozes quase impossível se não se possui o código cultural. Entre os *dogons*, o *griot* é capaz de utilizar de seis a oito vozes diferentes. O ator ocidental é treinado para trocar sempre de voz, segundo a pessoa a quem se dirige. Os critérios de apreciação da voz variam consideravelmente de uma cultura para outra. Uma voz em falsete, sentida como defeituosa entre nós, será considerada, ao contrário, normal na África do Norte. Não existe codificação emocional universal que se expresse nas vozes. Assim, na Índia, o timbre agudo vai exprimir a tristeza, o timbre grave a alegria, o que é a inversão total da codificação europeia. O uso dos timbres é de uma variedade extrema: voz de cabeça, e até falsete no Jingsci chinês (ópera de Pequim) e no Hat tuông vietnamita; voz grave e gutural do Nô japonês cujo cantor-ator modifica a dicção dos fonemas da língua cotidiana. Mesmo a maneira de chorar e rir é própria de cada tradição: o Hat tuông vietnamita conhece 29 maneiras de rir que correspondem não tanto a situações emocionais distintas, mas a técnicas vocais bem definidas. A variedade das técnicas de respiração e as técnicas corporais que daí resultam são igualmente impressionantes. Toda análise do espetáculo, especialmente da voz humana, começará portanto por relativizar seus resultados colocando-os à luz de uma tradição cultural da qual é preciso conhecer as regras, as normas e seus desvios[17]. A descrição deve evitar qualquer universalização de suas observações, particularmente na avaliação da performance vocal.

* Ligação típica da língua francesa da consoante final de uma palavra com a vogal da palavra seguinte. O esmero excessivo com as complicadas regras da "liaison" é sinal de esnobismo, como em português a pronúncia apoiada dos "r" e "s" finais. (N. do T.)

17. Cf. Tran Van Khe, "Techniques vocales dans les théâtres d'Asie orientale", *Encyclopedia universalis*, vol. 18, artigo "Voix", 1988.

A Análise da Voz dos Atores

A análise dispõe dos meios da fonética experimental e da informática para registrar e visualizar a frequência fundamental da voz, estudar as variações de altura e os contornos melódicos[18].

Não dispondo desses meios sofisticados, a análise da voz no teatro se contentará com algumas observações simples:

- A dicção está submetida a modas: certas fluências – a rapidez ou lentidão –, a codificação de emoções facilmente reconhecíveis, a utilização de sotaques "estrangeiros", tudo isso depende da norma do momento.
- A voz do ator é necessariamente forçada, e até deformada pela necessidade de falar em voz alta e de ser bem audível.
- É revelador notar a frequência das pausas, sua duração, sua função dramatúrgica: hesitação, respiração, exergo ou construção de uma estrutura retórica bem conhecida?
- O ator, se apoderando de um texto que não é seu, mas que lhe é de algum modo soprado, deve administrar seu fôlego: fala (e mente) com a mesma naturalidade com que respira: segundo um "grupo de fôlego", unidade do que é pronunciado entre duas pausas facilmente reconhecíveis. Esse grupo de fôlego compreende uma vertente ascensional, a subida da linha melódica, e uma linha de declínio.
- A melodia da frase é para ele, e em seguida para o espectador, um meio de esclarecer a estrutura sintáxica e logo o sentido de seu texto.
- A voz dá a reconhecer os quadros rítmicos da palavra, ou seja, "a marca mental dos primeiros ritmos da intervenção de um locutor, e as expectativas sobre o desenvolvimento posterior suscitadas por esses primeiros ritmos"[19].
- Por fim, a voz é também a projeção do corpo no texto, uma maneira de fazer sentir a presença corporal do ator. Muitas vezes ela faz alternar palavra proferida e canto, ou palavra cantada (Sprechgesang).
- Analisar a voz é também examinar a relação entre corpo e voz, a maneira pela qual o ator parece de repente incarnar uma personagem. É também escutar a voz tal como ela parece brotar do texto, a cada curva da frase enunciada[20].

18. Manuel Garcia-Martinez, *Réflexions sur la perception du rythme au théâtre*, tese de doutorado, Universidade de Paris VIII, 1995.

19. *Idem*, p. 194.

20. Ver adiante, o capítulo 5 da segunda parte. O autor agradece Nicole Scotto di Carlo por suas observações sobre a técnica da voz.

A MÚSICA

Não se trata de examinar a música e sua recepção em si, mas a maneira pela qual é utilizada pela encenação, colocada a serviço do evento teatral. Apenas sua função dramatúrgica nos interessa aqui. O termo "música" é utilizado no sentido (o mais geral possível) de evento sonoro – vocal, instrumental, ruidoso –, de tudo o que é audível no palco e na plateia.

> É preciso chamar música o conjunto de todos os elementos e fontes sonoras: os sons, os ruídos, o meio ambiente, os textos (falados ou cantados), a música gravada (irradiada por alto-falante) etc. A música deve pois ser entendida mais amplamente no sentido de soma organizada e, se possível, voluntária, das mensagens sonoras que chegam ao ouvido do auditor[21].

A música é assemântica, ou pelo menos não figurativa: não representa o mundo, diferentemente da palavra. Assim, aninhada no espetáculo, ela irradia, sem que se saiba muito bem o quê. Influencia nossa percepção global, mas não saberíamos dizer que sentido ela suscita ao certo. Ela cria uma atmosfera que nos torna particularmente receptivos à representação. É como uma luz da alma que desperta em nós.

A Música no Interior do Espetáculo

Semantismo da música

A música possui, no interior do espetáculo, um estatuto completamente único. Como dizia Wagner, "ali onde as outras artes dizem: isto significa, a música diz: isto é"[22]. Ali onde os signos do cenário, do ator ou da palavra remetem a uma coisa dada, a música não tem objeto: pode pois querer dizer tudo e vale sobretudo pelo efeito produzido. A análise do espetáculo deve, ao mesmo tempo, prestar contas das referências a tal ou tal objeto do mundo, e de uma matéria sonora que não remete ao mundo de modo mimético.

Fontes da música

Um esforço é feito para determinar de onde provém a música, como ela é produzida, como ela se reparte no espaço. A disposição dos altos-falantes em todos os lugares possíveis do palco e da plateia cria um relevo sonoro, uma coordenação regulada por computador que dá a impressão de que ela circula no espaço: por exemplo a sonorização

21. Nicolas Frize, "La musique au théâtre", *Une estetique de l'ambiguité*, J. Pigeon éd., Lyon, Les Cahiers du Soleil Debout, 1993, p. 54.

22. Richard Wagner, citado por Adolphe Appia, *Oeuvres Complètes*, vol. I, Lausanne, L'Âge d'homme, 1983, p. 13.

dos espetáculos de Robert Wilson (*Hamlet*, 1995) que é feita a partir de inúmeros "pontos de vista auditivos". A primeira tarefa do analista consiste em estabelecer como e onde as fontes musicais são produzidas. A música é executada ao vivo, em cena, por músicos (ou atores-músicos), ou então foi gravada e introduzida pela operação de som? A "exposição" das fontes musicais, ou, pelo contrário, sua dissimulação, determina as relações de forças entre a música e o resto da encenação, especialmente o espaço e a atuação do ator. Não é questão apenas da influência – emocional – da música sobre a representação teatral, mas também do impacto da cena sobre a música e sua percepção. Essa influência recíproca que fortalece, mas também às vezes destrói, um elemento pelo outro, deve ser objeto de uma avaliação crítica. Porém, esses fenômenos de reforço são mal conhecidos, porque raramente se examinou o que muda na percepção de um texto, de um espaço, de um gestual quando são "acompanhados" (ou melhor, "animados") por uma intervenção musical (vocal, instrumental ou pré-gravada), ou ainda luminosa (mudanças de luz). Descrever o espetáculo obriga a pensar em conjunto fenômenos visuais e acústicos, a sentir o efeito do que um produz no outro e, se possível, a perceber qual elemento é mais afetado em tal ou tal momento pela música. Para isso, se examina se a música cumpre um papel apenas ancilar em relação à atuação, se ela permanece localizada em alguns poucos momentos ou se caminha, como no teatro musical, para uma forma integrada, na qual música e atuação são parceiras iguais que desabrocham e se completam em um gênero novo.

Em *Ou bien le débarquement désastreux* de Heiner Goebbels, representado em Nanterre, no Théâtre des Amandiers, em 1993, todos os elementos presentes – a palavra da personagem recitante, a música tradicional africana (*kora* e voz) ou a música eletroacústica, o espaço retangular do palco sob um cone invertido de onde escorria a areia – concorrem para figurar um espaço sonoro e um som espacializado no qual cada componente se encontra tão perfeitamente integrado que se torna difícil, e inútil, isolar um elemento em detrimento dos outros[23].

O Efeito da Música sobre o Espectador

A apreciação da música produzida *a partir* de ou *com* os elementos visuais da representação impõe uma perspectiva etnomusicológica atenta aos modos de compreensão da música e ao seu elo com os outros componentes do espetáculo.

Para uma encenação ocidental, especialmente a de um texto clássico, a música terá sobretudo o efeito de um acompanhamento, será

23. Ver as encenações de G. Aperghis e H. Goebbels.

incidental music, logo, sempre "indireta", incidente, e será julgada em função dos serviços prestados à compreensão do texto e da atuação.

Em contrapartida, em um espetáculo africano, a música não poderia ser artificialmente destacada do resto da performance, do movimento, da dança, da declamação do texto. O fato é que não existe nas línguas africanas uma palavra única para traduzir o nosso termo "música": as palavras utilizadas designam tanto a "música" como a "dança"; também não há termo que distinga a música e o barulho[24]. A música se caracteriza na África pelo movimento: "A absorção bem sucedida de sequências de movimentos é, para muitos africanos, um critério importante para a compreensão da música"[25]. Assim, a concepção e a recepção da música não são puramente auditivas como no Ocidente, elas são também emocionais: os movimentos dos músicos são efetuados de tal maneira que certas notas não podem ser produzidas de outro modo. As *patterns* do movimento agem sobre a acentuação e a realização das notas.

> Na prática espetacular, os espectadores dispostos em volta do evento ouvem e veem a "música" ao mesmo tempo. Eles efetuam os movimentos, seja interiormente (presença imóvel, mas modo de acompanhar interiormente as vibrações), seja por uma participação motora dirigida para o exterior[26].

Esse enfoque etnomusicológico induz a uma grande modéstia na avaliação e compreensão das músicas e das vozes: ele alarga nossa perspectiva ocidental nos convidando a observar as alianças da "música" com os outros sistemas cênicos, não somente em relação às outras culturas musicais, mas em relação à nossa.

Para os espetáculos vocais e musicais pertencendo a outras culturas além da nossa (na Europa), convém estar consciente de nossa "surdez" crônica, dos hábitos de escuta que projetamos sobre a outra cultura:

> Em certos campos, por exemplo no de sistema tonal, os hábitos de escuta são, ao que tudo indica, irreversíveis. Quando se cresceu desde a infância em um certo sistema tonal, percebe-se o sistema de tons sempre em relação com o seu próprio sistema tonal[27].

Funções da Música na Encenação Ocidental

Frequentemente utilizada na encenação contemporânea, a música preenche várias funções:

24. Remeter-se à análise deste espetáculo, na Parte III, capítulo 3.

25. Gerhard Kubik, "Verstehen in afrikanischen Musikkulturen", *Musik in Africa*, A. Simon ed., Berlin, Museum fur Völkerkunde, 1983, p. 315.

26. *Idem*, pp. 316-317.

27. *Idem*, p. 322.

- Criação, ilustração e caracterização de uma atmosfera introduzida por um tema musical, podendo se tornar um *leitmotiv*; durante esses intervalos o auditor faz um balanço, respira, imagina o que segue. A música é então um "remédio de conforto".
- Tal atmosfera torna-se às vezes um verdadeiro cenário acústico: algumas notas situam o lugar da ação.
- Às vezes, a música é apenas um efeito sonoro cujo objetivo é tornar uma situação reconhecível.
- Pode também ser uma pontuação da encenação, sobretudo durante as pausas da atuação, as mudanças de cenário.
- Cria às vezes um efeito de contraponto, desde os *songs* brechtianos que comentam ironicamente a ação, até a música barroca entre sequências de *Ralé* na encenação de G. Bourdet.

- Segundo a técnica cinematográfica, a música cria uma sucessão de climas.
- Pode também se tratar de uma produção de ação graças aos meios musicais: o teatro musical ultrapassa a função ancilar de uma música de cena, para se tornar o centro da atenção e integrar a teatralidade a suas próprias exigências (G. Aperghis, H. Goebbels).

A descrição deve identificar tais funções e avaliar seu impacto no conjunto do espetáculo: fazer primeiro um levantamento das intervenções musicais e de suas formas, da influência de um som sobre uma imagem, e reciprocamente; seguir depois a vetorização que tais intervenções sugerem; avaliar a passagem de um ao outro, ou do sonoro ao visual. Todas essas anotações vão se inscrever na partitura musical que será a encenação. Na música, seria preciso englobar o barulho, seja ele o efeito sonoro gravado ou produzido na coxia, seja barulhos parasitas imprevistos (teatro de rua): todos contribuem ao mesmo tempo para a construção e a destruição do ambiente, mas devem em todo caso ser levados em conta pelo espectador e o analista.

A música em geral, e particularmente na cena, tem uma função ora integrativa, ora desintegrativa para o espetáculo e o ego das personagens.

> Os diversos humores evocados pela música – alegria, dor, angústia, desejo, satisfação, plenitude – podem ser relacionados seja a uma continuidade do Ego (se falará então de música integrativa), seja a um Ego fragmentário, explodido, estourado (se falará então de música desintegrativa)[28].

28. M. F. Castarède, *op. cit.*, p. 90.

O RITMO

A voz e a música são certamente bem difíceis de se analisar, anotar ou interpretar, pois, tramadas no tempo, são como imateriais, ou pelo menos não visualizáveis em uma partitura espacial. Nem por isso deixam de formar uma estrutura de relevo e paisagem nítidos como uma cadeia himalaiana, paisagem na qual se apoiam e se baseiam os outros elementos da representação, especialmente o espaço e a atuação.

Ritmo Global e Ritmos Específicos

O terceiro elemento desse conjunto sonoro e temporal, que os contém e os organiza ao mesmo tempo, é o ritmo. O que estará em pauta aqui será apenas o ritmo da encenação como um todo, o que obriga no entanto a distinguir os diferentes ritmos parciais de cada sistema significante (todo conjunto homogêneo e coerente de signos como por exemplo a iluminação, os figurinos, a dicção, o gestual etc.). O ritmo geral da encenação, essa "corrente elétrica"[29] unificando os diversos materiais da representação, dispondo-os no tempo sob a forma de ações cênicas, torna-se o sistema geral da encenação, o que organiza corpos falantes se deslocando no tempo e no espaço de uma cena. Por isso é usada às vezes a metáfora da musicalidade do espetáculo, ou seja, sua organização "musical" no tempo. Ninguém melhor que Meierhold descreveu tal organização temporal:

> É preciso ensinar aos atores a sentir o tempo em cena como o sentem os músicos. Um espetáculo organizado de modo musical não é um espetáculo no qual se faz música ou então se canta constantemente por trás da cena, é um espetáculo com uma partitura rítmica precisa, um espetáculo cujo tempo está organizado com rigor[30].

Os ritmos particulares dos diversos sistemas cênicos obedecem a suas leis próprias. Vamos tomar alguns exemplos que poderiam servir de método de análise.

- *A palavra*: sua enunciação se deixa melhor apreender por meio dos efeitos binários: silêncio/palavra, fluência rápida/lenta, acentuação/não-acentuação, destaque/banalização, tensão/relaxamento.

29. Jindrich Honzl, "La mobilité du signe théâtral", *Travail théâtral*, n. 4, 1971 (1940).

30. Vsevolod Meierhold, *Écrits sur le théâtre*, t. IV, Lausanne, l'Âge d'homme, 1992, p. 325.

- *O fôlego*: localiza-se no texto pronunciado os grupos de fôlego, examina-se sua extensão, seu encadeamento, a organização sintática e semântica de cada grupo, a função dos momentos de pausa: estruturação do pensamento, momentos recapitulativos, conteúdo semântico.
- *A prosódia*: segundo Garcia-Martinez[31], o ritmo tem necessidade de constituir quadros rítmicos, "estruturações iniciais dos componentes prosódicos (intensidade, duração, altura)" que formam a base para a percepção das mudanças do quadro.

Ritmo e Tempo-ritmo

As duas noções, muitas vezes usadas em oposição por Stanislávski, devem ser muito bem distinguidas.

O *tempo-ritmo* é invisível e interior; determina a lentidão ou a rapidez da encenação, encurta ou prolonga a ação, acelera ou desacelera a dicção.

Para o tempo-ritmo, o espectador e o analista relevam uma impressão de rapidez ou de lentidão, determinando os meios que produzem essa impressão:

- Aceleração graças à "imbricação" das réplicas (uma réplica começa antes que a anterior termine), à retomada dos temas, à criação de automatismos da percepção no espectador.
- Desaceleração graças à ausência de surpresas, à confirmação do quadro rítmico, à repetição das mesmas informações.

O *ritmo* não é caso de mudança de velocidade, mas de acentuação, de percepção de momentos acentuados e não acentuados: é um tempo cadenciado dentro de uma duração definida, o encadeamento das ações físicas segundo um esquema preciso, uma "linha contínua da ação" conforme ao subtexto do texto ou à subpartitura do ator (segundo Stanislávski). O ritmo é o sentido do tempo, de sua elasticidade sob o efeito do encenador:

> O encenador deve sentir o tempo sem tirar o relógio do bolso. Um espetáculo é uma alternância de momentos dinâmicos e estáticos, e os momentos dinâmicos são igualmente de diferentes espécies. É por isso que o dom do ritmo me parece ser um dos mais necessários para o encenador[32].

Quanto ao ritmo, é mais difícil mostrar em que elementos do espetáculo ele logra se fixar: por exemplo, o corpo do ator é o suporte de vários sistemas rítmicos que não estão necessariamente sincronizados:

31. M. Garcia-Martinez, *op. cit.*, p. 331.
32. V. Meierhold, *op. cit.*, p. 331.

a dicção e a alternância dos momentos acentuados e não acentuados; os deslocamentos e os "congelamentos"; a exposição das emoções e das mudanças de intensidade; a gestão dos grupos de fôlego; o aparecimento/desaparecimento do contato visual graças às variações da iluminação etc.

O ritmo pode transformar a fatura da língua, sua textura, ao "espacializá-la", escandindo-a segundo um esquema que não é mais o da semântica habitual. Torna-se um ritmo pulsional inconsciente que reintroduz o corpo na língua, "um ritmo inconsciente, pulsional, translinguístico, inscrito na língua nacional mas visando, através dela, a uma *outra* cena [...] Essa *outra rítmica* revela uma autonomia mais acentuada em relação ao sistema da língua, e remete a processos de deslocamento e de condensação de ordem inconsciente"[33].

Ritmo e Duração Subjetiva da Representação

O ritmo mais importante para a encenação é o da resultante de todos os sistemas de signos, do desenrolar do espetáculo. Quem é exatamente o responsável por ele? Não existe para o tempo o equivalente do cenógrafo para o espaço, uma espécie de "tempógrafo", uma pessoa encarregada de ordenar o espetáculo, decidindo seu ritmo de desfile, suas pausas, seus aceleramentos e desaceleramentos. É o encenador que age como "tempógrafo" do espetáculo, que possui o controle de sua temporalidade e serve de intermediário entre suas propostas e nossas expectativas.

O "tempógrafo" – ou pelo menos o encenador zeloso da estrutura temporal de sua criação – é aquele que controla a vetorização em sua temporalidade (e logo não unicamente no espaço dentro do qual pode dirigir os vetores e decidir as conexões/rupturas). Escolhe em que momento dois signos ou dois vetores se condensam ou deslocam um ao outro. Instala o que Manuel Garcia-Martinez nomeou "quadros rítmicos":

> a marca mental dos ritmos dos primeiros instantes que se tornam o ponto de referência do desenvolvimento rítmico posterior [...] a apropriação do ritmo do desenrolar da encenação pelo espectador, ao mesmo tempo memória do desenrolar imediatamente anterior e expectativa de um desenrolar posterior[34].

Para sentir (mais que anotar ou desenhar) a ordem rítmica, seria preciso inventar um sistema que figure a imbricação de todos esses quadros rítmicos, o sistema das expectativas que eles instalam, a

33. Julia Kristeva, *La Révolution du langage poétique*, Paris, Seuil, 1974, pp. 212 e 217.

34. M. Garcia-Martinez, *op. cit.*, p. 4.

influência que um certo quadro rítmico pode exercer sobre a percepção de um sistema de signos: assim, a apreciação da lentidão ou da rapidez de uma atuação dependerá da maneira como o quadro foi colocado e sistematizado no conjunto do espetáculo. *La Voix de Satan*, de Gregory Motton, encenada por Claude Régy, adota um ritmo que parece muito lento, mas que, devido às variações de atuação, e à relativa frequência das mudanças na atuação – na qual a cenografia dá a impressão de uma variedade de efeitos –, parece acelerar o movimento e mantém alerta a atenção do espectador.

A análise da voz, do ritmo e da temporalidade coloca os maiores problemas e, no entanto, eles constituem muitas vezes os traços indeléveis deixados nos espectadores, os que não se deixam medir ou localizar. São encontrados ao se abordar os outros sistemas de signos, mais visíveis, como o ator ou o espaço, e os outros elementos materiais da representação, mas todos esses sistemas não terão a sutileza e a pregnância dos fenômenos musicais e vocais.

3. Espaço, Tempo, Ação

A análise do espetáculo se concentrou até aqui no próprio corpo da representação: a presença física do ator. Sua voz, o ritmo de sua dicção ou de seu gestual já se mostraram por sua vez muito mais difíceis de apreciar, mesmo no centro dessa presença intangível. Poderia se esperar que o espaço, a ação e o tempo sejam os elementos mais tangíveis do espetáculo, mas a dificuldade consiste não em descrevê-los separadamente, mas em observar sua interação. Um não existe sem os dois outros, pois o espaço/tempo dramatúrgico, o trinômio espaço/tempo/ação, formam um só corpo atraindo para si, como que por imantação, o resto da representação. Ele se situa, além disso, na intersecção do mundo concreto da cena (como materialidade) e da ficção imaginada como mundo possível. Constitui um mundo concreto e um mundo possível no qual se misturam todos os elementos visuais, sonoros e textuais da cena.

Um simples triângulo ilustrará facilmente a interdependência dos três ângulos do trinômio e a necessidade que cada um tem de recorrer aos outros para se definir:

O tempo: manifesta-se de maneira visível no espaço.

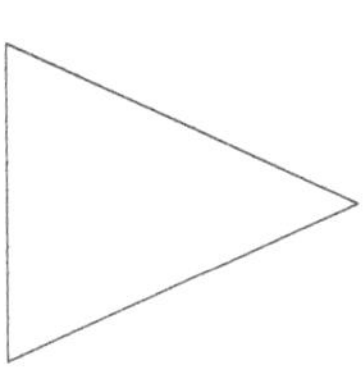

A ação: concretiza-se em lugar e momento dados.

O espaço: situa-se onde a ação acontece, se desenrola com uma certa duração.

Considerado em si mesmo, cada ângulo produziria uma arte que não é a do teatro:

- Sem espaço, o tempo seria duração pura, música, por exemplo.
- Sem tempo, o espaço seria o da pintura ou da arquitetura.
- Sem tempo e sem espaço, a ação não pode se desenvolver.

A aliança de um tempo e de um espaço constitui o que Bakhtin, no caso do romance, denominou *cronotopo*, uma unidade na qual os índices espaciais e temporais formam um todo inteligível e concreto. Aplicados ao teatro, a ação e o corpo do ator se concebem como o amálgama de um espaço e de uma temporalidade: o corpo não está apenas, diz Merlau-Ponty[1], no espaço, ele é feito de espaço – e, ousaríamos acrescentar, feito de tempo.

Tal espaço-tempo é tanto concreto (espaço teatral e tempo da representação) como abstrato (lugar funcional e temporalidade imaginária). A ação que resulta desse par é ora física, ora imaginária. O espaço-tempo-ação é pois percebido *hic et nunc* como um mundo concreto e em uma "outra cena" como um mundo possível imaginário.

Arrisquemos uma aproximação com o modo pelo qual, para Freud, segundo Sami-Ali, o inconsciente coordena espaço, tempo e corpo:

> No inconsciente, o tempo se transforma em espaço e o espaço em unidade corporal. Durante essa transformação, o corpo, funcionando como esquema de representação, forma a mediação entre o tempo e o espaço[2].

O que poderíamos ilustrar por meio de um outro triângulo no qual aparecem as passagens de um ângulo ao outro:

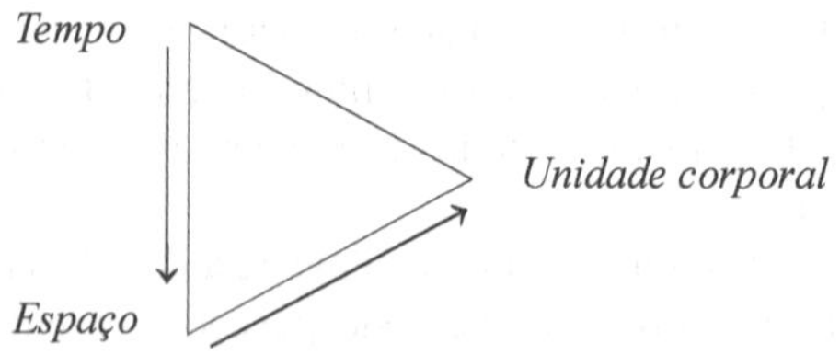

Resta estabelecer se a homologia desses dois triângulos é apenas fortuita e se o modelo freudiano pode nos ajudar a elucidar as relações espaçotemporais da representação.

1. Maurice Merleau-Ponty, *Phénoménologie de la perception*, Paris, Gallimard, 1945.
2. Sami-Ali, *L'Espace imaginaire*, Paris, Gallimard, 1974, p. 241.

Previamente, antes de partir da experiência espaçotemporal do espectador que se baseia na sua recepção dos *cronotopos*, vamos lembrar as condições de uma experiência espacial, depois temporal.

A EXPERIÊNCIA ESPACIAL

No lugar de um sobrevoo histórico dos tipos de cena aos quais o teatro fez apelo durante sua história, preferimos evocar a experiência espacial do espectador: sua maneira de sentir, ler e avaliar os espaços nos quais evolui. Existem numerosas e excelentes histórias da cenografia[3], mas seu uso não é uma garantia de boa compreensão dos espaços da encenação contemporânea.

A experiência espacial, no teatro como fora dele, dispõe das duas possibilidades seguintes, entre as quais todas as teorias do espaço parecem oscilar:

1. Concebe-se o espaço como um espaço vazio que é preciso preencher como se preenche um container ou um meio ambiente que é preciso controlar, preencher e fazer com que se expresse. Típica dessa concepção seria, por exemplo, a de um Artaud: "Digo que a cena é um lugar físico e concreto que exige que alguém o preencha, e que o faça falar sua linguagem concreta"[4].
2. Considera-se o espaço como invisível, ilimitado e ligado a seus utilizadores, a partir de suas coordenadas, de seus deslocamentos, de sua trajetória, como uma substância não a ser preenchida, mas a ser estendida.

A essas duas concepções antitéticas do espaço correspondem duas maneiras bem diferentes de descrevê-lo: o espaço objetivo externo e o espaço gestual.

O Espaço Objetivo Externo

É o espaço visível, frontal muitas vezes, preenchível e descritivo. Aqui se distingue as categorias seguintes:

- *O lugar teatral*: o prédio e sua arquitetura, sua inscrição na cidade ou na paisagem; mas também o local não previsto para uma representação onde a encenação escolheu se instalar, local específico não transferível para um teatro ou outro lugar. No lugar institucionalmente teatral, serão observados a disposição dos espaços

3. Especialmente as de Denis Bablet, *Le Décor de Théâtre de 1870 à 1914*, Paris, CNRS, 1965; *Les Révolutions scéniques au XXe siècle*, Paris, Societé Internacionale d'Art, 1975.

4. A. Artaud, *op. cit.*, p. 53.

internos (palco, plateia, espaços vazios, camarins etc.) e externos (terraço, *hall* e pátio de entrada).

- *O espaço cênico*: lugar no qual evoluem os atores e o pessoal técnico: a área de representação propriamente dita e seus prolongamentos para a coxia, a plateia e todo o prédio teatral.
- *O espaço liminar*: o que marca a separação (mais ou menos nítida, mas sempre inalienável) entre o palco e a plateia, ou entre o palco e a coxia. A liminariedade é marcada com maior ou menor intensidade: ribalta, velas, "círculo de atenção" que o ator traça mentalmente para se isolar do olhar do outro.

Tais espaços objetivos e mensuráveis são facilmente descritíveis: foram-no inúmeras vezes ao longo da história. Correspondem a usos historicamente atestados do palco. Sua imbricação, sua interação, a dinâmica de suas mudanças também não trazem problemas insolúveis para o comentarista, sob condição, no entanto, de que ele não fixe todas essas categorias e que arrume transições entre elas: o espaço urbano pode assim se transformar em espaço de atuação, o espaço do camarim ou do público, tornar-se uma área de evolução para os atores. A hierarquia dos espaços é suscetível de se transformar a qualquer momento.

O importante é definir de que ponto de vista se faz a descrição: de onde se assiste ao espetáculo, o que se entrevê dele, o que dele escapa, o que verão os outros do lado deles? É preciso também observar os limites evolutivos da área de atuação, o lugar relativo dos atores nesses espaços moduláveis, a maneira pela qual se fazem e desfazem os quadros espaçotemporais que englobam todas as ações.

Constatamos que, querendo arrumar a maior flexibilidade possível na captação dos espaços, nos dirigimos cada vez mais claramente para o conceito do espaço gestual.

O Espaço Gestual

É o espaço criado pela presença, a posição cênica e os deslocamentos dos atores: espaço "emitido" e traçado pelo ator, induzido por sua corporeidade, espaço evolutivo suscetível de se estender ou se retrair. Estaremos especialmente atentos às seguintes manifestações desse espaço gestual:

- O *terreno* que cobre o ator em seus deslocamentos; o "silo" que deixa no espaço uma marca de tomada de posse do território; tal silo desaparece assim que a atenção do espectador se dirige a outro elemento da cena.

Exemplo: A entrada, em *Marat/Sade*, dos doentes no espaço carcerário, sua maneira de titubear, de tomar conhecimento desse lugar fechado no qual giram em torno deles mesmos; por contraste, a chegada processional e segura de Coumier, sua maneira de inspecionar o recinto ao tomar posse dele.

- *A experiência cinestésica* do ator é sensível em sua percepção do movimento, do esquema temporal, do eixo gravitacional, do tempo-ritmo. Dados que teoricamente só pertencem ao ator, mas que ele transmite mais ou menos voluntariamente ao espectador.

Exemplo (Marat-Sade): uma paciente, vigorosamente sustentada por duas "irmãs", avança arrastando a perna; ela controla só parcialmente seu corpo, endireitado pela instituição penitenciária, e quando ela de repente estende um buquê de flores a Mme. Coulmier, sentimos nós também a agressão involuntária e inesperada desse gesto.

- *A subpartitura* na qual o ator se apoia (seus pontos de referência e de orientação no espaço, os momentos fortes que facilitam sua ancoragem no espaço e no tempo) fornece um percurso e um trajeto que se inscrevem no espaço tanto quanto o espaço se inscreve neles.

Exemplo: logo na exposição de *Marat-Sade*, sentimos gestualmente a trajetória de cada um, espécie de "gesto psicológico" ao modo de Michael Tchékhov: trajetória sinuosa dos pacientes, martelada dos guardas, segura e felina de Coulmier, contraditória e esquizofrênica do anunciador.

- *A proxêmica*[5] é uma disciplina bem estabelecida que informa sobre a codificação cultural das relações espaciais entre os indivíduos.

Exemplo: a moça do buquê provoca um sobressalto em Mme. e Mlle. Coulmier, porque seu gesto é uma intrusão na esfera privada da representação social e porque ele não foi precedido pela aproximação e cumprimentos usuais.

- *O espaço centrífugo* do ator se constitui do corpo para o mundo externo. O corpo encontra-se prolongado pela dinâmica do movimento. Às vezes são acessórios ou figurinos que prolongam o corpo: o Bauhaus prende aos membros do ator bastões que acentuam e amplificam as atitudes; ou são os véus da dançarina que visualizam sua trajetória e seu volume (Loïe Fuller). O corpo do ator em situação de representação é, segundo a imagem de Barba, um "corpo dilatado", ou seja, que tende a expressar o mais fortemente possível suas atitudes, suas escolhas, sua presença. Ao contrário, o espaço enquadrado e a ser preenchido é centrípeto; vai do quadro para o indivíduo e focaliza todo movimento em um ponto central interior à cena.

Espaço Dramático, Espaço Cênico

Mesmo que o espaço dramático, ou o espaço mencionado e simbolizado pelo texto, não diga respeito à análise do espetáculo e não

5. Edward Hall, *La Dimension cachée*, Paris, Seuil, 1971.

pertença ao espaço objetivo ou gestual, convém que se diga uma palavra sobre ele. Pois esse espaço dramático que contém indicações sobre o lugar fictício, a personagem e a história contada, interfere necessariamente com o espaço cênico. Há especialmente uma interferência entre iconicidade do espaço concreto e o simbolismo da linguagem. O espectador/auditor não está mais em condições de fazer diferença entre o que ele vê com seus olhos e o que percebe *in the mind's eye*[6].

E no entanto, na tradição teatral ocidental, é mantida a todo custo a distinção entre linguagem e cena, donde a separação entre literatura dramática e prática espetacular. Tal distinção é uma primeira exclusão do corpo em benefício da visão: visão concreta do olho e sobretudo visão fantasmática, *in the mind's eye*. A visão – o *teatron* grego, por exemplo – recalca a dimensão olfativa, gustativa e sobretudo tátil do evento teatral. Ela se afirma e se constitui por oposição à tatilidade, excluindo o gesto do toque e a experiência corporal em benefício da experiência do olhar. Ao fim dessa promoção do visual em detrimento ao gestual, a teoria ocidental do espetacular universaliza a dimensão visual e chega até a excluir, ou pelo menos desvalorizar, qualquer outro tipo de experiência sensível. O teórico de teatro Darko Suvin vê mesmo, nessa separação do olhar e da mão, uma característica antropológica de todo teatro (o que, aliás, em nossa opinião, não é prova de "olho vivo").

> O teatro está enraizado no fato antropologicamente fundamental e constitutivo que a posição pragmática dos espectadores está especificamente separada da tatilidade: eles podem olhar, mas não têm direito de tocar. O mundo possível no teatro é constituído centralmente pela separação fundamental e vivenciada pelo público entre espaço visual e tátil[7].

Esta tese de Suvin aplica-se aparentemente à tradição ocidental, mas de modo algum às outras práticas espetaculares que não recalcaram o corpo e o tato. Além disso, e sobretudo, nossa hipótese seria antes que o olhar do espectador, mesmo ocidental, é sempre também um pouco "abocanhador"*: ele toca com os olhos, seu corpo só em aparência está imóvel e passivo, ele mima interiormente a tatilidade e a gestualidade. Não há compreensão além daquela que reage imaginariamente aos movimentos e ativa os esquemas corporais.

A consequência dessa hipótese é que, na análise do espaço cênico ou gestual, não se deveria separar radicalmente visualidade e gestualidade, espaço objetivo e espaço gestual, mas pelo contrário buscar unidades que participam indiferentemente de uma ou de outra.

6. Segundo a expressão de Hamlet, literalmente "com o olho da mente".

7. Darko Suvin, "The Performance Text as Audience-Stage Dialog: Inducing a Possible World", *Versus*, n. 42, 1985, pp. 15-16.

* No original, *haptique*, cf. nota p. 44. (N. do T.)

Veremos mais adiante que os cronotopos constituem conjuntos espaçotemporais correspondentes a tipos específicos de corporalidade. Já notamos, no exemplo da trajetória e da marcha dos grupos de *Marat-Sade*, que cada um incarna ("incorpora") uma identidade corporal e cronotópica bem específica. Há, pois, espaços *incarnados*[8].

Outras Maneiras de Abordar o Espaço

Mais do que outros tipos de espaço, seria melhor falar de outros modos de abordar, de conceitualizar ou de viver o espaço.

- *O espaço textual*, que não se deve confundir com o espaço dramático (a maneira como o texto fala do espaço), é uma metáfora para a enunciação do texto no espaço-tempo, pela sua arquitetura rítmica, essa "pura configuração das obras-primas" de que falava Copeau[9]. É a maneira pela qual o espectador inscreve no espaço sua recitação do texto.
- *O espaço interior* (nada a ver com o espaço dos lugares fechados!) é a representação de um devaneio, de um sonho, de um sonho acordado, todos suscitados pela encenação, dos quais podemos estudar o processo de deslocamento ou de condensação. A cena se torna um espaço "desrealizado" suscetível de figurar os mecanismos do sonho, nos quais o espectador poderá se projetar. É o caso no teatro japonês Nô, quando a atuação evoca um sonho ou um devaneio e, também nas peças nas quais uma personagem contempla seu mundo interior figurado pela cena (*Si l'été revenait* de Arthur Adamov) ou nos momentos de evocação visual pela encenação.
- *O espaço ergonômico do ator*[10], ou seja, seu ambiente de trabalho e de vida, compreende a dimensão proxêmica (relações entre as pessoas), háptica (maneira de tocar os outros e a si mesmo), cinésica (movimento de seu próprio corpo).
- *O espaço da instalação*: é conveniente descrever o espaço teatral diferenciando-o do espaço de uma arquitetura ou de uma instalação, particularmente levando-se em conta a presença e os deslocamentos dos atores. É preciso, no entanto, notar que o teatro se instala às vezes em um lugar ou em um prédio como uma instalação, que é preciso então levar isso em conta para se compreender o funcionamento do seu espaço-tempo.

8. No sentido em que Gardner fala de *bodied spaces* em seu livro *Bodied Spaces, Phenomenology and Performance in Contemporary Drama*, Ithaca, Cornell University Press, 1994.
9. Jacques Copeau, *Registres I. Appels*, Paris, Gallimard, 1974, p. 199.
10. M. Pearson, *op. cit.*, p. 151.

A EXPERIÊNCIA TEMPORAL

O que constatamos para o espaço – a possibilidade de captá-lo como quantidade mensurável e preenchível ou então como qualidade possuída e gerada pelo ator – vale também, *mutatis mutandis*, para o tempo. De fato, há dois tipos de experiência temporal, uma objetiva quantificável externa; a outra subjetiva, qualitativa e interior.

Tempo Objetivo Exterior

É o tempo concebido como dado externo, mensurável e divisível: tempo matemático dos relógios, dos metrônomos, dos calendários. No teatro, esse tempo é o da medida da duração do espetáculo; é também o tempo controlado e submetido à camisa de força da encenação, com seus pontos de referência, suas regularidades, suas repetições; tempo repetível noite após noite, graças a uma partitura muito precisa e pouco modificável. É também o tempo da carpintaria dramatúrgica com os seus pontos de passagem obrigatórios (exposição, crescimento da ação, ponto culminante, queda). Este tempo minutado é facilmente perceptível e descritível, sobretudo nas suas relações com os signos "visíveis" da representação. De fato, cronometra-se muitas vezes a representação – nem que seja apenas com o contador do vídeo – para localizar a emergência e o desaparecimento dos signos para estabelecer segundo quais princípios e quais regularidades a repetição do mesmo é organizada em cada representação de uma noite, retomando o que foi, mais ou menos, fixado pela encenação.

Esta gestão objetiva do tempo, esta espacialização mensurável imposta como que do exterior pelo compositor, o encenador, ou o ator, esta evidenciação da prosódia do texto de seu espaço textual, de seu "gesto eurítmico"[11] caracterizam o *ritmo*. O ritmo é de fato "recorrência do mesmo"[12], o retorno em intervalos regulares dos tempos ou dos acentos rítmicos.

Na encenação, o espectador reconhece o esquema das repetições, dos *leitmotive*, da alternância dos tempos fortes e dos tempos fracos. O ritmo não diz respeito apenas à música, à voz, e à gestão do tempo, mas também ao conjunto da encenação que é a resultante dos ritmos particulares de cada sistema de signos, sobretudo visuais. É sempre instrutivo desenhar a partitura geral do espetáculo na qual figuram graficamente os diferentes sistemas com sua ritmização própria: a coordenação dos ritmos, seu paralelismo e suas redundâncias, ou ao contrário suas divergências, e suas diferenças aparecem assim claramente.

11. Mikhail Tchékhov, *Être acteur*, Paris, Pygmalion, 1963.
12. M. Garcia-Martinez, *op. cit.*, p. 3.

Tempo Subjetivo Interior

Este tempo é próprio de cada indivíduo, no caso de cada espectador, que vivencia intuitivamente a duração do espetáculo ou de uma atuação, sem poder no entanto medi-la objetivamente. Esta impressão de duração não é apenas individual, ela é também cultural e ligada aos hábitos e às expectativas do público. De onde vem a dificuldade ou mesmo a impossibilidade de se avaliar a gestão do tempo nas obras cênicas ou musicais externas ao nosso horizonte cultural.

Para essa duração subjetiva quase bergsoniana, ou para a avaliação temporal de uma outra cultura, não é importante medir cientificamente o tempo, mas sim sentir as variações de seu desenrolar, as mudanças de velocidade, o tamanho das pausas. Este tempo subjetivo da variação é o do tempo-ritmo, da "inscrição em um tempo cronométrico determinado, de um maior ou menor número de unidades"[13].

A determinação do tempo-ritmo é a tarefa do ator que imprime sua marca e o seu tempo-ritmo interno à enunciação de seu texto e de seu papel. A análise temporal da atuação procurará anotar os momentos de pausa, de silêncio, de interrupção da ação, assim como os meios utilizados para marcar uma desaceleração ou uma aceleração: fluxo vocal, deslocamentos, mudanças de tempo-ritmo em relação à norma cultural ou ao sistema adotado anteriormente.

Tempo Dramático, Tempo Cênico

Como para o espaço, que é ao mesmo tempo o espaço da representação (espaço concreto) e o espaço representado (espaço imaginado), devemos distinguir o tempo da representação (ou o tempo cênico) e o tempo representado (ou o tempo dramático, aquele dos acontecimentos relatados). Para o expectador, logo chega o momento no qual a temporalidade dramática e a temporalidade cênica (aquela na qual ele também vive, frente à representação teatral) começam a se interpenetrar e a reforçar mutuamente sua credibilidade. No entanto, a temporalidade cênica permanece o elemento de referência comum para os atores e para os espectadores, elemento que atrai como um ímã todo o resto, compreendendo-se aí o tempo dramático, o da fábula, e que torna concretas e físicas todas as ações que se desenrolam em cena. É de fato a anunciação cênica, o fato de utilizar concretamente, *hic et nunc*, a cena com atores e outros materiais, que mobilizam o tempo e o atualizam nas ações físicas em cena. Devemos, pois, observar como a temporalidade é mobilizada e produzida pelas ações cênicas.

13. Boulez, *Penser la musique aujourd'hui*, pp. 62-63. [Trad. bras. *A Música Hoje*, 3ª ed., São Paulo, Perspectiva, 2002]

> Poderíamos acreditar que a temporalidade é um quadro inato do pensamento. Ela é produzida na verdade dentro e pela enunciação [...]. O presente é propriamente a fonte do tempo. Ele é essa presença no mundo que só o ato da enunciação torna possível, pois, se quisermos aprofundar essa ideia, o homem não dispõe de qualquer outro meio de viver o "agora" e de torná-lo atual a não ser ao realizá-lo pela inserção do discurso no mundo[14].

"A inserção do discurso no mundo" é aqui a disponibilização da cena e do aparelho teatral para produzir uma duração, uma fábula, uma ação. A análise se esforça em anotar a maneira pela qual os signos utilizados se inscrevem em uma temporalidade e uma duração, estruturam a representação, estabelecendo assim a "carpintaria teatral" (a partitura).

Outro resultado dessa convergência, no espectador, do tempo cênico e do tempo dramático, da objetividade e da subjetividade, do ritmo quantificável e do tempo subjetivo: a noção *tempo-ritmo*, que devemos a Stanislávski. Termo-síntese que concilia regularidade objetiva de um tempo mensurável ou espacializável, e variabilidade subjetiva de um tempo modulável como pode ser modulável a duração no sentido de Bergson. O tempo-ritmo da representação marca ao mesmo tempo a linha contínua da ação (objetividade do ritmo) e as sutilezas imprevisíveis do subtexto, com suas pausas e seus silêncios (subjetividade do tempo). Tomando o caso de *Marat/Sade*: a linha geral da ação cênica contínua é claramente traçada pela encenação e seus enunciadores – "encenadores": a manipulação de Coulmier, sua encenação como encarceramento, a de Sade, sua encenação do "id", a dos anunciadores, sua encenação como enganação – tudo isso resulta em um ritmo narrativo e cênico bem dominado, um quadro inibidor mas bem traçado. No entanto, no interior desse quadro rítmico, a atuação dos atores – pacientes – prisioneiros é sujeita a variações individuais de tempo-ritmo das quais parecem ter conservado o controle. O produto do ritmo e do tempo resulta em um filme construído segundo um ritmo bem definido, mas que reserva momentos nos quais a atuação teatral parece submetida aos mais diversos tempos-ritmos.

A análise deve julgar as relações entre as exigências do ritmo e as liberdades do tempo. Avaliar a gestão do tempo obriga a determinar se o espetáculo se dá mais como um arco temporal completo, relativamente fixo e apenas divisível e estruturável como um ritmo, ou se pelo contrário, o tempo foi dividido e retrabalhado a partir de cada fragmento, sem plano rítmico anterior global e fixo. Nesse último caso, daremos o exemplo das coreografias de Pina Bausch: a ritmização parte dos fragmentos isolados, em vez de harmonizar o espetáculo

14. Émile Benveniste, *Problèmes de linguistique générale*, Paris, Gallimard, vol. 2, 1974, p. 83.

como totalidade controlada e fragmentável por um coreógrafo central que organizou *a priori* o tempo. O resultado é um conjunto de sequências cada qual com seu próprio tempo-ritmo.

A temporalidade não é unicamente um caso de ritmo ou de tempo, não se limita ao desenrolar do tempo. Ela se constitui de *momentos particulares* (ou privilegiados nos quais o tempo parece parar e que os teóricos da arte procuraram determinar).

Foi o caso do "instante fecundo" do qual fala Lessing a propósito da representação estática de uma cena animada (em pintura ou em escultura, ou no quadro vivo); momento pelo qual Brecht e Barthes também se interessaram, seja na teoria do *gestus* ou na do *terceiro sentido* ou do *punctun*. Busca de um momento quase místico no qual tudo se esclarecerá: o *ma* do ator japonês Kabuki, momento de pausa entre duas unidades de ação no qual não há nem movimento nem palavra, graças ao controle da respiração; o *to* no Tao coreano, dimensão sem começo nem fim, momento e lugar "ao mesmo tempo inominável e mãe de todas as coisas do universo"; ou, mais prosaicamente, o momento no qual o ator cativa a atenção de seu público, o que Daniel Mesguich chama de "momento propício".

A EXPERIÊNCIA ESPAÇOTEMPORAL: OS CRONOTOPOS

Acabamos de constatar a dificuldade de se tratar o espaço e o tempo como categorias autônomas, a necessidade de se aliar a enunciação concreta do espaço e do tempo na cena com a simbolização do tempo e do espaço dramático. Examinando as alianças do tempo e do espaço na representação, esperamos evitar as observações fragmentadas, sobre determinado detalhe do espaço ou do tempo, para buscar compreender como a encenação organiza "blocos" espaçotemporais em uma sequência de ações físicas, na maioria das vezes incarnadas pelo ator.

O Cronotopo Segundo Bakhtin

Ao tomar emprestado de Mikhail Bakhtin a noção de cronotopo, perseguimos um objetivo ainda mais ambicioso que a simples aliança espaçotemporal. Queremos determinar se esta aliança pode tomar a dimensão de um cronotopo artístico. É o que o romance consegue fazer, segundo Bakhtin: criar uma figura, um símbolo a partir de dados concretos, encontrar uma figura, uma imagem do mundo que seja tão concreta como abstrata, que permita uma metaforização espacial e uma experiência temporal.

> No cronotopo da arte literária acontece a fusão dos índices espaçostemporais em um todo inteligível e concreto. O tempo se condensa, torna-se compacto, visível para arte, enquanto o espaço se intensifica, mergulha no movimento do tempo, do sujeito, da história. Os índices do tempo se descobrem no espaço, este é percebido e medido a partir do tempo[15].

A estrada será, por exemplo, um cronotopo artístico que ilustra perfeitamente um romance picaresco espanhol: ela permite a Pícaro, herói popular, deslocar-se livremente por todas as camadas da sociedade; o tempo se concretiza em espaço, e reciprocamente.

Para a análise das obras cênicas isoladas, teremos com certeza muita dificuldade para encontrar semelhantes imagens culturalmente codificadas (mas as encontraríamos mais facilmente dentro de um gênero dado – a farsa medieval, a tragédia francesa clássica, o naturalismo europeu etc.). O que releva da análise estrutural da representação teatral é antes uma série de cronotopos nos quais o uso do tempo e do espaço produz uma corporalidade específica, vamos dar um exemplo tirado do *Marat/Sade* dos primeiros minutos do filme de Brook.

Logo nos primeiros quadros, a câmera mostra os pacientes de costas: são introduzidos um de cada vez na área de atuação, o espaço é criado pelo deslocamento da câmera; a perspectiva é a do espectador que avança entre os pacientes. O cronotopo dominante é o da experiência sensível que nos arrasta, queiramos ou não, ao universo carcerário; esse corpo representado é também o nosso: percebido ora por dentro, ora por fora, não pode se furtar a essa descida ao inferno, desorientado pela ausência de referências espaciais, tomado por um movimento iniciático. Este cronotopo produz uma *corporalidade complacente*, no sentido etnológico do tempo.

Dois ou três planos gerais nas grades que separam o palco da plateia capta o espaço globalmente, frontalmente e à distância; o ponto de vista é fixo, objetivo, exterior. O cronotopo que fixa o espaço é o de uma observação frontal, clínica, objetiva; o olhar é como que separado do corpo, a corporalidade é *científica.*

A narração fílmica prossegue; agora é hora de os atores amadores entrarem em seu papel; vários planos o surpreendem enquanto vestem seu figurino. Assistimos seus preparativos, estamos no limiar de sua personificação, tomamos consciência do momento e do lugar *liminal* da atuação. O cronotopo dominante é aqui o da liminalidade e da denegação do ator frente a seu papel: ora ele mesmo, ora já seu personagem, *alienado* no sentido etnológico, que pertence a um outro. A corporalidade é *fictícia* (ou teatral), no sentido de um perpétuo vaivém entre representação e realidade, ilusão e desilusão.

15. Mikhail Bakhtin, *The Dialogic Imagination*, Austin, University of Texas Press, 1981, p. 84.

Os cronotopos dessa denegação teatral não devem ser confundidos com os da manipulação à qual vários planos são dedicados: manipulação *manu militari*, dos guardas, manipulação mais sutil de Culmier que mantém um discurso liberal enquanto as grades da prisão aparecem por um movimento de câmera. O cronotopo desses corpos manipulados é um de distanciamento crítico; a corporalidade é do *distanciamento*: o corpo mostra e esconde, diz o contrário do que parece enunciado.

Cada um desses quatro grandes tipos de cronotopos produz, assim, um modelo original de corporeidade, corporeidade bastante "volátil" com certeza, mas capaz também de se adaptar a situações novas e de renovar constantemente a experiência psicológica e cinestésica do espectador.

Quatro modelos de corporalidade se apresentam aos sentidos: o corpo vivenciado e vivenciante, o corpo vigiado e punido, o corpo de identidade variável por convenção, o corpo manipulado e distanciado.

A análise dessa sequência distinguiu, para cada quadro, o tipo de cronotopo e de corporalidade dominante; ela deve igualmente levar em conta seu encadeamento e a estratégia de sua aparição, o que foi tentado aqui. Assim como cada modelo de cronotopo se traduz por um modelo específico de corporalidade para as personagens e os atores que os incarna, o espectador deve, ele também, seguir esta evolução mudando sempre de perspectiva e de corporalidade: é com seu corpo que ele deve provar as experiências espaciais, temporais, e acionais que se desenrolam diante dele e *dentro dele*.

Daremos alguns exemplos da formação desses cronotopos observando como articulam tempo, espaço e ação.

Tipologia Fundamental

Para confeccionar os cronotopos a receita é simples: é só partir de propriedades contrastadas do espaço e do tempo, misturar e agitar. É preciso simplesmente prestar atenção nas proporções:

Espaço	Tempo
aberto	infinito
fechado	limitado
grande	longo
pequeno	curto
global	ininterrupto
fragmentário	interrupto
etc.	etc.

Combinando pelo menos duas propriedades, obtemos cronotopos já existentes em nossa experiência e nossa categorização do mundo, como por exemplo:

• Aberto + infinito = campo livre, planície infinita.

• Global + limitado = uma ilha.

De maneira ainda mais sistemática, obteríamos os quatro cronotopos fundamentais seguintes, espécie de "cores básicas" da representação espetacular.

1. Grande espaço Tempo rápido	*2.* Grande espaço Tempo lento
3. Pequeno espaço Tempo rápido	*4.* Pequeno espaço Tempo lento

O título desses quatro cronotopos básicos poderia ser:

1. "Megalomania": exemplo: a entrada cavalgante dos atores nas encenações shakespearianas de Mnouchkine.
2. "Mundo em câmera lenta": o deslocamento em câmera lenta dos atores em *Le Regard du sourd* de Bob Wilson.
3. "Nervosismo": as cenas de *commedia dell'arte* na pequena cena em *Le Carrosse d'Or* de Renoir.
4. "Minimalismo": a concentração e a imobilidade dos corpos dos dançarinos de Butô.

Notemos que essa categorização corresponde exatamente à que propõe Mikhail Tchékhov em sua busca do *gesto psicológico*[16].

A ação gestual de fechar, por exemplo, ela pode, segundo ele, ser executada:

– Rapidamente em um espaço imenso.

– Lentamente em um espaço imenso.

– Rapidamente em um espaço limitado.

– Lentamente em um espaço limitado.

A análise do espetáculo começará por localizar no *continuum* da representação grandes blocos que se definem por uma homogeneidade em seus cronotopos e cuja sucessão da chave da encenação: sua dinâmica, sua lógica, seu efeito físico sobre o espectador.

A Integração das Percepções

O encadeamento dos cronotopos e a percepção global dos blocos confirmam a dificuldade de se considerar separadamente os signos e

16. Mikhail Tchékhov, *L'Imagination créatrice de l'acteur*, Paris, Pygmalion, 1995

a necessidade de reunir percepções fragmentais para formar unidades mais completas como os cronotopos. É preciso no entanto levar em consideração a maneira diferenciada pela qual o ser humano percebe distintamente através do ouvido, do olho, do toque e da introspecção mental.

As menores unidades discretas que podemos discriminar são as do ouvido: as mudanças de som, as diferenças entre os fonemas, as variações de ritmo são distinguidas com uma enorme precisão.

A introspecção mental de conjuntos se faz segundo unidades muito maiores e imprecisas; ela é pouco confiável e dificilmente verificável.

A vista e o tato são um pouco mais diferenciados e precisos que a introspecção mental, mas muito menos que o ouvido. Na maior parte do tempo desassociados (olha-se, mas não se toca) privando-se assim de uma possível verificação e de uma cooperação dos sistemas sensoriais.

A integração das percepções em um esquema de conjunto deve levar em conta essas diferenças e suas consequências para a percepção e a memorização do espectador. O que foi melhor e mais finamente percebido não é, necessariamente, do ponto de vista da encenação, o mais importante, mas tende a sê-lo para o sujeito que percebe.

Encadeamento dos Cronotopos

A integração das diversas percepções, sobretudo do espaço e do tempo, não é unicamente pontual e "vertical". Ela se realiza igualmente no encadeamento narrativo das cenas, segundo a lógica da fábula. Esta fábula não é pois uma sequência descosida de episódios ou temas, ela constitui tema coerente de cronotopos e corporalidades. Assim, o começo de *Marat/ Sade* analisado anteriormente localiza sistematicamente as contradições, os conflitos e as regras do jogo, atribuindo a cada tipo de plano uma cronotopia, uma corporalidade e uma tática bem específica:

- Introdução dos pacientes, com a impressão que o espectador faz parte do grupo ou pelo menos não pode escapar desse engaiolamento.
- Instauração das frentes e dos conflitos: os atores são percebidos de longe, por trás das grades em um espaço do tipo italiano que os aprisionam e que o denuncia ao mesmo tempo esse aprisionamento.
- Alusão à teatralidade, ao teatro no teatro, ao distanciamento.
- Passagem a um outro tipo de distanciamento, desta vez político; provas da duplicidade (de Coulmier, das irmãs, do anunciador) e manipulações pelo olhar da câmera.

Este encadeamento, que nos confronta imediatamente a técnicas de atuação, estratégias e usos do corpo muito diferentes, é facilitado por uma vetorização muito coerente com o uso ostensivo dos quatro principais tipos de vetor.

Os Cronotopos na Rede dos Vetores

Nessa mesma sequência de *Marat/Sade* destacamos as operações seguintes que clarificam, orientam e vetorizam a sequência:

- *Acumuladores*: os signos da doença, do enclausuramento, da prisão se multiplicam, não sem ambiguidade e confusão. É preciso esperar um pouco para embrear em níveis de leitura que vão além das aparências.
- *Conectores*: vários índices que se encadeiam identificam o lugar, definem a lógica da operação, terapêutico-teatral-policial. Esta série seria: brancura das paredes / música psicodélica / palidez dos rostos / vazio do local / instauração de um dispositivo de atuação / força mais policial do que médica / aparição dos "monitores" (Coulmier, Sade, o anunciador). A conexão deriva rapidamente para uma série de esclarecimentos que revela as aparências, graças a índices embreadores adequados para se passar de um nível a outro: pacientes / doentes mentais / atores amadores / simuladores / prisioneiros de direito comum / prisioneiros políticos. A cada vez, um detalhe do comportamento, da roupa ou da encenação fílmica basta para operar a translação.
- *Secionantes*: para acabar uma sequência e passar para uma outra totalmente diferente, a transição é às vezes muito seca: assim, durante uma mudança de plano sonoro, ouve-se o barulho seco e realista de uma chave na fechadura de uma porta de prisão aberta por Coulmier, que vem compartilhar familiarmente o espaço dos detentos.

Todas essas operações tendo sido observadas, os destaques feitos, as hipóteses verificadas, o analista do espaço e do tempo, e das ações nos quais se incarnam, sente a necessidade de deixar repousar um pouco as coisas: ele tem essa possibilidade ao ceder à doce paixão do desenho: desenho dos deslocamentos dos atores e dos objetos; desenho da partitura global da encenação e do seu ritmo geral. Vamos tomar o exemplo dos deslocamentos dos atores.

O Deslocamento como Vetorização

Os encenadores e os contrarregras conhecem bem este método gráfico para anotar os deslocamentos. O computador procede do mesmo modo ao esquematizar os movimentos. (Ver ilustração na página seguinte.)

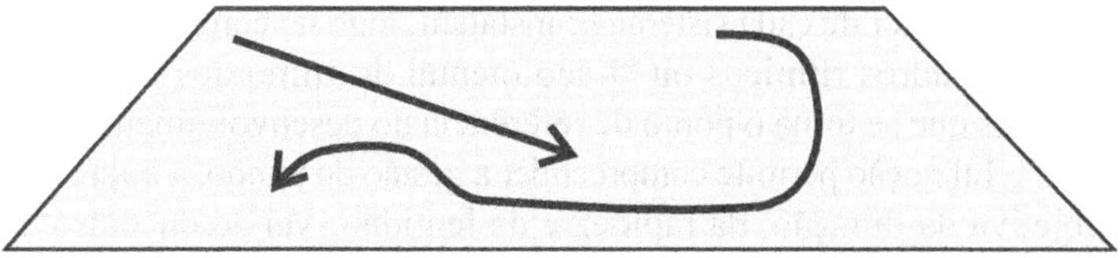

Seja qual for a técnica de anotação, os vetores desenhados indicam sobretudo: a forma e o traçado do deslocamento, sua duração e sua cronometragem, sua velocidade e as variantes de sua intensidade, o lugar recíproco dos atores no espaço cênico, a força e a energia usadas.

O vetor é tanto uma trajetória inscrita no espaço quanto um percurso temporal e rítmico. Do mesmo modo que o cronotopo, o vetor não faz mais diferença entre espaço e tempo. Assim, o tempo será vetorizado, espacializado, enrolado e desenrolado, concentrado e espalhado em um espaço. Quanto ao espaço, será "corporificado, incorporado ou incarnado".

Alguns exemplos dessas conversões:

- Um figurino voa no vento, inscreve seu traço no espaço e torna-se invisível a passagem do tempo.
- Um cenário se desenrola como um filme, uma história em quadrinhos.
- Um sotaque arrastado chama atenção para a relação com o tempo do locutor.
- Uma ação progride, para, é retomada.

O deslocamento como vetorização permite descrever as ações dos atores não mais em termos de motivação psicológica, mas de tarefa física a ser cumprida, de esforço a fornecer, de objeto a deslocar, em suma, de ergonomia.

A Vetorização Rítmica e sua Representação

Desenhar a partitura da encenação possui algo de utópico, mas é uma utopia necessária, se quisermos representar o conjunto do espetáculo segundo um sistema que integra espaço, tempo, ação, corporalidade, ou seja, espaço e tempo *incarnados*, sistema no qual se enxertam todas as outras matérias da representação.

Os diferentes sistemas significantes estão em concorrência na representação, mas tendem para a *sincronicidade* e produzem então esta corrente única da representação da qual falava Honzl[17].

Se a defasagem é mantida, produz-se um fenômeno de *polirritmia* ou "superposição de ritmos diferentes particulares com defasagem mútua dos acentos rítmicos"[18].

17. J. Honzl, *op. cit.*
18. Definição de M. Honegger, *Dictionnaire de la musique*, Paris, Bordas, 1976, p. 820.

No interior de cada sistema se instalam, logo no começo do espetáculo, quadros rítmicos ou "traço mental do ritmo dos primeiros instantes que se torna o ponto de referência do desenvolvimento ulterior"[19]. Tal noção permite compreender a gestão do tempo, a impressão subjetiva da duração, da rapidez e da lentidão. Vai ao encontro da noção de quadro cronotópico, de vetorização, de *Sinnklammer* (parêntese de sentido) de Guido Hiss[20]. Nessas diferentes concepções, "o ritmo concerne à segmentação de um material em espaço e tempo; é de natureza não cognitiva e não é de forma alguma acessível[21].

A localização desses parênteses e desses ritmos nos leva diretamente a uma noção da partitura e da subpartitura do espetáculo que será muito útil para as análises do espetáculo. Desemboca também na trajetória viva para os atores e para o espetáculo em geral, a partitura do espetáculo. É o que Pearson define como os *pattern*:

> [...] a estrutura explícita da representação como sequência, mapa do trajeto, montagem, conjunto de regras; e também como sobreposição de diversos tipos de materiais e de diferentes estilos e técnicas da representação; como um desenrolar dos incidentes motores e suas trajetórias, de suas rupturas (mudanças bruscas de direção), de seus nós (densidade de atividade), de seus limiares (entrada), pausas, ações irrevogáveis (mudança de ambiente) e sua decadência (destruições)[22].

Volta à Hipótese do Início

Ao termo desse percurso, que seja permitido voltar à hipótese de início que nos levava a comparar o triângulo do cronotopo teatral (tempo-espaço, ação/corporalidade) e o triângulo das relações entre tempo, espaço e unidade corporal para o inconsciente, segundo a leitura que Sami-Ali faz de Freud. O acaso nos oferece a encenação do *Woyzeck* de Büchner por Dimiter Gotscheff no Schauspielhaus de Dusseldorf, em maio de 1994, para testar as hipóteses da psicanálise (filme transmitido no canal Arte).

Segundo Freud, no psiquismo humano, o espaço e o tempo se diferenciam por seu tratamento no consciente, pré-consciente e inconsciente. "A relação com o tempo está [...] ligada ao trabalho do sistema consciente"[23] enquanto o inconsciente está fora do tempo.

> Mesmo que o inconsciente desconheça a ordem temporal, não poderia dispensar a simbólica espacial para expressar o tempo e dar à duração suas figuras sensíveis. E como

19. M. Garcia-Martinez, *op. cit.*, p. 20.
20. Guido Hiss, *Korrespondenzen*, Tübingen, Niemeyer, 1988.
21. Guido Hiss, "Freiräume für dis Phantasie", *TheaterZeitSchrift*, n. 35, 1994, p. 28.
22. M. Pearson, *op. cit.*, p. 50.
23. Sigmund Freud, "L'Inconscient", *Métapsychologie*, Paris, Gallimard, 1948, p. 97. Citado por Sami-Ali, *op. cit.*, p. 240.

por outro lado o tempo está ligado ao consciente, devemos concluir que o inconsciente é atemporal porque é espacial[24].

Se transpusermos essas teorias do sonho para o plano da análise do espetáculo, somos levados a reconsiderar as relações do espaço e do tempo, segundo a pensemos de maneira consciente, pré-consciente ou inconsciente.

Recapitulemos com Sami-Ali e tentemos tirar conclusões para a análise cênica:

- "Ao sistema *Cs* [consciente] pertencem o tempo e o espaço reais concebidos como duas estruturas distintas, irreversível e reversível". Se nos colocamos na perspectiva do encenador consciente do que faz, ou do espectador observando a cena de maneira consciente, podemos de fato distinguir o espaço e o tempo, assim como seu modo específico de funcionamento.
- "Ao sistema *Pcs* [pré-consciente] correspondem amálgamas instáveis espaço-tempo nos quais espaço e tempo, a meio caminho do real e do imaginário, são respectivamente tidos por irreversível e reversível, o tempo agindo sobre o espaço e vice-versa". No ato da criação, o encenador organiza seus materiais no espaço-tempo graças a seus atores, sem saber ao certo se ele está sendo guiado por um senso do ritmo ou por uma visão de um espaço a atravessar ou estender; ao dirigir o ator, poderá tanto lhe pedir para variar o ritmo ou se situar espacialmente. É nesse amálgama que passará a criatividade pré-consciente. Quanto ao espectador, aborda a análise cênica ora com uma varredura do olhar, ora por uma intuição das durações e dos tempos, sem distinguir muito as coisas.
- "No sistema *Ics* [inconsciente] o tempo não existe, mas sim unicamente um espaço imaginário, quer dizer corporal, cuja reversibilidade serve de modelo para a representação simbólica do tempo". Para os mecanismos inconscientes do encenador que trabalha os materiais de cena, podemos representar sua tarefa como a produção na "panela" do espaço cênico, de ações reversíveis, podendo voltar no tempo, ir em todas as direções, se entregar a todas as vetorizações: o espaço é tanto o espaço cênico real como o espaço imaginário, o "grande teatro do mundo", espaço que podemos representar como um corpo maleável e manipulável à vontade. Vamos tomar o exemplo de *Woyzeck*.

Um *Woyzeck* Anatomizado

A peça é representada sobre um *podium* inteiramente vazio, aberto em três lados aos olhos do público. Quando não representam,

24. *Idem, ibidem.*

os atores ficam sentados em cadeiras simples, no fundo da cena, mantendo a ilusão de sua personagem ao repetir continuamente a sequência de gestos que melhor a caracterizam. No começo, como no fim do espetáculo, todos estão no palco, cada qual obcecado por seu "gesto psicológico" (M. Tchékhov) repetido *ad libitum*. Woyzeck não está singularizado nesse universo, não é o objeto de uma focalização para denunciar sua alienação e seus trotes. Está antes desmontado e remontado em cada uma das outras personagens, que lhe servem de sucessivos *alter-ego* espalhados no espaço comum. Nada no espaço cênico nem no desenvolvimento das cenas inscreve a peça em um meio determinado; o tempo não decorre linearmente com o objetivo de construir uma fábula com um começo, um meio e um fim. O tablado nu acolhe todos os lugares imaginários, muda de identidade pela simples gestualidade própria daquele que ocupa por um momento a cena e as atenções. Não há lógica temporal, nem dramaticidade da ação: a cena do assassinato não é o ponto culminante, passa quase despercebida.

O espaço-tempo (tal como pôde sonhar Gotscheff e tal como nos parece na percepção atual ou na lembrança) é uma espécie de partitura sobre a qual se espalha um corpo desdobrado em suas variantes e suas repetições compulsivas; é o corpo de Woyzeck, como que estendido e dissecado diante de nós, fragmentado em seus parceiros, mais *alter-ego* que adversários, corpo repartido no espaço-tempo como sobre uma prancha anatômica que representa os diferentes órgãos de um mesmo corpo social. Tal corpo coletivo dissecado é "reversível", na medida em que a vetorização, sobretudo de conexão, é deixada a critério do espectador.

Este dispositivo da encenação e sua organização cronotópica parecem corresponder perfeitamente à maneira como funcionam espaço, tempo e corpo para uma análise dos mecanismos conscientes, pré-conscientes e inconscientes. O tempo, tornado cíclico e reversível, é mesmo o do "fatalismo pavoroso da história" do qual falava Büchner. O templo, cíclico e reversível, imaginário e pertencente ao "reino da repetição"[25], transformou-se em um espaço anatômico autônomo. O corpo dos atores e o corpo da cena em sua totalidade são mais que o cenário: são a mediação entre o espaço teatral (a figuração do universo mental de Woyzeck) e o tempo teatral (a construção cíclica, fatal e pavorosa da peça). Não são simplesmente os corpos semioticamente legíveis, mas os corpos fenomenológicos, corpos incarnados (no sentido de *embodied*) que atraem o espectador, seu corpo e seu inconsciente, como corpos concretos, reais, depois que o espaço e o tempo foram incarnados pela presença em cena. Nessa encenação,

25. Sami-Ali, *op. cit.*, p. 242.

a corporalidade e a unidade corporal não são sustentadas por uma representação inscrita em um lugar e um espaço concreto, mas por uma figuração que funde o tempo, o espaço e o corpo em uma representação do inconsciente, no caso aquele, fragmentado, de uma personagem, um autor, um encenador, um ator e um espectador.

Tal exemplo e muitos outros que poderíamos trazer para apoiar nossa demonstração nos confirmam a importância de uma análise global da representação, particularmente do espaço-tempo-ação. E, na sequência, a exposição dos materiais da encenação não dirá outra coisa...

Woyzeck na encenação de Gotscheff

4. Os Outros Elementos Materiais da Representação

Todos os elementos da representação que a análise do espetáculo deseja passar em revista são, por definição, materiais: existem concretamente no palco como materiais, significantes, colocados ali pelos artesãos do espetáculo. No entanto, alguns são, se assim podemos dizer, mais materiais do que outros: aqueles que não estão ligados diretamente à presença dos atores, à sua voz, ao espaço-tempo no qual evoluem suas ações, ao ritmo ou à música. Já insistimos o bastante sobre a função central do ator, sobre seu efeito de imantação sobre toda a representação, e em torno de sua pessoa. Resta indicar como alguns elementos cênicos são usados como materiais que merecem uma maior abordagem específica e formam sistemas significantes. Sua lista não é, aliás, restritiva, já que a criação teatral é capaz de recorrer a materiais e a sistemas significantes sempre novos. Nosso papel não é o de prever ou de prescrever a lista, mas o de descrever as principais manifestações existentes. Limitar-nos-emos aos figurinos, às maquiagens, aos objetos e às iluminações.

Além da prioridade atribuída à pessoa viva do ator em nossa recepção do espetáculo, não há hierarquia absoluta de ordem imposta segundo a qual o espectador releva os diferentes sistemas significantes. Existe, no máximo, como observa a socióloga australiana Maria Shevtsova, um hábito que leva os espectadores ocidentais interrogados a mencionar primeiro a atuação, depois, nessa ordem decrescente, "o cenário, o figurino, a iluminação, a rapidez de execução, a configuração espacial, a coreografia, a música e a atmosfera"[1]. A cronologia de nossas impressões de espectador é por certo fundamental, mas não pode ser o objeto de regras absolutas: no máximo, observaremos que o espectador se impressiona primeiro pelo que é visível e humano, pela atuação, depois pelos materiais mais "invasores" como o cenário ou os figurinos, e por fim por aquilo que autoriza a própria percepção: a iluminação. O recorte material que efetuamos é assim bastante arbitrário: não saberia se pronunciar sobre a pertinência e o número exato dos sistemas cênicos a serem distinguidos no interior da representação.

Deus estaria nos detalhes? Em todo caso, o sentido de uma representação de sua análise está com certeza nos detalhes: um fragmento aparentemente anódino afigura-se muitas vezes característico do conjunto e é preciso saber reconhecer tais detalhes "insignificantes" que, muitas vezes, se abrigam em alguns elementos materiais privilegiados do espetáculo. Cada sistema significante vale por si, mas constitui igualmente um eco sonoro, um amplificador que diz respeito então a todo o resto da representação. É por isso que o estudo minucioso e fragmentário de um material leva muitas vezes a uma iluminação que esclarece tudo, ou pelo menos uma boa parte, da obra, e insere um material em uma marchetaria de conjunto tão lisa e brilhante quanto o assoalho da Galeria dos Espelhos de Versailles.

Esse elogio do detalhe não deve nos fazer esquecer o sentido da estrutura e dos grandes conjuntos, pois os detalhes materiais que relevaremos na análise se inscrevem, se pretendem tomar um sentido, em uma dinâmica e uma vetorização nas quais espaço, tempo e ações estão estreitamente ligados: *uma ação tem lugar*. Tentaremos não esquecê-lo ao relatar os mais ínfimos vestígios de matérias que aparecem no microscópio que dirigimos para a representação.

Uma primeira localização consistirá em avaliar a proporção de cada material no interior da encenação, o que obriga não somente a quantificar os sistemas significantes mas também a figurar seus limites e seus pontos de contato. Cada gênero possui uma partilha específica (mas com certeza modulável) desses componentes: se nos limitarmos aos aspectos materiais visuais ligados ao seu suporte espacial, obteremos as seguintes proporções aproximadas. (Ver tabela página seguinte.)

As proporções são instáveis, elas variam ao longo do espetáculo, mas as relações das massas e as fronteiras entre os componentes permanecem as mesmas:

- Para o teatro psicológico, é preciso captar relação entre escamoteamento do corpo e a hipertrofia da expressão facial.

1. Maria Shevtsova, *Theatre and Cultural Interaction*, Sydney Studies, 1993, p. 119.

<table>
<tr><th>Teatro Psicológico</th><th>Teatro de Bauhaus</th><th>Dança Pós-moderna</th></tr>
<tr><td>cenário</td><td>cenário</td><td rowspan="2">espaço</td></tr>
<tr><td>figurino</td><td></td></tr>
<tr><td>corpo</td><td rowspan="2">figurino</td><td>figurino</td></tr>
<tr><td>rosto</td><td rowspan="2">corpo</td></tr>
<tr><td>maquiagem</td><td>corpo</td></tr>
</table>

Sistema dos materiais

- Para o balé mecânico de Bauhaus, o figurino tende a fazer desaparecer o corpo dos dançarinos e o cenário no qual evoluem: este é reduzido a um fundo colorido, aquele supostamente não deve aparecer, mas se trai às vezes (pés sob a estrutura do figurino, flexibilidade humana das articulações).
- Para a dançarina pós-moderna observamos uma neutralização dos materiais que não são o corpo dos dançarinos confrontado a um espaço vazio não figurativo.

O recorte dos materiais cênicos nos sistemas significantes é arbitrário e herdado de uma tradição crítica; bloqueia a reflexão teórica obrigando-o a pensar segundo categorias fixas. Mas, por outro lado, são sempre nossos hábitos perceptivos culturais que nos dirigem para a valorização deste ou daquele detalhe ou recorte. Porém, quem é esperto o bastante para se colocar acima de seu solo cultural, e, aliás, de que serve isso, já que nossas percepções e nossas medidas "objetivas" sempre nos levam de volta a ele? Vamos tomar então três dessas categorias que herdamos (figurino, maquiagem, objeto) e tentar simplesmente captar seus contornos e sua organização interna.

O FIGURINO

Limites do Figurino

Não é tão fácil dizer onde começa a roupa, e tampouco é simples distinguir o figurino de conjuntos mais localizados como as máscaras, as perucas, os postiços, as joias, os acessórios ou a maquiagem. É uma operação delicada extrair o figurino do conjunto do ator em seu meio. O que ganhamos então na precisão das análises das roupas, arriscamos perdê-lo na avaliação de seu impacto sobre o resto da representação. Na medida em que o figurino constitui muitas vezes o primeiro contato, e a primeira impressão, do expectador do ator e sua personagem, é por ele que poderíamos começar a descrição.

Organização das Observações

Inscrevemos em geral as observações sobre o figurino em quadros que vão do mais amplo ao mais estreito:

- O mais amplo quando as relacionamos à encenação, verificando se confirmam ou infirmam os outros dados materiais do espetáculo, qual é o "Costume Design", a encenação dos figurinos que foi escolhida.
- O mais estreito quando descrevemos sua fabricação e quando tentamos estabelecer como os atores se investem deles e os vivenciam.

Como todo signo da representação, o figurino é ao mesmo tempo significante (pura materialidade) e significado (elemento integrado a um sistema de sentido). É assim mesmo que Barthes encara o "bom figurino de teatro": ele "deve ser material o bastante para significar e transparente o bastante para não constituir seus signos em parasitas..."[2].

As Funções do Figurino de Teatro

Graças às reflexões de Brecht e de Barthes conhecemos muito melhor a patologia dos figurinos de teatro que sua semiologia. As doenças dos figurinos de teatro são tão frequentes e endêmicas que suas categorias são úteis para a análise comum do espetáculo: seja ela arqueológica, histórica ou estetizante, a doença revela uma tendência fundamental de toda encenação. As grandes funções do figurino são:

- A caracterização: meio social, época, estilo, preferências individuais.
- A localização dramatúrgica para as circunstâncias da ação.
- A identificação ou o disfarce da personagem.
- A localização do *gestus* global do espetáculo, ou seja, da relação da representação, e dos figurinos em particular, como universo social: "Tudo o que, no figurino, confunde a clareza dessa relação contradiz, obscurece ou falsifica o *gestus* social do espetáculo, é ruim; tudo o que, pelo contrário, nas formas, cores, substâncias e seu embricamento, ajuda a leitura desse *gestus*, tudo isso é bom"[3].

O Figurino e o Resto

O figurino e o corpo

O figurino é tão vestido pelo corpo quanto o corpo é vestido pelo figurino. O ator ajusta sua personagem, afina sua subpartitura

2. Roland Barthes, "Les maladies du costume de théâtre", *Essais critiques, op. cit.*, p. 61.

3. *Idem*, pp. 53-54.

ao experimentar seu figurino: um ajuda o outro a encontrar sua identidade:

> Uma manga muito larga ou muito estreita, muito longa ou muito curta, pode modificar a projeção cênica de uma personagem, exigir de um ator uma modificação onde sua atitude que provoca em seguida invenções-construções para o figurino e assim por diante[4].

Descrever a atuação obriga a captar o ajustamento da gestualidade e da roupa. Nos manuais de retórica dos séculos XVI ao XIX, as ilustrações reproduzem o plissado das togas dos trágicos, o que contribui enormemente para a caracterização da atitude e da emoção. (Foto página seguinte.)

Seja o retrato do dançarino de Butô, Kazuo Ohno: o rosto e o vestido apresentam o mesmo aspecto amassado e frágil: o figurino é uma extensão do corpo fragilizado do dançarino e de sua personagem, a Argentina, e, reciprocamente, o travestimento deixa ver o corpo do velho e o da grande dançarina à qual ele presta a homenagem.

Quanto à nudez, não é o grau zero do figurino – seria antes o figurino que, por sua familiaridade e sua adequação aos nossos valores, representa o grau zero. A nudez pode acolher todas as funções: erótica, estética, "estranheza inquietante" etc. (Foto p. 167.)

O corpo aparentemente nu, que está deitado numa espécie de menir – pedra tumular e jacente – parece tão mineral e inerte quanto a pedra que o sustenta e parece tê-lo engendrado: o figurino (ou o corpo de uma rigidez cadavérica) se dissolve no conjunto da cena, limita-se a amplificar a atitude do corpo e o insólito do lugar.

O figurino e o espaço

O figurino é muitas vezes uma cenografia ambulante, um cenário trazido à escala humana e que se desloca com o ator. Um *cenáriofigurino* como o chama a figurinista Claude Lemaire[5].

Algumas formas de dança tradicional oriental, como a dança balineza ou a Ópera de Pequim, concentram no *cenáriofigurino* uma riqueza que torna supérfluo qualquer caracterização do espaço cênico que permanece vazio para melhor acolher a coreografia e o canto.

Pode-se notar os contrastes absolutos entre figurino e espaço: o figurino hipersignificante e codificado da Ópera de Pequim ou da *commedia dell'arte* evoluem em espaço vazio; ou, ao contrário, o corpo nu e vazio do dançarino de Butô é captado em um ambiente normal "pleno" (paisagem ou cidade).

4. Giorgio Strehler, em Georges Banu, *Le Costume de théâtre dans la mise em scène contemporaine,*Paris, CNDP, 1981, p. 11.
5. Em G. Banu, *op. cit.*, p. 23.

Kazuo Ohno em *La Argentina*

A cada elemento da encenação corresponde uma função significante do figurino que a análise se esforçará sistematicamente em relevar. Assim, no *continuum* espaço-tempo-ação-luz:

- O figurino preenche e constitui um espaço, nem que seja apenas pela maneira pela qual valoriza o corpo em seus deslocamentos.

- Ele se estende mais ou menos, podendo materializar uma época, mas também um ritmo e uma maneira de voar ao vento.
- Ele participa da ação, sempre colado na pele do ator, ou transportado em um volume cinético, sempre vestido pelo ator, a não ser que se transforme em uma crisálida abandonada por ele.
- Ele capta mais ou menos luz, estruturando e ritmando as mudanças de intensidade luminosa.

Figurino do *Performer*, Figurino da Personagem

Antes mesmo de descrever e interpretar o figurino de um espetáculo, é bom se questionar como foram elaborados: seriam eles provenientes de uma tradição imutável que fixou e que rege o uso do figurino, como na maioria das tradições de atuação e dança orientais, ou então foram eles criados inteiramente por um figurinista, em função das exigências específicas da peça e do papel, para servir uma encenação original, no sentido ocidental do termo?

No primeiro caso, trata-se do figurino do ator-dançarino (do *performer*): há pouco a se dizer sobre isso senão de maneira histórica para determinar o que conduziu a tal corte, a tal colorido, a tal detalhe.

No segundo caso trata-se do figurino próprio da personagem, no interior da ficção e em consideração a situações das personagens. Poderíamos então – como a respeito da atuação, do espaço ou da encenação – falar do *estilo dos figurinos*: clássico, romântico, realista, naturalista, simbolista, épico etc.

Vetorização dos Figurinos

Toda a descrição verbal dos figurinos que mostra as nuanças dentro de sua função é útil, mas talvez insuficiente se ela se perde nos detalhes e não deixa aparecer o "sistema da moda"[6] que regula seu uso. Por isso, vamos propor classificá-los segundo a tipologia dos setores já exposta:

Eixo da Metonímia	Eixo da Metáfora
2. Conectores	1. Acumuladores
3. Secionantes	4. Embreadores

Vamos tomar o exemplo do *Marat/Sade* de Peter Weiss no filme que realizou Peter Brook em 1966 e examinemos a função dos figurinos no conjunto da encenação.

Figurinos como vetores-acumuladores

A localização das personagens, bastante numerosas nessa peça, exige que o espectador identifique os grupos em conjuntos claramente definidos. O uso das roupas implica então uma repetição, uma confirmação e uma acumulação dos índices discriminatórios, como por exemplo:

- roupas ou roupas de baixo brancas dos pacientes;
- figurinos superteatralizados, ou seja, escandalosamente coloridos dos quatro cantores;
- roupa de noite da família Culmier (estilo Império) etc.

Figurinos como vetores-conectores

Os índices suficientemente acumulados, o espectador tenta se localizar nas oposições mais marcadas, ler uma roupa em relação às outras, captar os sistemas das regularidades que fazem o efeito de uma conexão ou de uma desconexão. Aqui, não é, por exemplo, pertinente, distinguir pacientes, alienados, prisioneiros de direito comum e prisioneiros políticos. Por outro lado, as roupas permitem reconhecer a diferença entre prisioneiros e guardas ou entre atores amadores dirigidos por Sade e a boa sociedade napoleônica que veio observá-los. A conexão se faz termo a termo, um detalhe do figurino remetendo a um outro detalhe de um outro figurino, ou então, um estado de figurino preparando o seguinte: a entrada dos pacientes corresponde assim à tentativa de saída dos prisioneiros no final do filme. Um observador treinado notará esses índices sistematicamente

6. Ronald Barthes, *Le Système de la mode*, Paris, Seuil, 1967.

colocados pelo figurinista visando a facilitar a trama e a percepção das mudanças.

Figurinos como vetores-secionantes

Durante as mudanças bruscas na ação, notamos sempre uma modificação na aparição dos figurinos. A aparição da família Culmier em roupas de aparato à moda do Império vem, por exemplo, interromper bruscamente a série dos retratos de pacientes vestidos em trapos, que não situa uma ação em histórico preciso, mas significam antes a alienação sob todas as suas formas e em todas as épocas. A aparição de Sade, depois a dos cantores, é parcialmente marcada por uma mudança de aparências, em todos os sentidos do termo.

Figurinos como vetores-embreadores

O sistema de correlação dos figurinos não é somente interno à ficção, ele garante a transição de um universo ficcional para outro; é muitas vezes o caso quando um figurino possui alguns índices que facilitam a passagem de uma época para outra: globalmente, os figurinos da época revolucionária e napoleônica se transforma sem dificuldade em alusões a qualquer época na qual os prisioneiros são trancafiados, sobre o pretexto de uma reabilitação psíquica e física: o doente amnésico ou letárgico transforma-se em um alienado ou em um detento assim que suas roupas são filmadas e apresentadas com os poucos índices necessários. Índices vestimentários e comportamentais convergem para garantir as transições, as alusões e as paródias. Assim, sequer é necessário aqui que, como na famosa versão do *Tartufo* montada por Planchon, os homens de lei estejam vestidos como CRS* para que as alusões, as lutas dos anos de 1960 se tornem transparentes.

O figurino transborda naturalmente para o corpo do ator e tudo o que o cerca; ele se integra ao trinômio fundamental da representação (espaço-tempo-ação) iluminando assim seu movimento.

> Sobre os tablados [dizia o cenógrafo Gischia], formas e cores representativas de uma personagem estão em movimento. Elas se deslocam em um espaço de três dimensões segundo um ritmo que, convenientemente regulado, deve ter o rigor e a unidade de um movimento musical. Assim o figurino deixa de ser um disfarce e torna-se um elemento essencial do movimento dramático.

Mais seguro e concreto que qualquer outro sistema significante da representação, o uso dos figurinos baseia-se em observações verificáveis, a partir de tramas de signos estritamente codificadas. É por isso que a abordagem funcionalista da semiologia é especialmente apta para a análise dos figurinos. O figurino é, no teatro, um embreador

* Polícia política francesa contemporânea (N. do T.).

natural entre a pessoa física e privada do ator e a personagem da qual ele veste a pele e os aparatos. Perfeito agente duplo, ele é levado por um corpo real para sugerir uma personagem fictícia: podemos assim abordá-lo a partir do organismo vivo do ator e do espetáculo, ou então, a partir do sistema da moda que ele transmite da maneira mais precisa possível, tão precisamente quanto uma marionete (a qual é muito mais confiável que a carne e a emoção humanas). O figurino de teatro é, de fato, ao mesmo tempo, vestido (ou investido) pelo ator e concebido externamente pelo figurinista e encenador. Sua descrição impõe então ao espectador um duplo olhar, ao mesmo tempo existencial ("como o ator se vira com isso?") e estrutural ("o que isso vira para a produção global do sentido?").

A MAQUIAGEM

O Maquiado e o "Montado"

O cenário colado ao corpo do ator se torna figurino, o figurino que se inscreve em sua pele se torna maquiagem: a maquiagem veste tanto o corpo como a alma daquele que a usa, daí sua importância estratégica tanto para a sedutora, na vida, como para o ator, no palco.

No teatro tudo é maquiado e mesmo "montado": o rosto e o corpo têm sempre algo a esconder, como que para se vender melhor.

A maquiagem não é, no entanto, uma extensão do corpo como podem ser a máscara, o figurino ou o acessório. Não é tampouco uma "técnica do corpo", uma "maneira com a qual os homens sabem utilizar seu corpo"[7]. É, melhor dizendo, um filtro, uma película, uma fina membrana colada no rosto: nada está mais perto do corpo do ator, nada melhor para servi-lo ou traí-lo que esse filme tênue.

Topologia do Rosto

A primeira dificuldade para quem tenta descrever a maquiagem dos atores é a de lê-la em relação ao rosto que a usa. De certo modo, é tão difícil distinguir os traços verdadeiros do rosto humano e a pintura que os retrabalham, os mascaram ou os transformam do que distinguir a espontaneidade de uma expressão e as "máquinas da ópera" que acionam essa expressão aparentemente natural (para retomar a imagem de Marivaux).

Os fisionomistas elaboraram teorias das emoções legíveis a partir do rosto humano. As formas codificadas do teatro, da farsa a um

7. Marcel Mauss, *Sociologie et anthropologie*, Paris, PUF, 1950, p. 365.

melodrama, fazem grande uso disso e o espectador que possui os códigos de atuação não tem qualquer dificuldade para ler as motivações das personagens. Assim, é importante que o espectador saiba reconhecer o que faz funcionar o rosto e que ele tenha uma noção de sua topologia. Dumezil e Dagongnet[8] (e antes deles, Delsarte[9]) distinguem três homens que correspondem a funções e a emoções diferentes e às quais poderíamos dar os exemplos teatrais seguintes:

- a boca, a mandíbula inferior estão ligadas à função nutritiva, o arlequim guloso tira daí uma grande parte de sua identidade.
- o olhar, as bochechas são o centro da função respiratória, do fôlego e das emoções. Todos os atores conhecem bem a importância de um fôlego preciso aliado a um olhar bem colocado.
- a testa é o lugar da contemplação e da teoria: os monólogos da reflexão parecem focalizar a atenção na testa e as funções superiores do ser humano.

Traços e Funções da Maquiagem

Ao interpretar a maquiagem nos esforçaremos não apenas para descrever a técnica e o traçado, mas também para compreender como ela modifica e até mesmo constitui o corpo humano e o imaginário ligado a isso. É preciso avaliar a função simbólica que ela preenche em dado momento da espetacularização do corpo. Alguns casos de figura frequentes poderão assim ser apontados.

Acentuação, reforço dos traços

Por causa da distância, os traços expressivos devem ser aumentados de maneira a parecerem naturais, mesmo longe do palco. A perspectiva e a escala desse aumento podem assim ficarem deformadas e o observador deve então permanecer consciente dessa convenção cênica à qual não se submetem o teatro de câmera ou o cinema. Só os especialistas do cosmético saberão apreciar quais produtos foram utilizados (estes se renovam muito rápido assim como o equipamento militar). O uso de máscaras em látex que restituem a tessitura e a elasticidade da pele aumenta a ilusão, um bom conhecimento dos jogos e dos efeitos de luz será indispensável para julgar a maneira com a qual a arte facial não deixa nada para o acaso. Segundo a estética da encenação, a maquiagem terá uma tendência para servir o verossímil das situações (uso realista ou naturalista) para reproduzir mimeticamente os rostos das personagens, ou pelo contrário, para sublinhar seus próprios procedimentos, a se tornar um fim em si, uma pintura facial ou corporal, que não deve mais

8. Citados por Dominique Paquet, *Alchimie du maquillage*, Paris, Chiron, 1989, p. 96.
9. François Delsarte, *Une anthologie*, Paris, La Villette-IMEC, 1992.

ser colocada a serviço dos outros signos, mas sim concentrar os olhares sobre sua própria prática autônoma.

Trabalho autônomo da maquiagem

A partir do momento em que não obedece mais a uma banal tarefa de sublinhar e confirmar traços verossímeis e realistas da personagem, a maquiagem forma um sistema estético que obedece apenas às suas próprias regras. É o caso de gêneros altamente codificados como a Ópera de Pequim, que utiliza uma maquiagem ao mesmo tempo arbitrária e imutável. Mas é também uma prática das vanguardas europeias a partir do momento que declararam guerra ao naturalismo na arte. As maquiagens grotescas dos atores de Meierhold ficaram célebres pois abriram uma nova via para a encenação ocidental ao reduplicar a teatralidade da atuação e ao atribuir a cada componente os plenos poderes para se desenvolver segundo a lógica de suas possibilidades.

A dificuldade para a análise do espetáculo é a de avaliar a maneira pela qual a maquiagem abandona sua função de sublinhar ou de embelezar para se tornar *body art* (arte corporal), arriscando-se, aliás, a abandonar a federação das artes que constitui a representação para fundar sua própria república.

O Inconsciente da Maquiagem

A coisa mais difícil para se avaliar – mas também a mais importante – é o efeito produzido pela maquiagem sobre o observador, sobretudo sobre o seu inconsciente. Os traços sublinhados ou desviados podem produzir um efeito de sedução, de terror, ou cômico, sem que saibamos exatamente como. O espectador está implicado não em uma decodificação anódina de informações, mas em um face-a-face no qual aquilo que lê suscita seu desejo. Sobre o rosto do outro, com base ou sem base, eu leio os meus próprios pensamentos e desejos, e associo a ele uma cenografia à flor da pele e uma cerimônia de sedução.

O travestimento de roupa e de rosto redobra a vertigem e a ambiguidade de minha própria identidade, seja um travestimento do sexo, da idade ou da natureza humana (em oposição à animalidade). Assim, em uma encenação do *Jogo do Amor e do Acaso* de Alfredo Arias, na qual os elegantes frasistas eram interpretados por atores fantasiados de macaco, o espectador não sabia mais com quem se identificar (ver na página seguinte).

Olhar humano? Pavor animal? Animal de pelo ou mulher barbada? Muitas vezes a maquiagem se torna uma encenação contemporânea muito mais que um disfarce ou uma acentuação dos traços existentes: é uma vertigem que bloqueia toda a interpretação segura e toda metamorfose definitiva.

O Jogo do Amor e do Acaso, na encenação de Alfredo Arias

Protocolo de Observação da Maquiagem

Difícil analisar uma vertigem! Vamos simplesmente definir qual protocolo experimental a análise poderia seguir: ela deve antes de tudo determinar a natureza do afeto produzido no espectador, recorrendo sobretudo à psicanálise. Ela permite em seguida diferenciar percepção aproximada e percepção à distância: a mesma maquiagem, vista de longe, parecerá adequada e misteriosa, e vista de perto, teatral e desmistificadora. É o que poderíamos chamar de "efeito Arcimboldo"[10]: de perto, as flores (as maquiagens) são visíveis em

10. A partir do nome do pintor que realizava, com flores ou frutos, rostos e figuras humanos.

seus detalhes e sua materialidadc; de longe, o rosto feito de flores é apenas um rosto captado em seu conjunto. O distanciamento e a proximidade são fundadores dos sentidos: é esta distância maior ou menor que tentamos avaliar ao fixar a maquiagem.

A análise faz sobressair os traços revelados e os traços ocultados pela maquiagem: traços do lápis de maquiagem, mas também de caráter, do esboço global que a cena sugere. O espectador vivencia a atmosfera e a coloração emocional que emana dos rostos e dos corpos pintados.

O OBJETO

Objeto Identificado, Não Identificado

Por objeto entendemos tudo o que pode ser manipulado pelo ator. Tal termo tende a substituir o termo adereço, por demais ligado à ideia de um utensílio secundário que pertence ao personagem. O objeto não somente não é adereço, mas se coloca no centro e no coração da representação ao sugerir que ele está por trás do cenário do ator e de todos os valores clássicos do espetáculo.

> O objeto, ou seja, aqui, tudo que não é o ator e que representa na cena os acessórios, os cenários, os telões e mesmo os figurinos, constitui por natureza, no palco, um material flexível, manipulável, mutável quase que por definição[11].

O mesmo elemento cênico pode às vezes ser tratado como cenário ou como adereço, ou como obra plástica, mas a categorização é decisiva para compreensão da representação.

Diferentes Graus de Objetividade

Sem entrar no debate da identidade do objeto, a análise pode, ao menos, distinguir vários tipos de objeto ao situá-los em um *continuum* indo da materialidade à espiritualidade, o objeto cênico *strictu sensu* sendo somente mostrado e representado. (Ver tabela na página seguinte.)

Para classificar os objetos segundo seu grau de objetividade, daremos aqui alguns exemplos possíveis dessas categorias:

1. O objeto é antes uma produção natural, um elemento não trabalhado pelo homem. Por exemplo, a areia na encenação do poema épico indiano do *Mahabharata* ou da *Tempestade* de Shakespeare, encenados por Peter Brook.

11. Luc Boucris, *L'Espace em scène*, Paris, Librairie Théâtrale, 1993.

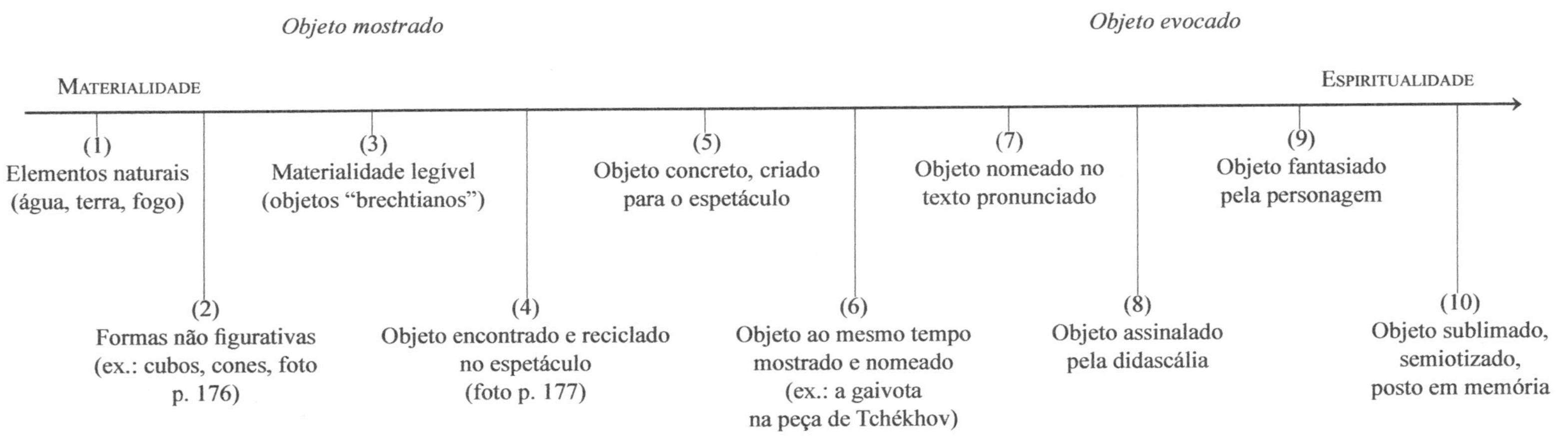

Tipologia dos Objetos no Teatro

2. As formas não figurativas podem ser cubos ou praticáveis, formas abstratas que não podemos encontrar tais e quais na realidade. Por exemplo, o cone invertido em *Ou bien le débarquement désastreux* ("Ou Então o Desembarque Desastroso") de Heiner Goebbels.

Ou bien le débarquement désastreux (*Ou Então o Desembarque Desastroso*)

3. A materialidade legível é aquela dos objetos dos quais percebemos a materialidade individual tanto quanto a pertinência social a um grupo. Por exemplo, os objetivos ou os figurinos no estilo brechtiano, tais como a tela grosseira da roupa de Mãe Coragem. (Ver foto na p. 220.)
4. O objeto encontrado reciclado é tomado de empréstimo à realidade e utilizado de maneira estética em um novo ambiente. Por exemplo, os tonéis que manipulam os atores em Camlann do grupo Brith Gof. (Ver foto na página seguinte.)
5. O objeto concreto criado para o espetáculo toma traços emprestados ao objetos reais, mas é adaptado às necessidades da cena (novas proporções, estilização etc.).
6. O objeto real é às vezes igualmente nomeado pelo texto, tanto que podemos percebê-lo concretamente e concebê-lo abstratamente. Por exemplo, a gaivota da qual se fala na peça homônima de Tchékhov.

Camlann na encenação do grupo Brith Gof

A partir do momento em que é evocado pela palavra (caso 7 a 10 na tipologia proposta acima), o objeto tem um estatuto completamente diferente; há, no entanto, aqui também, diversos graus de abstração, como se estivesse gradualmente se distanciando de um uso concreto, até que seja apenas um elemento da língua posto na memória.

Categorias para Descrição

Não existe categorização pronta para os inúmeros objetos encontrados em cena. Podemos, no máximo, descrever as formas, numerar os materiais, distinguir função utilitária e uso estético.

Os espíritos inclinados para a matemática poderão se divertir colocando os objetos em diversos conjuntos que ora são distintos, ora são incluídos uns nos outros, ora apresentam uma intersecção comum. Tal classificação revela a lógica e o sistema dos objetos no interior de uma encenação; facilita também sua manipulação mental. O "sistema dos objetos"[12] revela, sobretudo, sua função no espetáculo, o que obriga a pensar no conjunto da encenação.

Nem por isso se deve esquecer de se interessar pela materialidade dos objetos, por aquilo que fez deles objetos plenos e (não simplesmente engrenagens funcionais em uma mecânica anônima). A análise vai se esforçar, pois, em tornar sensível a experiência estética vivenciada pelo espectador ao lado deles, sobretudo pela materialidade dos objetos que é:

12. Jean Baudrillard, *Le Système des objets*, Paris, Gonthier, 1968. [Trad. bras., *O Sistema dos Objetos*, 4ª ed., São Paulo, Perspectiva, 2002.]

- *visual*: fibras da madeira, do tecido;
- *olfativa*: cheiro da floresta, da água, da terra (*Les estivants*, encenado por Peter Stein);
- *sonora*: tonéis rolados e percutidos que ressoam.

Os objetos estão frequentemente na fronteira de outros elementos da representação: por exemplo, o tonel de *Camlann*, tanto utensílio quanto cenografia móvel (ver foto anterior); a areia de *Ou bien le débarquement désastreux* ("Ou Então o Desembarque Desastroso") É ao mesmo tempo matéria-prima e artefato (ampulheta gigante, betoneira, poço invertido, túnel, palco italiano, *folie*) (ver foto p. 176).

As relações pontuais de objetos que intervêm em um espetáculo têm interesse apenas quando são associados a um conjunto em construção, a uma dinâmica vetorial que orienta as descrições e que leva em conta o seu uso antes metafórico ou metonímico. Vamos retomar então o quadro das vetorizações examinando quais operações são efetuadas para o espectador que percebe o objeto, qual trajetória vetorial se constitui assim. Tomemos o exemplo do cone invertido na cenografia de *Ou bien le débarquement désastreux* (*Ou Então o Desembarque Desastroso*), criada por Magdalena Jetelová. Ele se presta aos quatro grandes tipos de vetorização:

Deslocamento	Condensação
2. Conector (bico dosador)	1. Acumulador (regador, misturador, cone etc.)
3. Secionante (posto de observação)	4. Embreador (máquina de jogo, máquina de cimentar o sentido)

1. *A acumulação* das diferentes identidades possíveis do objeto fazem dele sucessivamente, ou ao mesmo tempo, um regador, uma betoneira, uma carroceria de caminhão etc.; cada objeto possível condensa duas ou várias significações; ele os representa com uma certa semelhança.
   Por exemplo: betoneira = regador + basculante.
2. *A conexão* se estabelece a cada vez que uma nova utilização do objeto intervém, remetendo o uso anterior a uma reserva de sentido e a um uso agora *deslocado* do objeto.
   Por exemplo: o bico dosador do reservatório de areia deixa de repente aparecer, de cabeça para baixo, o explorador que segue imperturbável seu monólogo, parecendo emergir no cume de uma chaminé ou de um posto de observação. O efeito cômico deste objeto reside no deslocamento perpétuo de sua identidade enigmática, a associação metafórica que ele entretém com uma nova propriedade.

3. Quando o deslocamento produz um forte efeito de surpresa há ruptura na cadeia metafórica ou metonímica, a nova identidade do objeto quebra o fio condutor precedente e obriga a partir em novas bases.
   Por exemplo: a aparição do explorador na abertura do bico dosador ou a virada do cone em uma de suas faces (ver foto p. 176).
4. Acumulação e deslocamento desestabilizam a percepção; o objeto cônico se transforma em máquina de jogo, faz a embreagem de outros níveis bem diferente de sentido: de objeto lúdico, ele se torna objeto inquietante, máquina de guerra para tirar fotos ou cimentar a floresta virgem sob a influência desastrosa do explorador enlouquecido.

Da mesma forma que o espaço, o objeto frequentemente figura como sistema integrador, de ponto focal e de parâmetro para o resto da representação; o espectador o aprecia como ponto de referência, como sinalizador entre dois momentos ou espaços. Tomando os tonéis de *Camlann* (ver foto p. 176), os jogos de simetria desses objetos, mesmo que encontrados e utilizados de maneira bruta, estruturam o espaço retangular, figuram os dois exércitos frente a frente e esclarecem a narrativa.

A ILUMINAÇÃO

A iluminação ocupa um lugar chave na representação, já que ela a faz existir visualmente, além de relacionar e colorir os elementos visuais (espaço, cenografia, figurino, ator, maquiagem), conferindo a eles uma certa atmosfera.

Considerações Técnicas

Nenhum outro sistema cênico fez tantos progressos técnicos ao longo dos últimos anos quanto a iluminação, por isso a profissão de iluminador se impôs depois da experiência do teatro popular de Vilar, e os iluminadores assistem o encenador já na primeira leitura no ensaio da obra. Para um espectador "médio" é impossível se manter informado das proezas tecnológicas; já seria muito se ele ao menos estivesse sensibilizado pela dramaturgia da luz.

Mais do que ter acesso a um conhecimento técnico dos projetores utilizados, seria útil observar o lugar das iluminações e a distribuição das fontes luminosas, localizar onde os projetores estão colocados: de frente; lateralmente; em contraluz; em contraplano; horizontalmente; a pino.

Iluminação e Cor

É a iluminação que cria a cor, deve haver então uma combinação mínima entre o cenógrafo, o figurinista e o iluminador para que as escolhas cromáticas não se aniquilem. O espectador estará atento aos tons utilizados: quentes para uma sensação agradável; frios para suscitar a tristeza; médios para uma impressão neutra e calma. As colorações escolhidas suscitam emoções e sensações por obra da luz (clareza) e da cor (tom). Uma observação rigorosa das colorações relatará o efeito produzido sobre o espectador e a construção emocional do espetáculo. As imagens mentais produzidas lhe serão, senão mais compreensíveis, pelo menos melhor ligadas à utilização objetiva das cores. Eles levarão em conta igualmente a escuta musical, os momentos oníricos ou de devaneio e de atenção flutuante, pois escuta e sonho suscitam igualmente cores.

Dramaturgia da Luz

Ao assistir ao espetáculo, podemos sempre tentar captar qual foi o plano de luz, o que os ingleses chamam de *light design*, o desenho, ou melhor: a encenação da luz, maneira específica a essa produção cênica de fazer intervir luzes e sombras.

Estabelecemos o tipo da luz utilizada: a luz natural do sol ou da lua, ou então luz artificial (capaz atualmente de recriar as condições da luz natural).

Assinalamos em qual momento e em qual efeito ela intervém no desenrolar do espetáculo.

Avaliamos quais fenômenos passageiros ou duradouros ela permitiu perceber: efeitos pontuais ou mudança duradoura da atmosfera, revelação de um sentimento ou ocultação de uma ação etc.

Perguntamo-nos o que é que ela ilumina, mas também o que ela esconde, se a encenação parte dela para ir para a sombra ou reciprocamente.

A luz facilita a compreensão. Se o objeto iluminado é bem contrastado, será claramente reconhecido. A luz é responsável pelo conforto ou desconforto da escuta, pela compreensão mais ou menos racional de um evento. Quando à luz geral brechtiana ou vilariana sucede o claro-obscuro de um Chéreau ou de um André Engel, é que a visão do mundo se tornou sombria. Quando um Strehler (e seu iluminador Guido Baroni) logra conciliar a luz branca e brechtiana de uma dramaturgia que não tem nada a esconder com a luz meridional e sensual de uma pintura da Renascença italiana, realiza um compromisso único entre racionalidade e subjetividade.

A Iluminação e o Resto da Representação

Apreciar a iluminação é compreender como ela influi nas outras componentes do espetáculo.

A cenografia

Ela faz ou não penetrar a luz natural. A luz artificial escolhe entre iludir ou fazer desaparecer tal elemento do cenário. Mudando de direção, pode sugerir a progressão do dia: no *Misanthrope*, encenado por André Engel ou em *Britannicus* (por Gildas Burdet) por exemplo. Pode igualmente desorientar o observador: em *Quai Ouste*, de Koltês ou na *La Fausse Suivante* de Marivaux, encenado por Chéreau, em que os atores encenavam imensas sombras inquietantes cuja direção mudava sem preocupação com a verossimilhança.

O figurino

As roupas recebem a luz de modo particularmente fácil: suas dobras são valorizadas, seus tons são tornados visíveis e variáveis segundo o tipo de luz e de filtro de gelatina utilizado.

A maquiagem

É valorizada positivamente ou negativamente. A cor abóbora ou laranja realçará agradavelmente o tom da pele; a cor verde ou azul, pelo contrário, resultará numa pele cinza, de aspecto particularmente sinistro. A maquiagem é quase sempre uma necessidade.

O ator

O ator como um todo é às vezes afetado pela luz: sua energia é valorizada ou, pelo contrário, atenuada. Sua relação com o espectador é transparente, sobretudo com a luz geral, ou perturbada se ele é cegado por uma torrente de luz ou reduzido a uma voz na penumbra. Se o ator precisa da iluminação como a planta da água (segundo Chéreau), ele também por vezes é vítima de uma iluminação violenta, feita contra ele, como para desestabilizá-lo ou agredi-lo; um olho externo treinado vai distinguir uma agressão feita com o seu (acordo) de uma intervenção intempestiva do iluminador que não consultou nem o encenador nem o ator.

Em suma, é a *dramaturgia* que é guiada e inscrita no tempo graças à facilitação da luz, sobretudo no tocante à articulação temporal e narrativa da cena.

MATERIALIDADE E DESMATERIALIZAÇÃO

Para abordar todos os elementos materiais conhecidos na representação é preciso mencionar os sentidos humanos pouco utilizados no teatro, ou pelo menos aparentemente, como o olfato, o tato ou o paladar.

O Olfato

Ele entra em cena tanto pelo que emana da plateia como do palco: um cenário composto de elementos naturais (terra, árvores e flores) será aspirado por um público mais habituado à artificialidade e ao ilusório. Já os simbolistas russos (Balmont, de quem Vachkévitch encenou les *Trois Floraisons*) propunham representações olfativas. Recentemente, algumas experiências, por exemplo a de Dominique Borg com *De L'autre côté d'Alice* (1988) ou a de Dominique Paquet, com *Patience du baobab* (1994), tentaram produzir representações olfativas de perfumes e cheiros. A ativação deste sentido desencadeia emoções e lembranças muito impregnantes que conduziram o espectador a uma identificação muito forte com as situações aqui ressuscitadas.

O aroma no palco não é obra de ficção, mas realidade. É por isso que ele atrapalha o processo de ilusão e de ficcionalização e bloqueia o espectador em sensações vivenciadas como muito fortes e pessoais. Daí a dificuldade de se tratar os sinais olfativos como ficções e de combiná-los com os outros sistemas de signos. Daí também a extrema dificuldade de se utilizar fragrâncias em cena e de as "ler" como um signo teatral semelhante aos da visualidade ou da escuta. Tudo o que se poderá cheirar se arrisca assim a permanecer nesse nível de materialidade pura que recusa se converter em sentido, signo ou dramaturgia[13].

O Tato

Quanto mais o tato é óbvio nos jogos, eróticos ou outros, mais parece banido da experiência teatral ocidental, com a separação clara dos atores e dos observadores por meio da ribalta[14]. No entanto, outras formas de espetáculo no mundo inteiro fazem apelo a ele e à vanguarda dos anos de 1960 – o *happening* ou o teatro ambiental de Schechner – suscita uma relação com o corpo do outro completamente diferente e reabilita o toque.

> Graças ao sentido do toque, a arte dramática é um jogo fundamentalmente carnal, sensual. A representação teatral é uma união coletiva, um ato de amor verdadeiro, uma comunhão sensual de dois grupos humanos. Um se abre, o outro toca e penetra; os dois se tornam um só, comem-se [...]. A arte do teatro, ao se dirigir essencialmente ao

13. Dominique Paquet, "Pour un théâtre de fragances", *Comédie-Française: les Cohiers*, n. 17, 1995.

14. Ver o primeiro capítulo da segunda parte.

As diferentes direções das luzes[15]

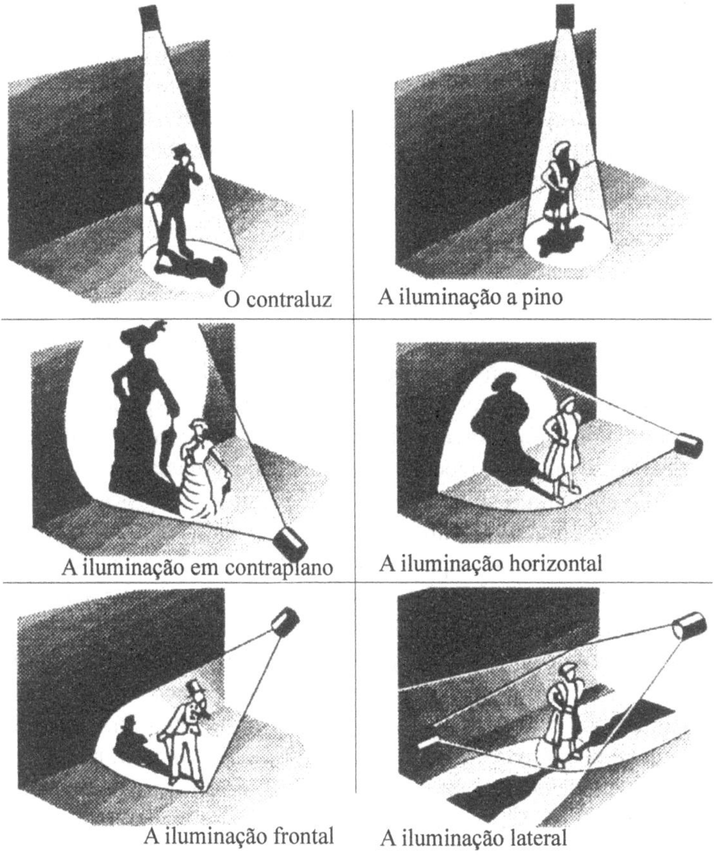

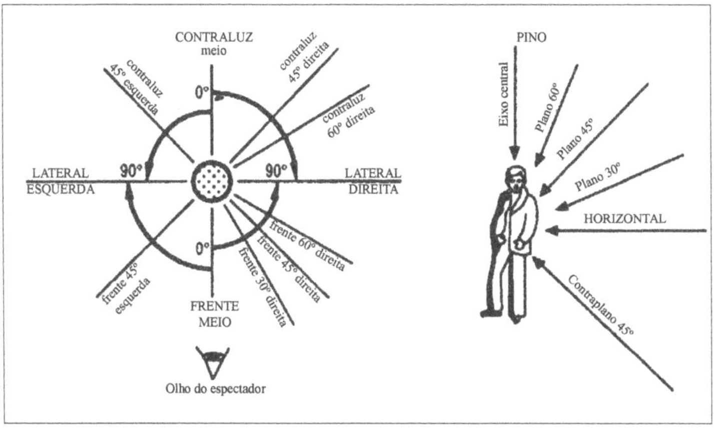

15. Tirado de François Valentin, *Lumières pour le spectacle*, Paris, Librairie Théâtrale, 1988, pp. 30-34.

sentido do toque, é pois antes de tudo a Arte da Sensação. Ele está no extremo oposto de qualquer preocupação intelectual[16].

Uma vez tocado não somente pela graça da arte teatral mas também pelo corpo do ator/atriz, o espectador modifica radicalmente sua abordagem do espetáculo, escapa o cálculo frio do olho geômetra, entra em um mundo de sensações que são, por vezes, também acompanhadas de reflexões abstratas.

O Paladar

Trata-se de um sentido pouco solicitado no teatro, a não ser no sentido figurado, como na poética sânscrita na qual, como o *rasa*, designa o sabor, a consciência alegre do espectador, o sentimento de experimentar um prazer estético. Houve algumas experiências nas quais os atores preparavam durante a representação um prato que ofereciam ao público, depois de ter trabalhado a massa ficcional, por exemplo em *Risotto* pelo Politecnico de Roma.

Podemos imaginar outros materiais além daqueles cujas propriedades essenciais foram aqui lembradas. Podemos discutir também a pertinência de sua divisão em diferentes significantes, mas devemos constatar que estão organizados segundo um certo movimento de conjunto, uma vetorização. O importante é, pois, não esgotar a enumeração dos significantes mas perceber, pelos cinco sentidos, sua dinâmica: sua emergência, seu sequenciamento e memorização, sua faculdade de ocupar o primeiro ou o último plano, entrar em correlações ou alianças. Captar tal vetorização é a tarefa da análise de qualquer encenação, de qualquer manipulação de materiais cênicos. A experiência dos sentidos – a *aestesis* –, é também a participação emocional do espectador, o fato de estar lá e aceitar se deixar por um instante transportar.

16. Richard Schechner, *Environmental Theatre*, New York, Hawthorn Books, 1973.

5. O Texto Impostado

Quando o texto é encenado, como é recebido e interpretado pelo espectador? Eis uma pergunta central para a análise dos espetáculos que utilizam ainda muito frequentemente textos. Na tradição ocidental, o texto dramático permanece como um dos componentes essenciais da representação. Por muito tempo até, foi assimilado ao teatro por excelência, atribuindo-se à sua representação um papel apenas acessório ou facultativo. As coisas, no entanto, mudaram radicalmente com o reconhecimento em torno do final do século XIX da função do encenador, reconhecido capaz (ou culpado?) de imprimir no texto encenado a marca de sua visão pessoal. Para o teatro de encenação, é pois lógico dirigir a análise para o conjunto da representação em vez de considerar esta última como derivada do texto. Os estudos teatrais e sobretudo a análise do espetáculo se interessam pelo conjunto da representação, a tudo o que cerca e excede o texto. Em contrapartida, o texto dramático foi reduzido a uma espécie de acessório incômodo, deixado, não sem desprezo, à disposição dos filólogos. Passamos assim, num intervalo de cinquenta anos, de um extremo ao outro, da filologia à cenologia.

Talvez seja a hora de restabelecer um pouco mais de equidade e, se possível, de sutilezas: não voltar à visão puramente literária do teatro, mas reconsiderar o lugar do texto na representação; não mais discutir infinitamente se o teatro é literatura ou espetáculo, mas distinguir o texto tal como o lemos em livro e o texto tal como o percebemos na encenação.

Dentro da nossa preocupação de passar em revista os principais elementos da encenação ocidental contemporânea e imaginar os métodos de análise que melhor lhes convêm, reservamos naturalmente ao texto dramático um lugar de honra, sem no entanto prejulgar seu estatuto no interior da representação (para nós o texto está na representação e não acima nem ao lado). O que nos importa, antes de tudo, é propor um olhar e um método adequados para avaliar o impacto e a função do texto no interior da representação. Os comentários sobre os textos dramáticos só raramente levam em conta sua manifestação: palavras lidas individualmente no livro ou representação à qual se assiste, e durante a qual se percebe o texto na maior parte das vezes pronunciado pelos atores.

TEXTO POSTO EM CENA, TEXTO IMPOSTADO

Texto Escrito, Texto Enunciado

Antes mesmo de poder escrever os procedimentos de vocalização, incorporação e atuação do texto dramático pelo ator e encenador, é preciso começar definindo o objeto da análise de um texto dramático posto e impostado em cena. Duas perspectivas parecem legítimas:

- Examinar como um texto (prévio) foi *posto em cena*.
- Observar como texto é *impostado*, ou seja, tornado audível ou visível.

O estudo do texto posto em cena

Ele se dedica à gênese da encenação, à fase de preparação antes do ajuste da atuação: análise dramatúrgica para determinar o tempo, o lugar e os protagonistas da ação; leitura pelos atores e encenador, intervenção do cenógrafo, do figurinista, do iluminador; experimentação, ativação e rejeição de pistas de leituras possíveis; tentativas de vocalização, estabelecimento progressivo da partitura vocal e gestual.

O estudo do texto impostado

Descreve a maneira pela qual o texto é pronunciado, enunciado, "impostado" em cena: texto produzido, lançado e emitido com todos os sentidos possíveis e em todos os sentidos. O texto *impostado* já está presente, colorido por uma voz, versão concreta e vocal de um texto pronunciado que o espectador ou o auditor não tem que ativar com sua própria voz, como o faz o leitor do texto escrito. O texto *impostado* já está integrado a uma encenação, já foi posto em cena, dado que o ator com a ajuda de todos os práticos, já o vocalizou, realizando *ipso facto* uma encenação vocal que faz do texto dramático o objeto de uma representação. Para o auditor/ espectador (seria preciso dizer "espectauditor"?) que ouve o ator pronunciar seu texto, é difícil fazer abstração daquilo que ele percebe e ler o texto dramático como se o descobrisse no papel, dando-lhe vida e voz por meio de sua própria leitura. Se por ventura ele já conhece o texto (um clássico por exemplo), poderá com certeza comparar a encenação atual com sua antiga leitura do texto, mas terá dificuldade em preservar sua antiga leitura das marcas insistentes da atual vocalização pelo ator. Só o espectador especialista estará habilitado para reconstituir e distinguir a atual encenação e a leitura que poderia ter feito anteriormente (da mesma forma não se saberia distinguir na encenação o que provém das didascálias e o que é contribuição da encenação).

Os dois tipos de estudo e suas duas perspectivas com certeza não são incompatíveis, mas unicamente o estudo do texto tal como foi enunciado em uma encenação diz respeito à análise dos espetáculos: não se espera do espectador "normal" que conheça a gênese da representação, no entanto, o processo da gênese do espetáculo, dos ensaios, das correções, dos melhoramentos e dos arrependimentos da encenação deixa no produto final traços indeléveis que não escapam ao especialista, mesmo não sendo percebidos pelo público. A análise do espetáculo – ou mais precisamente a análise clássica do espetáculo ocidental, pois não é a mesma coisa com o espetáculo intercultural ou estrangeiro – baseia-se em uma versão final, bastante estabilizada, do trabalho teatral que não se preocupa com as razões exatas das escolhas estéticas dos artistas e por isso não tem que investigar suas intenções. Razão a mais para não confundir texto lido e texto representado.

Texto lido e texto representado

Para analisar o texto no seu justo valor é preciso saber como ele se apresenta para o seu receptor: está sendo lido por esse receptor ou está sendo representado por atores diante dele? E o que acontece quando a leitura é encenada, como é o caso de espetáculos que testam hoje as fronteiras entre a atuação e a leitura?

O texto lido não foi ativado por uma voz humana (ou sintética) além do seu autor que não está presente para pronunciá-lo. É ativado no ato de sua percepção, mas de maneira individual e silenciosa (apenas depois do fim da Idade Média é que a leitura torna-se silenciosa e que o indivíduo se torna o depositário do sentido, o sujeito interioriza a lei e as normas).

O texto representado e pronunciado pelo ator já está servido por uma cena e signos prosódicos, visuais, gestuais dos quais já não se pode mais fazer abstração. Ao escutar essa cópia verbal do texto, ao ver qual situação de enunciação se estabelece e produz em retorno um certo sentido para o texto, o espectador recebe uma opção muito precisa (mesmo se ela é muitas vezes pouco legível ou incoerente) que fecha a interpretação para outras opções. Por outro lado, esse mesmo espectador recebe do texto dramático propriedades que talvez lhe teriam escapado na leitura.

O texto representado já está compartilhado segundo os diversos locutores, a situação de enunciação foi definida de maneira não ambígua: o sentido da situação surge imediatamente, ofusca o espectador da maneira como a evidência nos cega, mesmo se a dispersão das fontes da enunciação desencoraja qualquer síntese definitiva e clara.

O texto representado se subdivide em um *texto apenas ouvido* e um texto ouvido e *visto* (ou seja, atuado ou encenado). O *texto ouvido* é o de uma leitura de um "relato oratório" como se dizia antigamente. O auditor dispõe informações sobre sua anunciação, sua interpretação psicológica – como se o ouvisse pelo rádio –, deve imaginar um contexto de atuação. Para o texto visto, tal contexto foi materializado visual e cenicamente e o espectador não pode mais fugir disso, ele olha o que está sendo feito. Para a análise do espetáculo, trata-se de determinar se é preciso olhar mais ou escutar mais, se estamos submersos pelos signos visuais ou se devemos utilizar nossa imaginação só pela escuta do texto, em suma, se assistimos a um *drama* ou se escutamos um *relato*.

Compreensão do texto lido

Seria preciso retomar o estado atual de nossas técnicas de leitura dos textos dramáticos. Iniciativa impossível no quadro deste estudo. Apesar da dispersão do texto dramático em réplicas autônomas, da multiplicidade e da aparente igualdade das diferentes perspectivas, apesar do débito rápido das palavras e da dificuldade acústica em ouvi-las, o leitor ou o auditor se localiza ao formar conjuntos. Vai em direção ao pré-texto ou pós-texto, conformemente as operações que a fenomenologia da leitura chama de *retenção ou protenção*. Perdido no labirinto das réplicas ele espreita os índices do texto sobre "as circunstâncias dadas", as motivações e o superobjetivo das personagens. Sua faculdade de síntese, de divisão ou de análise dramatúrgica é posta em prática: ele deve estabelecer quem fala, com quem, com qual objetivo, de que lugar e em que a palavra desemboca em uma cena. Joga com a descontinuidade da palavra no teatro ao examinar o "que acontece de uma réplica à outra e está no cerne da réplica. Qual o movimento foi efetuado para operar uma passagem entre uma proposição e a posição seguinte"[1]. Ao fazer isso, instrumenta-se para imaginar se não uma encenação concreta, pelo menos uma situação dramática na qual o texto toma forçosamente um sentido, posto que já está dividido entre os locutores e tencionado em uma série de situações conflituais.

1. Michel Vinaver, *Écritures dramatiques*, Arles, Actes Sud, 1993, p. 896.

Todas essas operações dramatúrgicas e textuais permanecem evidentemente válidas para o estudo do texto no quadro de uma encenação, mas a isso se acrescenta uma série de tratamentos específicos da matéria verbal da qual relataremos mais abaixo. Antes disso, será preciso esclarecer a relação entre o texto e a representação, estabelecendo sua hierarquia ou suas relações de força.

Texto e Representação

Para elucidar relações muito complexas convém definir em qual momento histórico e em qual área cultural nos colocamos, pois o texto não é sempre, longe disso, o elemento prévio e fixo que o palco teria como missão servir ou ilustrar: encenar, no sentido ocidental. De fato, foi apenas a partir do início do século XVII que o texto precede a representação e que o ator se coloca a serviço de um texto de um autor: antes, havia uma estreita aliança dos corpos e das palavras e o ator improvisava a partir de roteiros conhecidos. A partir de Rotrou e Corneille, a linguagem se apodera de corpos para encarnar a palavra do autor e a representação pode surgir como a encarnação, e logo também a servidora, de um texto considerado como a fonte de tudo. Este acidente histórico – a fixação dos textos e suas infinitas retomadas, antes de tudo segundo uma retórica muito codificada das ações, depois segundo uma criatividade ligada à emergência irresistível de um encenador – pôde passar por uma lei universal: o texto precederia o palco ao mesmo tempo cronológica e estatutariamente. É a visão "textocentrista" do teatro que domina ainda muito largamente a teoria teatral e da qual é muito difícil tomar distância, seja qual for a importância atribuída à encenação e aos elementos não verbais da representação.

Visão "textocentrista" da encenação

Ao nos colocarmos no quadro da análise do espetáculo, o espetáculo que contém um texto (seja ele ou não preexistente à representação) devemos novamente colocar a questão das relações entre o texto, o que nos leva a questionar se a representação decorre ou não do texto, e da leitura que podemos fazer disso.

Porém, esta comparação ou confronto entre o texto e a representação é um hábito funesto que leva a pensar que a encenação é uma atualização, uma manifestação ou uma concretização de elementos já contidos no texto. O que talvez seja verdade em uma perspectiva diacrônica do estudo da gênese da encenação em decorrência de um estudo, pelo encenador do texto dramático destinado a ser encenado. Não o é obrigatoriamente em uma perspectiva sincrônica, já que o espectador recebe o texto e os sinais extratextuais ao mesmo tempo, sem que um seja necessariamente anterior e superior ao outro. Podemos de fato imaginar um dispositivo de encenação elaborado sem que o texto seja conhecido e que tal texto tenha sido escolhido apenas na última hora, uma vez definida a encenação: assim procedem Robert Wilson e muitos outros artistas da cena.

O problema não é saber de modo absoluto qual é o elemento primeiro – o texto ou a cena –, pois é claro que as respostas variam segundo os momentos históricos encarados; o problema é saber se em um espetáculo que contém um texto (do qual não se sabe se ele preexistia ou não ao trabalho teatral) um elemento decorre do outro e precisa assim do outro para se determinar.

É raro, para dizer a verdade, encontrar a tese segundo a qual o texto decorreria do palco utilizado e da atuação e no entanto, seria fácil mostrar que a escrita dos textos é enormemente influenciada pela prática cênica de uma época, pelo que ela sabe fazer teatralmente.

É frequente, pelo contrário, considerar-se que a encenação decorre diretamente do texto: decorre no sentido em que a cena atualiza elementos contidos no texto. É até mesmo esse, no fundo, o verdadeiro sentido da expressão "encenar um texto": coloca-se em cena elementos que se acabou de extrair do texto, depois de tê-lo lido. O texto é então concebido como uma reserva, ou até mesmo o depositário do sentido que a representação tem como missão extrair e expressar como se extrai o suco (cênico) da cenoura (textual).

Tal visão é tanto a dos filólogos – para quem o texto dramático é tudo e a cena uma simples ilustração, um assunto retórico para "temperar" o texto – quanto a de numerosos teóricos de teatro, semiólogos incluídos. Limitemo-nos a algumas citações tiradas destes últimos:

- Anne Ubersfeld fala, por exemplo, de "núcleos de teatralidade", de "matrizes textuais da representatividade", de buracos do texto que serão preenchidos pela encenação[2].
- A. Serpieri se interessa pela virtualidade cênica do texto dramático[3].
- E. Fischer-Lichte vê a teoria como "estudos sistemáticos das relações possíveis entre o texto escrito e a representação"[4]; segundo ela, a representação deve ser entendida como o interpretante para significações possíveis do drama que está na sua base.
- Keir Elam se pergunta "de que maneiras o texto dramático e o texto da representação são parentes e quais são os pontos de contato entre eles?"[5]

2. A. Ubersfeld, *op. cit.*

3. Alessandro Serpieri, *Come comunica il teatro: dal texto alla scena*, Milano, Il Formichiere, 1977.

4. Erika Fischer-Lichte, *Das Drama und seine Inszenierung*, Tübingen, Niemeyer, 1985, p. X.

5. Keir Elam, *The Semiotics of Drama and Theatre*, London, Methuen, 1980, p. 208.

- H. Turk sonha encontrar "a articulação que falta entre a semiologia do teatro e a poética do drama, o que facilitaria os resultados um para o outro"[6].

Todas essas posições são filológicas no sentido em que a representação necessita do texto para existir e para ser interpretado. O texto não é descrito em sua enunciação cênica, ou seja, como prática da cena, mas como referência absoluta e imutável, como pivô de toda encenação. Ao mesmo tempo, o texto é declarado incompleto, já que necessita da representação para tomar seu sentido. Tais posições filológicas têm todas em comum uma visão normativa e derivativa da encenação: esta não pode ser arbitrária, ela deve servir o texto e se justificar para uma leitura correta do texto dramático. Pressupõem-se que o texto e a cena estão ligados e que foram concebidos um em função do outro: o texto em vista de uma futura encenação, ou pelo menos de um modo dado de atuação; a cena pensando naquilo que o texto sugere para a sua espacialização.

Visão "cenocentrista"

Seria preciso, para acabar com essas visões filológicas, ter a radicalidade de um esteta como Thies Lehmann, para quem "a encenação é uma prática artística estritamente imprevisível pela perspectiva do texto?"[7]. Tal posição radical nega qualquer ligação de causa e efeito entre o texto e a cena, atribuindo à encenação o poder de decidir soberanamente suas escolhas estéticas. E, de fato, é assim que procedem numerosos encenadores, de Wilson a Grüber, ou de Mesguich a Heiner Müller. Eles preparam texto, música, cenografia, atuação de maneira autônoma e efetuam a "mixagem" dessas diferentes pistas apenas no final do percurso, quando se monta um filme. Nesses exemplos, o texto não se beneficia mais de um estatuto de anterioridade ou de exclusividade: é apenas um dos materiais de representação e não centraliza nem organiza os elementos não verbais. Por outro lado, para encenações de textos cuja leitura e conhecimento é por assim dizer inevitável (sejam esses textos conhecidos ou simplesmente baseados em personagens e situações dificilmente ignoráveis), a tese de Lehmann é mais dificilmente sustentável, pois o espectador não deixará de se interrogar sobre a relação entre a prática artística e o texto, seja apenas para se perguntar como a cena pode a esse ponto ignorar o que sugere para nós o texto.

6. Horst Turk, *Soziale und theatralische Konventionen als Problem des Dramas und der Übersetzung*, Tübingen, Narr Verlag, 1989.

7. Hans-Thies Lehmann, "Die Inszenieruning. Probleme ihner Analyse", *Zeitschrift für Semiotik*, vol. 2, n. 1, 1989.

No caso de uma encenação no qual o texto é dado, apesar de tudo a ser ouvido, será proposto o seguinte compromisso (em relação à afirmação categórica de Lehmann): a encenação não é ditada unicamente pela leitura do texto; por outro lado, tal leitura sugere aos práticos a colocação experimental e progressiva de situações de enunciação, quer dizer, de uma escolha de "circunstâncias dadas" (Stanislávski), as quais propõem uma perspectiva para a compreensão do texto, ativando a leitura e gerando interpretações que o leitor sem dúvida não havia previsto e que provêm da intervenção do ator e dos artistas engajados na prática cênica.

Vamos concluir assim com um compromisso entre a posição textocentrista e cenocentrista: não há sentido em querer prender a encenação em elementos potenciais ou incompletos dos textos, mesmo se acabando sempre por encontrar um índice textual no qual a encenação pode "legitimamente" se agarrar; não há "pré-encenação" já inscrita no texto dramático, mesmo se o texto só possa ser lido imaginando situações dramáticas nas quais se desenrola a ação.

O que isso resulta para a análise do espetáculo que contém um texto dramático? Para que ela deve estar atenta?

- Ela deve evitar a qualquer preço comparar a encenação ao texto do qual ela parece derivar. O texto não é ponto de referência indiscutível ao qual a análise deve remeter para analisar o espetáculo.
- Ela deve separar minuciosamente o que ela sabe do texto escrito graças a um conhecimento prévio e "no papel", e o que ela percebe do texto "impostado em cena" e logo enunciado em uma situação de enunciação muito precisa que ela deverá começar por descrever.
- Trata-se pois de pensar separadamente o estudo dos textos escritos e os das práticas cênicas comportando textos.

A tendência da encenação muitas vezes é a de negar qualquer relação entre textos e práticas cênicas. Alguns encenadores procuram textos que não podem teoricamente ser representados em um palco, ou que resistem à sua encenação. Heiner Müller chegava a fazer disso o critério de um teatro produtivo: "é só quando um texto não pode ser feito com o teatro existente que ele se torna produtivo para o teatro ou interessante"[8].

Dessa forma, a encenação hoje não é mais sempre a passagem do texto à cena; às vezes ela é uma instalação, ou seja, uma apresentação de diversas práticas cênicas (luz, artes plásticas, improvisações), sem que seja possível estabelecer hierarquia entre elas, e sem que o texto faça o papel de polo de atração para o resto da representação.

8. Heiner Müller, *Gesammelte Irrtümer*, p. 18, tradução francesa: *Erreurs choisies*, Paris, l'Arché, 1988.

Nesse sentido, é a atuação do texto que fornece as primeiras indicações sobre o sentido do texto e sobretudo o estatuto que devemos lhe atribuir no interior do espetáculo analisado.

O ESTATUTO DO TEXTO ENCENADO

Tal questão concerne também à análise do espetáculo, pois obriga o espectador a estabelecer o estatuto do texto na encenação.

Autonomia ou Dependência do Texto

Para estabelecer o estatuto do texto dramático que percebemos na encenação, é preciso primeiro estabelecer se ele existe independentemente dela, como texto publicado ou publicável, quer dizer, como texto legível, ou pelo menos audível, sob uma outra forma além da oralidade cênica.

No caso do texto clássico ou moderno, esse texto existe, por definição, independentemente e anteriormente à sua enunciação cênica; podemos sempre então o reler e comparar essa leitura com aquela proposta pela encenação.

É igualmente possível que o texto da peça não tenha existido como ponto de partida e que tenha sido pouco a pouco elaborado ao longo dos ensaios; ou até mesmo que ele tenha sido introduzido bem no final dos ensaios no instante em que a partitura cênica estava sendo definitivamente fixada. Não há pois qualquer sentido em procurar uma relação entre o que é mostrado e o que é dito.

Por fim, pode ser que o texto não adquira qualquer valor semântico, quer dizer, que não se possa lê-lo ou ouvi-lo, que ele seja apenas um cenário verbal, uma música feita de sonoridades ou de palavras cujo arranjo não faz sentido. Seria o caso do texto de Wilson para *The Golden Windows*: há pouco interesse em se ler o *script* (assim mesmo publicado!), pois não somente não foi ele a origem da encenação mas sobretudo porque ele é apenas uma matéria vocal e rítmica, usada como elemento plástico e sem pretensão semântica (inútil pois se lançar em sábias exegeses).

Uma coisa é certa: nossa avaliação do valor intrínseco do texto evolui: o que nos parece hoje ilegível era talvez legível outrora por um público ciente das alusões e das práticas culturais (caso dos *vaudevilles* no século XIX); ou então ele se tornará legível com o recuo do tempo quando o público tiver as chaves e as normas para decifrá-lo (o teatro de Beckett se tornou clássico, no sentido de que ele é agora conhecido e compreendido pela maioria dos espectadores). É preciso pois ser muito prudente na determinação de sua legibilidade, que é sempre relativa. Melhor se limitar ao critério de saber se o texto é ou não conhecido do público como uma peça clássica, o mito ou fato real que estão na origem da encenação.

Especificidade do Texto Dramático

O exame dos espetáculos que atualmente utilizam textos mostra claramente que todos os tipos de texto, logo não apenas textos dramáticos escritos para o teatro, são utilizados para a cena. Parece assim vetado limitar os textos para a cena a um tipo estabelecido de escrita dramática ou de falar, como o faz Vinaver, do "caráter específico da escrita teatral"[9]. Além disso, bem hábil seria aquele que definisse essa escritura especificamente dramática de maneira transhistórica e universal. A única coisa que se pode afirmar é que cada momento histórico e cada prática dramatúrgica e cênica que lhe corresponde possuem seus próprios critérios de dramaticidade (maneira de armar um conflito) e de teatralidade (maneira de utilizar a cena). Em vez de tentar uma definição fenomenológica universal e abstrata da especificidade da escrita dramática, melhor seria, por conseguinte, tratar historicamente cada caso particular, quer dizer, examinar como o texto foi concebido em função de uma certa prática da língua e da cena e quais procedimentos dramatúrgicos se encontram valorizados. Para a análise do espetáculo, é recomendável determinar o que uma prática cênica dada permite compreender do texto, que significações ela destaca ou retira. Sabemos que cada texto, sobretudo o texto dramático, se metamorfoseia ao longo da história, dá lugar a uma série de interpretações diferentes, às vezes nomeadas em teoria da recepção *concretizações*.

A partir dessas diferentes concretizações, o horizonte de espera do leitor/ espectador e o quadro histórico tendo sido tratados, estamos em medida de enumerar as propriedades específicas da escrita dramática[10].

Sendo assim, o conhecimento histórico da produção e da recepção do texto prepara à sua análise dramatúrgica o conhecimento de elementos que concernem tanto o texto como a cena, sobretudo:

– a determinação da ação e dos actantes;
– as estruturas do espaço, do tempo, do ritmo;
– a articulação e o estabelecimento da fábula.

A análise dramatúrgica do texto "na origem" e "no cerne" da encenação é o primeiro reflexo da análise do espetáculo; ela esclarece e sistematiza a maioria das percepções isoladas e nos informa sobre a maneira pela qual a cena e o texto se influenciam em permanência.

Sem dúvida, a análise dramatúrgica aplica-se sobretudo às obras clássicas ou figurativas, quando uma história é contada por ações

9. M. Vinaver, *op. cit.*, p. 893.

10. Para um exemplo do teatro de Marivaux, ver P. Pavis, *Marivaux à l'épreuve de la scène*, *op. cit.*

realizadas por personagens; no entanto, mesmo para o texto sem fábula, sem personagem, sem representações miméticas, a análise dramatúrgica tem o que acrescentar, fosse apenas para elucidar os mecanismos textuais ou jogos de linguagem na superfície da palavra.

A relatividade da especificidade da escrita dramática (e logo sua não especificidade) torna problemático qualquer método de análise do texto que se quer universal, ligado a uma essência mítica ou dramática. A análise do espetáculo que contém um texto deverá pois começar por definir as "circunstâncias dadas" do texto, mas sem restringi-las à situação psicológica como o aconselhava Stanislávski; ela situará historicamente o texto no momento de sua produção como no momento de seu uso atual na encenação, de sua inscrição em um contexto sociocultural. Contrariamente ao que afirma Michel Vinaver, não se pode ler o texto dramático sem imaginar uma situação concreta, a qual depende das condições ideológicas do momento, sem dispor de um mínimo de saberes prévios sobre o texto e o modo de atuação[11].

Tal historização concerne também a relação texto/representação que é preciso evitar abordar de modo absoluto e na eternidade de uma teoria férrea. Vamos nos contentar aqui com algumas grandes referências históricas:

- Na época do classicismo francês, o de Corneille e Racine indo até 1750 aproximadamente, um sistema retórico regula as relações do texto e da cena utilizando atitudes e inflexões vocais estritamente codificadas que devem fixar as emoções. A representação consiste em respeitar e reproduzir tal sistema.
- A partir de 1750, com Diderot, e cada vez mais até 1880, uma exigência de realismo e uma reivindicação de emoções românticas autênticas derrotam a retórica gestual e tendem a impor uma leitura individualizada do texto com um gestual e uma interpretação cênica que se destacam dos estereótipos[12].
- Depois de 1880, com o aparecimento da função do encenador, o texto aparece cada vez mais como um dado relativo e variável ligado ao contexto histórico, variável na medida em que pode sê-lo o olhar do leitor e do espectador, e, por ricochete, do encenador. O texto se encontra deslocado em relação a uma cena monolítica, ele é descentrado, ou mesmo desconcentrado pela psicanálise, que proclama o deslocamento do sujeito. A encenação, que toma partido globalmente sobre o texto a interpretar deve preencher a distância histórica, cultural, hermenêutica entre o texto e o seu público.
- De 1880 a 1960, mais ou menos, a encenação se consolida e coincide com o aparecimento e o apogeu das vanguardas teatrais.

11. M. Vinaver, *op. cit.*, p. 893.

12. Jacqueline Martin, Wilmar Sauter (ed.), *Understanding Theatre*, Stockholm, Almquist and Wiksell International, 1995, p. 21.

Seja qual for o momento ou a corrente, assistimos a uma crítica radical do texto em sua pretensão a racionalidade ou à universalidade. Ao texto linguístico, a encenação gostaria de substituir uma "linguagem da cena" (Artaud) ou um *gestus* (Brecht) que sejam a emanação de um pensamento visual controlado pela encenação e que acabe de uma vez com o logocentrismo. Segundo tal concepção clássica a de Copeau, por exemplo, a encenação é "o desenho de uma ação dramática. É o conjunto dos movimentos, dos gestos e das atitudes, a harmonização das fisionomias, das vozes e do silêncio, é a totalidade do espetáculo cênico, emanando de um pensamento único que o concerne, regula e harmoniza"[13]. O encenador pouco a pouco se substituiu ao autor como autoridade que controla a produção do sentido e a significação estável do texto. Por sua vez, o encenador será rapidamente suspeito de fechar o sentido; de ser um sujeito autoritário do qual nem o (ex-) autor nem o ator, nem o espectador estão dispostos a reconhecer por mais tempo a autoridade. O que leva diretamente à negação da encenação, à pós-encenação.

- A pós-encenação (depois de 1960): nesses tempos que não sabem dizer mais nada de si mesmos se não que são "pós-modernos", o encenador é posto em causa como aquele cuja sistematicidade e autoritarismo presumidos prejudicam a produtividade do espetáculo. A cena, como o texto, não é nada além do que "práticas significantes" abertas (o que significa que podemos fazê-los dizer tudo o que quisermos, e que a teoria é apenas um jogo). A alternativa não é mais, como antigamente, entre um texto que tem um significado a ser transmitido "fielmente" e um texto do qual se pode se servir como a um material de construção; ela não é mais sequer entre o tipo *metafórico* da encenação (no qual a cena metaforiza o sentido do texto), e um tipo *cenográfico* (no qual a única escrita é a da cena)[14]; ela é antes entre a pretensão de controlar globalmente o sentido e a renúncia a qualquer previsão de sentido. Nesse último caso, a encenação limita-se, de fato, a ser uma instalação: todos os seus materiais são instalados em um espaço-tempo, são ativados no máximo de suas possibilidade, enquanto o espectador se contenta assim em observar essas interações fortuitas e em "contar os pontos".

Essas poucas etapas históricas fornecem ainda muitos casos de figuras para os espetáculos contemporâneos e pareceu pois útil esboçá-las mesmo que de modo excessivamente breve. Elas coincidem aliás,

13. Jacques Copeau, "Um essai de rénovation dramatique", em *Registres I*, *op. cit.*, pp. 29-30.

14. Cf. H. T. Lehmann, *op. cit.*

muitas vezes, no interior de uma mesma encenação e ilustram bem, ao que parece, a variedade da relação entre cena e texto. Seria preciso ainda relativizar tal relação, comparando-a com textos culturais totalmente diversos. Veríamos então que a cultura ocidental e seu mais belo rebento, a encenação teatral de textos literários, consideram o texto como a fonte ou a referência da representação, em outras culturas o caso é bem diferente. Na cultura africana convém, por exemplo, reconsiderar a linha divisória entre texto, movimento, dança e música. O texto não é mais o ponto localizador; poderá ser substituído ou endossado por uma mídia totalmente diferente, por exemplo, pelos tambores, que dizem um texto que escapa aos Brancos (em *La Mort et l'Écuyer du roi* de Soyinka). Mas para a encenação ocidental o texto permanece o elemento que permite comparar os grandes tipos de encenação.

Tipologias da Encenação

Para a encenação contemporânea é muito difícil se orientar na multiplicidade das experiências, mas podemos propor várias tipologias, sobretudo retomando as categorias advindas da história do teatro na virada do século XIX.

Tipologia histórica

As categorias são bastante conhecidas e seu uso frequente:

- *Encenação naturalista*: a atuação, a cenografia, a dicção e o ritmo se dão como mimese do real. Exemplo: as encenações das peças de Tchékhov por Stanislávski no Teatro de Arte de Moscou.
- *Encenação realista*: o real não é mais reproduzido fotograficamente, como no caso anterior, mas é codificado em um conjunto de signos julgados pertinentes; a mimese é seletiva, crítica, global e sistemática. Por exemplo, as encenações de Brecht ou a de Planchon nos anos de 1960 e de 1970.
- *Encenação simbolista*: a realidade representada é a essência idealizada no mundo real. Por exemplo, a encenação de *La Mort de Tintagiles* em 1905 por Meierhold e certos espetáculos de Robert Wilson.
- *Encenação expressionista*: certos traços são nitidamente sublinhados como que para expressar a atitude pessoal do encenador. Por exemplo, os espetáculos de Fritz Kortiner ou Matthias Langhoff.
- *Encenação épica*: ela narra por meio do ator, da cenografia e da fábula. Por exemplo, o trabalho de Piscator e Brecht antigamente, dos atores-contadores de hoje.
- *Encenação teatralizada*: em vez de imitar o real, os sinais da representação insistem no jogo, na ficção e na aceitação do teatro

como ficção e convenção. Por exemplo, as encenações de Meierhold antigamente ou as de Vitez e Mesguich na nossa época.

Outras estéticas igualmente forneceram representações-modelo ao instaurarem novas categorias estilísticas e elevarem ao nível estético e teórico propriedades históricas provenientes de circunstâncias concretas.

O caso das encenações dos textos ditos "clássicos" deve ser examinado em separado, pois a relação com o texto clássico varia consideravelmente.

As encenações dos clássicos

Esta tipologia baseia-se na concepção segundo a qual a encenação se originou, implícita ou explicitamente, do texto dramático: está ela ligada à sua letra, à fábula contada, aos materiais brutos que ela apresenta, aos sentidos múltiplos que ela permite, à retórica que a anima, ao mito no qual ela se enraíza?

- *A reconstituição* arqueológica do espetáculo procura reencontrá-lo tal como poderia, pelo que conhecemos, se apresentar na estreia da peça. A encenação preocupa-se unicamente com detalhes arqueológicos, sem reavaliar a nova relação dessa reconstituição duvidosa no horizonte de espera do espectador de hoje.
- *A historicização* é o exato contrário da reconstituição arqueológica, já que, pouco preocupada com a exatidão histórica das condições de atuação na estreia, ela procura relativizar a perspectiva e reencontrar na fábula uma história que nos concerne diretamente, adaptando às nossas necessidades as situações, as personagens e os conflitos. Ela conduziu nos anos de 1950 e de 1960 a uma encenação "sociológica" na qual o texto é iluminado por todo tipo de indicações socioeconômicas (Planchon, Strehler).
- *A recuperação* do texto como material bruto é o método mais radical para tratar um texto dramático. Ela usa, na prática contemporânea, vários nomes: atualização, modernização, adaptação, reescritura etc. Operações que não somente modificam a letra do texto mas fazem questão de não se preocupar com ela ao tratá-la como pretexto para variações ou reescrituras, o que torna imprevisível e não teorizada tal prática de recuperação.
- *A encenação* dos sentidos possíveis não visa a reconstituir um tipo de atuação ou a adaptar a peça à nossa época, mas a abrir texto para uma pluralidade de leituras que se contradizem, se respondem e se recusam a se remeter a um sentido global final. A pluralidade dos sentidos possíveis é realizada graças à multiplicação dos enunciadores (atores, cenógrafos, músicos etc.) que trabalham cada um por si, graças à recusa de hierarquizar os signos, de os separar

entre sistemas maiores e menores e afinal de contas suscitando "interpretações infinitas"[15].

- *A vocalização* evita qualquer interpretação *a priori* do texto, sobretudo em função de uma leitura das situações, das motivações das personagens ou do universo da peça para se concentrar na fatura linguajar, retórica e vocal do texto; ela sugere aos atores se aproximar do papel a partir da leitura "respirada" e rítmica do texto. Sistematizada por Copeau e Juvet, depois Vitez, tal técnica de leitura parte decididamente do texto como traço respiratório do autor esperando aceder em seguida ao sentido do texto, quando o ator é capaz de reconstituí-lo por meio de sua dicção e de sua rítmica.
- *O retorno ao mito* é a negação da historicização, da recuperação e da vocalização. Ele se desinteressa da dramaturgia de texto, de suas formas e de seus códigos, para ir diretamente ao cerne da fábula e de seu mito fundador.

Essas seis categorias apresentam-se raramente em estado puro, elas combinam muitas vezes várias de suas propriedades respectivas, tornando qualquer tipologia estritamente problemática. Seria então melhor se contentar com grandes distinções, como a de Pavis ou Lehmann.

Dimensão auto-, ideo-, intertextual

Todo *texto* (no sentido semiológico do termo) se define por sua dimensão autotextual, ideotextual e intertextual.

A encenação autotextual se esforça para não sair das fronteiras das cenas, para não fazer referência a uma realidade exterior a ela. A esta categoria pertencem tanto as encenações "arqueológicas", que reconstituem as condições de atuação da época e se fecham à perspectiva moderna, como às encenações hermeticamente fechadas em uma opção ou uma tese do encenador e que não toleram qualquer olhar externo que influenciaria seu sentido. Tal era o caso das encenações das vanguardas, sobretudo simbolistas (Craig, Appia), tal é o caso de Wilson: elas inventam e isolam um universo cênico coerente, fechado em si mesmo em um sistema estético autônomo.

A encenação ideotextual, pelo contrário, abre-se para o mundo psicológico ou social no qual se inscreve; ela perde sua textura e sua autonomia em proveito de saberes e discursos já prontos: ideologia, explicação do mundo, referência concreta às práticas sociais: qualquer encenação que faça alusão à realidade social faz ouvir um comentário subtexto ou metatexto – que a liga ao mundo externo. As encenações que se querem ancoradas no real social pertencem a esta categoria:

15. Peter Brook, *Travail théâtral*, n. 18, 1975, p. 87.

assim as encenações ditas Brechtianas ou as que hoje tratam da "miséria do mundo" (*Misère du monde*, encenação de Marchesi). As peças pedagógicas, as parábolas sociais, os documentos brutos a partir do real pertencem a essa tal categoria.

A encenação intertextual garante uma necessária mediação entre a autotextualidade da primeira e a referência ideológica da segunda. Ela relativiza a encenação em seu desejo de auto-harmonia, se situa na série das interpretações, difere polemicamente das outras soluções ou dos outros tipos de encenação. Muitas vezes a encenação de textos clássicos, muito conhecidos, é necessariamente intertextual, pois faz alusão a encenações anteriores, ou pelo menos a grandes títulos de resolução do enigma do texto: assim procedia Vitez quando montava Molière: havia sempre uma alusão possível a um ou mais predecessores.

Metáfora, cenografia, acontecimento

Última tipologia em data, ela também muito geral, a de Thies Lehmann (1989), que distingue encenação metafórica, cenográfica e factual.

- *A encenação metafórica* serve-se da cena como de uma metáfora do texto dramático que ela comenta e ilustra com os meios cênicos. Assim procedem muitas vezes os encenadores amadores que usam a cena como ilustração daquilo que compreenderam do texto.
- *A encenação cenográfica* é uma escritura cênica autônoma, ela utiliza a cena como uma linguagem completa, e isso de Artaud a Wilson. A significação está à mercê do observador como simples possibilidade de uma síntese.
- *A encenação é factual* quando a cena se dá como um acontecimento que não deve nada à leitura de um texto, mas fornece um dispositivo ou uma instalação, uma situação que se caracteriza pela copresença da produção e da recepção, dos atores e dos espectadores. Lehmann dá o exemplo de um grupo vienense, Angelus Novus, que organiza a leitura contínua da *Ilíada* de Homero (22 horas).

Tal tipologia vai ao encontro, de modo bastante preciso, daquela de Abirached[16] que distingue ele também três estatutos possíveis da encenação:

- a encenação inteiramente submetida ao texto (*metafórico* para Lehmann);
- a encenação tendo uma autonomia absoluta e possuindo sua própria linguagem cênica (*cenográfico* para Lehmann);
- a encenação utilizando textos em vez de servi-los (factual para Lehmann).

16. Em sua obra *Le Théâtre et le Prince*, Paris, Plon, p. 166.

Seja qual for a tipologia escolhida, as categorias permanecem muito gerais e destacam, no máximo, algumas propriedades e tendências indicativas. Elas fornecem uma primeira orientação que permitem escrever a encenação em quadros já existentes, o que não é sem perigo se esta procura justamente ocupar um terreno novo. Tal orientação é acompanhada muitas vezes de uma avaliação crítica que é preciso diferenciar de uma simples análise semiológica e que está mais próxima da crítica gramática. A avaliação crítica, mesmo se ela tende a ser substituída pela abordagem muitas vezes funcionalista e intelectualista da semiologia, é no entanto parte integrante da teoria crítica tal como nós a entendemos aqui.

O TRATAMENTO DO TEXTO NO ESPAÇO PÚBLICO DA REPRESENTAÇÃO

A análise do texto impostado deve se interessar concretamente por todas as operações a que o texto foi submetido e se submete ainda na encenação, pela maneira que é tratado por meio da cena.

Plasticidade do Texto

Assim que um texto é enunciado na cena, não importa sob que forma, ele é tratado plástica, musical e gestualmente: ele abandonou a abstração e a potencialidade da escrita para ser ativado pela representação. Colorido pela voz e pelo gesto segundo seu "colorido"[17], o texto se torna textura; ele é incarnado pelo comediante, como se esse pudesse "fisicalizá-lo", absorvê-lo, inspirá-lo antes de expirá-lo, contê-lo em si mesmo, ou pelo contrário, expectorá-lo, dá-lo a ouvir ou guardá-lo em parte para si. Sua abordagem é física antes de ser psicológica e abstrata:

> A leitura do texto pelo ator não parece em nada pois com uma aprendizagem externa no sentido em que a psicologia gostaria de nos fazer entender. O texto trabalha, move-se em sua textura e transforma-se na própria relação pela qual o corpo tem o sentido e mantém móveis as direções de sentido que constituem o estilo do texto. Por aqui passa a temporalidade, pois o corpo aqui não age e nem fala, mas é o local no qual se origina toda a criação[18].

Fédida fala aqui do texto em geral, mas o que ele diz dele vale ainda mais para o texto dramático o qual se torna cênico e teatral assim que a encenação o faz passar para o ato.

17. Termo usado por M. Tchékhov, *L'Imagination créatice de l'acteur*, *op. cit.*
18. Pierre Fédida, *Le Corps, le texte et la scène*, Paris, Delarge, 1983.

As "Circunstâncias Dadas"

Assim que é enunciado, "impostado" em cena, o texto permite a observação daquilo que Stanislávski chamava de "circunstâncias dadas", o que os linguistas chamam de situação de enunciação. O texto é dividido entre os locutores: a encenação esclareceu quem fala, a quem e porque: os elementos paraverbais informam imediatamente sobre a mensagem verbal. A dispersão da palavra pelas diversas réplicas das diferentes personagens, e logo a multiplicidade e a igualdade aparente das perspectivas podem desconcertar o espectador, mas elas o obrigam a espreitar as indicações sobre as "circunstâncias dadas", a seguir as motivações das personagens e o superobjetivo da peça, a tentar uma síntese dramatúrgica e a organizar a matéria cênica em torno de seus grandes eixos.

O texto dividido entre os locutores joga com a descontinuidade da palavra no teatro, obriga a examinar o "que acontece de uma réplica a outra e no interior da réplica, qual movimento se efetuou para operar uma passagem entre uma posição e a posição seguinte"[19]. A encenação esclarece e define tal passagem de uma posição à outra: a análise se esforça para encontrar qual a lógica segundo a qual ela se efetua. Encontrar o sentido do texto é pois localizar como a encenação garante e figura essa lógica. O trabalho do ator consistiu em ser um "completador" do autor: "Quanto mais um texto é rico, mais a música do ator deve ser pobre; quanto mais um texto é pobre, mais a música do ator deve ser rica"[20]. Deduz-se daí que a análise deve avaliar tais riquezas respectivas do texto e da atuação e compreender o sistema de sua correlação. Trata-se de mostrar o que o texto recebe através da atuação, e também o que a atuação revela de suas riquezas internas: descrição, sem dúvida, muita delicada, já que é preciso estabelecer o que a cena faz surgir no texto.

Reconstituição do Sistema da Enunciação Cênica

Para descrever tal surgimento no texto, é útil reconstituir o sistema da enunciação cênica: trata-se de pensar nos fatores em jogo e na sua hierarquia. Esta nunca é fixa, mas há, como notava o mímico Decroux, uma escala de fatores de expressão, a palavra sendo o mais forte de todos: "na ordem de importância de fatores de expressão, o gesto só chega por último. Primeiro, há a palavra tal como poderia ser escrita e logo lida pelos olhos, depois há a dicção, depois há atitude justa, por fim sobra o gesto"[21]. Toda análise deverá reconsiderar tal

19. M. Vinaver, *op. cit.*, p. 896.
20. E. Decroux, *op. cit.*, p. 54.
21. *Idem*, p. 56.

hierarquia entre palavra, dicção (que é uma "espécie de mímica, a espécie vocal da mímica"), atitude e gesto. É preciso se arriscar a avaliar a dosagem do texto e do gesto; a estratégia gestual (o que entendemos, em suma, por "encenação") consiste em fazer ouvir ou calar tal ou tal parte ou tal aspecto do texto. É sempre revelador observar com qual gesto o texto é dito, segundo qual ritmo, sabendo, com Decroux, que "o gesto estendido sem aceleração, desaceleração, sobressalto, não distrai do texto"[22]. É esclarecedor examinar como a encenação dispõe o texto em seu desenrolar, deixando ou não para o espectador o tempo de ser transportado por ele, ou de mergulhar em seu próprio processo de pensamento, meditar, se aproximar ou se distanciar dessas palavras.

A Vocalização

A voz fornece igualmente preciosas informações para captar este surgimento no sentido no texto. Ela deve ser objeto de uma decodificação psicológica (se ela veicula situações tiradas da comunicação comum): a análise psicológica se faz naturalmente e informa sobre as motivações das personagens, sobretudo graças à análise dos elementos paraverbais da comunicação. Ela dá também uma dimensão corporal e material ao texto que é muito mais difícil de perceber que as emoções e as motivações. Tal materialidade, tal "grão da voz" (Barthes), é a incarnação do texto no corpo dos atores. A análise do texto pronunciado pelos atores obriga a desnudar sua sensibilidade corporal e a analisar o efeito produzido no espectador:

> Recitar ou cantar diante dos outros é mostrar-lhes algo de seu corpo: é também, ao mesmo tempo, descobrir toda uma sensibilidade difusa de nosso corpo [...]. A voz é matéria do corpo – elemento pré-objetivo (diferentemente da objetividade ligada à relação ocular do homem e a sua aptidão a se representar[23].

Quando nos chega a voz do ator, já houve vocalização, encenação vocal do texto: o espectador recebe uma cópia vocal do texto, que ele não tem pois que ativar por si mesmo, como o faz o leitor. É esta vocalidade, esta assinatura concreta e pessoal da mensagem que constitui sua originalidade e que a análise deve se esforçar em descrever.

É igualmente útil determinar quais ressoadores são utilizados prioritariamente. Trata-se de sentir de qual parte do corpo as palavras parecem surgir, como o ator controlou sua emissão e em que seu sentido e seu impacto são afetados pelas atitudes corporais. Um exercício clássico da dicção consiste em deslocar corporalmente o ponto de emergência das palavras, em variar as atitudes, em ajustar

22. *Idem*, p. 165.
23. P. Fédida, *op. cit.*, p. 252.

seus sentidos com a maneira de as dizer: na mesma ordem de ideias recebendo o texto incorporado pelos atores, os espectadores devem imaginar a influência de sua enunciação física sobre a produção do sentido da cena e do texto.

Os Fatores Cinestésicos do Texto

O texto impostado é sensível na sua qualidade vibratória: como se desenhasse no espaço-tempo a trajetória de suas direções e de seus movimentos; o esquema entonativo e retórico é imediatamente figurado: para bom entendedor meia palavra basta. A análise vai se ligar sobretudo às particularidades seguintes:

- O esquema entonativo das frases e das deixas.
- A cadeia mimo-posturo-verbal, quer dizer, a maneira pela qual a mensagem passa insensivelmente do corpo para a atitude e para a voz.
- Os pontos de apoio lógicos e retóricos da enunciação, pontos cujo conjunto forma a subpartitura do ator.
- A coloração e a origem da voz: de onde vem a voz? É ela uma emanação das profundezas do corpo e do fôlego, levada organicamente por todo corpo? Ou então é ela uma "voz soprada" (Finter) do exterior, enxertada artificialmente em um corpo estranho à sua proveniência?
- O porte do texto (como se fala de um "porte elegante"): examina-se a maneira pela qual o texto é portado:

– por uma voz, uma entonação, prolongada por um gesto como sobre uma rampa de lançamento ou, pelo contrário, retido no locutor, dito em aparte;
– para o exterior ou para o interior: o locutor busca atingir o outro ou guarda o sentido para ele, ele fala "aos seus botões";
– graças à modalização do dito por todas as nuanças possíveis: afirmativo/ negativo, dubitativo/acertivo etc. Modalidades estas que não são de ordem decorativa e psicológica, mas física e cinestésica;
– como uma pontuação vocal e corporal: a frase verbal e gestual precisa de momentos de pausa, de esclarecimento e de figuração de seu relevo.

O Texto e os Signos Paraverbais

Trata-se de encarar o texto tal como o ouvimos e sentimos evoluir com sistemas de signos não linguísticos. Examinamos os efeitos de interação, de correspondência[24] entre dois ou vários sistemas. Por que certos sistemas de signos estão tradicionalmente na encenação

24. G. Hiss, *Korresponzen*, *op. cit.*

de textos clássicos, por exemplo, a serviço de outros, assim a luz e a música a serviço do texto e de sua legibilidade máxima no caso dos clássicos[25].O efeito buscado é de insistência, de confirmação, de redundância, de esclarecimento.

Os vetores do texto

O texto tem uma nítida propensão a explorar seus vizinhos, a se apoiar neles ou a se fundir neles. Por exemplo, o texto muitas vezes se apoia em:

- O sistema convencional das emoções e das atitudes, logo sobre a retorização do corpo (no século XVIII).
- O espaço que estrutura e fixa as grandes referências para a argumentação e o estabelecimento da partitura.
- A rítmica geral do espetáculo (constituída sobretudo pela música, a dicção, o tempo-ritmo das ações físicas).

Efeitos de sincronização/desincronização

Entre o texto e os elementos paraverbais:

- A *sincronização* quando cada sistema significante tende a coincidir em seu ritmo com os outros: efeito "sinfônico" no qual a parte se funde no todo e reforça sua coerência.
- A *desincronização* quando as dissonâncias entre os ritmos são perceptíveis, sobretudo quando o sistema é suficientemente forte para não se assimilar aos outros: às vezes um sistema como a música ou a iluminação instaura uma relação direta com o espectador ao curto circuitar o texto, ao qual já não se submete mais.
- A efeito de *sincrese* quando um fenômeno sonoro e um fenômeno visual coincide. A sincrese, palavra forjada nos termos de sincronismo e de síntese, é "a solda irresistível e espontânea que se produz entre um fenômeno sonoro e um fenômeno visual pontual quando estes caem ao mesmo tempo, isto independentemente de toda lógica racional"[26]. É o caso do cinema (do qual fala Chion) mas também no teatro quando o texto se solda, de maneira inesperada, como um fenômeno paraverbal: por exemplo quando a repetição de uma palavra ("pobre homem!", no *Tartufo*) é o sinal repetitivo no locutor ou em seus parceiros de uma mesma mímica ou de um jogo de cena (por exemplo, os olhos virados para o céu).

25. M. Corvin, *op. cit.*, p. 10.
26. M. Chion, *L'audio-vision*, Paris, Nathan, 1990, p. 55.

Duplo Sistema para a Percepção/Codificação/Memorização

A força, sobretudo nemotécnica, de tais encontros inesperados do texto com os signos paraverbais, provém de uma diferença radical de natureza entre códigos verbais e códigos virtuais.

Os códigos visuais são apropriados para a informação global, espacial, sincrônica: vários sistemas de signos visuais podem ser percebidos sincronicamente e sinteticamente em sua coexistência espacial.

Os códigos verbais são submetidos à cadeia falada, à temporalidade irreversível, eles convêm não somente à língua e ao discurso, mas às estruturas narrativas da fábula. Sua percepção é pois possessiva, analítica, discriminatória, sua memorização conceitual e abstrata.

Quando o espectador "entende" o texto impostado, ele não está mais em condições de dissociá-lo de seu contexto visual; são pois os dois tipos de codificação e de memorização que entram em jogo, com propriedades diferentes mas complementares, o que tem também como resultado consolidar a experiência estética, tornar problemática a análise já que ela deve desmontar o que se constitui em corpo.

Verbalização ou Figurabilidade?

A esta dificuldade de análise e de dissocialização do verbal e do visual acrescenta-se a diferença entre a decodificação mental dos signos visuais em palavras e a experiência estética inefável. Segundo os psicolinguistas,

> o ser humano está, logo na infância [...] habituado a *decodificar* mentalmente *todo* signo em denominação (verbal). "O percepto" só é realizado quando damos um nome, mentalmente, a todo o objeto percebido[27].

Quando folheamos uma revista cheia de imagens, podemos, estima Simon Thorpe, "identificar a maioria das imagens percebidas, e igualmente encontrar as 'etiquetas' verbais necessárias para descrevê-las"[28].

Mas como isto se dá no teatro? Podemos obviamente reconhecer na cena todo tipo de perceptos que poderíamos denominar. Mas isto seria confundir a cena com um catálogo de lojas de departamentos se fôssemos tentar relevar tais objetos nomeando-os sistematicamente. Percebemos de fato muitos outros materiais que permanecem em estado de significante, formas e cores que não se deixam traduzir em palavras e cuja percepção constitui precisamente a experiência

27. Tatiana Slama-Cazacu, "Réflexion sur la dyade terminologique 'Lisible/visible'", *Approches de l'opéra*, A. Helbo éd., Paris, 1986, p. 242.

28. Simon Thorpe, "L'oeil, le cerveau et l'image", *Le Téléspectateur face à la publicité*, J.-M. Pradier, éd., Nathan, Paris, 1989, p. 59.

estética do espectador: a cena e suas imagens, a música e seus sons, o texto e sua vocalidade resistem a qualquer reconhecimento figurativo, permanecem no nível que Lyotard designou como o *figural*[29]. A cena contemporânea, por exemplo no caso do teatro gestual, desencoraja qualquer verbalização, mergulha o espectador no centro de uma experiência inefável. A "vetorização" do desejo se limita a localizar alguns pontos de passagem do olhar ou do desejo espectatorial, sem nomear o circuito proposto nem as zonas que ele atravessa. O inominável faz parte do plano.

O Texto na Eletrônica Sonora

Hoje, o texto não é somente um objeto de um tratamento pelo corpo do ator, mas também pelos meios da eletrônica sonora. A voz pode ser "extraída" do corpo natural do ator, tratada eletroacusticamente e recolocada no corpo do locutor com propriedades bem diferentes. A relação corpo-palavra é assim desestabilizada, deformada, retrabalhada e no entanto mantida ao vivo. Assim tratado, o texto perde sua identidade estável, torna-se uma matéria muito plástica, que perde sua posição central ou primeira, e que adere a outros signos da representação, se de-sublima. Ao abrir o caminho para todas as manipulações, o texto eletrônico tende a abolir a distinção entre linguagem e música, arbitrariedade dos signos linguísticos e iconicidade dos signos visuais, mas também entre presença e ausência, ser humano e objeto. O texto eletrônico é manipulável infinitamente: ele é desdobrado, espaçado, preenchido em suas falhas com barulhos de todos os tipos, fragmentado e emitido por diversas fontes em todo o volume sonoro do palco e da plateia.

É pois o par texto/cena, e particularmente a ligação texto/cena que é colocada em questão. Não somente é preciso se habituar a não fazer decorrer toda a representação do texto, mas também examinar como o texto se busca e por vezes se perde e se desespera entre os elementos espaço-temporais dos dispositivo ou da instalação. O texto se esvai entre eles, resiste à atenção fatal de uma mímica de atriz, de um lugar ou de uma história antiga. Ele é uma substância que escorrega por toda a parte e que não comanda e nem garante mais nada, uma matéria plástica que está tão pouco na fonte do sentido como os outros componentes da cena.

A principal dificuldade da análise do texto captado no interior da encenação é a de não confundir a leitura e a análise que faríamos dele ao lê-lo e o impacto que ele produz no espectador. Há aí duas perspectivas diferentes que estão ligadas com certeza, mas que devem

29. J.-F. Lyotard, *Discours, figure*, *op. cit.*

permanecer distintas. Entre texto e cena, união e uniformização são impossíveis:

> A união do texto e da cena que é o próprio objetivo do teatro vai pois, de certa forma, contra a natureza. Ela só se realiza por meio de compromissos, equilíbrios parciais e instáveis. Ora é a cena que está subordinada ao texto: uma certa tradição, no Ocidente, quer que assim seja [...]. Ora o texto está submetido à cena [...]: é a regra em todas as tradições extraeuropeias[30].

Estaríamos evidentemente muito errados ao nos privarmos, para a análise do texto no espetáculo, de todos os procedimentos da análise textual que a teoria literária instaurou ao longo dos séculos. A metodologia proposta por Vinaver e seus colaboradores pode servir de ponto de partida, mas ela deve obrigatoriamente ser completada e verificada por uma abordagem histórica dos textos[31].

Cada nova prática da cena muda o tratamento do texto dramático. A tendência atual é de cindir radicalmente texto e cena, de não fazer da cena a metáfora do texto, nem de um o contrapeso da outra, mas de desconectar a escuta e a vista: texto e cena não são cossubstânciais, mas dissociados. A cena não é mais o lugar de enunciação e de atualização do texto, ela não é mais sua metáfora, mas sua alteridade absoluta. Vemos isto em Heiner Müller ou Robert Wilson, para quem tudo é feito para que a encenação seja totalmente estrangeira ao texto. Ou então em Tadeusz Kantor onde o ator brinca com seu texto como gato com um novelo de lã, se distancia ou se aproxima dele, brinca com a fonética das palavras, faz vibrar o significante, é um "moinho de moer texto". O texto não tem mais de ser representado, encenado, explicitado, nem mesmo para Meierhold,

30. Bernard Dort, *La Représentation émancipée*, Arles, Actes Sud, 1988, p. 173.

31. De fato, estaríamos tentados a contradizer prontamente os quatro primeiros princípios do método de Vinaver:

a. Ela parte do caráter específico da escrita teatral.

b. Ao mesmo tempo ela liga a escrita teatral a toda escritura, seja ela qual for, a escritura em geral; ela a insere no campo da literatura ao mesmo tempo em que afirma sempre sua singularidade.

c. Ela põe em contato direta e imediatamente com a própria vida do texto, sem exigir um saber prévio: histórico, linguístico, semiológico; teatral ou literário; ou cultural em geral.

d. Ela não pressupõe a adesão a uma "teoria" nem a aquisição de uma "metalinguagem".

Nossas contrapropostas seriam:

a. Ela parte da constatação de que a escrita para cena não tem nada de específico.

b. Ela liga a escrita teatral não somente a outros tipos de escrita, mas a todas as práticas artísticas.

c. Nunca estamos em contato direto com o texto, mas com o conhecimento que temos dele; tal conhecimento se alimenta de todos os saberes possíveis.

d. Sem teoria nem metalinguagem, ela acede apenas, na melhor das hipóteses, a uma ilusão de uma coisa que se autodefiniria sem produzir qualquer conhecimento novo.

divorciado da plástica cênica, ele está em um universo totalmente diferente onde se tenta como o "Emballage-Théâtre" de "telescopar o corpo do texto com o corpo teatral"[32]. Por isso mesmo, tal telescopagem torna problemática qualquer teoria sobre a produção do sentido e sobre as relações do texto da cena. Até que os procedimentos de tal telescopagem acabem por se repetir e por abrir o flanco para a teoria...

32. *Théâtre/Public*, 1995, n. 121, p. 21.

Parte III

As Condições da Recepção

1. A Abordagem Psicológica e Psicanalítica

Após o sobrevoo dos principais componentes da representação, depois desses trabalhos de Hércules de um espectador-analista que se toma mais por Sísifo que por Édipo, poder-se-ia esperar o benefício de uma curta trégua e englobar com um único olhar as sete maravilhas do mundo espetacular. Infelizmente, isso só se faria se não se levasse em conta a complexidade da tarefa, pois a soma desses trabalhos está longe de fornecer a chave de sua análise. Será pois preciso refletir sobre os dados da recepção e sobre a metodologia global que se oferece a nós para tratar de maneira coerente a massa de informações recolhidas pelo espectador; método de inspiração fenomenológica já que se interessa pelo modo como esse espectador vive e prova "o mundo, em vez de objetivá-lo, de abstraí-lo e de conceituá-lo"[1]. Esta é uma questão de olhar, e até mesmo de olhares plurais, que o espectador põe, mais ou menos conscientemente e longamente, sobre a representação.

Imagina-se tal espectador no epicentro de um tremor de cena e dotado de uma tripla visão: psicológica, sociológica e antropológica. Trata-se de três olhares distintos, mas complementares, formando círculos concêntricos que não cessam de alargar a perspectiva individual e psicológica, rumo a uma visão sociológica e até a uma antropologia na qual a obra cênica vai ao encontro da realidade humana, ambiente do espectador.

1. S. Garner, *op. cit.*, p. 26.

Dessa catástrofe sísmica, decorre nosso projeto fenomenológico de descrever a recepção segundo os três principais olhares postos sobre o olhar: psicológico, depois sociológico (capítulo 2) e por fim antropológico (capítulo 3). Cada um desses olhares vai distinguir mais ou menos claramente certos detalhes e a visão se fará cada vez mais periférica e global à medida que englobar a antropologia.

Quando se arrisca a uma fenomenologia da percepção espetacular, coloca-se firmemente do lado do espectador e do público a dificuldade sendo de distinguir essas duas instâncias e de adaptar para cada um instrumental conceitual apropriado e diferenciado. O público não é a simples adição dos espectadores, ele não obedece às mesmas leis que as da psicologia individual, o que nos autoriza a tratar separadamente espectador e público, psicanálise e sociologia.

Ressaltemos antes de tudo que só pode ser questão aqui do esboço de uma psicologia e de uma psicanálise do espectador, já que esse campo escapa logo da vigilância do teatrólogo e que nós nos interessamos aqui apenas pela simples "recepção" de uma obra espetacular e não pela relação entre teatro e o inconsciente em geral. Limitemo-nos pois a evocar algumas operações de base que poderiam ser diretamente acessíveis aos usuários dos espetáculos.

A *GESTALT*

A *gestalt* – "teoria psicológica que se interessa particularmente pelos aspectos de configuração e mais geralmente de totalidade na vida psicológica"[2] – fornece um quadro geral favorável à descrição – interpretação pelo espectador. Aplicada à representação teatral, ela nos lembra que a análise deveria se ligar a um conjunto de dados e não a detalhes isolados. De fato – como constata o teórico belga Carlos Tindemans:

> A totalidade é diferente da soma de suas partes e o essencial dessa visão é que a percepção de um evento ou de um objeto não pode ser prevista exatamente por meio do conhecimento adquirido pela percepção das diferentes partes do evento ou do objeto[3].

Tindemans propõe, muito judiciosamente, cindir a percepção da representação em blocos temporais sintéticos, pois "percebemos todos os elementos simultaneamente como seguimentos totais do tempo, como unidades cênicas sintéticas". Percebemos pois uma sequência de unidades do que Garcia-Martinez nomeou os *quadros rítmicos*, ou seja,

2. Eliane Vurpillot, "Gesttaltthéorie", *Grand dictionnaire de la psychologie*, Larousse, 1991, p. 326.

3. C. Tindemans, *op. cit.*, p. 52.

"traço mental do ritmo dos primeiros instantes que se torna o ponto de referência do desenvolvimento rítmico ulterior"[4], o que definimos aqui como as vetorizações do espetáculo e que constrói o sentido e o ritmo como uma sequência de quadros ou seguimentos *orientados*. Tais quadros ou seguimentos Tindemans os concebe como "momentos interacionais entre atores-personagens que representam correntes ativas e reativas de energia". Essa dinâmica – seja ela chamada de focalização, interação ou vetorização – engendra o movimento da obra – tanto o sentido quanto o ritmo. O espectador a localiza e a vivencia com facilidade, pois participa de sua criação pela sua escuta e suas reações. A percepção e a recepção são assim um ato de construção rítmica da obra: "o teatro não chega em alguém, alguém faz 'chegar' o teatro a si mesmo"[5]. E no entanto o material cênico já está orientado, modelado num certo sentido, *vetorizado*. Tal concepção da vetorização vai perfeitamente ao encontro daquela que Michel Chion adota para o cinema: "a dramatização dos planos, a orientação para um futuro, um objetivo, e a de criação de um sentimento de eminência e de espera. O plano vai em uma certa direção e é orientado no tempo[6].

Vamos emitir então a hipótese de que toda a encenação está organizada segundo operações de vetorização e que existem sinais globais, *sinais de gestalt*, quer dizer, vetores totalizadores que estruturam um conjunto da encenação e aos quais estarão subordinados todos os significantes individuais que os espectadores poderão reconhecer. Tais signos de *gestalt* constituem a vetorização principal, o quadro no interior do qual tudo é legível, pelo menos enquanto não emergir uma nova vetorização que apaga as precedentes.

A *gestalt* avalia sobretudo os processos cognitivos do espectador, mas este não é "simplesmente" um intelectual, um cerebral, um computador de rosto humano, é também um participante, "reativo", e um afetivo. Há no espetáculo todo um percurso de estimulações, de sugestões, de truques destinados a mantê-lo acordado ou a enganá-lo, a fazê-lo participar de um evento o qual nem sempre ele enfrenta frontalmente, mas que o cerca, o prende e o transporta.

A PARTICIPAÇÃO FACTUAL

O Efeito Produzido

Difícil de avaliar, nem por isso o efeito produzido sobre o espectador deixa de estar no coração da participação no evento. Muitos

4. M. Garcia-Martinez, *op. cit.*
5. C. Tindemans, *op. cit.*, p. 55.
6. M. Chion, *op. cit*, p. 16.

espetáculos contemporâneos – como por exemplo – *Camelann* do grupo galês Brith Gof, na encenação de Mike Pearson[7] – se caracterizam por uma pletora de estímulos sensoriais muito poderosos, tal o barulho de tonéis vazios, a obscuridade inquietante da fábrica, o cheiro acre da fumaça, estímulos esses que agem diretamente sobre a memória corporal. Nesse ponto, para medir o efeito produzido, fica-se sensível ao espetáculo sobretudo como ação real e material (e não como produção de imagens, signos e metáforas). O corpo do ator, assim como o do espectador, é o corpo de um ser real e incarnado e não de um espectador-modelo abstrato. Interessa aqui as modificações tônico-posturais do espectador, reabilita-se sua visão ávida, seu toque, seu olfato, sua cinestesia: sentidos esses muitas vezes esterilizados ou anestesiados.

Avaliar o efeito produzido é ser capaz de vivenciar a carga energética da obra e a descarga que se produz no espectador:

> Para julgar uma obra de arte é preciso pois fazer intervir essa noção de energia: será que esta obra nos toca, será que ela cria uma perturbação na nossa sensibilidade, no nosso imaginário, será que vivenciamos intensamente o que ela evoca[8].

A tarefa do analista é a de sentir e fazer sentir a *aura* da obra (o que a torna única e não reproduzível, sobretudo mecanicamente). Convém – dizia Artaud – que

> se volte por pouco que seja às fontes respiratórias, plásticas, ativas da linguagem, que se religue as palavras aos movimentos físicos que lhe deram nascimento, e que o lado lógico e discursivo da palavra desapareça sobre o seu lado físico e afetivo, ou seja, que as palavras [...] sejam ouvidas como seu ângulo sonoro, sejam percebidas como movimentos[9].

Isso implica que o observador, mesmo sabendo que está tratando com convenções artísticas, vivencie os afetos que a obra produz nele: "É preciso que seja produzido em nós o estado de paixão, de emoção psíquica que o impulso criador provocou no artista"[10]. Quando tal estado de paixão não se estabelece, interroga-se sobre as possíveis resistências analíticas que estariam atuando:

> As resistências ditas "analíticas" provêm de bloqueios afetivos e/ou sexuais; elas vão ser desencadeadas por obras que enfocam a sexualidade, as pulsões, as fantasias sexuais, "o surrealismo por exemplo", ou que evocam o trágico, a destruição, a crise e suscitam a angústia e desespero[11].

7. Ver foto p. 177.
8. Pierr Gaudibert, "Entrevue", *Peuples et cultures*, Grenoble, 1982, p. 12.
9. A. Artaud, *op. cit.*, p. 182.
10. Sigmund Freud, "Le Moïse de Michel-Ange", *Essais de psychanalyse appliquée*, Paris, Gallimard, 1976, p. 10.
11. P. Gaudibert, *op. cit.*, p. 11.

Tais bloqueios travam frequentemente a experiência estética. Donde a importância de se elucidar os mecanismos relacionais entre a cena e o espectador.

Teorias Relacionais ou Interacionais

Inspiradas muitas vezes pela fenomenologia, sobretudo a de Merleau-Ponty, as teorias relacionais visam a esclarecer as trocas entre palco e plateia, em vez de conceber tais trocas como emissão de signos do palco para a plateia e como uma produção de signos fechada sobre si mesma. Seja permitido aqui ilustrar tais teorias relacionais complexas com uma fábula simples: o espectador é uma águia (?!) que sobrevoa a cena e percebe os ratinhos roendo os nós de todas as relações possíveis: actanciais, temáticas, formais. De uma tão grande altura a águia se coloca sempre como parceiro e mediador das relações entrelaçadas; só ele percebe os nós em seu conjunto, mas é graças aos ratos que laceiam os nós e se agitam por todos os campos da cena. A águia não consegue descrever objetivamente tal cena, pois os ratos se deslocam sem parar e são um pouco como o corpo do ator que não se deixa captar, um signo que reflete o olhar da águia, situação fenomenológica que obriga a pensar a cena como um espelho que reflete o olhar do observador.

> Do ponto de vista fenomenológico, o corpo vivo capaz de refletir o olhar do espectador apresenta um dilema metodológico para todo e qualquer modelo – como a semiótica – que se propõe a descrever a representação em termos "objetivos", isolado em meio a elementos que constitui o campo semiótico da cena, o corpo é um signo que reflete o olhar[12].

Esta devolução do olhar pelo corpo da obra, caso único provavelmente nas artes, obriga o espectador a se situar frente ao ator e à cena, a se identificar ou tomar sua distância.

A IDENTIFICAÇÃO E A DISTÂNCIA

Mecanismos da Identificação

Sua proximidade ou seu distanciamento em relação ao acontecimento cênico: eis o que o espectador deveria poder medir. Mas como conseguir isso já que está imbuído no fascínio da cena? Como analisar reações que o tocam tão de perto?

A identificação do espectador com a personagem lhe proporciona um ganho de prazer, ou de viver aventuras por procuração sem correr o risco de ficar ele mesmo realmente implicado. Fenômeno

12. S. Garner, *op. cit.*, p. 49.

de negação ("não sou eu, mas ainda assim...") que Freud reconheceu como vida psíquica e obra de arte:

> No domínio da ficção, encontramos a pluralidade de ponto de vista da qual necessitamos. Morremos como herói com o qual nos identificamos: entretanto, nós sobrevivemos a ele e estamos prontos a morrer de novo com um outro herói enquanto permanecemos do mesmo modo sãos e salvos[13].

Prazer do perigo e ausência de risco verdadeiro induzem a uma identificação durante a qual o apreciador de ficção sente prazer em ver representados "personagens psicopatológicos" na cena, pois ele assiste assim à encenação de pulsões que ele recalcaria normalmente e que ele não precisa mais censurar, já que elas são objetivos de ficções cênicas. Ele assim tem a satisfação de "sentir as diferentes partes do ego moverem-se sem inibição na cena"[14].

A identificação é tanto a do ator em relação ao papel, como também, e é o que nos interessa aqui, a do espectador em relação à personagem e ao ator. Na ausência de uma teoria incontestável das emoções, é delicado propor uma tipologia dos modos de identificação com o outro no domínio da ficção. E no entanto, a história literária abunda em tentativas para definir as maneiras de reagir às situações trágicas e cômicas (evoquem o terror e a piedade, ou então a superioridade irônica e cruel frente ao personagem ridículo).

Modalidades da Identificação

Hans-Robert Jauss é um dos que melhor sintetizaram todas essas tentativas em seu projeto de uma *experiência* estética e hermética literária[15], (para retomar o título alemão de seu livro), ao se colocar resolutamente ao lado do receptor e de seu prazer estético.

Ele propõe uma tipologia dos modos de identificação cobrindo o conjunto das reações possíveis desde a simples participação associativa até o distanciamento irônico.

Identificação associativa

Sua finalidade é apenas a de compreender cada ponto de vista a fim de estabelecer a situação de conjunto. É o que nós fazemos quando escutamos uns aos outros reconstituindo as motivações.

13. S. Freud, *Psychopathologie de la vie quotidienne*, Paris, Payot, 1967.
14. Sigmund Freud, "Personnages psychopathologiques sur la scène", Digraphe, 1974.
15. Hans Robert Jauss, *Ästhetische Erfahrung und literarische Hermeneutik*, Munich, Fink, 1977. Tradução parcial em francês: *Pour une esthétique de la réception*, Paris, Gallimard, 1978.

Identificação admirativa

Admiramos sem reservas a personagem – herói, santo, semideus etc.; somos convidados a imitá-la.

Identificação simpática

O herói é merecedor, mesmo que imperfeito; ele se apresenta sob seu aspecto humano e acessível, o que provoca uma identificação por compaixão e sentimentalidade.

Identificação catártica

Ela provoca, para além da simpatia, uma emoção violenta e uma "purgação das paixões", uma catarse que suscita terror e piedade em relação à figura trágica ou ainda sarcasmos frente ao personagem ridículo.

Identificação irônica

Seria esta uma contradição nos termos, se a ironia não permitisse, apesar de tudo, uma certa simpatia em relação ao herói azarado ou o anti-herói: nosso sentimento de superioridade se contamina por uma sensibilização aos problemas do outro. Isso nos leva diretamente ao oposto da identificação: o distanciamento crítico que Brecht batizou como *Verfremdungseffekt*, efeito de distanciamento ou – mais exatamente – efeito de estranhamento.

O Distanciamento

O distanciamento crítico permanece sempre relativo, pois se ele se aprofunda demais o espectador perde todo o interesse e abandona o teatro. Tal distanciamento é instaurado tanto pelo ator em relação ao seu papel como pelo espectador frente à personagem.

Tomemos o exemplo do instante no qual Mãe Coragem, na peça de Brecht, ouve a salva de tiros que na coxia executa seu filho Queijinho.

A dor é tão forte que ela só pode se expressar por um grito silencioso que não consegue mais sair de seu peito. E tal grito reprimido deforma todo o seu corpo, faz sua cabeça pender para trás. Logo depois, Mãe Coragem muda de atitude, afunda a cabeça, se fecha para o mundo externo, se encolhe na sua cadeira.

Esta série de emoções "quentes" e "frias" de Mãe Coragem, o espectador deve poder percorrê-la em alguns segundos, se sentir ora emocionado até as lágrimas, ora distante, crítico diante dessa personagem ambígua. Assim, na dramaturgia de Brecht, como em todo espetáculo distanciado, o ator deve atuar "na contracorrente das convenções expressivas" e o espectador "efetua uma correção mental que preserva o espectador em seus direitos"[16].

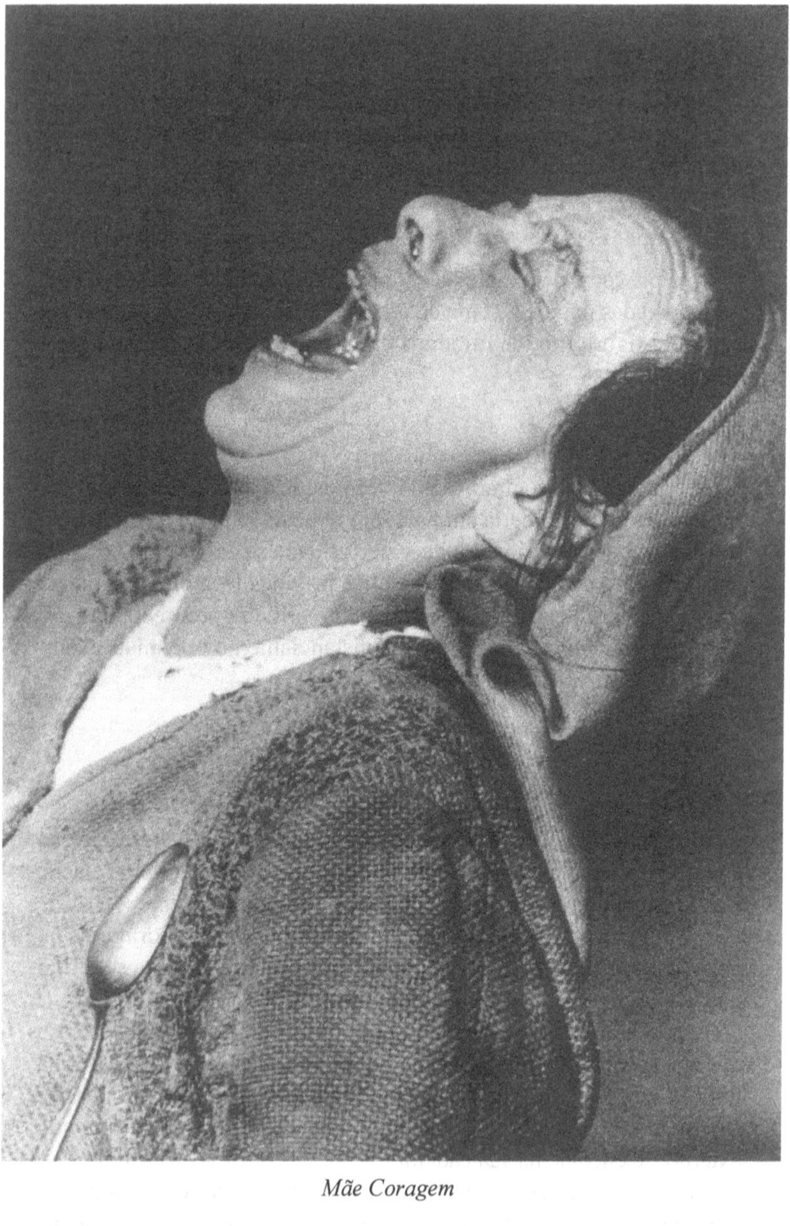

Mãe Coragem

16. David Le Breton, "Le corps en scène", *L'Internationale de l'imaginaire*, n. 2, 1994, p. 37.

Além da Identificação / Distanciamento: O Exemplo do Butô

A alternativa entre identificação e distanciamento não é absoluta e cada modo de recepção se efetua, por vezes, a partir de outro modo que não a dicotomia ficção/não ficção, ou seja, tendo como base uma relação quase direta e física com o corpo do ator. É o caso da percepção sinestésica do movimento e do corpo sofredor do ator. Nenhum outro gênero impõe tanto ao espectador o terror do corpo exibido quanto a dança Butô. Algumas fotos nos darão a ocasião de exibir nossos próprios terrores de receptor polimorfo.

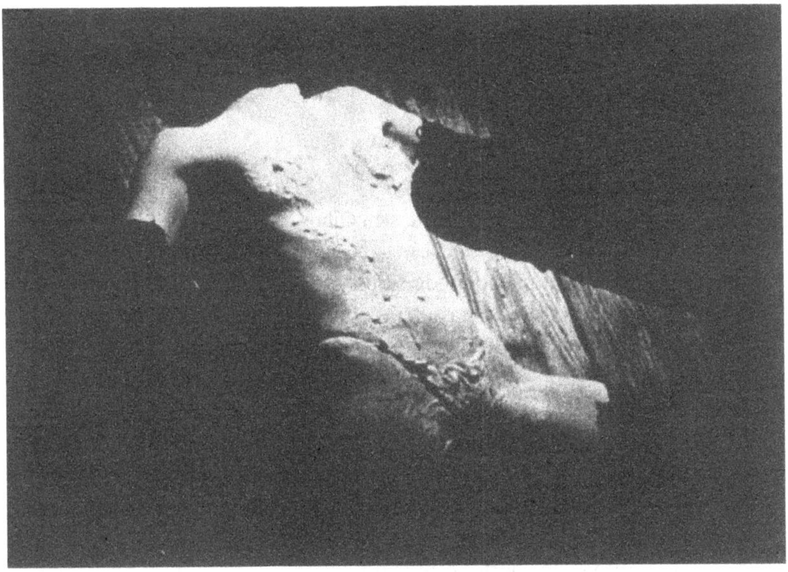

O Corpo Despedaçado

Do corpo sofredor só resta um torso; a cabeça e os membros à sombra parecem secionados. Um tal corpo despedaçado "se apresenta regularmente nos sonhos, quando a noção da análise toca em um certo nível de desintegração agressiva do indivíduo"[17]. Resta-nos pouco mais do que identificar, no IML, os pedaços deslocados e de vivenciar uma angústia de fragmentação.

Sem olhar com os olhos enucleados, tal uma máscara mortuária, o rosto não tem mais nada de vivo com que o espectador possa se identificar. O desaparecimento de toda emoção, o fixo dos traços e a rigidez das atitudes inquietam a ponto de desestabilizar o olhar do outro. Sem identificação psicológica, sem possibilidade de imaginar um sentido escondido ou uma situação definida, o corpo se torna um

17. Jacques Lacan, *Écrits*, I, Paris, Seuil, 1966, p. 94.

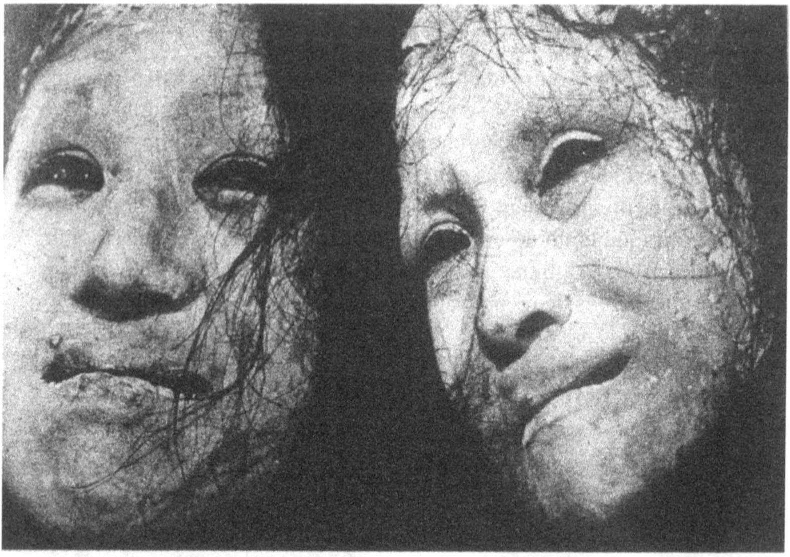

O Rosto sem Olhos

objeto privado de alma e o medo se instala. Há assim ainda um face a face com a obra: sonda-se sua autenticidade, o investimento do criador, "o grau de implicação do desejo [o que] permite dizer de uma obra que ela é *carregada*, habitada, enquanto tal outra será desvirtuada, *fabricada*"[18].

O corpo, crispado em uma rigidez cadavérica, que jaz sobre o dólmen (ver foto p. 167) apresenta a mesma aparência mineral, tanto que o olho necessita de um momento, de um instante para distingui-lo de seu suporte e identificar um corpo humano. Quase não podendo distinguir o vivo do inerte, o ator do cenário, o espectador percebe um corpo grotesco, meio humano, meio mineral; não se trata mais de encontrar o lugar do corpo na paisagem, mas de perceber o corpo como uma paisagem submetida às intempéries da meteorologia.

Este corpo suspenso pelos pés a um guindaste em plena cidade atrai a atenção dos transeuntes, devido sua situação insólita e perigosa. Novamente aqui hesitamos: carne humana ou mármore de uma estátua em plena instalação? O *cadavre exquis** vai se mexer? Estamos na posição de um *voyeur* ocasional que revive esteticamente os movimentos do ator e oscila entre sadismo e masoquismo: sádicos por assistirmos a essa suspensão; masoquistas tanto quanto o ator, por meio de uma percepção que não é mais estética e distanciada, mas

18. P. Gaudibert, *op. cit.*, p. 20.

* Ao pé da letra: cadáver delicioso. Jogo surrealista no qual vários autores completam uma frase aleatoriamente. (N. do T.)

Suspensão Contagiosa

estésica, corporal e contagiosa como a peste evocada por Artaud. O real do sofrimento irrompe na obra de arte; a arte corporal quebra as convenções da representação e da identificação psicológica.

Todas essas operações inesperadas sobre a identidade corporal do espectador renovam os modos tradicionais da identificação, ao dar-lhe bases mais físicas e "uma linguagem diretamente comunicativa"[19]; elas deslocam a fronteira habitual entre corpo e espírito.

O Butô revela assim uma crise da identificação na arte ocidental e nos lembra oportunamente que não é universal a teoria da identificação, que vale no máximo para a tradição ocidental, de Aristóteles a Brecht. Isso é visível ao se considerar, por exemplo, o tratado indiano das *rasas* ou gostos estéticos.

O Gosto da Identificação

Na cultura indiana, o tratado do *Natya Shastra* por Bharata (século VI a.C.) utiliza a noção de *rasa* ou gosto estético. O *rasa* é uma emoção forte e durável suscitada por uma emoção passageira de prazer e de sofrimento. Tais *rasas* (erótico, heróico, patético, cômico, terrível, odioso, furioso ou maravilhoso) são "sabores" da obra. O espectador só pode experimentá-los se encontrou liberdade e distanciamento,

19. A. Artaud, *op. cit.*, p. 162.

La Fura dels Baus

se dominou desejos e egoísmo, e atingiu a concentração e pureza de espíritos necessárias. "Desta forma, pelos Sabores os Sentimentos e todos os modos de movimento, este Teatro será para todos uma fonte de ensinamentos".

A Identificação Masculina ou Feminina

A identificação está ligada à cultura; estaria também ao sexo? Haveria uma identificação masculina *ou* feminina? Vamos nos entender. O sexo – é preciso lembrá-lo – é uma questão de *gender* (de gênero e de sexo ao mesmo tempo) e não de determinação biológica. Para a análise dos espetáculos a questão é saber se é preciso distinguir entre um olhar masculino e/ou feminino posto na encenação e se a instância espectadora a percebe em função de seu sexo – e em que medida exata.

Não parece tão fácil determinar a marca, feminina ou a masculina, da encenação, a não ser para recair nos lugares comuns de uma aflitiva banalidade. Por outro lado, compreendemos logo se a encenação prefere tomar um ponto de vista no partido das mulheres ou dos homens. Uma peça como *Woyzeck* de Büchner poderá escolher mostrar Maria como uma vítima ou Woyzeck como uma assassino simpático; do mesmo modo – e seja qual for a tese da encenação – a recepção escolherá talvez se identificar mais a Maria que a Woyzeck.

O que importa ressaltar não é a feminilidade ou a masculinidade em si, mas sua representação pela *actoress* (segundo termo de Julian Beck que poderíamos traduzir por "atoriz"). Basta lembrar a magnífica evocação de *La Argentina*[20] por Kazuo Ohno (ver foto p. 166).

O espectador não precisa se perguntar se é uma mulher ou um travesti. Ele observa a visualização dos traços femininos da dançarina e da mãe de Ohno com os quais ele não tem de se identificar. O trabalho de produção dos signos da feminilidade e da busca de identidade da alteridade feminina são comoventes; é esta busca que o observador é convidado a partilhar.

A questão do feminismo permanece, no entanto, em saber se devemos formular a hipótese de uma diferença sexual no olhar e na avaliação que o espectador ou a espectadora colocam sobre o que percebem. Para o feminismo a diferença é patente, o espectador masculino tendo confiscado para o seu benefício um humanismo apresentado como universal e desconhecendo o olhar e a voz específicos da mulher. Haveria uma oposição, de natureza fonocrática, entre a transcendência universalizante do homem e a imanência natural da mulher. Para a análise do espetáculo, seria preciso determinar se o corpo da mulher é mais, e/ou, diferentemente receptivo que o do homem. No nosso ponto de vista não há como decidir a questão.

No entanto, concordaremos com feministas tais como Iragaray, Kristeva, Cixous, Grosz para recusar a concepção de um corpo preexpressivo, pré-cultural, pré-linguístico ou pré-social e evocaremos com Elizabeth Grosz o "corpo como objeto social e discursivo, ligado à

20. Nome de uma dançarina espanhola que Kazuo Ohno viu muito jovem em Tóquio e da qual ele tenta reconstituir a dança.

ordem de um desejo da significação e do poder [...], um corpo que 'contribui' com a produção de sistemas de saber, regime de representação, produção cultural e troca socioeconômica"[21]. Pegaremos emprestado também sua sugestão de "tentar desenvolver uma espécie de compreensão do que seria a *subjetividade incarnada*, ou a *corporalidade psíquica*". Tais conceitos nos parecem se aproximar do *gesto psicológico* de Mikhail Tchékhov do qual largamente nos inspiramos na Parte II, capítulo 1. Aplicado ao espectador, a *corporalidade psíquica* poderia fornecer uma boa base para a análise concreta de sua atividade, no entanto, os instrumentos de medida dessa atividade são muito imprecisos e é preciso se limitar a alguns prolegômenos para uma corporalidade do espectador.

O CORPO DO ESPECTADOR

A Situação Concreta

É simplesmente a maneira pela qual seu corpo é tratado no espaço físico em que se encontra: conforto, desconforto, perspectiva, ângulo de visão etc. Há uma grande diferença entre as poltronas de veludo de um teatro privado, a frisa de um teatro à italiana ou o banco desconfortável do Théâtre du Soleil no qual se espremem observadores traumatizados que devem se considerar felizes por ter conseguido um lugar. O corpo é envolvido por ambientes e invólucros sucessivos:

> A arquitetura da sala, sua escala, sua ornamentação ou sua nudez, a forma, a variedade ou a uniformidade das poltronas, a inclinação da plateia em relação ao palco, os acessos, e, evidentemente, a visão e a audição, as distâncias entre os lugares e o palco e mais geralmente as diferentes relações proxêmicas são elementos determinantes nos quais o corpo atua diretamente[22].

Aparentemente, o espectador está amarrado à sua poltrona, só pode intervir naquilo que acontece à sua frente. Por outro lado, seu ego parece mover-se livremente em cena graças às múltiplas identificações com as personagens. Tal neutralização do sistema motor no entanto é apenas aparente: na realidade, o observador age e reage fisicamente com aquilo que percebe.

21. Elizabeth Grosz, *Volatile Bodies. Towards a Corporeal Feminism*, Allen and Unwin ed., 1994, p. 19.

22. Élie Konogson, "Le spectateur et son ombre", *Le Corps en jeu*, O. Aslan éd., Paris, CNRS, 1993, p. 187.

Essas reações dependem evidentemente da plateia, a qual apresenta uma "encenação do lugar social[23]. Os movimentos e os comportamentos dos espectadores são regidos por rituais de interação.

> Tal ritualidade se inscreve na simbologia do espaço e do tempo, uma simbologia dos rostos e dos corpos, uma suspensão da palavra. Na plateia, o espectador é fisicamente solicitado. Enquanto o cinema desenvolve uma colocação da corporalidade, uma suspensão dos sentidos em benefício de um dispositivo rígido, do olhar e do ouvido que satura a relação com o espaço, em uma espécie de um estado hipnótico, que deixa o espectador em uma sideração tranquila; no teatro, pelo contrário, é mais difícil esquecer a poltrona na qual se está sentado, a presença dos outros a seu lado, atrás ou à sua frente[24].

A plateia de teatro toma corpo; o corpo de cada espectador repercute nos corpos que o cercam, e além disso, no palco e na escuta dos atores cuja atuação será infalivelmente afetada, positiva ou negativamente. A análise do espetáculo deve ressaltar as reações da plateia, avaliar-se ao impacto no desenvolvimento do espetáculo. Não são momentos isolados, mas toda uma estrutura de sentido que se coloca e organiza o conjunto da recepção.

Antropologia do Espectador

O estudo da recepção nos leva a tentar uma antropologia da corporalidade do espectador. Tal corporalidade evoluiu muito: porte, hábitos perceptivos, faculdade de atenção atuais não são as de dois mil anos atrás ou mesmo cem anos. O corpo do espectador grego, assistindo ao ar livre a uma trilogia de tragédias ou o corpo entrevado na alvéola de uma sala à italiana, ou ainda o corpo esquartejado percebendo o som por alto falante seguindo uma de localização parcial, o corpo ligado em um traje cibernético não funcionam, como é de se esperar, do mesmo modo. O corpo midiado do espectador pós-moderno é submetido a um tratamento completamente diferente do corpo de um participante de um mistério medieval. Tal estudo do *espectador e de seu corpo*[25] fornecerá a base indispensável para um estudo dos autores e das obras, inclusive em sua textualidade.

Os Prazeres do Espectador

Recentrado no estudo do corpo espectatorial, o estudo dos prazeres do espectador não se limita de forma alguma à esfera cognitiva e à decodificação de significações ligadas aos signos ou às palavras. A psicologia nos ensina que a representação central se situa entre percepção e conceito e que passamos sem perceber da esfera sensório-motora à esfera cognitiva. A representação mental do movimento está

23. D. Le Breton, *op. cit.*, p. 41.
24. *Idem*, p. 10.
25. Jean-Marie Pradier, *Le Théatre et son Corps*, manuscrito inédito, 1996.

ligada às mesmas estruturas mentais que o movimento efetivo. Para retomar a imagem de Barba, o corpo dilatado do ator

> dilata a percepção cinestésica do espectador ao edificar uma nova arquitetura de tônus musculares que se respeitam pela economia e fixidade do comportamento cotidiano[26].

O único limite dos prazeres, o único diabo, é o tédio, nos lembra oportunamente Peter Brook[27], mas o tédio é por vezes destilado pelo próprio espectador, por esse *deadly spectator*, esse "espectador mortal que, por estranhas razões, gosta [na encenação] de uma falta de intensidade e mesmo de uma falta de diversão, como o pesquisador universitário que sai de uma encenação rotineira dos clássicos com um sorriso, porque nada o perturbou em sua mania de ensaiar e confirmar por si mesmo suas teorias favoritas, enquanto recitava seus versos preferidos em voz baixa"[28]. Este chato sabido, a quem não se pode proibir a entrada nos teatros, ainda é uma praga comum e tem pois todo o direito de entrar – ou permanecer – também neste livro.

No entanto, o prazer teatral mais procurado continua aquele que, como a arte lírica, sabe "comunicar emoções profundas [...] e é no fundo uma espécie de reação contra todas as pesquisas hiperintelectuais que caracterizam uma grande parte da arte contemporânea"[29]. E, claro, é esse espectador, imerso no sentimento, o mais difícil de fazer falar e analisar, que nos interessa mais.

TRABALHO DO SONHO, TRABALHO DA CENA

Sonho e Devaneio

Para essa tarefa, a psicanálise dispõe de instrumentos preciosos, dos quais alguns serão diretamente utilizados para a análise dos espetáculos e a interpretação psicanalítica da obra de arte, no caso a representação teatral. Freud propõe três tipos:

- sobre o processo da criação em si, sem no entanto poder explicar o mistério do dom criador;
- a relação entre o artista e sua criação, que esclarece a problemática inconsciente que marcou a obra;
- a análise da obra sem referência ao seu autor[30].

26. E. Barba, "Le corps crédible", em *Le Corps en jeu*, *op. cit.*, p. 253.

27. Peter Brook, *Le Diable, c'est l'ennui*, Paris, ANRAT-Actes Sud Papier, 1992.

28. Peter Brook, *The Empty Space*, London, Penguin Books, 1968; trad. fr. *L'Espace vide*, Paris, Seuil, 1977.

29. Giorgio Strehler, entrevista em *Le Nouvel Observateur*, n. 723, 1978.

30. Ver sobretudo André Green, "L'interprétation psychanalytique des productions culturelles et des oeuvres d'art", *Critique sociologique et critique psychanalytique*, Bruxelles, Editions de l'Institut de Sociologie, 1970, p. 28.

É essencialmente o segundo e o terceiro tipos que são pertinentes na análise do espetáculo, sobretudo com o exame da encenação sem referência ao encenador, do qual o espectador "normal" sabe pouca coisa. Gostaríamos de poder estudar a produção cênica, à maneira como Lyotard considerava a pintura pós-Cézanne como o que visa a "produzir sobre o suporte espécies de *Análoga* do próprio espaço inconsciente, que não podem suscitar nada além de inquietação e revolta"[31]. A cena seria, nessa hipótese, um devaneio materializado pelos participantes no evento teatral. Devaneio mais do que sonho, segundo André Green:

> A textura da representação não é a do sonho, e poderíamos ficar tentados em aproximá-la do devaneio. Este último deve muito à retomada pelo processo secundário de elementos cuja pertencência liga aos processos primários, estes sofrendo então uma elaboração comparado à aquela à qual responde o cerimonial, a ordenação das ações e dos movimentos dramáticos, a coerência da intriga teatral[32].

Sonho ou devaneio, a figuração da encenação seria, continua Green "posta entre sonho e devaneio". O que nos autorizará a estudar alguns dos processos de simbolização do sonho e nos utilizarmos da

> dupla articulação do devaneio teatral: a da cena, que acontece no palco, ostensivamente sublinhada pelo espectador, e a da outra cena que acontece – mesmo que tudo seja dito em voz alta e inteligível e exposto à luz – na cabeça do espectador, graças a um modo de concatenação que obedece a uma lógica inconsciente[33],

dupla articulação da qual nós já pudemos apreciar a pertinência em relação ao tempo e espaço (Parte II, capítulo 3).

Assim sendo, o espectador é um analista confrontado a mecanismos enigmáticos assimilados ao sonho e ao devaneio, mecanismos dos quais é preciso decifrar (mais do que decodificar) o conteúdo latente. Supõem-se pois que os autores do espetáculo e os espectadores, cada um a seu modo próprio, passam pelos mesmos processos psíquicos inconscientes: é esta "concatenação obediente a uma lógica inconsciente" que é preciso tentar reconstituir.

Qual Lógica Inconsciente?

Mas o que é o inconsciente? Tentemos uma definição "teatral": o inconsciente é quando falam no rádio sem que ninguém o tenha ligado. Em vez de fazer as obras falarem, à maneira da semiótica (pelo menos tal como a vê Lyotard), a abordagem psicanalítica prefere conceber a cena como um corpo libidinal, crítico, mudo, impenetrável. Tivemos

31. Jean François Lyotard, "Psychanalyse et peinture", *Encyclopedia Universalis*, Paris, 1985.
32. Ver sobretudo André Green, *Un oeil em trop*, Paris, Minuit, 1969, p. 11.
33. *Idem*, p. 41.

um exemplo especialmente mudo, mas violento com os corpos atormentados do Butô (ver foto p. 221).

O que nos toca, nos deixa estupefato frente a esse corpo mudo, é primeiro a fragmentação desse torso amputado da cabeça e dos membros, é a angústia de castração e a comoção que toma conta de nosso esquema corporal; é também a incerteza quanto à causa e à realidade dessa mutilação, nossa incapacidade em compreender nossa emoção: "uma faculdade racionalista ou talvez analítica se insurge em mim contra o fato de que eu devo ter sido tocado e, no entanto, sem saber porque, eu o fui e o que me tocou"[34]. À imagem do *Moisés* de Michelangelo interpretado por Freud, "são justamente algumas das mais grandiosas e mais importantes obras de arte que permanecem obscuras a nosso entendimento. Nós as admiramos, nos sentimos dominados por elas, mas não saberíamos dizer o que elas representam para nós"[35].

Frente a esse torso inerte, ou frente a *Hamlet*, que nos deixa "na mais completa obscuridade no que diz respeito à personagem do herói"[36], percebemos sempre o que está escondido ou o que falta, o subtexto por trás do texto, a subpartitura corporal por trás da partitura visível do ator. Não somente nós nos projetamos e nos identificamos com esta personagem destroçada ou misteriosa, mas nós imaginamos qual seria nosso papel nesse roteiro incompleto que nos propõe texto e cena.

Sem levar longe demais a analogia entre trabalho do sonho (ou do devaneio) e trabalho da cena, vamos propor a comparação dos processos psíquicos que fazem passar do conteúdo latente ao conteúdo manifesto.

Operações do Trabalho da Cena

Considerando a cena como a figuração de um sonho ou de um devaneio a ser decifrado, nos forçamos a localizar algumas operações da construção do sentido inconsciente. As categorias freudianas da condensação e do deslocamento formam a armadura fundamental do funcionamento do devaneio cênico.

A condensação

Ela se realiza em duas operações distintas e antitéticas: a *acumulação* e a *embreagem*.

34. S. Freud, *Gesammelte Werke*, vol. X, p. 172.
35. S. Freud, "Le Moïse de Michel-Ange", *op. cit.*, p. 10.
36. S. Freud, *Gesammelte Werke*, vols. II/III, p. 27.

A acumulação concerne tanto ao significante como ao significado: de tanto serem repetidos, os materiais acabam por se misturar e por produzir um terceiro termo que não deve mais nada aos dois primeiros. E nesse fenômeno de metaforização, dois elementos são colocados como equivalentes e como se sobrepondo parcialmente. O torso do dançarino Butô (ver foto p. 221) condensa propriedades distintas: carne humana ou mármore, vida ou morte, homem ou mulher. A incerteza confirma a condensação metafórica dos significantes assim como dos significados.

A embreagem ultrapassa a simples passagem de um significante para outro; ela diz respeito a sequências inteiras, o que permite a passagem de um plano ou de um nível de leitura para o outro, a translação de um universo para o outro. A embreagem precisa de índices comuns aos dois universos ou pelo menos facilitando a sua comunicação. Para esse torso do Butô, a embreagem poderia ser um embaralhamento cultural entre vários contextos: descimento da cruz cristã, estátua grega mutilada, exposição de uma vítima da guerra etc.

O deslocamento

Ele se manifesta sobre dois grandes casos de figura: a *conexão* e a *ruptura*. A *conexão* se estabelece quando um seguimento remete a um outro substituindo-o ou trocando-o por uma parte desse objeto referido (caso da metonímia) na sua figura de *La Argentina* (ver foto p. 166), Kazuo Ohno não imita e não "condensa" os traços de uma jovem e de uma velha, ele remete à mulher, a ausente, que vira outrora, por um jogo de olhar, uma atitude corporal que indica tanto o mergulho em si mesmo (mão direita), como a abertura em direção ao outro (mão esquerda estendida). Sua nostalgia pela defunta e pela juventude é sensível naquilo que o corpo envelhecido sugere pelo seu próprio afastamento. A conexão por contiguidade e/ou encadeamento é garantida pelos índices gestuais, ela não tem pois nada de mágico ou de inexplicável; ela regula a coordenação das partes do corpo, mas também o elo entre o visível e o invisível: lembrança, devaneio, sonho acordado.

A *ruptura* é uma conexão bruscamente interrompida que obriga o observador a mudar imediatamente de olhar e a explicar as inversões de sentido.

Na sequência lançada de Kazuo Ohno, as bruscas intervenções de músicas sinfônicas europeias produzem um efeito de ruptura e obrigam a abordar a dança com uma série de tonalidades emocionais e de associações livres. O travestimento nunca é ambíguo ou ridículo, ele é encarregado de todas as associações de ideias que nós vemos nele, guiados por mil indícios metonímicos.

Processos primários, processos secundários

Como para o sonho, o analista é antes de tudo confrontado com os processos primários, o que lhe permite ver um trabalho cênico que revela o pensamento livre, imaginativo, para o qual o movimento dos significantes não sofre o peso dos conceitos e no qual o sentido desliza livremente para uma direção ignorada. A encenação é concebida como busca e desejo inconsciente, como realização de um desejo com os meios concretos da cena: corpo, espaço, luz, tempo, ritmo – e todas as séries de ações que eles permitem, sem intencionalidade *a priori*. Como artista, o encenador não procura expressar uma ideia previamente conhecida, mas fabricar um objeto estético com os meios que possui, e ver o que vai dar.

Ele joga o jogo, deixando infiltrar seu desejo inconsciente no conjunto de sua prática, se comportando como sujeito desejoso e não como sujeito falante. A seguir, o espectador deverá fazer o relato desse "sonho"; ele passará assim aos processos secundários. Mas ele não deverá por isso fazer tudo reverter à linguagem, à comunicação verbal; ele manterá a ideia de que a encenação é o lugar no qual os artistas manifestam seu desejo, sem comunicar de maneira unívoca o que eles têm a dizer, e que justamente não pode ser *dito*. Devemos pois distinguir dois níveis:

- o nível pré-consciente e consciente, que é manifesto, no qual se pode distinguir significantes e significado: no exemplo de Kazuo Ohno, vemos um homem vestido e dançando como uma mulher;
- o nível inconsciente que é latente, no qual é preciso arriscar uma metaforização ou uma metominização para adivinhar a maneira pela qual os temas se esconderam;
- na cadeia inconsciente a distinção significante/ significado não é mais operatória, como ela o era no plano manifesto, não podemos mais nos apoiar na preexistência ou na predominância de um ou de outro, como fazia a cadeia verbal. Trata-se agora de reconstituir o que está na origem do desejo, o que foi recalcado – substituído ou deslocado – por algo de visível. É bom lembrar que, segundo Freud,

> [...] as imagens constituem [...] um meio muito imperfeito de tornar o pensamento consciente, e podemos dizer que o pensamento visual se aproxima mais dos processos inconscientes que o pensamento verbal e que é mais antigo que este do ponto de vista filogenético e ontológico[37].

O exemplo de Terzirek

Nesse espetáculo[38] (ver foto p. 97), percebemos primeiro formas que emergem da areia e que ainda não se deixam identificar: mineral,

37. Segundo Freud, *Essais de psychanalyse*, Paris, Payot, p. 189.
38. Ver fotos da Parte II, capítulo 1.

vegetal, animal, humano? O deslizamento da areia na duna é o deslizamento do sentido que não consegue tomar uma forma identificável e que se detém nos processos primários. Pouco a pouco, no entanto, as criaturas emergem do deserto, as formas se erguem, começamos a manejar as primeiras percepções, como se se tratassem de um sonho que não soubéssemos interpretar e que nos esforçássemos para apresentar sob a forma de um roteiro coerente: tais formas se tornam pilares, depois estátuas arcaicas, depois cruzados e combatentes no deserto. O que Freud chama de "consideração da inteligibilidade" (ou da "representabilidade") nos ajuda a decifrar a cena como um sonho cujo sentido latente começa a emergir, nos levando passo a passo aos processos secundários. Tais figuras enterradas, que surgem com dificuldade, seriam as expressões travestidas de um desejo recalcado, talvez o desejo de um retorno às entranhas da terra e da mãe. O processo civilizacional – um tema favorito dos mímicos, como se sabe! – consistiria em sair do buraco, elevar-se para uma autonomia cada vez maior, para uma antropormofia. Sair da materialidade, das formas concretas, dos processos primários para aceder pouco a pouco ao significado, ao sentido, ao simbolismo e à linguagem, tal é o destino dessa fábula de *Terzirek*, que é também a fábula emblemática de toda interpretação, de toda sublimação.

A psicanálise aplicada à interpretação da encenação examina como o inconsciente dos criadores do espetáculo se expressam através do *trabalho da cena* e sua maneira de ocultar e fazer emergir o sentido. Ela fornece um quadro estável para pôr em perspectiva as diferentes observações que a análise do espetáculo já suscitou. Ela nos encoraja a escolher como nós vamos receber e tratar as imagens que nos apresenta o espetáculo. Nós temos, no fundo, a escolha entre duas estratégias, conforme nos abandonemos ao princípio do prazer ou que reconheçamos o princípio da realidade.

Princípio de Prazer e de Realidade

Princípio de Prazer	Princípio de Realidade
1. Sentido literal	*1. Sentido figurado*
O espectador se interessa apenas pelo sentido literal e pela materialidade do espetáculo, manipulando os materiais sem tentar interpretá-los para descobrir neles o sentido figurado. Tal um porco ao qual se deu lavagem demais, ele chafurda na matéria significante. Por exemplo, o torso do Butô (foto p. 221) se deixa primeiro abordar como forma e matéria, como experiência e arte bruta do esquartejamento.	O espectador busca o sentido oculto ou figurado; ele busca o que tudo isso quer dizer; traduz em significados todos os materiais percebidos. Por exemplo, esse torso remete a uma estátua grega mutilada, lembra as deposições da cruz da pintura do Renascimento Italiano.

2. Processos primários

Nós nos fiamos no pensamento intuitivo, nas associações livres, nas nossas reações espontâneas. Inspirados pelo trabalho do sonho, nós verificamos se o material foi tratado, sobretudo como condensação, ou deslocamento, ou associação das ideias incompatíveis (oxímoras) ou consideração sobre a figurabilidade.

2. Processos secundários

Tentamos, junto a Freud, organizar o material primário, em um pensamento linear e narrativo, em uma lógica de causa e efeito, em um sequenciamento de episódios, um levantamento das categorias utilizadas.

3. Pensamento afetivo e pensamento lógico

A oposição dos dois princípios remete àquela que Robert Musil faz entre pensamento afetivo e pensamento lógico:

Em todo cérebro, fora o pensamento lógico com seu sentido estrito e elementar da ordem que é o reflexo das estruturas externas, se manifesta um pensamento afetivo cuja lógica, se ainda pudermos falar aqui de lógica, corresponde às particularidades dos sentimentos, das paixões e dos humores, de modo que as leis destes dois modos de pensamento têm entre elas quase que as mesmas relações que as leis de uma serraria na qual as toras são esquadriadas e empilhadas para a expedição e aquelas, mais toscas, da floresta com seus crescimentos e seus murmúrios[39].

4. Perigo do inefável e do desfocado

O espectador permanece preso a uma associação livre e pouco nítida. Recusa-se a falar do espetáculo, sua experiência lhe parece incomunicável. O objeto de desejo lhe permanece externo e intocável; não há análise feliz.

5. Perigo da racionalização

O espectador racionalista demais perde o sentido do evento cênico, de sua qualidade pulsional, desse "primeiro movimento misterioso e indescritível" do qual fala Musil. A reflexão permanece trancada no analista, e o analista em sua reflexão.

Entre esses dois perigos e essas duas estratégias, melhor seria evitar escolher, simplesmente porque pensamento lógico e pensamento afetivo são "dois modos de pensamento [que] se misturam entre todos os homens"[40], e porque a atividade espectatorial, como toda atividade cultural, é uma sublimação que transcende a cisão entre prazer e realidade, jogo e trabalho, erotismo do objeto e autorreflexão, pois "o objeto cultural, ou a sublimação, está a meio caminho entre a pulsão narcísica e a posição objetal erótica; é um ponto de estabilização na oscilação da libido"[41].

39. Robert Musil, *L'homme sans qualités*, Paris, Seuil, 1982, vol. 2, p. 218.
40. *Idem, ibidem.*
41. Géza Roheim, *Origine e fonction de la culture*, Paris, Gallimard, 1972, p. 12.

Uma libido estabilizada: vê-se a importância de uma análise psicanalítica para a avaliação dos espetáculos, mesmo se já se entreviu também a complexidade da iniciativa e, sobretudo, as dificuldades epistemológicas em conciliar uma inspiração geral fenomenológica, uma técnica de descrição semiológica, considerações biológicas sobre a percepção, um simbolismo do inconsciente, tudo isso sob um olhar igualmente sociológico e antropológico. É preciso de fato inserir essa perspectiva psicanalítica no contexto maior da sociologia e da antropologia. Pois, "a cultura delimita na origem e no horizonte o sujeito, deixando sua marca na sexualidade e no inconsciente assim como é marcada por eles"[42]. O sujeito-espectador não se contentará muito tempo com uma experiência pré-discursiva e com uma imersão pré-reflexiva, mas passará, com certeza, guiado pelo demônio da interpretação, a uma decifração dos processos secundários e terá necessidade então das luzes trêmulas da sociologia e da antropologia.

42. André Green, "L'interprétation psychanalytique des productions culturelles et des oeuvres d'art", *Critique sociologique e critique psychanalytique*, Bruxelles, Éditions de l'Institut Sociologie, 1970, p. 36.

2. A Abordagem Sociológica do Espectador

Por mais complexa que seja, a abordagem psicanalítica não é ainda, por si só, capaz de esgotar o conhecimento do sujeito perceptivo, pois ela não leva suficientemente em conta a inscrição deste no tecido social, começando pelo público no seio do qual ele está. O olhar sociológico tentará pois se lembrar que o espectador não é somente um sujeito desejante mas também objeto observador não identificado no interior de um público mais ou menos identificado.

Seria utópico querer reagrupar no espectador todas as questões e os parâmetros colocados pela teoria do texto, a sociologia, a sociossemiótica? Tudo depende, claro, da articulação desses saberes e da oportunidade de escolher tal aspecto em tal momento. A dificuldade de fundar uma teoria da experiência estética do ponto de vista do espectador.

> Os problemas ocorrem assim que a experiência estética – que não é nada além de uma experiência vivida de tipo científico – é proclamada objeto da pesquisa científica. Tais problemas remetem às heranças sucessivas da estética e da hermenêutica[1].

Antes de nos dedicarmos a uma sociologia da representação, deveremos pois levar em conta essas heranças estética e hermenêutica, o que nos dará oportunamente a ocasião de um primeiro balanço de dramaturgia.

1. Hans Belting, *L'Histoire de l'art est-elle finie?*, Nîmes, èd. Jacqueline Chambon, 1989, p. 32.

DRAMATURGIA DO ESPECTADOR OU *SPECTATOR IN SPECTACULO*

Em busca de um tratado geral da leitura dos textos imediatamente encontramos a obra de Umberto Eco, *Lector in Fabula*, que fornece o melhor estudo de conjunto dos mecanismos interpretativos na leitura do texto narrativo. Estudo notável que, pela primeira vez, integra em um esquema geral todos os parâmetros psicológicos, ideológicos, semiológicos, do ato de leitura. Nossa tarefa consiste evidentemente em adaptar esse modelo para a análise dos espetáculos (ou, para falar metaforicamente, para a "leitura do texto espetacular"), pois nós perseguimos aqui não o *Lector in fabula* mas o *Spectator in spectaculo*, aliás talvez seja mais fácil, e sobretudo mais legítimo, estudar o espectador dentro do espetáculo, já que concretamente o primeiro está incluído no segundo. Nós falaremos pois do "espectador-modelo" que recebe o espetáculo, de todos os mecanismos cognitivos e emocionais aos quais está submetido, antes de abordar o espectador completo "em carne e osso", graças a uma sociologia do teatro.

Nós nos esforçaremos em transpor, termo a termo, o organograma dos níveis de cooperação textual[2] para a representação teatral, com o cuidado necessário para que tal transposição faça justiça ao evento cênico (ver esquemas).

Circunstâncias de Enunciação

O espectador analista considera a encenação como coletivo de enunciadores: o ator anuncia textos e expõe signos: daí resulta uma chuva de informações sobre a escolha dos atores (a distribuição), os modos de representar, as opções da cenografia, das luzes, da música etc. A época, a identidade de um encenador e seus associados, a maneira de apresentar a atuação são índices que fornecem o ponto de partida da observação. Já assinalamos a importância dos elementos paraverbais do ator e a necessidade de se compreender o quadro e as "circunstâncias dadas"[3] nos quais evoluem.

Primeiras Impressões

As "primeiras referências não comprometedoras a mundos" aparecem assim que "o leitor é levado a fazer funcionar índices

2. Umberto Eco, *Lector in fabula*, Paris, Grasset, 1979, p. 88. [Trad. bras., *Lector in Fabula*, 2ª ed., São Paulo, Perspectiva, 2002]

3. Termos de Stanislávski para designar o conjunto dos fatores definindo o contexto da citação dramática da personagem.

ESQUEMA 1
Níveis de Cooperação Textual, Umberto Eco, *Lector in Fabula**

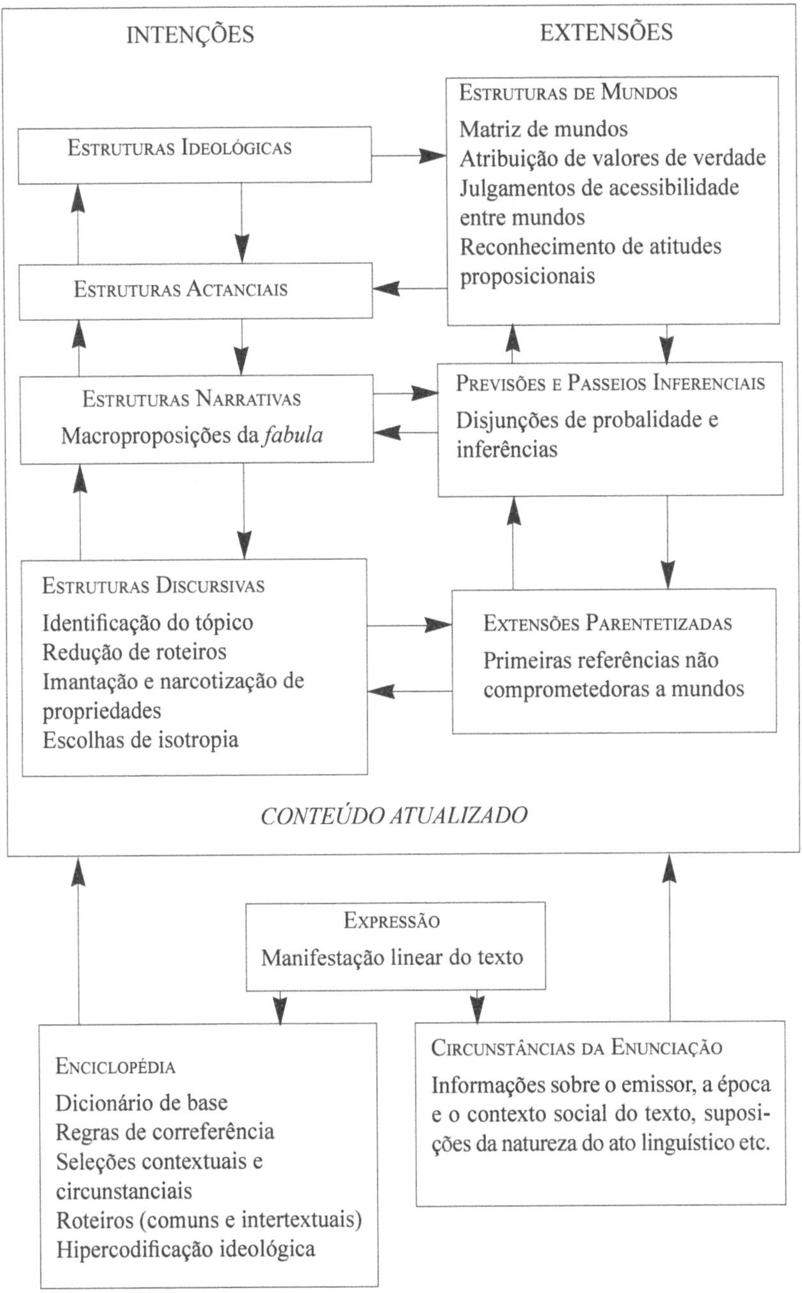

* O esquema acima acompanha, na edição em língua portuguesa, a tradução francesa e as suas adaptações da terminologia empregada por Umberto Eco. (N. da E.)

Esquema 2
Aplicação do Esquema 1 à recepção do texto dramático e do Espetáculo

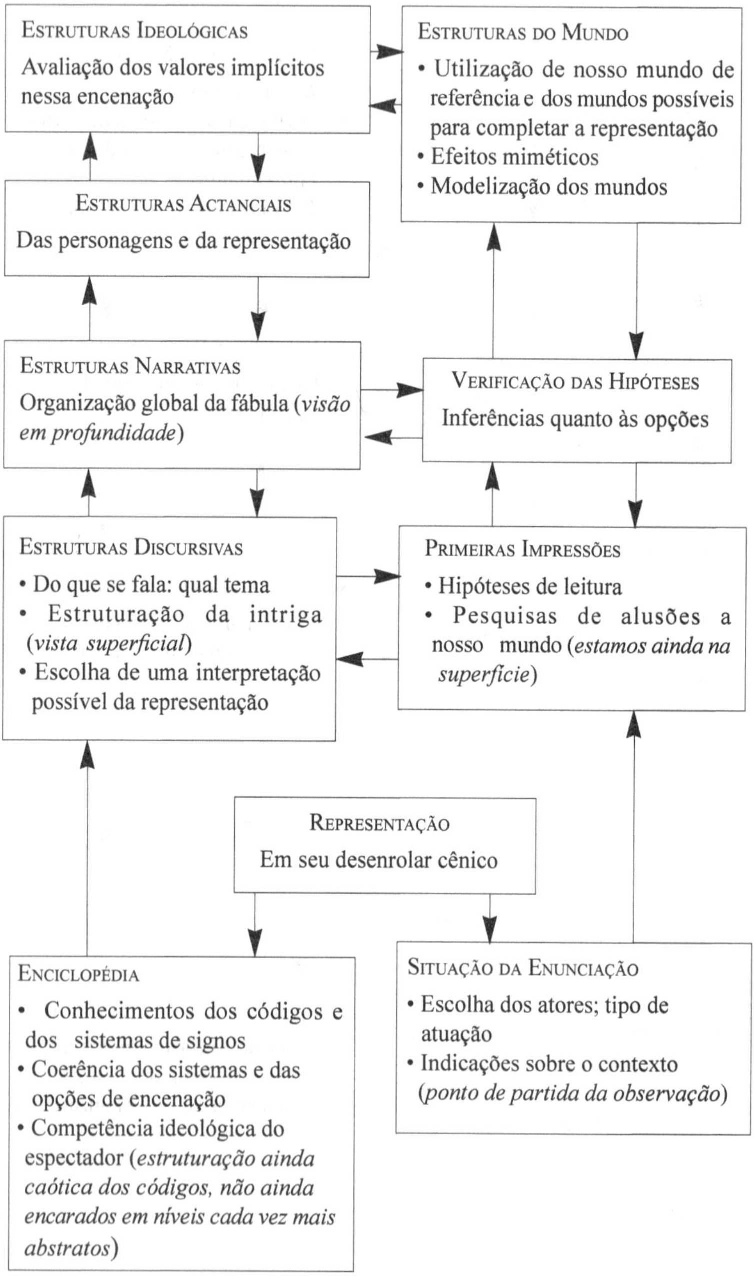

referenciais"[4], assim que testa a relação do texto com a realidade do leitor. Da mesma maneira, para a representação, o espectador testa os índices que fazem referência a seu próprio mundo, as alusões à realidade ambiente. Assim se esboçam as primeiras hipóteses de leitura da encenação, considerada em seu conjunto e a dramaturgia do espetáculo. O mundo representado seria ele um mundo possível totalmente imaginado ou então tomado emprestado de nossa realidade, e o quê ao certo?

Enciclopédia / Conhecimento dos Códigos

Para apreciar a encenação, o espectador deve conhecer regras da "linguagem teatral", e dispor de um "dicionário de base" que lhe abram as portas do palco, saber por exemplo que uma iluminação focalizada em um ator significará que é preciso prestar uma atenção particular a tal personagem, ou a um detalhe de sua atuação.

A correferência em um texto corresponde à coerência dos signos, sua vetorização, sobretudo pelas escolhas dos conectores. O espectador "desambiguisa" as dêiticas e as anáforas: ele preenche os momentos vazios do sentido, garante as conexões, reúne os elementos de espaços, em suma, garante a coerência das opções da encenação.

Seu conhecimento do contexto o familiariza com outros tipos de encenação ou estilos de atuação. Sua competência ideológica lhe permite compreender as situações ficcionais que lhe são apresentadas.

Estruturas Discursivas: Temática, Intriga e Tema

As estruturas discursivas ficam na superfície do texto: são visíveis "a olho nu": percebemos a organização da intriga, seus nós, seus meandros, suas resoluções, as ações físicas que a constroem. Isso vale igualmente para a representação com a diferença de que todos os sistemas significantes – e não somente o texto – contribuem para a intriga, a primeira tarefa para o espectador é a de reconstituir um fio narrativo, uma intriga a partir dos signos da cena, de desenhar seu *tema* (no sentido dos formalistas russos que o opõe à *fábula*). Se for um texto clássico, observará as escolhas de sublinhar ou apagar tal episódio, tentará estabelecer a fábula que a encenação privilegiou e retrabalhou. O que o levará em linha reta a uma reflexão narrativa da fábula.

Estruturas Narrativas: A Fábula

A ação é agora examinada em termos profundos de sua organização narrativa, sua *fabula*, "no esquema fundamental da narração,

4. Umberto Eco, *op. cit.*, p. 94.

a lógica das ações e a sintaxe das personagens, o curso dos acontecimentos ordenado temporalmente"[5].

A fábula dá a chave da dramaturgia e lhe revela como a encenação é atada, ancorada no espaço-tempo, submetida a escolhas dramatúrgicas. A fábula é construída a partir de uma série de ações físicas. Tais ações consistem sempre em um agente (o sujeito que age), a intenção, o mundo possível no qual ela ocorre, o movimento (para onde ela vai), sua causa em seu objetivo último. A análise que conseguir identificar tais componentes fornecerá uma descrição que se fundamenta em uma interpretação em profundidade da ação cênica.

Estruturas Actanciais: A Ação das Personagens

Ao nos aprofundarmos mais um pouco (e logo se distanciando da superfície) passamos às estruturas actanciais que governam o coração da ação e as profundezas da representação. Sem dúvida, ninguém é obrigado a preencher conscienciosamente os casos do modelo actancial de Propp, Greimas ou de Ubersfeld, mas cada qual organiza os índices de sua leitura integrando-os a uma ação de conjunto, relevando as forças agentes que entram em conflito na fábula reconstituída.

Verificação Pragmática das Hipóteses

Para reconstituir a fábula e captar a lógica narrativa do espetáculo, o espectador deve constantemente sair desse universo ficcional e verificar as proposições do texto com as leis de seu universo de referência "para arriscar previsões que tenham uma probabilidade mínima de satisfazer o curso da história, o leitor sai do texto"[6].

Tal saída do texto é bem conhecida dos atores que, segundo conselho de Stanislávski, se perguntam sempre: "O que eu faria se...?" Para o espectador, importa verificar se suas hipóteses de leitura se confirmam ou se elas devem ser inflectidas. Ele as compara às estruturas do mundo.

Estruturas do Mundo: Efeitos de Mimese

A comparação se efetua pelo intermediário de uma modernização dos mundos possíveis propostos pela ficção, e de – ou dos – mundos nos quais vive o público. Como a cena tem a propriedade única, nas artes de ficção, de mostrar por ostentação e mimetismo o mundo possível do universo dramático, a comparação termo a termo com o mundo real (ou vivenciado como tal pelo espectador) se impõe por ela

5. *Idem*, p. 130.
6. *Idem*, p. 150.

mesma. Os efeitos de reconhecimento são múltiplos, a ilusão mimética frequente, o espectador oscila em, por um lado, o investimento, o psíquico e ideológico na ficção e a ruptura do quadro ficcional, e por outro lado, a tomada de distância, a recusa em acreditar nisso. É preciso no entanto resistir à tentação de encontrar na representação reflexos do mundo real, "estabelecer um elo mecânico de causa e efeito entre a superfície da vida coletiva e a experimentação dramática"[7].

Estruturas Ideológicas

No nível mais profundo e mais secreto da representação, poderíamos ativar e aproximar os valores implícitos da encenação, estabelecer a ou as contradições fundamentais nas quais ela se fundamenta, sobretudo julgamentos de valores e as oposições axiológicas do tipo: Bom *versus* Mal, Verdadeiro *versus* Falso, Natureza *versus* Cultura. Veremos adiante a importância que vamos atribuir à noção de *ideologema* no quadro de uma sociossemiótica.

Tal modelo, inspirado de Umberto Eco, é interativo: obriga a testar todos os circuitos possíveis e a seguir as flechas que ligam os diferentes casos e seu questionamento. Assim se constitui pedra sobre pedra, nossa compreensão da encenação sem que o processo de elaboração termine, apesar de ele levar em conta, tanto quanto possível, o conjunto de dados que somos capazes de formalizar.

Esse circuito inaugura uma "dramaturgia do espectador"[8] que se interessa por todos os aspectos da percepção: percepção, interpretação, avaliação, memorização, cognição, produção de afetos. Falta no entanto completar nele etapas cruciais, particularmente os casos sociologicamente pertinentes no que vamos trabalhar em seguida, ou seja, o espectador-modelo que vê, ouve, compreende, aprecia tudo, ao longo de todo esse circuito, deve ser confrontado ao espectador empírico que reage sempre em um contexto de enunciação dado, que a sociologia nos ajudará a esboçar.

SOCIOLOGIA DA REPRESENTAÇÃO

O Objeto da Sociologia

Ao lado do circuito leitor ou do espectador-modelo, inspirado por Eco, trata-se agora de propor uma abordagem sociológica "e em

7. Jean Duvignaud, *L'Acteur. Esquisse d'une sociologie du comédien*, Paris, Gallimard, 1965, p. 37.

8. Marco De Marinis, "Dramaturgy of the Spectator", *The Drama Review*, 31, n. 2, 1987.

seguida antropológica" que concerne à encenação como resultado e produto artístico, e não unicamente (como é normalmente o caso) como processo de formação, treino e ensaios. Por *encenação* ou representação, entendemos na verdade a *performance*, ou seja, as artes da cena, as mídias, os rituais e as cerimônias, as *cultural performances* de todos os tipos, em suma, o que Jean Duvignaud chamava já de *dramatizações*: "Festas, seção de tribunal, pedidos de casamento, enterros, deliberações políticas etc. Dramatizações que combinam e opõem papéis sociais aos quais é difícil escapar"[9].

Do Indivíduo à Massa

Composto por espectadores individuais e muitas vezes individualistas, o público toma corpo; torna-se esse corpo de pensamentos e desejos, essa escuta sensível que atazanam os atores. É esse corpo massivo que é tão difícil sondar e tão fácil perturbar: "A atenção coletiva cria um campo magnético – se é quebrado, a ação do teatro se torna derrisória, absurda"[10]. A presença de um único espectador pode comprometer esse campo magnético "Por que a presença deste ou daquele espectador cria uma irresistível resistência ao jogo da peça?", pergunta-se Jouvet[11]. Da mesma maneira, o silêncio de todo público é sentido pelos atores, vindo daí esse outro mistério: "Por que e como se aprecia, no teatro, sem erro possível, o sentido do silêncio que faz o público?"[12]

Estudos-quadros para a Análise Sociológica

O artigo já antigo de Georges Gurvitch[13] sobre a sociologia do teatro permanece o programa de pesquisa mais lúcido e mais completo. Foi confirmado pelas pesquisas desses últimos quarenta anos, na falta de ter sido verdadeiramente realizado. Partiremos pois dos "diferentes ramos da sociologia do teatro" que ele propõe.

Os públicos

Gurvitch recomenda "evitar utilizar para essa pesquisa técnicas mecânicas demais que não permitam levar em consideração a diversidade dos públicos, seus diferentes graus de coesão, a importância de suas transformações possíveis em agrupamentos propriamente ditos..."[14]

9. Jean Duvignaud & Jean-Pierre Faye, "Débat sur la sociologie du théâtre", *Cahiers internationaux de sociologie*, vol. XI, 1966, p. 104.
10. Antonie Vitez, *Écrits sur le théâtre*, I, *École*, Paris, 1994, p. 123.
11. Louis Jouvet, *Réflexions du comédien*, Paris, Librairie théâtrale, 1941, p. 32.
12. *Idem*, p. 34.
13. Georges Gurvitch, "Sociologie du théâtre", *Lettres nouvelles*, n. 35, 1956.
14. *Idem*, p. 202.

Sociologia empírica

Infelizmente o estudo dos públicos foi muitas vezes confiado a uma sociologia empírica que acumula dados quantitativos sobre a origem socioprofissional do público, mas esquece de fazer a ligação com a análise estética do espetáculo em questão ou se contenta com aproximações teóricas sobre a recepção ao descrevê-la, por exemplo, como "interpretação pela consciência de estímulos eficazes"[15]. No entanto, as recentes pesquisas do Ministério da Cultura[16] elucidam razoavelmente as condições da recepção e preparam o terreno das análises do espetáculo. Elas se dedicam sobretudo:

- à estrutura sociodemográfica do público;
- aos fatores de escolha desse espetáculo em particular;
- ao preço dos lugares: parece elevado ou adequado?;
- aos julgamentos ouvidos a propósito da encenação;
- ao tipo de espectador que se julga ser: ignorante, novato, beócio, difícil, antigo, incondicional, iniciado.

Seria esclarecedor fazer um retrato psicocrítico do *espectador assombrado*: o espectador como neófito, amador, especialista, ocasional, obsessivo, semiólogo etc.

Lógica do campo cultural

Para organizar os resultados de uma sociologia empírica vamos avaliar junto a Bourdieu de qual "capital cultural incorporado"[17] dispõe o espectador: capacidades intelectuais, mas também bens culturais, títulos escolares, tudo o que lhe serve para se apropriar "legitimamente do capital cultural veiculado pelo espetáculo, de maneira a poder ser recebido de um modo que confirme as separações e as dominâncias".

Para uma encenação difícil, obscura ou ilegível para o comum dos mortais haverá às vezes o que Bourdieu definiu como "efeito de campo":

> Quando não podemos mais compreender uma obra (e o valor, ou seja, a crença que lhe é atribuída) sem conhecer a história do campo de produção da obra – pelo qual os exegetas comentadores, intérpretes, historiadores, semiólogos e os outros filólogos, se encontram justificados de existir como únicos capazes de entender a obra e reconhecer o valor do qual ela é objeto[18].

15. Anne-Marie Gourdon, *Théâtre, public, reception*, Paris, CNRS, 1982, p. 128.
16. Jean-Michel Guy e Lucien Mironer, *Les Publics du théâtre*, Paris, La Documenatation française, 1988.
17. Pierre Bourdieu, *Questions de sociologie*, Paris, Éditions de Minuit, 1986, p. 78.
18. *Idem*, p. 117.

O espectador "legítimo" está então, frente ao encenador, como o exegeta do exegeta, aquele que possui a chave secreta do texto montado ou do espetáculo. A análise do espetáculo impõe então que se esteja consciente desses mecanismos e que se possa discernir até onde vão a – ou as – mensagens da encenação e para que grupos são destinados.

Entre o empírico e o teórico: o questionário de Shevtsova

Inspirada pela obra de Bourdieu, mas desenvolvendo sua própria sociologia do teatro, Maria Shevtsova[19] elabora um questionário para o público ítalo-anglofônico da Austrália, de maneira a esboçar o perfil sociocultural do público:

1. composição social do público: grupo étnico, sexo, idade, nível de educação, profissão;
2. contato dos espectadores com a Itália (trata-se de um espetáculo bilíngue, em italiano e inglês);
3. conhecimento e contato com as fontes ítalo-australianas de informação;
4. nível cultural e conhecimento das artes;
5. outros teatros visitados;
6. interação e avaliação das duas peças representadas;
7. temas sugeridos para futuras encenações desse grupo;
8. a que público se dirigia a trupe: àquele do grupo restrito ao qual o senhor pertence ou a um público mais largo?

O leque dessas questões obriga a levar em conta os fatores culturais no papel interpretativo do espectador, o que foi raramente feito e que vai no sentido de uma sociologia da representação.

A representação

O segundo ramo da sociologia "seria a análise da própria representação teatral, como se desenrolando em um certo quadro social"[20]. Os quadros sociais das representações são a maneira ficcional pela qual a sociedade é representada pelos meios da escrita e da cena. A questão é saber como essa representação teatral do social se distingue do social tal como o historiador a definiria: existe, "por vezes, correspondência e mesmo interpretação entre os dois quadros sempre distintos, e por vezes contradição"[21]. Todas as teorias miméticas simplificam e falsificam essa correspondência, por exemplo, a teoria marxista do reflexo; antes vamos procurar as mediações[22] ou

19. Maria Shevtsova, *op. cit.*
20. G. Gurvitch, *op. cit.*, p. 202.
21. *Idem, ibidem.*
22. Lucien Goldmann, *Le Dieu caché*, Paris, Gallimard, 1955.

os ideologemas[23], que são o traço da contradição social na obra de ficção. A noção de mundo possível utilizado por Umberto Eco será reexaminada no quadro de uma sociologia e de uma antropologia. O mundo possível não é apenas, no teatro, um mundo imaginado pelo autor e pelo leitor, é também um mundo cênico real, com suas convenções, seus "truques" e sua materialidade, um mundo cênico que toma emprestado do nosso mas que não se confunde com ele. É no interior do contexto de uma sociedade da cultura, que nos julgamos e interpretamos a realidade cênica.

Como tal contexto, tal quadro social evolui sem parar com a história que segue, nossas questões para com a obra cênica vão evoluir igualmente e seu conhecimento também vai variar na mesma medida. É a problemática da estética da reflexão.

Os atores

O terceiro ramo é constituído pelo "estudo do grupo dos atores, como trupe e mais amplamente como profissão"[24]. Ele concerne à análise do espetáculo, já que as condições de formação do *status* social (astro ou figurante?) da identidade do grupo (companhia estável ou contrato esporádico?) repercutem sobre a maneira de atuar e que alguns tiques ou efeitos do ator têm como única justificativa essas marcas de fábrica.

A um nível mais profundo, o da técnica corporal (que concerne mais à antropologia que à sociologia), o ator está marcado, quase estigmatizado, pela técnica de atuação que "incorporou". Donde o interesse para o analista de conhecer, e se possível ter experimentado ele mesmo tal técnica. Assim, o corpo do ator, presente e passado, colocará sua marca no espetáculo, incluindo-se aí o texto dramático. Donde também a ideia de Duvignaud de

> [...] definir o papel sociológico do ator como um portador de signos, mas de signos privilegiados pelo próprio fato que são os próprios signos do corpo [...]: sem o corpo da Champmeslé, Racine talvez não tivesse concebido as personagens femininas que ocupam o centro de suas peças e que se cristalizam todas no rosto de Fedra[25].

Relação entre as peças e as estruturas sociais

Trata-se aqui da relação entre a ficção (textual ou cênica) e a sociedade na qual ela foi produzida, na qual ela é recebida. Não podemos evitar a comparação entre as duas. Ainda aí, evitamos supor que

23. A propósito dos ideologemas, ver Pavel Medvedev, *Die formale Methode in der Literaturwissenschaft*, Stuttgart, Metzler, 1976 (1928), e Frederic Jameson, *The Political Unconscious*, London, Methuen, 1981.

24. G. Gurvitch, *op. cit.*, p. 20.

25. Duvignaud e J. P. Faye, *op. cit.*

a realidade deixa uma marca direta mimética na produção teatral. É justamente a deformação que é pertinente e reveladora.

Se tomarmos o *leitmotiv* de Moscou em *As Três Irmãs* veremos que funciona também como ideologema, já que controla o sentido da peça, como uma senha que significa todos os desejos imagináveis:

- na encenação de Stanislávski no Teatro de Arte, Moscou designa um objetivo distanciado, mas teoricamente acessível, um ideal, versão pequeno-burguesa;
- na encenação de Langhoff (1994), Moscou não é mais do que uma saída possível, é a figura trágica de todos os fracassos, a cidade da incúria imperial, comunista ou neocapitalista.

Funções sociais do teatro

Esse quinto e último ramo decorre do precedente na medida em que incita a comparar as diferentes funções possíveis do teatro segundo o estado de uma sociedade em um momento dado. Para cada nova encenação, convém se interrogar sobre a transformação de nossa compreensão de um espetáculo em função daquilo que pensamos ser a função social: a análise é puramente histórica e ideológica.

Por exemplo, *As Três Irmãs*:

- no Teatro de Arte, na sua estreia, a peça não era uma sátira dos oficiais, mas antes uma brincadeira benévola com a vida provincial da *inteligensia* que perdia todas as suas referências: era uma advertência dirigida a essas três sonhadoras desalojadas pela mediocridade pequeno-burguesa;
- com a encenação de Langhoff, a crença em uma influência da arte sobre a vida social desapareceu completamente, assim como a compaixão por criaturas deploráveis. O que mudou então foi o olhar irônico e bonachão sobre as personagens.

Esse programa de Gurvitch permanece, em grande parte, como algo a ser realizado, mas traça, com precisão e elegância, os ramos da árvore sociológica, a qual se enraíza em uma antropologia, como bem indicaram os sociólogos de Gurvitch a Devignaud, e como a antropologia teatral, de Schechner a Barba, o verifica atualmente. Mas antes, é preciso fazer um desvio pelas finanças.

As Finanças do Espetáculo

A sociologia quantitativa incluirá com certeza em suas estatísticas a dos custos de produção. Inútil lembrar que as finanças são o nervo da guerra, tanto no teatro como fora dele. Podemos também ver e analisar no espetáculo, pensando em seu custo: nas subvenções que recebeu, nas despesas exorbitantes para cenografia, nos salários elevados dos famosos, muitas vezes proporcionais aos seus tiques. Um olho treinado saberá ler os rótulos invisíveis de todos esses artigos de luxo, verá o dinheiro virar fumaça a cada curva do espetáculo, a cada *deus ex Machina* ruinoso; atribuirá um preço ao menor gesto pois:

> O alcance diretamente financeiro das opções leva a que se inclua a dimensão econômica no projeto estético e não a considerá-la como um dado suplementar sempre mais ou menos limitador mas em todo caso externo[26].

Segundo Jouvet, "o teatro deve ser primeiro um negócio, uma empresa comercial florescente, só depois lhe é permitido se impor no domínio da arte"[27].

Reavaliação da Análise Ideológica

Por muito tempo limitada ao uso marxista, a ideologia não aparece mais hoje como falsa consciência ou cortina de fumaça destinada a manter as relações de exploração. Ela volta à ativa no quadro de uma teoria da identificação do espectador. Althusser[28] mostrou que identificação pelo espectador não se faz unicamente com uma psicologia, mas com uma ideologia, assim que ela confirme seus valores. Numerosas análises confirmam tal hipótese e examinam em quê um texto ou um espetáculo sacrifica até mesmo o herói pela confirmação da ideologia do público:

> O público está fundamentalmente muito mais interessado em reconfirmar seus próprios valores do que em se inquietar pela felicidade da personagem com a qual se identifica; o herói é voluntariamente sacrificado em proveito daquilo que dá um sentido de orientação no mundo. [...] Apenas a identificação com o sistema de valores pode conferir uma harmonia total à alma do espectador[29].

A cena torna-se também o lugar no qual os conflitos psicológicos e históricos se resolvem como uma *transição ideológica*:

> Poderíamos escrever uma representação como uma transição ideológica entre uma companhia de atores e a comunidade de seu público. A ideologia é a fonte da faculdade coletiva dos atores e do público de dar um sentido comum aos signos utilizados na representação, por meio dos quais os objetivos e as intenções das companhias teatrais fazem a junção com as reações e as interpretações de seus públicos. A ideologia proporciona

26. Luc Boucris, *L'Espace en scène*, Paris, Librarie théâtrale, 1993, p. 58.
27. L. Jouvet, *op. cit.*, p. 42.
28. Louis Althusser, "Notes sur un théâtre matérialiste", *Pour Marx*, Paris, Maspéro, 1965.
29. Eli Rozik, "Towards a Methodology of Play Analysis: A Theatrical Aprroach", *Assaph*, n. 6, 1990, p. 63.

assim um quadro no interior do qual as companhias codificam e os públicos decodificam os significantes da representação[30].

Concretamente, não é sempre fácil descrever essa transação (que aliás não tem nada de codificação-decodificação), pois nos falta utensílios suficientemente precisos e operatórios para especificar o funcionamento.

Vamos propor, para esse efeito, a noção de *ideologema*, emprestada de Medvedev, Kristeva e Jameson. O ideologema é uma unidade textual ideológica que funciona no interior de uma formação social, ideológica e discursiva. Existe como unidade conceitual, no campo ideológico, extrapessoal e no campo textual sob forma de uma unidade narrativa ou temática.

Vamos dar três exemplos disso:

- A referência a Moscou em *As Três Irmãs*. Cada personagem entende por "Moscou" uma coisa que só pertence a ela: o termo, vazio de sentido, permite trocar ideias, sem se comprometer com nada. Daí resulta uma construção ideológica, com a qual contribui enormemente a encenação, construção que se apoia sobre os discursos da época e que uma vez citada na ficção da peça, se torna um *leitmotiv* temático e narrativo, e logo uma unidade textual que sustenta a arquitetura da fábula. O ideologema "Moscou" não é um simples tema ou refrão: é o nó de uma contradição. Moscou é um nome próprio, tendo um referente geográfico cultural, mas é também, na peça, um significante vazio para um ideal abstrato: o que se deseja sem saber o seu sentido exato, sem poder nem sequer querer atingi-lo.
  O ideologema será sensível à leitura do texto e a encenação poderá escolher ou não fazer dele o eixo da representação. Nesse caso, a dívida para com a leitura da texto permanecerá importante, sem no entanto que esteja garantido que a encenação consiga fazer passar tal ideologema.
  O ideologema será igualmente visível na encenação, se no entanto esta conscientemente tentou figurá-lo graças a alguns índices cênicos.
- Vemos isso no exemplo de *Ou bien le débarquement désastreux*, espetáculo de Heiner Goebbels representado em Nanterre em 1993. Toda a encenação e a composição musical se baseiam em um ideologema que não é aquele, aparente da intrusão desastrosa do homem branco na floresta do homem negro, mas aquele de uma coexistência pacífica, lúdica e atenta entre a música electroacústica ocidental e a voz ou a kora africana. Donde uma organização dos

30. Baz Kershaw, *The Politics of Performance*, London, Routledge, 1993, p. 16.

tempos de música, um diálogo, uma escuta recíproca dos músicos. Tal ideologema é revelador do tipo de interculturalismo que prega o encenador, Heiner Goebbels: não é uma busca de universais comuns às formas musicais, não é tão pouco um multiculturalismo, no qual cada grupo cria em seu canto, voltado para si mesmo, é um interculturalismo, no qual cada cultura sabe escutar a outra sem anexá-la, ou ser tragada por ela, mas confrontando as experiências artísticas ao estilo da justa, e não do conflito.

- O exemplo de *Marat/Assad* na encenação de Peter Brook (ver parte II, capítulo 1).

A Estética da Recepção

Examinando como obras poéticas e romanescas foram diversamente recebidas ao longo das épocas, em função de quais novos horizontes de espera a recepção variou, Hans-Robert Jauss[31] propôs uma *estética da recepção*, com a qual os estudos teatrais ganhariam muito[32]. Tal teoria permite, por outro lado, ressituar, ou mesmo reciclar do ponto de vista do receptor (espectador e público) um bom número de teorias que são diretamente mobilizáveis para a análise do espetáculo.

Horizonte da espera

Noção chave para Jauss, o horizonte de espera é aquele do público no momento dado, do fato do estado da sociedade, seu conhecimento de gênero teatral, de seus interesses do momento. O conjunto dos parâmetros é considerado e sua reconstituição sempre um pouco hipotética. Ao descrever o espetáculo, será feito pois o esforço de se retraçar os sistemas das esperas observando a influência que elas exercem sobre o que é realmente percebido.

A tipologia dos códigos

Trata-se de uma velha herança da semiologia da comunicação, do tempo em que se pensava poder se codificar e decodificar tudo em função de sinais emitidos intencionalmente pelo encenador e endereçados ao espectador. Com certeza, alguém pode se divertir em fazer a lista desses códigos, mas um mal-entendido vai logo se instalar se se imaginar que a soma desses códigos produz o sentido global do espetáculo. Por outro lado, há um grande interesse em se captar

31. H. R. Jauss, *Pour une esthétique de la réception*, *op. cit.*

32. Para uma aplicação ao teatro, ver P. Pavis, *Noix et images de la scène*, *op. cit.*, pp. 233-293.

aquilo que De Marinis chama de "sistema teatral das pré-condições pré-receptivas" ou os "pressupostos do ato da recepção"[33].

As condições pré-receptivas

Elas constituem o "complexo estruturado de todos os fatores cognitivos, psicológicos ou outros (intelectuais, ideológicos, afetivos, materiais) que influenciam o comportamento, sobretudo cognitivo do espectador de teatro, o que lhe fornece uma competência específica e o torna assim capaz de fazer o que é pedido a ele, do ponto de vista da recepção"[34]. Ao reconstituir essa competência, temos os meios de mostrar o que será recebido do espetáculo. Partimos das possibilidades reais do receptor, em vez de inventar teorias sobre uma produção que se presta a todas as interpretações.

A experiência estética

Ela se encontra assim colocada no centro de uma reflexão teórica sobre a experiência estética dando-se a máxima importância à preparação artística do espectador e suas experiências prévias "de agora em diante, do ponto de vista do intérprete atual, é afetado não somente pela 'série histórica' dos intérpretes anteriores, mas também por sua própria experiência artística"[35]. Trata-se de formalizar essa experiência passada, de descrevê-la comparando-a com a experiência atual, de confrontar os pontos comuns e de julgar a originalidade da nova experiência. Finalmente, e isto é um ponto capital, essa experiência deve também levar em conta a análise da obra enfocada, sua estrutura e sobretudo a maneira pela qual ela antecipa seu futuro modo de recepção.

A hermenêutica

Ela recupera assim seus poderes, pois ela "supera a ingenuidade positivista, inerente ao conceito do dado, pela reflexão sobre as condições do compreender[36]. Compreender é também ser desorientado, desconcertado, é fazer uma aposta com o sentido e aceitar uma fase de incompreensão".

A crítica do gosto

A avaliação do espetáculo se faz pois também segundo uma crítica do gosto, domínio de conhecimento que foi precipitadamente

33. Marco De Marinis, "Sociologie", em A. Helbo *et al.*, *op. cit.*, p. 88.

34. Marco De Marinis, "Cognitive Processes in Performance Comprehension: Frames Theory and Theatrical Competence", *Altro Polo. Performance: from Product to Process*, T. Fitzpatrick ed., University of Sidney, 1989, p. 174.

35. H. Belting, *op. cit.*, p. 45.

36. *Idem*, p. 32.

abandonado pelo impressionismo e pela subjetividade, embora participe muito na descrição ou na análise que se querem as mais objetivas possíveis. A determinação do ou dos gostos do público – crenças, opiniões, hábito, maneiras de falar etc. – precisariam primeiro de um aparelho crítico muito sistemático e elaborado. Pois lidamos então com o espectador concreto, e não mais com o espectador ideal ou modelo de Eco. A dificuldade sendo de o conceber não mais como construção pura, mas como em conjunto empírico suscetível de levar a generalizações.

Limites de uma teoria da recepção

Até onde se espera ir na determinação do receptor é preciso evitar uma euforia que cismasse em fazer acreditar que se poderá um dia ter um poder absoluto do receptor (ou dos mecanismos de recepção) e que bastará então manipulá-los para analisar a obra recebida. Sempre haverá e – é melhor assim – um jogo na mecânica da recepção, vindo do imprevisível ou do indeterminado. (Os positivistas se consolarão ao lembrar que tal jogo imprevisível está programado pela obra e que o texto é um "tecido de espaços brancos, interstícios a se preencher, e aquele que o emitiu previa que seriam preenchidos e os deixou em branco"[37]). Os circuitos, como o de Eco, permanecem abertos e transitáveis em todos os sentidos. Esta abertura pode assustar e produzir um "efeito de campo", mas ela incita a "reposicionar os espectadores que não são mais então pessoas externas que olham para o externo [...] mas que, com os atores, constituem as significações das representações"[38]. Tanto a teoria como a prática da arte contemporânea, e do teatro em particular, vai realmente nessa direção, que não opõe mais artista e espectador, prática e teoria, arte e discurso sobre a arte.

Também haveria interesse em não apostar tudo na recepção, sem se interrogar sobre a produção que gera essa recepção, nem em fazer do receptor espectador um ser onisciente (que vai acertar suas contas com a obra num piscar de olhos) um suspeito que deve ser primeiro identificado ou se identificar ele mesmo.

Não acreditemos pois que um depoimento oficial diante da polícia (mesmo estética) de nossa situação exata de espectador, de nossas motivações e de nossos desejos, vai elucidar de uma vez por todas o objeto estético. Pois seria preciso que o espectador, suspeito principal da produção, passasse primeiro à confissão da estranha maneira com a qual esse famoso teórico americano que termina sua excelente obra sobre as *Theories of the Theatre* confessando a necessidade de se reposicionar constantemente, o que, estima ele, é um "challenge",

37. V. Eco, *op. cit.*, p. 63.
38. M. Shevtsova, *op. cit.*, p. 10.

"se, como eu, se é culturalmente posicionado do lado dominante de todos os discursos tradicionais – um homem branco, de classe média, universitário, heterossexual"[39].

Seria mesmo preciso ser "politicamente correto" para se compreender corretamente o espetáculo das nossas vidas? Será que colocar a recepção na perspectiva histórica, a contextualização da obra, o questionamento da nossa relação com o outro – operações muito legítimas e urgentes – nos obrigam realmente a tais confissões em praça pública?

Mais seriamente, a sociologia só tem eficácia se ela é sempre confrontada a outras disciplinas, tais como a psicologia, a psicanálise, a história, a semiologia ou a antropologia.

> A abordagem sociológica é redutora se limita a obra de arte e seus aspectos tecnológicos e suas relações com a infraestrutura econômica ou com a luta de classes. Ela é esclarecedora, pelo contrário, se ela estuda os elos que existem entre a obra e as mentalidades, as ideologias, as concepções de uma época, de uma classe, de um grupo de indivíduos, a fim de perceber as significações[40].

Da Sociologia à Antropologia

Constata-se que a pesquisa atual tem tendência a abandonar a metodologia sociológica, no sentido escrito, para integrá-la a um conjunto mais vasto, muitas vezes batizado hoje de antropologia, mas que pioneiros como Moreno, Duvignaud, Turner ou Schechner já haviam encarado com nomes diversos.

Para Moreno, o teatro (os psico e sociodramas) serve para transformar o observador em participante graças à "capacidade do teatro de ser utilizado como processo de investigação sociológica"[41].

Para Duvignaud, a cerimônia dramática é apenas um caso de figura das cerimônias sociais: "Em diferentes graus, um comício político, uma missa, uma festa de família ou de bairro são, da mesma forma, atos dramáticos"[42].

Para Turner e Schechner a *cultural performance* é um fenômeno social que podemos interpretar com os meios da análise das práticas espetaculares segundo a fórmula universal ruptura/crise/recuperação/reintegração ou cisma.

Tal dissolução do teatro nas *cultural performances,* tal diluição da sociologia/antropologia, não é um fenômeno isolado, vai de par com a evolução da prática teatral que passou de um militantismo sociológico (Brecht, Vilar, por exemplo) para uma participação sociológica

39. M. Carlson, Ithaca, Cornell University Press, 1993, p. 540.
40. P. Gaudibert, *op. cit.*, p. 15.
41. G. Gurvitch, *op. cit.*, p. 19.
42. Duvignaud, *L'Acteur, Esquisse d'une sociologie du comédien, op. cit.*, p. 6.

(Beck, Grotóvski, Barba). Passagem que Heiner Müller incarna talvez melhor: "Há um deslocamento de ênfase na compreensão habitual da função do teatro ou, falando de outro modo, não se trata mais de sociologia, mas de antropologia"[43]. Passado que ainda está longe de ser moeda corrente no teatro, pois "os textos ainda não são utilizados como matéria-prima, como corpo", ou seja, tratados no fundo como uma técnica corporal da qual a etnologia se ocuparia.

A sociologia parece enfiada, ou pelo menos abrigada, no campo sem fronteiras da antropologia, provavelmente porque ela é vista como uma produção local e que se busca hoje uma visão mais universal, e menos diretamente social ou política. Poderíamos aliás, com Bourdieu, questionar essa "distinção etnologia e sociologia" que é uma "falsa fronteira [...], um puro produto da história (colonial) que não tem qualquer tipo de justificação lógica"[44].

Caberá à antropologia, em todo caso, reunir as esperanças da compreensão do espetáculo, integrar e sintetizar as perspectivas psicológicas e sociológicas, de garantir um constante vai e vem entre a interioridade psicanalítica e a exterioridade sociológica, de levar ao pé da letra a fórmula oximórica da *vetorização do desejo*.

É preciso imaginar assim, não Sísifo feliz, mas o espectador situado no centro dos círculos concêntricos que se alargam desde as primeiras ondas psicológicas e sociológicas até a antropologia na qual ele se perde em conjunturas sobre o objeto cênico que desencadeou essa onda de choque e no qual, "o prestígio esvanecido, o silêncio feito, a cortina fechada, a vida normal retomada" [...] ele se situa no "prolongamento infinito da lembrança"[45].

43. Heiner Müller e Robert Weihmann, "Gleichzeitigkeit und Repräsentation", *Postmoderne-globale Differez*, R. Weihmann & H.-V Gumbrecht ed., Frankfurt, Suhrkamp, 1991, p. 193.

44. Pierre Bourdieu, "La sociologie est-elle une science?", *La Recherche*, n. 112, p. 742.

45. J. Copeau, *Apples. Registres I*, *op. cit.*, p. 144.

3. A Abordagem Antropológica e a Análise Intercultural

A abordagem antropológica para a análise dos espetáculos não constitui um método a mais que se acrescentaria a todos aqueles já expostos nesta obra. Ela fornece antes uma perspectiva de conjunto na qual tudo o que antecede poderia lograr se integrar e ganhar nuanças, sobretudo o funcionalismo da semiologia e a metodologia frequentemente muito técnica da análise ocidental dos espetáculos. Ela responde, além disso, à nossa vontade de não nos limitarmos ao teatro de texto nem mesmo aos espetáculos produzidos no Ocidente, mas de se abrir ao máximo ao leque de práticas espetaculares vivas, sejam quais forem os contextos culturais. Ela é, finalmente, um método plural, em perpétua elaboração, que federa diversas abordagens e não se reduz a um só olhar.

Que a topologia dos espetáculos tenha consequências metodológicas sobre sua recepção, é o que este enfoque se esforça em demonstrar. A multiplicação dos espetáculos interculturais nos mais diversos contextos obriga à invenção de um método de análise pertinente, à revisão de nossos julgamentos categóricos sobre as encenações ocidentais, à avaliação destas comparando-as a tradições extraeuropeias e às produções "mistas" ditas "interculturais". A cada etapa, convém adaptar nosso olhar e nosso método. A abordagem antropológica obriga a um olhar comparativo e a um questionamento dos métodos de análise. Assim como uma cultura só se define realmente em relação e em contraste com as outras, uma tradição teatral e um método de análise só tomam sentido em relação às outras.

ADAPTAR O OLHAR E A ESCUTA

A Perspectiva do Outro

A questão principal é a de saber se podemos apreciar e analisar um espetáculo que nos é estrangeiro, seja por sua origem geográfica ou cultural, seja pelo fato de desconhecermos o gênero ou o contexto distante demais de nosso horizonte cultural. Talvez fosse preciso inclusive medir os diversos graus de distanciamento possíveis e ver como não constituem necessariamente um obstáculo para a nossa apreciação. O distanciamento, aliás, é constitutivo de todo o olhar: por definição, o espetáculo a ser analisado está longe de nós, seja ele balinês ou normando. O olhar antropológico não se dirige pois exclusivamente aos objetos exóticos.

A estranheza é uma das formas da alteridade. Mas onde reside o outro para o espectador? Talvez seja a outra cultura, à qual nunca fui confrontado; é também, como diria La Palice*, tudo aquilo que não é eu mesmo. Podemos evidentemente decretar que o outro não se faz conhecer e fazê-lo estar bastante na moda[1]; mas podemos também pensar de modo bem diferente, como Vitez por exemplo, que nos emprestará aqui sua voz:

> Não gosto que me digam que não posso entender nada dos outros, nem os outros de mim. Tenho horror desta moda que faz as diferenças irredutíveis. Então não compreendo nada das mulheres por que sou homem, dos africanos por que sou europeu? Ao pé da letra, isso me enlouquece. Se devesse pensar nisso, não poderia mais viver[2].

Dizer que a alteridade não é fatalmente irredutível, não é, no entanto, negar sua existência nem a necessidade de levá-la em consideração de maneira diferenciada. A diferença pode inclusive ser a de classe social, de sexo ou de etnia. É nesse último aspecto que nos interessaremos aqui, para verificar se um olhar antropológico está em medida de efetuar uma análise diferenciada que faça justiça ao objeto descrito e enriqueça a visão do antropoteatrólogo.

A Perspectiva Antropológica

Para relatar a dimensão etnológica de um espetáculo para nós "estrangeiro", não basta adotar uma perspectiva antropológica, é

* La Palice é, para cultura francesa, o equivalente a nosso conselheiro Acácio (N. do T.).

1. Consequências do reconhecimento de minorias de todo tipo: os grupos têm tendência de se definir excluindo "os outros" e recusando a eles o direito de se integrar ou mesmo de os "compreender".

2. Antoine Vitez, "Je n'aime pas...", *Pandora's Box*, n. 11, p. 10.

preciso ainda definir qual tipo de antropologia do espetáculo contamos praticar. Os métodos de investigação da antropologia oscilam entre: um estudo à distância no qual a cultura estrangeira é captada do exterior, e uma imersão nessa cultura, ou pelo menos, uma observação participante. Duas maneiras de ver as coisas que têm cada uma suas vantagens e seus inconvenientes, mas que muda radicalmente nossa percepção do espetáculo, por assim dizer sua própria natureza. Duas maneiras que nós sistematizamos unicamente pelas necessidades da exposição:

PERSPECTIVA EXTERIOR	PERSPECTIVA INTERIOR
• O observador externo toma distância, se quer exterior a seu objeto, objetivo e distanciado em suas conclusões. Não se interessa pela preparação do espetáculo, o vê apenas uma vez, reage imediatamente ao seu impacto e toma partido sobre seu sentido. Recusa-se ao trabalho de campo, na maneira dos etnólogos que vivem com os indígenas para viver a cultura mais próxima possível.	• O observador-participante mergulha no espetáculo, naquilo que o precede como naquilo que o segue. Ele participa na vida de um grupo teatral e cultural, assiste e se associa aos treinos e aos ensaios, toma parte nas escolhas estéticas, se funde no grupo correndo o risco de desaparecer como observador e de se tornar "um deles".
• Ele utiliza a mesma grade de análise já consagrada, instrumento rigoroso, mas pouco flexível, como por exemplo um questionário ou uma série de medidas ou de características técnicas, ele retoma sempre o mesmo modo de destrinchar o espetáculo em seus componentes habituais.	• Ele utiliza as grades e as categorias próprias da cultura estudada. Se ele deve por exemplo relatar, em um espetáculo africano, a música e a dança, ele o fará atento para não dissociar, na análise como na terminologia, os dois elementos indissociavelmente ligados na cultura africana.
• A recepção é rápida mas muitas vezes bastante mecânica, aplicando uma grade ou uma terminologia consagradas ela descamba rapidamente sob um verniz de cientificidade, para julgamentos universais que não aprendem mais as condições locais do espetáculo.	• Sua primeira tarefa concerne a uma reflexão etnometodológica: os instrumentos de descrição do mundo, as categorias, e os aspectos veiculados pela linguagem e a cultura são examinados para julgar o que revelam ou escondem do objeto estudado.
• Esta recepção rápida e imediata beneficia-se da tecnologia para a anotação e quantificação; ela dispõe do último estágio científico dos métodos de investigação.	• A recepção é bastante lenta e aproximativa; ela compara a maneira com a qual a cultura ou a tradição teatral estrangeira concebe e organiza o conhecimento do mundo com a maneira do observador que, pertencendo a uma outra cultura, vai proceder de modo diverso.

Perspectiva Exterior	Perspectiva Interior
• Tal perspectiva externa permanece ligada a uma ideologia da autenticidade; ela julga severamente as produções culturais infiltradas por elementos estrangeiros à sua tradição; ele tenta separar o autêntico do edulcorado; ela busca os critérios da cultura estrangeira para melhor opô-los aos de sua própria cultura, para melhor aprofundar a distância que os separam.	• A perspectiva interior leva em conta o fato de que não há "produtos puros", que os espetáculos são sempre, mais ou menos, híbridos e miscigenados, que as tradições não europeias "respondem"[3] (*write back*) utilizando, elas também, a cultura do outro, "europeia", para seus próprios fins.
• Ela julga a produção estrangeira segundo a ideia que ela se faz de sua identidade e de sua integridade, tendo de si um bom conhecimento técnico, mas sem sensibilidade o suficiente para sua identidade verdadeira.	• Ela relativiza a possibilidade de encontrar os instrumentos para uma avaliação correta da obra intercultural. Nada mais é indubitavelmente correto, e aliás correto para quem?

Qual dessas perspectivas adotar? A resposta para tal questão só pode ser tática e política, e aliás nunca é definitiva nem precisa. Cada perspectiva apresenta algumas vantagens, o que nos incita a nunca dissociar os dois tipos de olhar, no entanto, tendo trabalhado sobretudo na perspectiva externa e "objetiva", vamos escolher agora o olhar interno da observação participante, particularmente adaptada ao teatro intercultural. Vamos todavia tomar previamente o exemplo de um espetáculo completamente estrangeiro para um ocidental, por sua origem geográfica e seu estilo de atuação: a dança indiana tradicional Odissi tal como Sanjukta Panigrahi a constituiu e a pratica hoje[4].

Um Exemplo de Análise: A Dança Odissi

Para quem não é especialista ou conhecedor de dança Odissi, para quem ignora a circunstância de sua restauração, não é possível reconstituir a série de temas e de *mudras* "posição das mãos". Se pudéssemos ou aprendêssemos da própria dançarina a organização narrativa de cada pose, da expressão do rosto e das mãos, tão pouco estaríamos mais habilitados a analisar a coreografia, em todo caso ao modo de uma descrição ocidental da gestualidade ou de uma atuação.

3. No sentido pelo qual os países colonizados antigamente ou recentemente podem por vezes *write back*, "responder" com as armas dos colonizadores, ver na bibliografia o livro de Ashcroft *et al.*

4. Ver as fotos e os estudos que lhe são dedicados em Eugenio Barba, Nicola Savarese, *L'Énergie qui danse, l'art secret de l'acteur*, Lectoure, Bouffonneries, 1995.

Falta efetivamente o conhecimento da razão profunda dos gestos e sobretudo sua avaliação estética e, se não for pedir muito, a análise do prazer experimentado por acompanhar essa dança e essa música. Várias outras soluções, parcialmente satisfatórias, se apresentam a nós.

A antropologia teatral de Barba

Ela procura, além dos gestos concretos, os princípios preexpressivos, universais e não ligados a formas dadas; princípios que sustentam o uso do corpo, tais como a oposição dos contrários, a lei do equilíbrio e do desequilíbrio, a virtude da omissão, o contraste entre vigor e delicadeza (*lokadharmi* e *natiadharmi*, na terminologia indiana). Tal antropologia teatral, "que não se deve confundir com a antropologia cultural aplicada ao teatro", sugere que o corpo do *performer* "ator-dançarino" está submetido aos mesmos princípios recorrentes e que o espectador percebe primeiro e sobretudo tais universais ditos "preexpressivos". A descrição permanece, no entanto, muito sumária, pois toda a superfície expressiva e visível da dança passa despercebida em proveito dos grandes princípios da preexpressividade. Ela deve pois ser completada por outras abordagens.

A observação fragmentária sistemática

Escolhemos, por exemplo, observar como se comporta uma articulação. No caso da Odissi, seria instrutivo focalizar a atenção nos tornozelos ou joelhos da dançarina e seguir as variações de seu uso. Determinar-se-ia seu papel na gestão da energia, na estruturação do movimento, no ideograma mais ou menos constante que eles desenham.

Poderíamos igualmente observar a maneira pela qual o olhar do espectador é sucessivamente cativado pelos sinais provenientes das mãos, depois do busto, depois do rosto, como a dançarina continua o mesmo relato variando o uso do corpo e passando sem interrupção e sem ruptura de um segmento para outro do corpo, e também de um tipo de significação para outro. A arte da dançarina consiste então em vetorizar seu corpo passando de um centro para outro, criando uma dramaturgia do corpo, neutralizando ou sublinhando este ou aquele local focalizado com precisão.

A experiência estética

O sentido dos princípios preexpressivos e da observação fragmentária não devem, muito pelo contrário, nos privar de uma *experiência* e de uma avaliação *estéticas* do objeto analisado. A apreciação do ritmo, dos momentos nos quais a música e o gesto coincidem perfeitamente, a virtuosidade e a complexidade plástica do movimento, a identificação das grandes emoções, sobretudo graças às expressões faciais, sensibilizam o espectador, por menos especialista que seja, para a beleza dessa dança e lhe proporcionam o prazer da dança, ou seja, a impressão de poder seguir a dançarina em um arabesco complexo e perfeito. No entanto, mesmo se é quase garantida a deformação do julgamento em razão de um mal conhecimento do contexto e dos códigos, ela não anula a experiência estética. Trata-se de compreender que tal experiência estética, do ponto de vista da cultura hindu, não é um fim em si, mas que ela está ligada a uma experiência religiosa. Quando a dançarina toca o solo com suas duas mãos antes de qualquer interpretação, ou quando ela deposita diante do altar uma oferenda de algumas frutas e flores, ela dá a suas ações um sentido ritual e religioso que ultrapassa muito a manifestação artística visível. Há aí uma relação com uma alteridade que sobrepuja muitas vezes o espectador ocidental, e da qual ele se sente excluído se não compreende a dimensão espiritual, mais ainda o fato de que a espiritualidade não impede nem contradiz a corporalidade e a estética.

Esses três olhares "estrangeiros" sobre a dança Odissi – antropologia teatral, observação fragmentária sistemática e experiência estética – estão longe de esgotar seu objeto; são apenas uma primeira abordagem e um primeiro esboço de análise. Particularmente, é preciso constar que o objeto da análise não foi ainda claramente circunscrito: trata-se de movimentos e de gestos isolados, ou de uma sequência ordenada de um conjunto indissociável corpo-espírito, ou então de toda uma *cultural performance*, uma prática cultural espetacular que é muito mais que um produto estético e que envolve uma cultura inteira? As dimensões e os limites de uma análise antropológica, assim como as de seu objeto, devem ser estabelecidas: elas não coincidem com as de uma análise semiológica clássica, pois cada cultura impõe seus próprios cortes.

O OBJETO DA ANÁLISE ANTROPOLÓGICA

A Prática Cultural Espetacular

Considerada do ponto de vista de sua inscrição das culturas, a prática espetacular (no sentido geral do inglês *performance*) é muito mais larga do que parece. Ela ultrapassa os limites do espetáculo, considerado como produto acabado. Efêmero e eliminável. Donde a necessidade de recolocar as práticas espetaculares, sejam elas as encenações ocidentais, os rituais teatralizados ou as danças tradicionais não europeias, em um contexto cultural alargado e repensado. Tal contexto compreende não somente na origem a preparação do espetáculo e na consequência, as reações do público envolvido, mas incluem igualmente o conjunto das práticas socioculturais que "sustentam" o espetáculo. O "trabalho de campo" consistiria, para o teatro-antropólogo, em viver no seio da equipe, no sentido largo, que concebeu e preparou o espetáculo, durante e antes dos ensaios, em "infiltrar" o meio cultural no qual se inscreve a prática espetacular.

A prática espetacular é abordada como um caso particular do conjunto muito maior das práticas culturais "no sentido de *cultural performances*" que são elas mesmas consideradas enquanto uma espécie de "cultura em ação"[5]. As práticas culturais compreendem sobretudo (a lista permanece aberta): a cultura popular, as cerimônias e os rituais, os comportamentos cotidianos nas mais diversas circunstâncias, as artes dos espetáculos; elas não se limitam pois às artes da cena.

O "teatro", e mais geralmente as "práticas espetaculares", são assim abordados em um quadro cultural vinculado. Um elemento particular como a atuação do ator, será pois "considerado como uma instância específica das ações sociais que são normalmente estudadas pelos antropólogos"[6]. Ações sociais muito complexas das quais será preciso levar em conta também a dimensão lúdica, ficcional e estética.

A Cultura em Todas as suas Formas

Assim alargada, a prática espetacular se estende a todo um ambiente cultural que é preciso evocar brevemente, já que não podemos reconstituí-lo. A cultura nem sempre está lá onde se espera: na exterioridade, no visível, no imensurável; ela se expressa igualmente em uma técnica corporal (Mauss), uma maneira de pensar ou de narrar, que na dimensão menos espetacular, do auditivo, do ritmo, do áptico, em suma, naquilo que a antropóloga dinamarquesa K. Hastrup chama de *incorporated knowledge* ("conhecimento incorporado"), seguindo os trabalhos pioneiros de Condon, Sander e Changeux.

Como já o vimos[7], é difícil captar uma identidade cultural sem emitir uma hipótese sobre a troca cultural, sobretudo a transferência entre cultura-fonte e cultura-alvo, quando uma manifestação cultural, como por exemplo um espetáculo, é transferida de um lugar para outro. Vamos nos contentar aqui em encarar, graças à tipologia proposta por Kirsten Hastrup, quatro casos principais de trocas culturais, em termos globais da sociedade e naquele, local, das práticas espetaculares.

5. John McAloon, *Rite, Drama, Festival, Spectacle*, Philidelphie, Institute for the Study of Human Issues, 1984, p. 8.

6. Kirsten Hastrup, "Incorporated Knowledge", *Mime Journal*, 1995, p. 1.

7. P. Pavis, *Le Théâtre au croisement des cultures*, *op. cit.*

Relações Culturais

Examinando a relação entre cultura e tradição, Hastrup propõe quatro grandes tipos de relações culturais. Resta-nos verificar se tal esquema permanece válido para as trocas culturais no teatro e se quatro grandes tipos de práticas culturais lhe correspondem.

Imagem	Relação	Estratégia da Identificação
1. 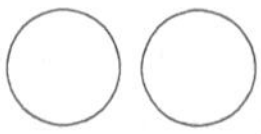 *Ilhas Culturais*	separação	contraste
2. 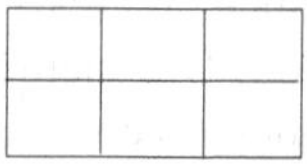 *Pluralismo Cultural*	contato	competição
3.  *Sincretismo Cultural*	mistura	cruzamento
4. 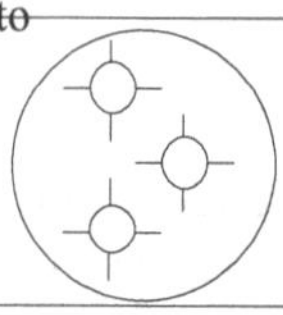 *Multi-culturalismo*	absorção	fusão

Cultura/Tradição (Kirsten Hastrup, "Culture/Tradition" documento interno para o Ista de Londrina, Brasil, 1994).

1. *As ilhas culturais* existem também na vida teatral: nada em comum, por exemplo, entre um Nô japonês e uma encenação da Comédie--Française; tão pouco nada em comum no interior do mesmo campo cultural entre o *boulevard* e a vanguarda.
2. *O pluralismo cultural* é realizado quando o espetáculo põe em contato e em competição duas produções de origem e de estilo diferentes, com o cuidado, no entanto, de não aparecerem como dois espetáculos, mas como um espetáculo para duas ou mais vozes: tivemos um bom exemplo com *Ou Então o Desembarque Desastroso* de Heiner Goebbels, espetáculo musical que fazia coexistir em um mesmo espaço-tempo um ator branco que explora e descreve a floresta e dois cantores-músicos negros que percorrem todos os níveis do espaço cantando. O explorador é sustentado por uma tecnologia muito pesada, uma música eletroacústica sofisticada e poderosa; os *griots* tocam uma kora, utilizam a voz humana de maneira muito calorosa. Dois sistemas musicais, duas relações com o espaço e o tempo, dois imaginários estão, pois, em competição simbólica, sem conflito aberto nem contato forçado, como em uma

"justa" amigável, cada um tentando convencer o outro respondendo a ele com suas armas apenas musicais: as diferenças e as semelhanças aparecem por si sós, nunca, no entanto, uma *world music* fazendo a síntese das vozes culturais.

3. *O sincretismo cultural* implica a mistura das fontes e das tradições, a produção de uma nova cultura à imagem das sociedades caribenhas. O sincretismo* é

> [...] o contato brutal, em territórios insulares ou enclaves [...] de populações culturalmente diferentes [...] obrigadas a inventar novos esquemas culturais permitindo estabelecer uma relativa coabitação entre elas. Tais esquemas resultam da mistura não harmoniosa (e não acabada e logo não redutora) das práticas linguísticas, religiosas, culturais, culinárias, arquiteturais, medicinais etc. Dos diferentes povos em convivência[8].

As peças e as encenações de Derek Walcot, sobretudo *Dream Of Monkey Mountain*, forneceriam ilustrações desse sincretismo em todos os níveis (influências africanas e europeias na escrita, na atuação, na temática). Poderíamos citar igualmente os espetáculos compilatórios de *Were were liking* que utilizam várias formas de espetáculos, marionetes de Mali, formas de intervenção de Koteba e Didiga, dança Boloy etc.

4. *O multiculturalismo* é um *interculturalismo* no qual cada cultura reflete a complexidade e a variedade de uma sociedade global que absorve todas as influências, sem sucumbir a uma em particular: encontro e absorção que não se concebem mais como cadinho ou cruzamento, mais como confluência. É o caso dos espetáculos do *Theatrum Mundi* que Barba realiza ao final de uma semana de trabalho no seio da ISTA "International School of Theatre Anthropology", mostrando para o grande público alguns trechos escolhidos de todas as tradições (balinesa, indiana, japonesa, europeia) evitando cuidadosamente atentar contra a sua integridade.

Tal tipologia, muito geral, aplica-se pois às práticas espetaculares e fornecem em primeiro quadro para análises mais aprofundadas. Essas análises mais específicas tentam distinguir vários níveis de legibilidade, níveis estes que estão estreitamente ligados a um uso específico dos signos e dos vetores. Para nos convencermos disto, vamos tomar o caso do *Theatrum Mundi*. Trata-se de reconstituir a maneira pela qual o espectador utiliza vários tipos de legibilidade.

* No original o autor usa o termo *créolisation*, sendo que *créole* se refere ao branco nascido nas colônias intertropicais. (N. do T.)

8. Jean Bernabé, Patrick Chamoiseau e Raphaël Confiant, *Éloge de la créolité*, Paris, Gallimard, 1992, p. 31.

Níveis e Percursos de Legibilidade

Nossa tese é a de que a legibilidade cultural é o produto de uma construção que resulta de uma cadeia de legibilidades específicas e parciais: legibilidade formal, narrativa ou antinarrativa, ideológica; tal cadeia pode ser estabelecida a partir da tipologia dos vetores que constitui a trama teórica do presente estudo.

Deslocamento	Condensação
2. Conectores (legibilidade narrativa)	1. Acumuladores (legibilidade formal)
3. Secionantes 4. (legibilidade antinarrativa)	4. Embreadores (legibilidade ideológica)

Legibilidade cultural

Esquematicamente, podemos descrever o *Theatrum Mundi* de Barba como um processo que se faz a partir da acumulação (1) das formas, das técnicas e dos materiais, acumulação que procede sobretudo da maneira linear e constante por conexão (2). A conexão, e a legibilidade narrativa que dela resultam, recorrem igualmente a rupturas (temáticas, geográficas, rítmicas) efetuadas graças aos secionantes (3), o que dá a impressão de uma leitura fragmentada. No entanto, a impressão final é a de que o espetáculo é legível para todos, segundo uma ideologia consensual que permite a todos embrear (4) em uma legibilidade média, na qual todos podem se localizar (ideologia de cotas). A descrição desse percurso é tanto a descrição da genealogia do espetáculo, da maneira com a qual foi construído, como a do seu estado final, da maneira com a qual localizamos nele as quatro grandes operações, ou vetorizações, que o constituem, o organizam e fazem o elo com a interatividade do observador.

Vamos retomar uma a uma as etapas desse percurso da legibilidade cultural, indicando de passagem como esta é o resultado de uma construção discursiva, já que toda a busca de legibilidade, em cada um desses quatro níveis, apoia-se em contradições ideológicas e discursivas que são reveladoras do elo da obra teatral com a realidade teatral.

- A acumulação das técnicas e dos materiais é feita dentro do repertório proposto pelos artistas balineses, indianos, japoneses e dinamarqueses, como o que lhes parece, seja o mais representativo, seja o mais apreciado pelo público ocidental. Esta primeira operação, (e também impressão para o espectador) de acumulação de riquezas proporciona imediatamente um catálogo rico e um inventário aberto de formas facilmente reconhecíveis, que são como que citadas com grande respeito formal, uma reserva e uma fonte inesgotável de materiais para todas as operações posteriores.

- Os materiais assim selecionados e acumulados são em seguida colocados uns depois dos outros (mais do que ao lado uns dos outros) como uma sequência de momentos separados, de números de onde emergem os solistas. A ordenação do espetáculo, a sequência das intervenções preserva a diferença e a integridade de cada número da revista. Barba não tenta condensar várias tradições heterogêneas, ele desloca constantemente algumas improvisações, mas sempre em função de um fio condutor narrativo que parece ocupar os protagonistas, em função de temas simples: conflito dos doutores no jornal; formação de um casal (europeu/balinês); ação repetida de semear o arroz.
- Muito rápido, a fábula se torna complexa e passamos então para o terceiro nível, o de uma narrativa fragmentada e "mista" na qual domina a heterogeneidade dos estilos e dos modos de atuação; a legibilidade narrativa (2) transforma-se em uma série de rupturas na qual o contraste, a competição e o pluralismo cultural são claramente ostentados.
- Passamos em seguida, apesar de todas essas rupturas e apesar da heterogeneidade dos materiais, a um plano ideológico no qual tudo é novamente legível segundo uma estética barroca do *Theatrum Mundi*, no qual tudo é espetáculo segundo uma metaforização generalizada, e no qual tudo se assemelha. A cena torna-se um mundo – metáforas das metáforas. A colocação de Barba sugere que basta justapor todos esses fragmentos culturais para constituir um mundo em sua diversidade e seu caos, tendo sempre os mesmos princípios universais. A antropologia teatral arma sua tenda no terreno vago do preexpressivo[9].

De onde decorre também, visto de frente, da plateia, uma impressão de pudim cultural, de pós-modernidade *soft*, de intercultural fusional e beato, agradando à instituição cultural ávida de cruzamento das culturas, *Korsväg* (festival de Umea na Suécia) ou outras *crossroads of culture*. O *Theatrum Mundi* não propõe uma reelaboração e um sincretismo das formas tradicionais, diferentemente do trabalho em comitê restrito no curso da ISTA no qual os dançarinos são confrontados às outras tradições e improvisam em seu estilo, mas sob a influência de seus parceiros estrangeiros. O *Theatrum Mundi* se contenta em aproximar espacialmente os dançarinos, de fazê-los evoluir numa mesma música orquestrada em comum, e executada pelos diferentes grupos.

9. Para uma crítica do preexpressivo Patrice Pavis, "Un canoé à la dérive?", *Théâtre/ Public*, n. 126, 1995.

A legibilidade ideológica, o consenso artístico aos quais chega o percurso da legibilidade cultural em seu conjunto corresponde totalmente a uma estética multicultural (intercultural) do *merging*[10], ou seja, a uma aproximação e a um encontro nos quais cada tradição conserva uma certa autonomia, como em um modelo federalista. A encenação (ou colocação melhor dizendo) de Barba limita-se a trazer um certo "grude" entre as diferentes citações, a justapor os diferentes momentos e a ligá-los com a ajuda de um *leitmotiv* musical. O *Theatrum Mundi* reflete nesse sentido o modelo cultural dominante na Europa, ou de um multiculturalismo no qual todas as diferenças são convidadas a convergir, aguardar uma certa autonomia, apesar da palavra de ordem algo contraditória do *Mergin*, do encontro/fusão. Esse modelo multicultural se justifica inclusive pelo fato do fracasso relativo dos três outros: o isolamento salutar (categoria 1) não é viável, pois ele se opõe à mundialização da economia; o contraste absoluto e suas competições (2) é portador de conflitos e de hegemonia; o sincretismo (3), apesar do elogio do hibridismo, é recusado como um cruzamento improdutivo e impuro que contraria a ideologia da autenticidade. Resta o modelo federativo, o das grandes metrópoles e dos estados multiculturais nos quais nem sequer escolher entre o cadinho cultural à moda antiga e guetificação das comunidades. O *Theatrum Mundi* é um excelente revelador dessa indecisão cultural, de seus triunfos como de suas ingenuidades. Ele é igualmente sintomático de uma reflexão na qual o conceito de cultura é hoje insuficiente para fazer o elo entre a abordagem antropológica e a análise política dos mecanismos de poder, para compreender a construção ideológica e discursiva da cultura.

Tal referência constante ao cultural, que é sem dúvida a consequência da ideologia do "todo cultural" e de uma antropologia exclusivamente culturalista não deixa de ser ambígua. Ela se explica pela aparição de uma política cultural que interessa às outras culturas, ou ao cultural sob todas as suas formas, para melhor negligenciar a arte em proveito de um turismo cultural, muito mais espetacular para as mídias, e menos constrangedor que a arte para os políticos.

Devemos, por isso, recusar toda referência à cultura em proveito de um retorno aos indivíduos e aos gênios da arte (como a antropologia parece tentada em fazer)? Muito pelo contrário. Basta evocar aqui a observação desabusada mas realista do antropólogo James Clifford: "A cultura é uma ideia profundamente comprometida da qual eu ainda não posso me privar"[11]. Com certeza a legibilidade cultural é, como acabamos de ver, muito variável e ela é o resultado de uma série de legibilidades parciais. Mas o objeto da análise continua sendo distinguir

10. O termo de K. Hastrup, categoria 4, para "confluência, fusão".

11. James Clifford, *The Predicament of Culture*, Harvard University Press, 1988, p. 10.

esses diferentes níveis de legibilidade e reconstituir o percurso e os vetores que nos levam a uma legibilidade global, cultural no sentido largo.

As Relações Pessoa/Personagem e Corpo/Espírito nas Diferentes Culturas

Para conhecer exatamente o objeto da abordagem antropológica é preciso até mesmo se perguntar como os *performers* se situam em relação a eles mesmos, à sua pessoa, e ao outro, a seu personagem, como, em outros termos, eles concebem seu ego. Faz parte da análise da representação intercultural observar a maneira pela qual cada cultura parece conceber o ego dos indivíduos segundo uma identidade específica, relativa e conjectural, e logo distanciada de toda essência universal. Tal fato, em retorno, leva à questão da relação entre corpo e espírito que cada cultura regula (quer dizer, pensa e imagina) a seu modo.

Vamos comparar, para nos convencer disso, os artistas reunidos lado a lado para o *Theatrum Mundi* de Barba em Londrina no Brasil em 1994 (e, em parte, em 1995 na Umea na Suécia).

O corpo inteiro da personagem central é solicitado, não como um conjunto indivisível, mas uma série de elementos – membros, tronco,

A dançarina indiana de tradição Odissi (Sanjukta Panigrahi).

rosto – que podem cada um por vez ser cooptados. Tais conjuntos intervêm sem qualquer traço de dualismo, que se manifestaria, por exemplo, por mensagens psicológicas e espirituais do rosto em contraste com o uso maciço e mecânico do corpo. Enquanto na tradição dualista ocidental, no teatro psicológico por exemplo, a autenticidade do ator se define por oposição à exterioridade da atuação e do papel, para a dançarina indiana, ao contrário, o corpo-espírito intervém em seu conjunto: os traços do rosto só têm sentido em relação com o resto do corpo, não é a pessoa que significa em bloco a personagem, mas movimentos/fragmentos do corpo-espírito que remetem a aspectos variáveis da personagem (que sucessivamente imita, narra, mostra, representa um papel).

O dançarino afro-brasileiro de tradição Orixá (Augusto Omulu)

O corpo inteiro do dançarino da direita (foto p. 269) está mobilizado pela dança; não vemos qualquer distanciamento entre a pessoa e seu papel. As passagens de uma gestualidade mais vigorosa (masculina) a uma gestualidade mais doce (feminina) se fazem sem motivação evidente, sem intencionalidade clara, tendo como resultado a ideia gestualmente evidente de uma complementaridade dos dois modos: toda ação pode ser modulada por uma chave diferente de cada sexo. Haveria pouco sentido em distinguir a espiritualidade da corporalidade: cada um se converte a todo momento na outra.

Todas as regiões do corpo da dançarina (à direita) estão concernadas e significantes, sobretudo os olhos, os braços e as mãos, o busto, as pernas e os pés. Cada região do corpo é utilizada como meio e etapa

A dançarina Balinesa (Swasthi Widjaja Bandem)

em uma narrativa gestual, verbal e musical. Tal narrativa se organiza como transição permanente de uma "província corporal" para outra; a personagem não é representada por um ego corporal e psíquico fixo,

O ator dinamarquês (Torguei Wethal)

mas por um corpo-espírito que evolui incessantemente, se recompondo segundo as necessidades da narração.

Ao contrário de seus colegas, o ator dinamarquês (à esquerda) dá a impressão de pensar antes de agir (isso não é um elogio). Ele prepara interiormente suas ações, donde a lentidão inicial seus movimentos; a cabeça (a testa sobretudo) parece o centro do pensamento das decisões, os quais só serão repercutidos para o resto do corpo apenas alguns segundos mais tarde. Esse dualismo bastante nítido parece imposto por uma busca quase faustiana da identidade verdadeira, com uma diferença clara entre cabeça e corpo, o alto e o baixo. O ego é concebido como um núcleo interior "verdadeiro", o preexpressivo, inalienável, que se mantém na pessoa apesar das mudanças constantes das personagens. A oposição que ela recobre é a que há entre a autenticidade e a falsidade, o papel social e a verdadeira *persona*. O modelo da corporalidade e a união corpo-espírito que ela pressupõe aparecem muito diferentes dos modelos de seus colegas "asiáticos", mesmo se no fundo a superação do dualismo permanece igualmente, para o ator ocidental, seu objetivo e sua busca.

Comparar esses quatro intérpretes saídos de tradições tão diferentes, no fundo só é possível se renunciarmos a descrever simplesmente a "superfície" de sua gestualidade, para se concentrar, para além dos princípios preexpressivos definidos por Barba, na diferença de concepção do ego e da aliança do corpo-espírito, no seio de cada formação cultural. Tal comparação da relação corpo-espírito do *outro* obriga o espectador--antropólogo a imaginar o outro corpo-espírito (e a outra cultura) ao experimentar o corpo do outro. O que Kirsten Hastrup constata para o antropólogo vale igualmente para o teatrólogo: "é apenas por meio do ego como um todo que podemos digerir o percebido, dar sentido às sensações. Não podemos praticar a cultura (a ação implica a presença) apenas com o espírito"[12], voltamos assim à ideia de "atuar uma cultura"[13] como um meio para definir seu objeto e o conhecer, para ter acesso à aquilo que Artaud também buscava: "essa ideia da cultura em ação e que se torna um nós, um órgão, uma espécie de segundo sopro[14].

Se o objeto da análise antropológica dos espetáculos deve ser constantemente redefinido e alargado para que se possa captar sua complexidade cultural, isso leva a repensar a metodologia da análise, ou seja, a adaptar a semiologia clássica "ocidental" ("fabricada" no ocidente) às tradições não ocidentais e às produções interculturais.

METODOLOGIA DA ANÁLISE ANTROPOLÓGICA

A Etnocenologia

É o momento de introduzir e mesmo de constituir uma nova noção, a de *etnocenologia*, o "estudo, nas diferentes culturas, das Práticas e dos Comportamentos Humanos Espetaculares e Organizados"[15]. Tal disciplina se interessa pelas práticas culturais (*culture performances*) e pelas práticas espetaculares sem projetar sobre elas um modelo demasiadamente redutor do teatro ocidental (como o fazem Burk, Turner ou Goffman). A análise etnocenológica retoma o objeto definido acima com o método analítico exposto a seguir. Ela favorece uma perspectiva integrativa e interacional já que ela se interessa pelo "aspecto global das manifestações expressivas humanas, incluindo as dimensões somáticas, psíquicas, cognitivas, emocionais e espirituais"[16]. O primeiro reflexo da análise etnocenológica será elaborar uma etnometodologia que pense os meios de comentar/analisar/

12. Kirsten Hastrup, "Reflections on ISTA", 1996, p. 13.
13. No sentido com o qual o inglês diz *to perform a culture*, ou seja, cumprir uma ação e uma cultura, realizá-las e não as imitar.
14. A. Artaud, *op. cit.*, p. 11.
15. Jean-Marie Pradier, "Ethnologie, manifeste", *Théatre/Public*, n. 124, 1995.
16. *Idem, ibidem.*

abordar adequadamente o espetáculo de uma outra área cultural: a artista indiana utiliza uma terminologia indiana para decompor o movimento? A dançarina balinesa deveria, "como ela o faz às vezes", utilizar termos de dança clássica ocidental ("*premier plié*"), mesmo que seja apenas para melhor se fazer entender por seus estagiários ocidentais? E o que aconteceria se ela aplicasse uma grade semiológica para descrever sua dança tradicional?

O método de análise fundado a partir da semiologia se presta às encenações ocidentais na medida em que esclarece encenação, define a relação dos diferentes sistemas de signos, aprofunda o estudo, a organização de cada um dos sistemas. De maneira cartesiana, ele vai do simples ao complexo, sistematiza a descrição dos componentes, estabelece um questionário sobre todos os elementos da representação (ou pelo menos de maior número possível), chega à ideia (hoje derrotada) de que o espetáculo é uma linguagem, uma "escritura" controlada por um "autor": o encenador. Essa racionalização dos sentidos se acompanha, aliás, por um certo impressionismo místico na medida em que o ocidente não consegue teorizar noções retóricas e mágicas como as da presença, da energia, do bios, do real e da autenticidade; tanto conceitos vagos que são como o impensado do racionalismo.

Deslocamento das Questões

A análise das práticas espetaculares não ocidentais ou interculturais nos força a repensar o conjunto dos métodos de análise, a adaptar o olhar semiológico ocidental que não pode permanecer puramente funcionalista, mas deve tentar captar do interior a outra cultura, o que convida o etnocenólogo a fazer algumas excursões-incursões no terreno da prática. Mas como modificar o olhar da análise clássica ocidental sobre produções "estrangeiras", mas também sobre ela mesma? Para ter mais clareza, vamos sistematizar as novas prioridades e indicar sobre o que deverá se dirigir prioritariamente o olhar novo. Mas trata-se aqui – convém insistir – mais de uma mudança de atitude e de ênfase do que de uma substituição de um método pelo outro. Assim, em cada caso, a análise vai se interessar mais por tal aspecto e por tal outro. A *outra* perspectiva não é construída sobre as ruínas da antiga, mas antes sobre sua complementaridade. Assinalamos, ainda, que tais critérios não são unicamente formais, mas que eles se baseiam em considerações de fundo e que eles supõem toda uma filosofia ou mesmo uma metafísica.

Teoria das Trocas Culturais

Não vamos retomar aqui, por falta de espaço, o modelo da troca cultural que tentamos esboçar para a encenação intercultural *stricto sensu*[17]. Sublinhemos simplesmente que nós nos situamos aqui em um modelo intercultural e em uma troca perpétua e inevitável entre as culturas; não existe mais facilidade em distinguir o que vem de uma cultura-fonte e o que chega à cultura-alvo; cada polo está como já infiltrado pelo outro e não se pode determinar com certeza uma troca linear e unidirecional entre polo da cultura-fonte e polo da cultura--alvo. Para descrever as trocas entre os polos, seria preciso um modelo interativo no qual não bastasse observar como uma cultura, na maioria das vezes ocidental, se apropria da outra, mas como as *outras* culturas utilizam, elas também, as propriedades da cultura ocidental para seus fins. Poderíamos aliás mostrar como encenações de textos indonésios[18] contemporâneos se inspiram em um gênero, em uma técnica de atuação ocidental e arrumam essa fonte de inspiração segundo suas necessidade concretas e locais.

O exemplo escolhido para a exposição dos princípios reavaliados da análise do espetáculo não ocidental é o da sequência do tiro com arco pela dançarina de tradição indiana Odissi, Sanjukta Panigrahi. Além desse caso particular, evoque-se aqui qualquer espetáculo intercultural, e mesmo qualquer prática espetacular que não tenha nada a ver com a encenação ocidental centrada no pensamento único ou unificador de um encenador.

Reequilíbrios da Análise Antropológica

Séries paralelas em vez de unidades mínimas

No lugar de uma busca de unidades mínimas, cuja definição permanece problemática, vamos nos interessar por uma série de signos em uma sequência inteira. Na sequência do tiro com arco, observa-se a posição constante do braço esquerdo que segura o arco; o resto do corpo se organiza em relação a esta constante e a série de posições da mão direita estrutura por si só a narração: segurar a flecha, vergar o arco, manter a posição logo antes do disparo da flecha. Esse braço direito é sustentado e armado pelo tronco, o qual é firmemente ancorado no chão por pés que permanecem na mesma pegada, mas organizando o movimento e a dinâmica das pernas. Para cada uma das partes do corpo mobilizadas (cabeça, ou pés, ou torso etc.), podemos constituir uma série de posições-chaves e comparar em seguida as séries paralelas obtidas. A sequência toma seu sentido (sua direção) assim que estivermos em condições de ler suas ações gestuais paralelas e de localizar suas principais articulações, no sentido próprio e figurado do termo.

17. P. Pavis, *Le Théâtre au croisement des cultures*, *op. cit.* Não abordamos aqui a questão do teatro intercultural, mas a da análise dos espetáculos submetidos a influências culturais variadas.

18. Ver sobre esse tema Marianne König, *Modernes Theater in Indonesien*, tese de doutorado, Université de Berne, 1995.

Sanjukta Panigrahi, numa demonstração de tiro com arco da dança Odissi

Energia em vez de significação

Muitas vezes, uma sequência não toma uma significação evidente: não é possível ou pouco esclarecedor, traduzir um significante em seu significado correspondente, de decodificar pontualmente sinais isolados e estáticos. Por outro lado, o espectador é muitas vezes sensível a uma dispensa de energia do dançarino, há um tipo de energia próprio à tradição estudada, ou a mudança de energia em uma série de movimentos, sobretudo quando a variação se efetua segundo a polaridade força/suavidade, como é o caso de um grande número de tradições. Na sequência do tiro com arco, seria conveniente assinalar os momentos de forte tensão (o que é coisa fácil com essa ação que consiste em vergar o arco), de anotar assim os momentos nos quais a força e a direção do movimento mudam radicalmente. Descrever a energia consiste em mostrar em que ela é específica a uma dança ou a um estilo de atuação (a ponto de um dançarino conservá-la mesmo se ele experimenta uma dança totalmente diferente). Descrever a energia

A troca de olhares em *Theatrum Mundi*

informa, além disso, sobre a maneira com a qual o contexto cultural explica o uso de tal dança. A energia é sempre cultura vista de uma certa perspectiva e concretizada em um certo ritmo.

Em exemplos menos lineares e definidos, poderíamos nos fixar na reconstituição dos fluxos e dos deslocamentos energéticos, em desenhar a trajetória de uma ação física, em seguir o ator naquilo que Barba chama de "dança do pensamento em ação"[19]. Tal recurso, talvez retorno, à noção de energia, não visa a substituir um teatro de signos (uma semiologia ocidental) por um teatro das energias (como o queria Lyotard), mas antes a (re)conciliar semiologia "cartesiana" e vetorização "Artaudiana", em suma, em sentir o fluxo pulsional, mas sem deixar passar os limites de um dispositivo estruturado e localizado.

19. Eugenio Barba, "Théâtre eurasien", *op. cit.*, p. 101.

Concreto em vez de abstrato

A busca semiológica dos sentidos é levada frequentemente a rejeitar a materialidade cênica ou corporal, pois o modelo abstrato nota de maneira econômica a realidade cênica substituindo as produções materiais por sistemas significantes abstratos. O analista muitas é vezes tentado a reduzir tal materialidade a um significado imaterial. Assim fazendo, perde-se o sentido das ações físicas a uma *dramaturgia* que é propriamente uma sequência de "ações trabalhando"[20] que estruturam a história cotada, formam a trama concreta do espetáculo e "agem diretamente sobre a atenção do espectador, sobre sua compreensão, sobre sua emotividade, sobre sua "cenestesia"[21]. Vemos aqui a cultura se inscrever e se absorver no corpo do ator como do espectador, tornar-se para eles *conhecimento incorporado*[22]. O tiro com arco nos fornece uma prova viva disso, pois o movimento é propriamente *comunicado* de maneira estésica para o observador, como ação física simples, poderosa e segura. Mesmo que invisível, a flecha atinge infalivelmente seu alvo, pois ela foi extraída, colocada e enviada graças a microações visíveis e sensíveis. Fosse ela feita de bambu ou de raio *laser*, não seria mais concreta e presente que essa flecha invisível, enviada sem ferir ninguém pelo corpo da dançarina.

Autonomia dos elementos em vez de hierarquia

Sem dúvida, é mesmo o corpo inteiro da dançarina que se juntou para cumprir essa ação fictícia e concreta ao mesmo tempo; mas cada região do corpo – cabeça, tronco, braços, pernas – exerce uma por vez um papel principal. A hierarquia entre esses seguimentos nunca é fixa, cada um podendo, por sua vez, concentrar os olhares e se colocar no coração do evento gestual. Cada seguimento se torna então no centro do movimento da energia, como se, em uma espécie de uma democracia cultural (Trisha Brown), todo seguimento pudesse, a qualquer momento, encabeçar o poder.

Isso vale, mais geralmente, para o conjunto de uma representação, a qual não é hierarquizada do começo ao fim e de cabo a rabo, mas permanece submetida a variações de intensidade (e, como veremos, *densidade*). Certas atitudes, certos segmentos, certos momentos fortes do espetáculo podem se tornar, na dança Odissi, como em outros tipos de espetáculos, o centro de uma focalização. Nessa dança Odissi, o gesto e a música se encontram constantemente em momentos acentuados, paradas e sínteses, nos quais tudo o que precedia se organiza e de repente toma sentido.

20. E. Barba e N. Savarese, *op. cit.*, pp. 48-54.
21. *Idem*, pp. 48-49.
22. Título do artigo de K. Hastrup, "*Incorporated Knowledge*", *op. cit.*, p. 4.

Perspectivas parciais em vez de centralização

A autonomia sucessiva da parte do todo acarreta a impossibilidade de fixar uma perspectiva central. No seio de uma representação, é preciso evitar homogeneizar, unificar e conciliar as diferentes perspectivas. Estamos em um poliperspectivismo comparável a essa *Vista de Toledo*, o quadro de El Greco que Eisenstein tomou como ilustração de um espaço global reagrupando espaços e perspectivas específicas, umas ao lado das outras no interior do mesmo quadro. Assim, deveríamos abordar a análise do espaço e das ações de um espetáculo, sem partir da ideia de que tudo se organiza necessariamente em torno de um ponto de fuga. O espectador deve poder encontrar perspectivas parciais e também, naquilo que poderia passar por homogêneo, em uma série de planos concebidos, segundo a maneira eisenteiniana de uma montagem de atrações.

Já observamos como a dançarina subdivide seu corpo e o conjunto corpo-espírito em regiões capazes de se isolar, como que para melhor revelar e fazer funcionar a mecânica aperfeiçoada do encadeamento das partes do corpo e dos episódios da narração. Com mais razão, em um espetáculo intercultural, seja ele sincrético ou multicultural, será possível comparar diferentes perspectivas e julgar uma montagem em grande parte efetuada pelo espectador.

Densidade diferencial em vez de homogeneidade

A representação nem sempre é talhada do mesmo tecido, ela não tem uniformemente a mesma *densidade*. Tal noção de *descrição densa* (*thick description*) provém do antropólogo Clifford Geertz é que, se serve dela para descrever de maneira muito aguçada uma dada cultura:

> [...] o objetivo é tirar importantes conclusões a partir de pequenos fatos de uma textura muito densa; fundar afirmações gerais sobre o papel da cultura na construção da vida coletiva colocando-as em relação aos detalhes concretos muito específicos[23].

A análise se inspira da antropologia que se esforça, ao mesmo tempo, em fazer uma análise *local* detalhada e uma síntese *global* das forças implicadas. O local é abordado por microanálise, movimentos ou discursos, enquanto o global se explicita no discurso geral da encenação (se for o caso) ou do relato dos grandes princípios do funcionamento.

No caso da sequência de dança Odissi, os momentos densos se situam na ocasião das mudanças de direção, de translação de peso, de liberação da energia ou de paradas. As diferenças de densidade não

23. Clifford Geertz, *The Interpretation of Cultures: Selected Essays*, New York, Basic Books, 1973, p. 28.

são aqui, neste caso preciso, de vidas a uma heterogeneidade cultural, mas a uma "respiração" e uma partilha diferenciada das energias.

No caso de espetáculos mais complexos, utilizando todos os recursos da encenação ocidental, a análise localiza os momentos nos quais várias séries ou conjuntos coincidem e densificam sua presença. Assim para o espaço: tudo no espetáculo não tem a mesma pertinência; as horas densas, nas quais o menor detalhe toma importância, e zonas neutralizadas, nas quais nem sentido, nem energia parecem emergir; para a trama: aos momentos-chave os quais os conflitos de fazem ou se desfazem sucedem tempos mortos; para o ator: zonas de seu corpo são mais ou menos significantes, ou então suas características fazem dele uma personagem mais ou menos definida e individualizada.

No caso das encenações interculturais, percebe-se bem as diferenças de densidade, mantendo-se sensível aos materiais de origens diversas, sobretudo quanto à sua proveniência cultural e às conjunções adequadas para abordá-las. O espectador deve constantemente mudar de olhar, e logo, de modo de análise, sem no entanto identificar com certeza as fontes e as culturas.

Sincretismo em vez de pureza

A dança Odissi não apresenta qualquer caráter visível de sincretismo, no sentido de um amálgama de elementos provenientes de culturas diferentes. O sincretismo parece reservado, mas não necessariamente, ao teatro intercultural, ali onde várias tradições ou fragmentos culturais se encontram.

Refazer em vez de descrever?

Frente a tais dificuldades para descrever e avaliar o sincretismo das culturas, o mais simples não seria pedir ao próprio artista para que fale de sua arte ao reproduzi-la? Quando se pede a Sanjukta Panigrahi para que analise o episódio do tiro com arco, ela o faz retomando as principais atitudes, comentando-as verbalmente, parando para explicitar um detalhe, identificando os temas, as poses e as transições. Tal maneira de proceder informa também sobre a maneira de narrar, própria a cada cultura, com os exemplos que ela julga necessários e segundo a avaliação das dificuldades e das originalidades de suas próprias manifestações. Tal demonstração de trabalho, a meio caminho entre a reconstituição (impossível) e a descrição (mutiladora), revela bem toda a diferença entre a coisa e a palavra, entre a ação cênica e a reflexão teórica. Notemos, aliás, que esse exercício de comentário/ilustração é para o uso exclusivo dos ocidentais: ele é realizado em inglês para um público de amadores que ignora tudo da Odissi mas a aprecia muito (que se dê o crédito a ele por essa abertura de espírito!) Em sua escola, com seus próprios alunos, S. Panigrahi procederia de modo totalmente diverso. Ela mandaria fazer e refazer o exercício, sem comentar seus objetivos, com a única preocupação de transmitir fisicamente essa dança. No Oeste, ela contempla nosso pedido, levando em conta nosso desejo de racionalização e de memorização intelectual da informação, de nossa obsessão de dizer mais que de fazer.

Tudo isso indica bem que a análise não é o único e bom método para anotar e transmitir um espetáculo e isso ainda mais se o objetivo não é o de anotar uma encenação recém inventada, mas de transmitir uma técnica a gerações futuras, como para a dança Odissi.

Certos atores ocidentais descobriram, eles também, a possibilidade de conservar e analisar seus antigos papéis, retomando-os ou citando-os ao longo de demonstrações de trabalho. Assim procedem Iben Nagel Rasmussen e outras atrizes do Odin Teatret (Roberta Carreri e Julia Varley) ou ainda Mike Pearson[24]. Este último inventa todo um dispositivo para fazer reviver um teatro passado ao propor uma réplica que não somente o relembra e o analisa, mas também o recria e o prolonga.

Vamos tomar um último exemplo de reequilíbrio efetuado pelo analista ao evocarmos, no caso, o compositor alemão Heiner Goebbels, que encenou em Nanterre, em 1993, fragmentos de Conrad, Heiner Müller e Francis Ponge com músicos africanos tocando kora e cantando.

Reequilíbrios: O Exemplo de Heiner Goebbels

Séries paralelas em vez de unidades mínimas

Em vez de nos esforçarmos em destrinchar os poucos fragmentos do espetáculo em novos fragmentos ainda menores, seria de melhor inspiração constituir dois paradigmas sobre os quais se articula todo espetáculo: por um lado, a busca e o desembarque do homem branco no meio hostil da floresta sucessivamente desconfortável, angustiante ou industrializado; por outro lado o passeio musical dos dois negros que cantam e tocam kora. Esse duplo paradigma reúne todas as oposições: temáticas, musicais, cênicas, ele permite uma comparação termo a termo em todos os níveis: temática, mas também estilística, filosófica e antropológica.

Energia em vez de significação

Em vez de querer de qualquer jeito captar o sentido do duplo paradigma, podemos medir a diferença das energias que emanam das duas músicas, das duas maneiras de utilizar a linguagem e a voz. Uma é a energia elétrica, já que a guitarra elétrica, o daxofone e os

24. M. Pearson, *op. cit.*

sintetizadores estão ligados na tomada; a outra é a energia vocal que não está ligada ao corpo mas o constitui; uma é uma energia febril, dissipada, irregular e calcada na busca de não sabermos qual proveito; a outra é uma energia contida, calma e cheia de recursos. A energia de André Wilms (o ator branco) é a de um córrego de montanha ou de uma queda, enquanto a energia da cantora (Sira Djeba) é a de uma água profunda, de um rio poderoso que se joga no mar. Tal oposição, uma vez estabelecida, cabe aos exegetas estendê-la às implicações ideológicas e políticas que atravessam a peça. As oposições semânticas, com isso, se veem confirmadas e reforçadas.

Concreto em vez de abstrato

Seja o nível da música, da utilização da voz, da cenografia e de seus materiais (areia, dalas de pedra, tapete florestal em poliéster etc.), notamos uma utilização experimental e sensual dos materiais, incluindo-se aí do material musical e vocal que é produzido ao vivo, de modo lúdico e sem outra segunda intenção além de um consumo imediato e prazeroso. A abstração, a significação, se quisermos chamá-la assim, no entanto, nunca está muito longe; ela é, como deve ser, o outro lado da moeda sensível e concreta de signos. Assim, o enorme cone, ampulheta gigante ou misturador de cimento que parece pronto para se despejar na floresta ainda virgem, se vira e aparece como um espaço oco, uma *câmera obscura*, um aparelho com folie que evoca tanto um *trompe-l'oeil* como um palco italiano interspectivo, um espaço mental no qual penetra o explorador, com uma lanterna na mão. Da mesma forma, a enorme máquina ocidental de espalhar decibéis vira, ela também, o seu contrário: a voz quente da cantora malinesa que atravessa a noite e os atinge em cheio.

Autonomia dos elementos em vez da hierarquia

O dispositivo geral da encenação faz tudo para não ligar de maneira irreversível os elementos, sejam eles textuais, cenográficos ou musicais. Temos aqui de fato um encontro-não encontro (um *merging* no sentido de Hastrup).O desenrolar do espetáculo parece concebido de modo a reservar espaços para a improvisação (instrumental) e a justapor os signos e seus vetores, em vez de hierarquizá-los. Entretanto, e essa é exatamente a "tese" dessa encenação (pois é uma encenação, e ocidental), as duas artes, a tecnologia e a voz humana, acabam por se encontrar, sem que uma tenha necessidade de invadir a outra, mas não sem uma competição constante de suas energias tão diferentes. Pode-se achar banal essa oposição entre tecnologia ocidental e natureza virgem africana, não se poderá, no entanto, negar que ela é apresentada concretamente e de maneira aleatória.

Perspectivas parciais em vez de centralização

Todo o trabalho da composição e da encenação de Goebbels consiste em uma autodenegação: ele pretende fazer uma colagem de textos escolhidos por sua acionância, quando no entanto são ligados por suas perspectivas complementares sobre o colonialismo; quer dar oportunidade à música minimalista da kora africana, enquanto organiza com precisão seus momentos de intervenção; promove um "interculturalismo de armas iguais" enquanto sugere que a floresta africana vai acabar em poste, em mastro, em trava, em prancha, e que só sobrou no seu lugar a "ideia geral" (figura do Ocidente universal e abstrato). Em suma, as perspectivas parciais e autônomas são logo alcançadas pela visão transcendente e centralizadora do criador Goebbels. Seria, aliás, revelador comparar a visão francesa e a visão alemã da cultura africana e anotar as diferenças de recepção do espetáculo em Paris e em Frankfurt.

Densidade diferencial em vez de homogeneidade

Como a floresta de densidade variável, o espetáculo dá impressão de momentos mais ou menos densos e tensos: primeiro por seu próprio dispositivo (tecnologia/voz humana), em seguida pela alternância dos dois paradigmas e seu desequilíbrio quantitativo, o qual é evidentemente inversamente proporcional à diferença qualitativa: assim, logo que o silêncio se faz em torno da composição minimalista da kora ou da voz do *griot*, tais elementos tomam um relevo notável; eis aí o tipo de detalhe concreto e específico que reproduz localmente o que o dispositivo já deixa adivinhar globalmente, tendo inclusive a materialidade concreta e aleatória que dá ao pequeno fato denso uma autenticidade sem igual, e facilita uma descrição muito densa do espetáculo.

Sincretismo em vez de pureza

Assim sendo, a noção de pureza não tem mais qualquer sentido nesse espetáculo, pelo menos no sentido monocultura ou de uma cultura tão forte que absorva todas as outras, pois cada cultura musical toma conta de sua identidade e não é o resultado de uma hibridação. Não há produção de uma música sincrética, mas uma postura conjunta, aproximação, confluência entre componentes que são apresentados em separado.

A densidade provém da compressão em um só tema de elementos diversos e tão amontoados que não é mais possível separá-los, desencaixá-los. Impossível também estabelecer seu local de origem ou de reconstituir a rede de suas trocas. O espetáculo é naturalmente colagem, às vezes até conjunto de imagens surrealistas no qual a força da imagem está na incongruência de seus componentes. Casamento de jacaré com cobra d'água, encontro da máquina de costura e do guarda-chuva: tal é a regra de todos os casamentos mistos do intercultural, para os quais o corista dirige um olhar ambíguo e amblíope. Em todo espetáculo, e sobretudo, todo espetáculo intercultural, podemos julgar que tudo já é híbrido de saída, colagem de técnicas e amontoado de trechos escolhidos, visão sincrética, criolisada, caribenha, como na obra de Aimé Césaire na qual "a cultura orgânica foi repensada como processo inventivo ou intercultura sincrética"[25]. É preciso distinguir com cuidado a colagem de materiais heterogêneos e a hibridação (ou sincretismo) que é uma produção nova.

Poderíamos esperar um tal sincretismo no *Theatrum Mundi,* mas temos, em vez disso, uma justaposição e uma sequência dos melhores momentos para o espectador ocidental), dos materiais já conhecidos. A "estética das cotas" (a exigência democrática de mostrar as tradições de maneira quantitativamente igualitária, conduz Barba a uma montagem não mais de *atrações*, mas antes de *abstrações*, já que o mestre de cerimônias ocidental se sente obrigado a essencializar as produções, de escolher os aspectos típicos e reconhecíveis, de evitar qualquer interferência entre as tradições a não ser nos intermédios cômicos que ganham evidentemente a unanimidade de um público encantado por constatar que em todo lugar é possível se divertir...

O sincretismo é mais evidente na encenação contemporânea ocidental, que se encontra desde sua aparição influenciada, infiltrada e regenerada por práticas e olhares estrangeiros. A encenação ocidental, atualmente, não é um pouco chinesa (efeito de estranheza), indiana (união do corpo e do espírito), balinesa (desde Artaud e sua escrita do corpo), japonesa (antipsicologismo) etc.? A antiga concepção da encenação como controle central do sentido se esborou e com ela a pretensão globalizante e purista da análise do espetáculo. O mesmo espetáculo poderá ser recebido diferentemente por grupos diferentes, a obra cênica se adapta ao olhar do outro, se recompõe ao infinito, propõe muitas vezes tanto notações culturais específicas como universais, se dá a ver ora como um bem de consumo exótico, ora como um acesso pensado à cultura do outro.

O OLHAR ANTROPOLÓGICO

O intercultural existe também no interior do intracultural. Assim, a "cultura francesa" não seria ela a resultante de uma série de culturas particulares herdadas da história? Que aprendamos sem dúvida a respeitar as culturas, mas não esqueçamos que elas já são construções

25. J. Clifford, *op. cit.*, p. 15.

heteróclitas a partir de diferentes materiais culturais. Trazidos de volta da análise à prática, do olhar ao objeto olhado, ei-nos também de volta ao nosso ponto de partida: a questão da utilidade da abordagem antropológica no campo do teatro intercultural e da etnocenologia; mas o que mudou exatamente desde que desconfiamos de nosso olhar naturalmente etnocêntrico?

A abordagem antropológica parece se impor assim que somos chamados para nos pronunciar sobre o espetáculo que veicula necessariamente valores culturais diferentes dos nossos. Mas ela é igualmente útil para a análise de nossas próprias tradições. Além disso, não é nem possível, nem desejável separar estritamente espetáculos pertencentes à ou às cultura(s) do analista e os espetáculos para ele estrangeiros ou interculturais. O olhar antropológico, próximo e distanciado ao mesmo tempo, é a regra geral, assim como o é o espetáculo aberto ao pluralismo cultural. Convém assim abordar e analisar os espetáculos com o sentido da relatividade, adaptando, ou mesmo contradizendo, os procedimentos de análise habitualmente utilizados pela semiologia ocidental.

Que pode então a antropologia ou a etnocenologia fazer pela análise do espetáculo? Somente e simplesmente mudar nosso olhar sobre o espetáculo, o qual nos aparecerá, mas no sentido positivo do termo, como um "corpo estrangeiro": *olhar* estrangeiro, novo, não convencional, mas também olhar que diz respeito a todo o *corpo*, nós não podemos claro, sair de nossa cultura, de seus preconceitos, de suas insuficiências, mas nós sabemos pelo menos que nosso olhar é imbuído, mas também enriquecido por toda nossa experiência cultural.

Súbita desconfiança: a expressão "semiologia ocidental" já não é em si etnocêntrica? Não necessariamente, se considerarmos que a semiologia dos espetáculos se desenvolveu sobretudo (pelo que sabemos) na Europa e nas Américas e que ela tomou como objeto (como alvo?) encenações ocidentais, é pois compreensível que sua perspectiva seja parcial e que seja preciso adaptá-la para outras formas. É o que tentamos esboçar aqui.

Assim fazendo, logo pudemos constatar que se trata mais de uma adaptação e de um olhar diferente que de uma contrametodologia. Muitas vezes se insistiu sobre a imbricação das culturas, sobretudo sobre a constituição muitas vezes multicultural dos espetáculos, no *Oeste* como no *Resto* do mundo. O observador deve conceber objeto espetacular como o mesmo e como o outro. Não tem de se envergonhar da semiologia funcionalista que muito contribuiu para a elucidação das produções culturais, cujo rigor é inigualável, e que pareceu em um dado momento a corrente de pensamento dominante. O observador deve somente corrigir os efeitos deformantes de um teatro e de uma teoria fundados no texto ou na ideia de um autor de um espetáculo. Ele deve fazer um trecho do caminho para outra cultura, mas não o caminho inteiro.

No caminho de Damasco do teatrólogo caridosamente guiado pelo antropólogo, em suma, do *etnocenólogo* (já que é preciso chamá-lo pelo nome) se erguem muitas armadilhas sendo a menor talvez, que ele desapareça também de mala e cuia, no objeto de sua busca. Não esquecemos que o antropólogo, tendo deixado seu país para descobrir a outra cultura, "pratica a observação integral, aquela depois da qual não há mais nada, se não a absorção definitiva – e esse é um risco – do observador pelo objeto de sua observação"[26]. O etnocenólogo que deserta suas posições garantidas de crítico de semiólogo para mergulhar no espetáculo e no universo que o produziu não corre um risco menor. Saindo para resolver uma mera questão de epistemologia e de análise dos espetáculos, corre o risco de se transformar em dramaturgo, encenador, até mesmo em ator: a destinos trágicos assim. Sem dúvida, sua observação participante suprime as fronteiras entre objeto e sujeito, eu e tu, e o coloca na mesma situação que a ciência antropológica, a única "a fazer da subjetividade mais íntima um meio de demonstração objetiva"[27], mas, além disso, ele perdeu suas referências ocidentais, sua confiança em uma metodologia de análise eficaz, sua crença na utilidade social de sua missão. A desorientação é total, mas saudável, pois o "outro" da análise é a fabricação do espetáculo – e o que é tal fabricação a não ser uma antecipação de sua recepção, uma análise antes do termo daquilo que ainda não existe?

Tal olhar antropológico, ao mesmo tempo próximo e distanciado, sobre o teatro intercultural, acaba sendo proveitoso para a teoria e a prática ocidentais. De fato, ele os terá obrigado a reconsiderar os métodos de análise, a tomar contato com a mestiçagem cultural e a se inscrever em um mundo mais completo e complexo do que eles imaginavam[28].

26. Claude Lévi-Strauss, *Anthropologie structurale* II, Paris, Plon, 1973, p. 25.

27. *Idem, ibidem*.

28. Um esboço desse estudo foi publicado na revista *Internationale de l'imaginaire*, n. 5, 1996 ("La scéne et la terre. Questions d'ethnoscénologie"). Qual volume retoma os painéis do colóquio fundador da etnocenologia, sob a direção de Jean-Marie Pradier, na Unesco e na Maison des Cultures du Monde, dirigida por Chérif Khaznadar.

Conclusões
Quais Teorias para quais Encenações?

Ao cabo de um longo percurso consagrado aos métodos de análise dos espetáculos contemporâneos, poderá parecer estranho se perguntar de *quais teorias* temos realmente necessidade e para relatar *quais encenações*. Haveria pois teorias demais para um produto espetacular estandardizado? Ou, pelo contrário, de menos para uma pletora de formas ainda não repertoriadas? A resposta não é fácil pois tudo depende do olhar que lançamos sobre a obra cênica: nós a consideramos como uma encenação em geral que necessita de uma explicação universal, ou como um caso particular que demanda soluções específicas?

A encenação em geral não existe, e é sempre preciso definir em que tipo de encenação se está interessado, o que não facilita a formulação de uma teoria. Por outro lado, foi questão nesta obra sobretudo da encenação ocidental, expressão aliás pleonástica, já que é essa uma invenção do final do século XVIII, localizada no Ocidente e que é também o ponto de chegada da estética do teatro própria à Europa, local onde "o prazer esperado da representação e dos simulacros que ela arruma é inseparável da produção de um sentido e de um mecanismo de reapropriação do mundo, de conhecimento de si..."[1]

Tal mecanismo, delicado mas legítimo, leva a que se coloque a questão, que até aqui evitamos, da avaliação estética e ideológica da encenação.

1. Robert Abirached, *Le Théâtre et le Prince*, 1981-1991, Paris, Plon, 1992, p. 157.

A AVALIAÇÃO DA ENCENAÇÃO

Critérios da Avaliação

Os critérios são muitas vezes pouco explícitos e só raramente concernem ao puro valor artístico da produção cênica. Seria preciso então, de fato, determinar o que o evento teatral tem de artístico e como se deveria avaliá-lo. Seria preciso igualmente apreciar se a obra se originou de uma experiência autêntica do artista, se ela corresponde ao discurso implícito e à espera de uma época, ou se a inovação que ela representa é superficial e banal como o observa Pierre Gaudibert a propósito das artes plásticas – mas a coisa vale também para o teatro:

> Hoje, existe uma confusão entre a inovação real – a da linguagem e dos signos – que encontramos nas grandes criações, que modifica a percepção, as atitudes psíquicas e mentais e uma motivação vanguardista traduzida em modificações superficiais que se querem originais ou provocadoras[2].

A "inovação aceitável" é um critério que o público do teatro ocidental aceitará com facilidade, preocupado como está de, ao mesmo tempo, descobrir uma técnica ou uma mensagem nova e de não ser maltratado demais em suas esperas e seus atos. A tais esperas e resistências culturais se acrescenta as resistências ditas "analíticas" que "provêm dos bloqueios afetivos e/ou sexuais", resistências "desencadeadas por obras que encenam a sexualidade, as pulsões, as fantasias sexuais (o surrealismo por exemplo), ou que evocam o trágico, a destruição, a crise e suscitam angústia e desespero"[3]. Além dessas resistências a vencer, a avaliação diz respeito à autenticidade da obra e à experiência humana e artística daqueles que lhe deram nascimento, com o risco de voltar a cair no pântano da psicologia do autor.

Ou então no discurso sobre o estilo: o estilo de uma encenação de um artista, (encenador, decorador, iluminador ou ator) é sem dúvida possível enumerar algumas características próprias a um artista ou à série de suas criações, características que acabam por constituir uma marca de fábrica ou uma assinatura. Estilística, no entanto muito superficial que faz do estilo um "*je-ne-sais-quoi*" muito rápido que é apenas uma primeira abordagem tipológica e que é preciso imediatamente completar – como tentamos fazer aqui – com a análise sistemática e sistêmica dos componentes da encenação, de seus processos criadores e dos resultados produzidos. "A tentação estilística" conduz a uma outra tentação tão suave quanto: a da crítica normativa dos "erros" da encenação, da localização de suas disfunções ou de suas incoerências.

2. P. Gaudibert, "Conversation sur l'œuvre d'art", *Peuples et Cultures*, *op. cit.*, p. 22.
3. *Idem*, p. 11.

Os "Erros" da Encenação

Inesperada em uma teoria da encenação que se esforça pela objetividade e evita qualquer julgamento de valor, a crítica normativa dos "erros" se aplica em localizar as incoerências e as inconsequências do espetáculo em relação a uma linha de conduta, a uma lógica de conjunto, a princípios implícitos da encenação, em suma, àquilo que às vezes foi nomeado metatexto ou discurso da encenação. Vai se tratar, por exemplo, de estabelecer se o ator permanece fiel a um estilo de jogo ou se os sistemas das entradas e das saídas convêm ou não às escolhas cenográficas etc. Em suma, qualquer processo novo será examinado em função de seus antecedentes: estaria ele na lógica do que o precede, ou então contradiz as escolhas dramáticas e cênicas, fere o objetivo global ou então abre uma perspectiva nova e voluntariamente assumida? O que sai do quadro proposto é ora um erro da encenação, ora um meio de se manter a atenção do espectador em alerta. A encenação se situa sempre entre caos e redundância, entre ausência de ordem localizável e sistematicidade pesada demais. Ela está regida em duas tendências contraditórias: a necessidade de ordem e de regularidade, sentida em conjunto pelo encenador e pelo espectador; a tendência à complexificação da mensagem e a sua propriedade autoorganizadora, pois a encenação atual parece como um sistema de autoorganização: "para que um sistema tenha propriedades autoorganizadoras, é preciso que a redundância inicial tenha um valor mínimo, já que essas propriedades consistem em um aumento de complexidade pela destruição de redundâncias"[4]. Há, pois, um perigo real em erigir o metatexto em princípio autoorganizador inflexível sem que o menor afastamento da norma possa abrir a encenação a um sentido novo ou aumentado. Em suma, os "erros" podem ser voluntários e arranjados, destinados a manter a atenção do espectador à espreita, eles são muitas vezes o resultado de decisões artísticas ou organizacionais da encenação.

Em que pode consistir os erros do encenador? Não vamos empreender sua demonstração, pois a lista seria infinita. O interesse desses erros é o de estimular a atenção do espectador, de mantê-lo em alerta, de avivar suas faculdades críticas, mesmo correndo o risco do tédio ou da deserção.

O Sistema da Encenação

Apesar de uma tendência para uma autoorganização da encenação contemporânea, quer dizer, para o desaparecimento de toda

4. Henri Atlan, *Entre le cristal et la fumée. Essai sur l'organization du vivant*, Paris, Seuil, 1978, p. 52.

regularidade, constata-se fora isso o retorno dos grandes princípios de organização, sejam eles a análise dramatúrgica neobrechtiana[5], da captação sintética de conjunto simultâneos, do metatexto, ou simplesmente da unidade constitutiva do espírito humano.

A análise dramatúrgica

De histórica e cronológica (passagem do texto à cena) a encenação se tornou, com o estruturalismo a semiologia, uma noção estrutural e sistemática. Desde então, é natural buscar a formalização de seu sistema, sobretudo localizando as escolhas dramatúrgicas, como nos belos dias do brechtismo nos quais eram estabelecidos, em três tempos, a ação, a fábula, as formas do espaço e do tempo, os actantes e seus gestos. Mesmo se a ideologia não é mais aquilo que era, ou seja, a formalização dramatúrgica das contradições da fábula, ela volta à tona logo que se trata de localizar as opções e a estrutura dramatúrgicas da representação: isso permite englobar com um único olhar a estrutura dramática e sua formalização cênica.

A captação sintética de conjuntos simultâneos

Ela obedece à mesma lógica de estruturação em conjuntos amplos e claros: nossa experiência analítica do espetáculo é sempre vertical e sintética (e não puramente linear e fragmentária): o espectador percebe todos os elementos da encenação como totalidades temporais, os quais coincidem e se manifestam em signos cênicos e sintéticos: em suma, ele não despedaça a representação, mas se serve de largas fatias de espaço temporais, no interior das quais o sentido forma um conjunto coerente.

O metatexto da encenação

Tal noção continua útil para reagrupar sistematicamente as propriedades da representação cujo conjunto formam um sistema lógico. É bom lembrar que o metatexto não é a propriedade do encenador, mas o sistema estrutural evolutivo que serve de esquema diretor e de síntese para o espectador.

Unidade e unicidade do espírito

É, em suma, *a unidade e a unicidade do espírito* que serve de fio condutor através do espetáculo, apesar do bombardeamento anárquico dos signos. Como dizê-lo melhor que Zeami? É preciso "unir pela unicidade do espírito os dez mil meios de expressão"; é preciso "que

5. Cf. Juan Antonio Hormigon, *Trabajo dramaturgico y puesta en escena*, Publicaciones de la Asociación de directores de escena en España, 1991.

seu espírito seja o fio por meio do qual, sem que o espectador perceba, se unam seus "dez mil meios de expressão"[6].

Dessa forma então, como poderia nos ter lembrado Zeami, a encenação e tão pouco a semiologia não são um catálogo de signos, ou um chaveiro para chaves dos sonhos de todos os tipos; elas são o fio de ouro no qual cada um pode enfiar as pérolas da pós-modernidade mais descosidas. Seria isso devido ao fato de que o sujeito e o autor estão de volta? E seria essa uma boa notícia?

Retorno do Autor e da Autoridade?

Logo que se fala de encenação cai-se rápido na tentação de recentrar a atividade teatral na pessoa do encenador, de fazer dele o autor cênico e a autoridade estético-política da representação. Esta era a ideia da própria noção de encenação tal como se instaurou há cem anos com os Craig, Stanislávski ou Appia. No entanto, tal concepção centralizadora é atacada por uma crítica pós-moderna da encenação: recrimina-se o fato de se armar com uma análise dramatúrgica rígida demais, de se ancorar em uma subpartitura rígida demais, de se submeter às veleidades ditatoriais de um semiartista, de recair, com tal noção de linguagem cênica, um logocentrismo que se interessa pela cena apenas na medida em que for traduzido os significados verbais.

A crítica pós-moderna desconfia de toda noção de linguagem, temendo que a linguagem reintroduza um sujeito que está na sua origem e se interponha entre o espectador e a materialidade dos significantes teatrais: ela preconiza uma relação direta com essa materialidade e com a corporalidade do ator, ela exige que o olhar do espectador se coloque

> sobre o aspecto do não intencional, do investimento libidinal de eventos, da materialidade sensual de todos os significantes que não autoriza que se desvie da corporalidade de tais coisas, estruturas e seres graças aos quais surgem as significações no teatro[7].

Tal perspectiva – a de Lehmann e antigamente de Susan Sontag[8] e de Barthes[9], se esforça assim em substituir uma erótica por uma semiologia da arte, restituindo o desejo e o fluxo libidinal aos seus direitos, quer se trate do ator ou do espectador. No entanto, a não ser que se queira ficar em uma atitude afirmativa da apreciação *de* e *na* arte, sem nenhum controle sobre o desenrolar das operações, é

6. Zeami, *La Tradition secrète du Nô*, Paris, Gallimard, 1960, pp. 130-131.

7. H. T. Lehmann, *op. cit.*, p. 48.

8. Susan Sontag, *Against Interpretation*, trad. fr. *L'Oeuvre parle*, Paris, Seuil.

9. Roland Barthes, *Le Plaisir du texte*, Paris, Seuil, 1973 [trad. bras., *O Prazer do Texto*, 3ª ed., São Paulo, Perspectiva, 2002].

necessário reintroduzir um sentido e uma direção a tais ações eróticas que nos oferecem a cena a ser analisada. É o que faz imediatamente Lehmann:

> não se trata de modo algum de privilegiar o afeto em detrimento do conceito, mas o conceito deve saber acolher em si essa realidade dos sentidos, essa sedução daquilo que o processo teatral tem, no sentido amplo, de erótico[10].

É o que fizemos propondo as noção de *vetorização*, tentando pois administrar o conceito e o afeto.

Toda questão é de saber se esse conceito sedutor é um retorno do sujeito e de sua *autoridade*. Trata-se, em todo caso, mais de *autorização* do que de *autoritarismo*.

Estejamos autorizados pois a considerar a encenação não como obra orgânica, coerente e acabada, mas como um processo que pouco a pouco se instaurou, mesmo que de maneira episódica e instável, processo no qual se percebe ainda as hipóteses, as tentativas e os esboços do encenador. Desde então, a encenação como resultado (claro que sempre inacabado) é um lugar e o momento no qual se adivinha a maneira pela qual os materiais cênicos foram estruturados, laminados, colados, condensados e deslocados. Para análise como para produção do espetáculo seria ingênuo e, por assim dizer, hegeliano, partir do princípio de que há uma estrutura orgânica, coerente, global, passível de se decompor. Sabemos que os encenadores, ou os coreógrafos, não trabalham segundo os princípios da harmonia universal. Pina Bausch, por exemplo, declara: "não trabalho desde o início até o fim, mas com pequenas partes que crescem lentamente, se combinam e crescem para o exterior"[11]. Cabe à análise levar isso em conta, evitando esquadrinhar *a priori* o espetáculo sem levar em consideração as excrescências, as manipulações e as irregularidades de um trabalho cênico. Assim, é bom desconfiar ao mesmo tempo da autoridade absoluta do encenador que teria previsto tudo e da autoridade relativa do espectador cujo olhar constituiria a obra em sua totalidade. É que as tarefas do encenador são hoje de uma variedade extrema.

Tarefas Antigas e Novas do Encenador

Ensinador ou ensaiador?

Dois perigos parecem ameaçar um encenador: ser um "ensinador" ou um simples *ensaiador**. Desde sempre há protestos contra

10. H. T. Lehmann, *op. cit.*, p. 48.
11. Pina Bausch, "Gesprech mit Pina Bausch". Archives du théâtre de Wuppertal, 1987.
* No texto original *maître en scène* e *métreur.* (N. do T.)

sua pretensão de tudo reger: não são poucos "homens raivosos" tais como Gillibert para se indignar com isso: "é preciso que se acabem os 'ensinadores' "; eles matam a verdade da vida da obra, aquilo que faz a obra improvável, incerta mas irresistível; eles matam a verdade da vida do ator que não tem mais nem invenção nem capacidade de emoção ou de imaginação[12]. Em reação a tais "ensinamentos", reduz-se muitas vezes seu papel aonde um simples *ensaiador*, um subalterno encarregado da colocação de objetos e dos atores, de um medidor e de um organizador que se limita a medir suas distâncias, suas colocações ou seus deslocamentos.

Seu papel mudou muito desde a concepção clássica da encenação como harmonização dos materiais, tal como Copeau poderia defini-la em 1913:

> [...] o desenho de uma ação dramática é o conjunto dos movimentos, dos gestos e das atitudes, a afinação das fisionomias, das vozes e dos silêncios, a totalidade do espetáculo cênico emanando de um pensamento único que o concebe, o regula e o harmoniza[13].

É assim, como o nota Meierhold, "a especialização mais larga do mundo", "o teatro do ator, mais a arte da composição de conjunto"[14]. Atualmente, o encenador tende a perder sua responsabilidade global, artística, em "proveito" de uma simples responsabilidade técnica (ensaiador, incitador e encilhador). O antigo mestre universal delega frequentemente seu poder a vários agentes de ensino, aos responsáveis pelos diferentes componentes do espetáculo (som, luz, música, tecnologia etc.). A encenação está descentralizada e delegada: ela não reúne nem compõe mais nada, ela se limita a justapor sons, ruídos, imagens, corpos. Em um tal teatro antissemiológico, que Lyotard batiza de "energético", "a relação de *poder* (a hierarquia) é tornada impossível e por conseguinte a dominação do dramaturgo, mais encenador, mais coreógrafo, mais decorador sobre os pretensos signos, e também sobre os pretensos espectadores"[15]. Tal desierarquização torna todo metatexto, todo comentário sobre o conjunto de signos, ilegível ou contraditório: nenhuma vista de conjunto, nenhuma perspectiva geral parece daqui para frente em condição de se encarregar da encenação. A diferença com a posição clássica é que ilegibilidade (ou invisibilidade) é definitiva: não se pode mais julgar a encenação segundo um comentário claro e colocado num metatexto facilmente legível.

12. Jean Gillibert, *Les Illusiades*, Paris, Clarncier-Guénaud, 1983, p. 310.
13. J. Copeau, "Un essai de rénovation dramatique", *Appels. Registres I*, *op. cit.*, pp. 29-30.
14. V. Meierhold, *op. cit.*, t. IV, p. 344.
15. J. F. Lyotard, "La dent, la paume", *op. cit.*, p. 103.

Metatexto visível ou raios ultravioletas?

Anteriormente, segundo a concepção clássica, a de um Copeau, de um Stanislávski ou de um Meierhold, a encenação era ao mesmo tempo implícita e sensível para o espectador atento, pois "os raios ultravioletas da ideia principal do espetáculo devem permanecer invisíveis e penetrar o espectador de tal modo que ele não os perceba"[16]. No presente, a evidência não é mais sequer implícita, o metatexto sequer tenta ser mais discreto, ele é ou inexistente, ou contraditório e ilegível.

Encenação conceitual

Acontece, por outro lado, que a encenação seja tão evidente ilegível que ela se torne um comentário crítico o qual constitui por si mesmo uma obra em sua totalidade: a encenação é "conceitual", no sentido de uma "arte conceitual". Ela se acha tão inteligente que acaba esquecendo que ela é *encenação de* para *ser encenação*, reflexão em seu estado puro. Não há mais então matéria para reflexão, mas reflexão como única matéria.

Despedaçamento

Uma escrita que, em sua fragmentação, ultrapassou a alternativa dramática/épica cai aos *pedaços*, já no ato de escrita e muito mais ainda já na intervenção do ator. Donde a dificuldade de se manter sobre ela uma linguagem unificada.

Seja qual for a estratégia adotada pelos encenadores, é muito difícil para o espectador seguir todas as operações em jogo na sua formação e sua sistematização. Não espanta o fato de que a teoria tenha dificuldades em prosseguir, que se anuncie sua ausência ou que se sugira seu desaparecimento próximo. O leitor como espectador entrou definitivamente na era da desconfiança, e da rejeição teórica. Mas isso seria razoável? Para que serve as teorias e com o que ela sonha? Tomar consciência dos limites da análise e dos limites da teoria, não é no entanto uma atitude negativa e desencantada: pelo contrário!

LIMITES DA ANÁLISE, LIMITES DA TEORIA

Reavaliação da Teoria

Crítica do signo

O argumento frequente para advertir contra a dificuldade de se interpretar o espetáculo teatral, consiste em destacar a

16. V. Meierhold, *op. cit.*, p. 339.

impossibilidade de saber se tal elemento da atuação, ou do cenário é, ou não, o signo de uma intenção manifestada pelo encenador. Assim que nos colocamos no ponto de vista de uma análise do espetáculo, escolhemos a perspectiva de sua recepção (e não de sua produção). De fato, cabe sempre ao espectador decidir isso em função do conjunto do espetáculo. Tudo no espetáculo não pode ser reduzido a um signo, sobram momentos autênticos, eventos imprevisíveis e únicos: como saber se o uísque bebido pelo autor não é, apesar de tudo, uísque, se o gesso não cobre uma perna realmente quebrada? Se nesse ponto tudo pode ser signo e nada o é com certeza haveria ainda utilidade de garantir os serviços da semiologia? Tal é, *grosso modo*, o argumento de Lyotard:

> [...] a modernidade desse fim de século consiste nisso: não há nada a ser substituído, nenhum posto é legítimo ou todos o são; a substituição, e por conseguinte o sentido, é apenas ele mesmo um substituto para o deslocamento[17].

A tese de Lyotard vale para um espetáculo aleatório e único, como um *event* de Cage ou um *happening*, mas não se aplica assim que a representação é retomada pelo menos uma vez e que a repetição obriga a que se preveja os efeitos. Tal tese tem, no entanto, o mérito de deixar aberta a encenação como uma reserva de materiais e de signos, como matéria e espírito, significante pronto para significar. Ela aliás não é nova, já que Copeau a utilizava como pedra de toque de sua estética:

> Nós rejeitamos a velha e vã distinção, numa obra intelectual, entre o que pertence à matéria e no que depende o espírito, entre a forma e o conteúdo. Do mesmo modo nos recusamos a conceber uma dissociação factível entre a arte e o ofício[18].

Crítica da representação

A crítica do signo leva à crítica da representação. Aquele que, por exemplo, Derrida relendo o Artaud dirige contra o teatro que continua representando, em vez de ser a própria vida: "O teatro da crueldade não é representação. É a própria vida naquilo que tem de irrepresentável"[19]. Tal recusa de representar é, por vezes, reivindicada por um ator (ou mais exatamente um *performer*) que não representa qualquer papel (sequer o seu próprio), mas está presente em cena e cuja performance faz referência apenas a si mesmo.

A estética da representação, que exige uma comunidade de temas ou de interesses, segue o passo a uma estética da recepção

17. J. F. Lyotard, "La dent, la paume", *op. cit.*, p. 95.
18. J. Copeau, *op. cit.*, p. 102.
19. Jacques Derrida, *L'Écriture et la Différence*, Paris, Seuil, 1967, p. 343 [Trad. bras., *A Escritura e a Diferença*, 3ª ed., São Paulo, Perspectiva, 2002].

e da percepção individual: o receptor se torna a instância principal que julga em função de seus gostos, de sua vida e de sua experiência pessoal. À obra representada, ele tenta substituir uma erótica da arte, numa experiência de sensoriedade na qual tudo é apreciado segundo o prazer sentido pela contemplação da obra. Tal maneira "preexpressiva" – como diria Barba – de gozar o teatro, nos distancia do signo e do sentido e nos mergulha em sensações de presença, de equilíbrio que tentam neutralizar todo lado intelectualista da experiência teatral. Resulta daí uma crítica energética da semiologia.

Crítica energética da semiologia

A crítica no ponto de vista de um teatro energético[20] busca substituir ao ramal dos signos, o fluxo das pulsões, a força da presença, o imediato do significante e da materialidade cênica. Espera-se de um circuito energético que provoque os deslocamentos de afetos e os fluxos puncionais.

Nós propomos imaginar, no lugar de um ramal estático de signos, um circuito no qual o sentido aparece e se desloca conformemente a uma "semiotização do desejo" ou "vetorização". Tal modelo concilia uma semiologia do sensível e uma energética dos deslocamentos não visíveis. Por exemplo, tratando-se do espaço, não o definiremos unicamente de maneira representativa, como um espaço a se preencher, já enquadrado e posto em perspectiva, mas como um vetor energético ligado ao utilizador, as suas coordenadas espaçotemporais, à sua presença, sua energia, seus deslocamentos e seu percurso. Trata-se de tomar o oximoro "semiotização do desejo", de descrever o ator e o espectador enquanto um objeto entre semiotização e desemiotização, mantendo presente a energética erótica dos significantes o maior tempo possível; a atenção dedicada à materialidade cênica é reforçada por uma denegação que nos lembra sempre que estamos no teatro e que percebemos apenas formas e matérias.

Assim, o modelo semiológico do objeto teatral preso na rede dos signos com seus ramais, suas correspondências e suas regularidades, é substituído pelo modelo dos vetores, modelo "a cavalo" sobre uma semiologia visual e sobre uma energética. Então, e somente então, há um sentido em se falar, para a obra como para seu receptor, de uma "carga energética", e que podemos localizar tal carga tanto em uma como no outro. "Na obra de arte, uma carga energética é inscrita nascida do engajamento do criador, ligada à sua história pessoal, frente à sociedade na qual está mergulhado e a seu inconsciente coletivo"[21]. Para

20. Segundo a expressão de Lyotard, *op. cit.* Ver também Hubert Godard, "Le déséquilibre fondateur", *Art Press*, número especial, 1992.

21. P. Gaudibert, *op. cit.*, p. 11.

que o espectador sinta um choque assim, uma semelhante descarga, é preciso que tal choque seja preparado por aquilo que ele percebe, que o espectador compreenda tais impulsões, também como signos e vetores e não somente enquanto ondas de choque. Tal é o objetivo dessa "semiologia integrada" que nós propomos.

Referenciação da Semiologia Integrada

Essas críticas repetidas do signo, da representação, da semiologia não deixam de ser interessantes. Permitem reavaliar uma teoria por demais estaticamente calcada sobre uma série de signos abstratos, de propor na abordagem da encenação grandes eixos de referência, de trabalhar a representação teatral como se trabalha os sonhos: a partir de grandes operações estruturais e estruturantes.

Para retomar uma última vez o modelo dos vetores, inspirado pelo Freud da *interpretação dos sonhos*, prolongado por Jakobson e por Lacan, adaptado às grandes operações da representação teatral, vamos definir a natureza dos dois grandes eixos:

- O eixo do *deslocamento*, ou da *metonímia*, que substituem um elemento por outro (conector) ou que quebra a corrente para passar para algo totalmente novo (secionante), tal eixo é o de uma estética mais mimética, realista, prosaica, linear, na qual a cena está talhada no mundo externo e lhe é cossubstancial.
- O eixo *condensação*, da *metáfora*, que acumula e mistura os elementos (graças aos acumuladores) ou dá acesso a um outro plano totalmente diferente (através dos embreadores): tal eixo é o de uma estética mais irrealista, simbolista, poética, circular e tabular, na qual a cena tende a se autonomizar condensando o mundo em uma nova realidade fechada sobre si mesmo.

Dentro desse quadro muito geral, examinamos os grandes eixos segundo os quais trabalha a encenação e localizamos os pontos de partida e de chegada dos vetores, sem necessariamente decidir as forças energéticas que os reúne. A vetorização permanece aberta: não somente a identificação do vetor dominante a este ou àquele momento permanece delicada; mas ainda a ligação entre conexão, acumulação, ruptura e embreagem deve ainda ser estabelecida e é o objeto em si da análise da interpretação. Tal quadro fornece pois o melhor que pode as condições de toda análise subsequente. Pudemos verificá-lo com a análise da "legibilidade cultural" no *Teatrum Mundi* (Parte II, capítulo 3).

Condições da Análise

Dimensões

Na era do vídeo doméstico, do controle remoto e da câmera lenta, o problema não é mais a efemeridade do espetáculo, nem a listagem exaustiva de todos os signos. Seria antes a escolha dos signos declarados pertinentes e anotáveis, sua hierarquização e sua vetorização. Encontramos hoje obras críticas exaustivas consagradas a uma encenação, às vezes de segunda categoria. O volume das informações e o esforço tecnológico têm com o que intimidar o exegeta e o espectador não especialista ainda mais que as tecnologias de registro (vídeos-cassetes, computadores e cia.) estão com certeza prontas para serem acionadas ou programadas, mas sob condição de não correr qualquer risco interpretativo.

Aceleração ou desaceleração

Em vez então de acumular ou de quantificar as informações, propomos não somente emitir hipóteses sobre sua vetorização, mas nos concentrarmos em alguns aspectos e utilizar uma espécie de controle remoto mental para o aceleramento a fim de perceber as linhas de força da encenação. A aceleração impede o bloqueio dos sentidos, conserta a fragmentação, livra as linhas de força. A desaceleração conduz ao espectador a uma espécie de iluminação, momento de fleche no qual somos capazes de listar todos os fatores pertinentes de uma série e de localizar momentos de síntese recapitulativa, chamem-se eles *Satori* ou *To* (Tao coreano), momento propício (Zeami) ou então instante pregnante (Lessing), *gestus* (Brecht), ou então Gesto psicológico (M. Tchékhov).

Tais condições novas da análise não são necessariamente percebidas como uma facilitação da teoria, mas muitas vezes, pelo contrário, como uma incitação para que se abandone o debate teórico, ao relativizar, ou mesmo depreciar todos os métodos de análise, pondo em dúvida a possibilidade de fazer a teoria de uma obra cênica, e sobretudo da encenação dita "pós-moderna". Mas devemos ser tão rápidos em excluirmos a teoria?

Contra o Relativismo Pós-moderno

Dificuldades da descrição

Muitas vezes, artistas recusam a teoria criticando sua incapacidade de registrar a representação teatral, a qual é ou única e não reproduzível, ou semântica e fechada em si mesma. Barry Edwards e Geoffrey Smith, do grupo Optik, descrevem, por exemplo, sua representação (*Tank*) como um evento que não pode ser nem descrito e nem previsto:

> [...] o evento da representação não pode evidentemente ser "descrito", ele não é uma metáfora para "algo além", cada representação gera sua própria evidência, sua própria história. Mas cada representação é totalmente nova[22].

22. Barry Edwards e Geoffrey Smith, "Theatre Statement", programa do Diskurs, festival europeu dos estudantes de teatro, Gissen, 1993, pp. 90-100.

Mesmo se cada representação do grupo Optik é de fato única, no estilo, em suma, de um *happening* ou de uma cerimônia que acontece apenas uma vez, nada proíbe de descrever e interpretar o evento que se produziu naquela noite, e que acaba sempre por tomar sentido, mesmo se é apesar dele e como que por acaso. O espaço, o tempo e a ação em cena se inscrevem necessariamente na história, a nossa, a partir do instante em que se desenrola aos olhos de um público. O que não podemos mais fazer, por outro lado, é interpretar em função de um texto ou de uma intenção prévia das quais seriam a resposta. Mas quem ainda insistiria nisso?

Da mesma forma, quem ainda pensa em *decodificar* um espetáculo desse tipo? É claro que uma semiologia da comunicação não tem aqui qualquer utilidade; bastaria então *desconstruir* o espetáculo? É bom que nos entendamos sobre essa palavra frequentemente usada na crítica pós-moderna.

Os limites do conceito de desconstrução

No sentido banal do termo fala-se de desconstrução assim que a encenação se apresenta sob forma fragmentada, sem possibilidade de fixar, no sentido estável, cada fragmento, parecendo se opor aos outros. Quando a encenação parte de um texto, pode igualmente o desconstruir abrindo-o a uma multiplicidade de sentidos contraditórios, provando a impossibilidade de uma única boa leitura concretizada pela representação. No sentido técnico do termo, o de Derrida e do deconstrucionismo na filosofia, a desconstrução aplicada à encenação poderia consistir em se encontrar um dispositivo de atuação e de interpretação que "demonstra" a impossibilidade de ler encenação reduzindo-a a um sentido, que inventa falsas pistas e toda uma estratégia para desmontar seus próprios mecanismos, se autocitar ou se parodiar. Alguns grupos como a Needcompany[23] ou o Wooster Group[24] se especializaram na desconstrução de sua própria estética. Há sempre um momento no qual o espetáculo indica como ele é construído (e logo desconstruído), o que ao mesmo tempo desencoraja qualquer alusão e qualquer referência ao mundo externo. Então, não é simplesmente texto o que é desconstruído pela encenação (como é sempre o caso, sobretudo quando o ator efetua uma crítica em ato ao sentido textual), é toda a encenação que é contradita e desconstruída por sua própria estratégia.

Em sua versão banal, a desconstrução da encenação pode ser constantemente reciclada, a significação do espetáculo não é, de fato,

23. Grupo dos Países Baixos que gostam de desconstruir os clássicos universais.

24. Grupo americano saído do Garage de Richard Schechner, inspirado pela desconstrução intercultural.

nunca estabelecida, ela é apenas uma hipótese em um dado momento, no máximo a hipótese menos ruim que é constantemente desfeita por novos índices ou novas pistas ainda inexploradas.

Toda desconstrução é pois apenas provisória, na espera das seguintes e é o espectador quem decide em última análise sua sucessão. Que se evoque por exemplo a relação entre texto e cena: mesmo se a encenação tenta arrumar um espaço de neutralidade entre o texto dramático e o dispositivo cênico, a prática da encenação logo preencheu tal espaço, de maneira "autoritária" já que é a encenação como escrita cênica e sujeito da enunciação que decide quem dá o sentido ao mesmo tempo ao dispositivo e ao texto dramático. Mesmo se o encenador finge não querer tomar partido sobre o texto, a encenação vai sugerir uma ligação entre o texto sugerido e o dispositivo cênico; se a ligação consegue permanecer aberta, é o espectador que vai fazer sua hipótese e supor que tal ligação é metafórica, cenográfica ou factual (para retomar as categorias de Lehmann). Haverá pois necessariamente desconstrução do texto pelo palco (ou se não há texto de um sistema cênico pelo outro). Mas globalmente, a encenação, em sua instabilidade intrínseca, dará facilmente a impressão que ela mesma se desconstrói. A desconstrução se faz por assim dizer "em bloco", e não no detalhe das análises ou na pluralidade de seus métodos.

Pluralismo Metodológico e Não Ecletismo

Porque, mais do que à pluralidade, a crítica pós-moderna recorre ao ecletismo na escolha de seus métodos de análise: ela prefere o brinde surpresa à caixa de ferramentas. Mas quais ferramentas tirar da caixa? Estaríamos tentados em responder: não importam quais desde que eles sejam usados sistematicamente e não jogados no meio da operação! Por exemplo, as ferramentas seguintes (que nós já encontramos no nosso caminho):

- o *estruturalismo* e o *funcionalismo* nos ofereceram uma semiologia dos sistemas cênicos, que permanecem uma base indispensável para todas as investigações. Lembremos que a semiologia da encenação não tem de traduzir em significados linguísticos (quer dizer verbalizar) os significantes do espetáculo. Há, melhor dizendo, uma tendência a se basear as descrições na matéria do espetáculo, evitando restaurar e destrinchar as categorias e os códigos tradicionais do teatro burguês;
- a *hermenêutica* é reintroduzida (enquanto a semiologia havia sido imposta nos anos de 1960 como um meio de ultrapassar a arte subjetiva e selvagem da interpretação). Encoraja-se atualmente uma utilização hermeneuticamente controlada dos instrumentos semiológicos. O que esclarece a maneira com a qual se constituem as unidades, os conjuntos, as sintaxes, os percursos e, como veremos adiante, as vetorizações entre os signos;

- a *historicidade* da produção e a da recepção são confrontadas para fundar uma estética da recepção;
- a *crítica do signo* e da semiologia, sobretudo a de Lyotard, se ela não leva a um teatro energético tem um mérito de sensibilizar pelo menos para uma flutuação das energias e das linhas de força da encenação. Ela desemboca no compromisso de nossa "vetorização do desejo", a qual abre a via para uma série de *oximoros teóricos* tais como: teoria do caos, análise das sínteses, blocos de eventos isolados, cronotopos cênicos.

Tal tensão dos oximoros nos preserva de um uso sem critério das teorias as mais contraditórias, ela é a garantia de uma necessária pluralidade metodológica.

Mudança de Paradigma

A pluralidade dos métodos, hoje largamente admitida na análise do espetáculo, parece acompanhar um alargamento do paradigma favorito da representação, a visualidade, até os paradigmas da audição, do ritmo e da sinestesia.

A semiologia do espetáculo se fundou (em reação à literatura e à concepção literária do teatro) na visualidade, definindo suas unidades como signos do visível tornados legíveis por meio de uma linguagem da cena.

Desde a reflexão sobre a encenação como "excessivação" (*mise em trop*[25]), estamos muito mais atentos ao ritmo do texto e aos referenciais da memória auditiva.

Visualidade e audição não são, aliás, os únicos sistemas perceptivos operantes na recepção do espetáculo. São, de certo modo, dependentes do "aparelho muscular por inteiro" como bem o demonstrou Jaques-Dalcroze em seus estudos sobre a rítmica:

> [...] a percepção autêntica do movimento não é de ordem visual, ela é de ordem muscular, e a sinfonia viva dos espaços, dos gestos e das atitudes encadeadas é criada e regulada não pelo instrumento de apreciação que é o olho, mas pelo instrumento de criação que é o aparelho muscular por inteiro[26].

Uma análise sensível no sentido muscular descreve o valor *sinestésico* (percepção do movimento), e mais geralmente *estésico* do espetáculo.

Assim sensibilizada para a corporalidade do espetáculo, a análise aproxima-se consideravelmente de uma prática dos sentidos:

25. Michel Vinaver, "La mise en trop", *Théâtre/Public*, n. 82-83, 1988.

26. Émile Jaques-Dalcroze, *Le Rythme, la Musique et l'Éducation*, Lausanne, Foetisch Frères, 1919, p. 140.

concebemos então a teoria e a análise do ponto de vista da prática do encenador.

Teoria e Análise do Ponto de Vista da Prática

Distanciamento

Durante os ensaios, o encenador tende cada vez mais a se dissociar do grupo no qual evoluem seus atores e seus colaboradores para tomar sua distância e dirigir da plateia, antecipando seu futuro público e lhe atribuindo seu olhar sobre o espetáculo em construção. Todas essas decisões sobre a encenação são evidentemente influenciadas pelo seu olhar e pela análise que ele pressupõe: análise segundo os sistemas significantes que os artistas instalam (logo análise transversal da representação em um momento dado), e análise em função da gestação rítmica do tempo, logo da articulação do espetáculo, em diversos momentos (análise longitudinal). No trabalho de elaboração do espetáculo, o encenador tem o sentido da divisão do trabalho (entre os diferentes ofícios) e da segmentação da representação. Ele sabe articular uma cena para que ela seja legível, colocar os momentos chaves, as viradas rítmicas e dramatúrgicas, impor as rupturas e os cortes. Assim se instauram progressivamente a partitura e (para os atores) a subpartitura do espetáculo. Tal estruturação analítica da representação, tais traços da gênese estão ainda sensíveis e localizáveis no produto acabado, como cicatrizes de antigas operações, ou como uma respiração da obra. Um conhecimento da prática é útil, ou mesmo indispensável para o analista do espetáculo: partindo do resultado, ele imagina o que pôde ser o trabalho preparatório e dramatúrgico, as decisões e os acasos que levaram ao resultado final. Tal prática, por sua vez, não pode dispensar, mesmo a título indicativo ou incitativo, uma teoria dessas diversas operações. Poderíamos até definir a encenação, junto a Juan Antonio Hormigón como "a articulação coordenada do trabalho dramatúrgico e a prática técnico-artesanal[27]. Há necessariamente um trabalho dramatúrgico (mesmo se este negue a si mesmo), que é a sistematização de ações práticas realizadas concretamente pela prática "técnico-artesanal".

Lógica do processo, lógica dos resultados

Os teóricos, como os práticos, estão conscientes de que a análise do espetáculo não começa e não acaba com o espetáculo de uma noite, mas que ela deve se interessar por sua preparação, e também por sua recepção pelo espectador. Carlos Tindemans cerca perfeitamente

27. J. A. Hormigón, *op. cit.*, p. 63.

o conjunto dos problemas epistemológicos que se colocam para a análise: "a noção de análise da representação não pode se limitar à imagem fenomenológica do processo cênico, mas deve igualmente cobrir a intencionalidade dos homens de teatro do efeito junto aos espectadores"[28]. Deixaremos de lado a noção de intencionalidade inconhecível e que não antecipa o resultado e nós distinguiremos antes os três momentos sucessivos na elaboração da encenação:

(1)	(2)	(3)
Preparação do espetáculo	Imagem fenomenológica do processo cênico (imagem da preparação no espetáculo final)	Efeitos junto aos espectadores

No entanto, tal sucessão cronológica é apenas aparente; ela simplifica em excesso os mecanismos em jogo a cada momento e a cada instância. Ela separa o que justamente não deveria ser: o conhecimento da preparação do espetáculo (1) só tem interesse (pelo menos para a análise) se esclarecer o fenômeno produzido: a encenação (2).

A encenação (2) só se compreende se pudermos julgar a maneira com a qual toca e influencia o espectador (3).

É então a imbricação dos três momentos e das três instâncias que está no coração e no nó do problema, a descrição de um tem apenas um interesse apenas reduzido sem a descrição dos dois outros. Nós nos situamos em (3) nós percebemos (2), mas para captá-lo devemos fazer uma ideia de (1).

A dificuldade é de abordar, ao mesmo tempo, a fase de preparação do espetáculo e o resultado final, ou seja – para retomarmos os termos de Barba[29], a lógica do processo e a lógica do resultado sem dúvida não seria bom confundir perspectiva da produção e perspectiva da recepção, mas não podemos tão pouco ignorar o outro lado da trincheira. Essas duas perspectivas são as que exige a instituição, em função de sua finalidade: na universidade, vamos buscar o espectador modelo, ideal, excessivamente cultivado e inteligente e que sabe receber o espetáculo terminado; na escola de arte dramática a perspectiva será a dos futuros artistas aprendendo sua profissão e logo concernidos pela técnica e o *savoir-faire*, em vias de produzir seu próprio espetáculo e logo engajados no processo da criação. Tal oposição institucional é nefasta e bloqueia a pesquisa ao mesmo tempo teórica e prática.

28. C. Tindemans, *op. cit.*, p. 45.
29. E. Barba, *Le Canoë de papier*, *op. cit.*, p. 57.

Abordagem sistêmica

Certos artistas, como o teatro Repère[30], cobrem num ponto o ciclo inteiro da produção e da recepção. Eles elaboraram um método de trabalho para passar sem dificuldade e sem ruptura dos ensaios às representações, para reciclar a representação utilizando-a como ponto de partida e matéria-prima.

Os recursos são o ponto de partida da pesquisa: materiais brutos, cenas já trabalhadas e sobretudo gatilhos fazendo surgir os temas e as ideias. Eles se organizam sob a forma de dispositivos já colocados e de uma partitura exploratória, que "permite ao inconsciente ter acesso à consciência"[31]. A avaliação autoriza um olhar crítico sobre a partitura, ela reconstitui um metatexto cênico no qual transparecem já as principais opções. Ela leva à representação a qual poderá ser o objeto de um novo ciclo. Reconstituiu-se assim a "dinâmica autocorretiva do sistema criador" examinando quais opções foram tomadas e em qual momento, quais redundâncias foram mantidas, quais ambiguidades, voluntárias e involuntárias, se introduziram. Tal marcação cíclica tira o espetáculo e sua análise de seu isolamento, ao mostrar a interação e a interdependência entre o processo e o resultado. A análise não é mais fixada no momento ideal (aquele no qual o espectador compreenderia tudo), ela se entende na duração e se apoia em dados reservados até aqui aos criadores e a seu gosto pelo secreto.

Da mesma maneira, a documentação teatral não é mais unicamente o traço material do espetáculo, entregue *a posteriori* e constituída por documentos arquivados provenientes da representação. Ela se estende aos materiais preparatórios, ela se enriquece com o conhecimento das fontes, das partituras intermediárias, do testemunho dos artistas engajados nos espetáculos.

Sem dúvida, a teoria e a análise aplicadas à encenação contemporânea tem limites sérios, dando às vezes a impressão de serem importantes e mudas frente às construções complexas do pós-moderno. No entanto, o pluralismo dos métodos não relativiza

30. Irène Roy, "Schématisation du parcours créateur au théâtre", *Protée*, vol. 21, n. 2, p. 87.

31. *Idem, ibidem.*

a possibilidade de abordar as obras contemporâneas. Longe de desistir diante da complexidade e da sofisticação das encenações, a teoria estende-se ao império, a um domínio que parecia reservado apenas aos artistas: a prática. A separação entre o fazer e o dizer se encontra assim novamente posta em questão para grande alegria dos teóricos. Essa concessão maior dos práticos para seus colegas menos afortunados, os teóricos, abre perspectivas novas para pesquisa. Se a esperança de acertar rapidamente e definitivamente a questão da análise parece se distanciar, por outro lado a perspectiva para melhor compreensão global da criação teatral talvez não seja mais uma miragem vã. Nesse aspecto, a semiologia – vamos chamá-la de *semiologia integrada* – pode exercer um papel pioneiro ao se situar na encruzilhada das teorias e das práticas.

A SEMIOLOGIA INTEGRADA NA ENCRUZILHADA DAS TEORIAS E DAS PRÁTICAS

Um Oximoro Teórico para uma Produção Cênica Ilimitada

Já vimos acima que a semiologia apreendeu e aprendeu teorias ditas pós-estruturalistas (as quais lhe devem muito). Por preferir a confrontação ao compromisso, escolhemos associar as noções contrárias e fazer dos oximoros assim obtidos o local de uma contradição produtiva:

- signo e energia;
- semiologia e energética;
- vetor e desejo;
- semiotização e desemiotização etc.

Tais oximoros põem em questão e em crise as operações clássicas da semiologia, tais como a fabricação de signo, a tradução em significados, a leitura dos signos etc. Sugerem a superação, ou pelo menos o reexame, de outras oposições:

Por exemplo, a da *diacronia* e *sincronia*, e não somente ao longo do espetáculo como processo e o espetáculo como resultado. As análises de espetáculos podem também examinar como a encenação se inscreve na história e como a história se inscreve nela, por camadas sucessivas ou manchas sobrepostas. Determinam quais estratificações a história já depositou naquilo que parece um objeto contemporâneo, presente e atual. A arqueologia do saber de Foucault e a reavaliação que ela recebe atualmente ajudam a localizar na fina marchetaria da encenação os saberes e os discursos que ela veicula.

A oposição entre superfície e profundidade, estruturas discursivas e estruturas actanciais (segundo a estrutura de Greimas) é igualmente questionada, fosse apenas pela dupla partitura/subpartitura que se funda antes na diferença entre o visível e o invisível, o mostrado e o oculto, do que na noção de profundidade. Em vez de um modelo binário (profundidade/superfície) preferimos, para a análise, um destrinchar progressivo ternário à moda de Zeami[32]: pele, carne, ossos os quais correspondem "às três faculdades da percepção, ou seja, à vista, à audição e ao espírito; a vista corresponderia à *pele*, a audição à *carne* e o espírito ao *osso*"[33]. Para a voz, a *pele* seria, sempre segundo Zeami, a emissão vocal, a *carne* as modulações, o *osso* o fôlego; para o gesto: "o aspecto geral é a *pele*, os movimentos de dança são a *carne*, o espírito é o *osso*". Tais metáforas nos lembram que a psicologia e a linguística contemporânea tentam, elas também, aproximar cognição e percepção estésica, afirmando que para pensar as coisas mais abstratas devemos recorrer à imaginação, devemos fazer o corpo penetrar no espírito, no sentido do livro de Mark Johnson *The Body in the Mind*. Nós apreendemos – nós, espectadores mais médios que modelos – o espetáculo com o corpo tanto quanto com a cabeça, desde que fiquemos atentos a sua materialidade e não traduzirmos de imediato as percepções sensíveis em palavras ou conceitos.

Esse tipo de oximoro é especialmente adaptado aos espetáculos de vanguarda que aparentemente fazem de tudo para escapar ao sentido linguístico ou conceitual, para mergulhar o espectador em um banho de sensações, de impressões perceptuais que o desestabilizam e o cativam, fazendo com que esqueça qualquer vontade de traduzir o percebido em palavras ou em significados. A necessidade de manter assim mesmo uma direção e uma vetorização faz com que não deixemos nunca inteiramente o terreno da semiologia, mesmo se a atuação vem hoje desafiar qualquer controle da encenação.

Tudo acontece de fato como se em torno da encenação houvesse afrouxado sua empresa sobre os sistemas de signos, perdendo assim qualquer razão de ser, tornando-se ora "performance", "prática significante", ou mesmo deriva dos signos, como se a atuação fosse de encontro às manobras do encenador: "Se pôr em cena é pôr em signos, atuar é deslocar os signos, instituir, em um espaço e um tempo definidos, o movimento, até mesmo a deriva, de tais signos"[34].

Atuar torna-se a atividade subversiva que desloca a certeza de uma localização completada e de um metatexto fixo da encenação, sobretudo sua representação visual. A música se revela o modelo analítico dominante, já que se trata de avaliar o ritmo, o compasso, a temporalidade, o percurso subterrâneo e visível dos atores. Já sensível entre muitos encenadores (Stanislávski, Meierhold, Pitoëff) a referência musical se torna a metáfora dominante para analisar a progressão

32. Zeami, *op. cit.*, p. 146.
33. *Idem*, p. 147.
34. B. Dort, *La Représentation émancipée*, *op. cit.*, p. 182.

dos vetores (jogo, formas, cores). A rítmica de Jaques-Dalcroze pode novamente servir não de estática, mas de simulação teórica, pois se aplica não somente à música, mas à gestualidade, ao espaço, à dicção. O problema permanece, no entanto, em figurar e narrar essa experiência. Precisamos encontrar uma disciplina capaz de relatá-la sem a esquematizar, inclusive porque há muitos enunciadores em jogo que obedecem a lógicas diferentes.

A Antropologia, Sucessora da Semiologia

Uma maneira de narrar

Tal disciplina é nada menos que a antropologia, já que o espectador-antropólogo deve avaliar uma experiência global e estrangeira que só pode compreender ao frequentar o espetáculo, vivendo com ele pelo menos durante a duração da representação. Exatamente como na antropologia no sentido estrito, a análise do espetáculo deve levar em conta a maneira de narrar e de escrever sobre o objeto a ser descrito. *Writing Culture*, o fato de escrever sobre a cultura, obriga a semiótica da cultura a observar como a ou as culturas se inscrevem no objeto descrito e como a escrita imprime sua marca nesse objeto[35].

Realidade da perspectiva

A semiótica da cultura e a antropologia cultural aplicada às práticas espetaculares tomam a sucessão de uma semiologia que se tornou ou muito geral ou muito técnica. Elas se poupam de cometer o erro desta, ao evitar de imediato qualquer pretensão hegemônica e totalitária. Elas relativizam qualquer ponto de vista sobre a sociedade (encenação) descrita, já que "não há mais ponto culminante a partir do qual se pode anotar os modos de viver humanos, não há mais ponto de apoio de Arquimedes de onde se possa representar o mundo"[36]. Elas estão atentas para o modo de narrar o espetáculo, de fazer dele uma descrição que é de fato uma narração. Elas consideram os fenômenos sociais e culturais assim como a obra teatral como processos e não (somente) como um produto final. O fazer, a performatividade são parte integrante da obra: tornam-se objeto da observação e da análise.

O interculturalismo

O discurso que se faz cada vez mais ouvir, tanto na vida comum quanto nos nossos palcos, é o do interculturalismo. À imagem da

35. James Clifford e Georges Marcus (orgs.), "Writing Culture", *The Poetics and Politics of Ethnography*, Berkeley, University of California Press, 1986.

36. *Idem*, p. 25.

interculturalização de nossas vidas, temos muita dificuldade em contabilizar e reconhecer todas as influências culturais que entram em jogo na encenação contemporânea. Alguns assimilam tal mistura a um relativismo pós-moderno, a um novo *melting pot*, uma "Coca-colonização" que mistura as pistas, sobretudo as contradições sociais. É verdade que a antropologia é saudada hoje como a sucessora e a substituta da sociologia. A perspectiva antropológica, no entanto, não deve se estabelecer nas ruínas de uma teoria sociológica da troca nem forçar o modelo da comunicação linguística entre o emissor e o receptor na teoria das transferências culturais, nem por fim resolver um conflito social com uma explicação ligada às diferenças culturais e à sociedade multicultural. Se a antropologia se impõe como modelo integrador, então se pode esperar muito dela para a análise do espetáculo, sobretudo para compreender como as diversas influências culturais modelam a representação, com destaque para o corpo e os comportamentos dos atores.

A antropologia cultural aplicada ao teatro reintroduz, para a ocasião, uma teoria da corporalidade e da imaginação. O corpo e o imaginário participam de uma reflexão de conjunto, o que evita de sucumbir a uma racionalidade desencarnada. A perspectiva antropológica fornece o quadro mais largo e o mais adequado para integrar e reavaliar o conjunto dos conhecimentos que a semiologia, aliada à psicanálise e à sociologia, permitiu esclarecer. Estamos longe da desesperança pós-moderna, mas o pluralismo dos métodos, a sofisticação das análises, a exigência da racionalidade e de prazer são de dar tontura...

Concluir?

Quais teorias para quais encenações? É desejável haver um modelo global, uma receita milagrosa que recolhe as apostas e se adapta a todos os tipos de espetáculos? Evidentemente que não!

E para a análise do espetáculo: quem dirá se ela é ou não "bem-sucedida?" Talvez ela seja bem-sucedida simplesmente se tiver havido encontro entre o espetáculo e o espectador. O que Vinaver diz da análise textual vale também para a análise espetacular:

> Uma análise só é bem-sucedida, o que a torna transmissível e logo útil, na medida em que seu autor se empenhou, afetividade e inteligência unidas, no contato com a obra; na medida também em que a redação do comentário leva a marca do evento que constitui o encontro particular de um leitor e de um texto[37].

As teorias seguiram a tendência na diferenciação dos espetáculos, mas restam ainda assim grandes casos de figura. Há sempre um

37. M. Vinaver, *Écritures dramatiques*, *op. cit.*, p. 11.

atraso entre a prática teatral e sua teoria, como se a teoria levasse algum tempo para se adaptar a uma nova demanda, o atraso sendo muitas vezes de uma dezena de anos. Assim, a teorização brechtiana ainda nova e escandalosa nos anos de 1950 e de 1960, que inspirou muito a semiologia dos anos de 1970 e que já não convém mais para a produção descentralizada dos anos de 1980 e de 1990; ou então a teoria francesa dita, nos países anglo-saxões, "pós-estruturalista", inspirada pelos trabalhos de Barthes, Derrida, Foucault, Lacan, que não encontra muitos exemplos de espetáculos franceses ou europeus, mas que se aplica, dez anos depois, à vanguarda americana (Wilson, Foreman, Ashley, Cunningham, L. Anderson). Quando volta para a França, no começo dos anos de 1990, a produção teatral havia entrado em uma outra fase, momento de restauração do texto e de empirismo antiteórico, momento no qual, para resistir ao imaterialismo da linguagem cênica, àquilo que Vinaver chama de "excessivação" (*mise en trop*), no entanto já fora de moda, a encenação reintroduz o texto postulando sua irredutibilidade, sua resistência mesmo a qualquer "*messe em scène*"*, esperando (ingenuamente) que ele enfrentará a cena, e não será metaforizado por ela.

Tais ondas sucessivas de teorias que correm desesperadamente atrás das modas teatrais não devem, no entanto, nos arrastar em um ceticismo indolente ou em uma deriva relativista pós-moderna. Contra a deriva, opomos e preferimos o bloqueio aparente de uma resposta paradoxal, de um oximoro teórico no modelo da SEMIOTIZAÇÃO DO DESEJO, do qual pudemos aqui julgar o poder operatório.

Ao exigir novas teorias melhor adaptadas e sempre reatualizadas, a prática dos espetáculos faz também avançar a teoria, o que, em retorno, contribui para melhorar o conhecimento que temos dessa prática. Assim, uma se alimenta da outra; desse "intercanibalismo" generalizado resulta uma revolução que não parará tão cedo.

E também uma revolução permanente na nossa análise dos espetáculos.

* Ao pé da letra, "missa em cena", trocadilho com *mise em scène*, encenação. (N. do T.)

Bibliografia

PARTE I

1. O Estado da Pesquisa

BARKO, Ivan & BURGESS, Bruce. *La Dynamique des points de vue dans le texte du théâtre.* Paris, Lettres modernes, 1988.

BARTHES, Roland. *Essais critiques*. Paris, Seuil, 1964.

BENHAMOU, Anne-Françoise. "Méandres d'un enseignement atypique". *Théâtre/Public*, n. 82-83, 1988.

CARLSON, Marvin. *Theories of the Theatre*. Ithaca, Cornell University Press, 1984.

CORVIN, Michel. *Molière et ses metteurs en scène d'aujourd'hui. Pour une analyse de la représentation*. Lyon, Presses universitaires, 1985.

DE MARINIS, Marco. *Semiotica del teatro. L'analisi testuale dello spettacolo*. Milano, Bompiani, 1982.

DERRIDA, Jacques. "Le théâtre de la cruauté et la clôture de la représentation". *L'Ecriture et la Différence*. Paris, Seuil, 1967. [Trad. bras., *A Escritura e a Diferença*, 3ª ed, São Paulo, Perspectiva, 2002.]

DORT, Bernard. *Lecture de Brecht*. Paris, Seuil, 1960.

ELAM, Keir. *The Semiotics of Theater and Drama*. London, Methuen, 1980.

FINTER, Helga. "Théâtre expérimental et sémiologie du théâtre: la théâtralisation de la voix". *Théâtralité, écriture et mise en scène*. J. Féral *et al.* (éd.), Montréal, Hurtubise, 1985.

FISCHER-LICHTE, Erika. "Die Zeichensprache des Theaters". *Theaterwissenschaft heute. Eine Einführang*. R. Möhrmann éd., Berlin, D. Reimer Verlag, 1990.

______. *Semiotik des Theaters*. Tübingen, Narr Verlag, 1983.

FOSTER, Susan. *Reading Dancing*. Berkeley, University of California Press, 1988.

GARDNER, Stanton. *Bodied Spaces*. Ithaca, Cornell University Press, 1994.

INGARDEN, Roman. *Das literarische Kunstwerk*. Tübingen, Niemeyer, 1931.

KOWZAN, Tadeusz. "Le signe au théâtre". *Diogène*, vol. LXI, 1968; "L'art du spectacle dans un système général des arts", *Études philosophiques*, janvier, 1970.

______. *Sémiologie du théatre*. Paris, Nathan, 1992.

LEHMANN, Hans-Thies. "Die Inszenierung: Probleme ihrer Analyse", *Zeitschrift für Semiotik*, 11, 1, 1989.

LYOTARD, Jean-François. "La dent, la paume". *Des dispositifs pulsionnels*. Paris, UGE, 1973.

PAUL, Arno. "Theater als Kommunikationsproze?". Th*eaterwissenschaft im deutschsprachigen Raum. Darmstadt, Wissenschaftliche Buchgemeinschaft*, 1981.

PAVIS, Patrice. *Problèmes de sémiologie théatrale*. Presses de l'université du Québec (et thèse IIIe cycle, Lyon), 1975.

______. *Voix et images de la scène*. Lille, Presses universitaires, 1985.

______. *Marivaux à l'épreuve de la scène*. Paris, Publications de la Sorbonne, 1986.

______. *Dictionuaire du théâtre*. Paris, Messidor, 1987; Dunod, 1996. [Trad. bras., *Dicionário de Teatro*, São Paulo, Perspectiva, 1999].

______. *Le Théâtre au croisement des cultures*. Paris, Corti, 1990.

PRADIER, Jean-Marie, "Ethnoscénologie: la profondeur des émergences", *Internationale de l'imaginaire*, n. 5, 1996.

SAUTER, Wilmar. *New Directions in Audience Research*. Utrecht, Instituut voor Theaterwetenschap, 1988.

SCHOENMAKERS, Henri (ed.). *Performance Theory*. Utrecht, Instituut voor Theaterwetenschap, 1986.

STATES, Bert. *Great Reckonings in Little Rooms*. Berkeley, University of California Press, 1987.

TINDEMANS, Carlos. "L'Analyse de la représentation théâtrale. Quelques réflexions méthodologiques". *Théâtre de toujours, d'Aristote à Kalisky. Hommages à Paul Delsemme*. Bruxelles, éd. de l'Université, 1983.

UBERSFELD, Anne. *Lire le théâtre*. Paris, Éditions Sociales, 1977.

______. *L'Ecole du spectateur*. Paris, Éditions Sociales, 1981.

VILLENEUVE, Rodrigue. "Les îles incertaines. L'objet de la sémiotique théâtrale". *Protée*, vol. 17, n. 1, 1989.

2. Os Instrumentos da Análise

ADAM, Jean-Michel, *Le Texte descriptif*. Paris, Nathan, 1989.

BARBA, Eugenio. *Le Canoë de papier*. Lectoure, Bouffonneries, 1993.

COUCHOT, Edmond, TRAMUS, Hélène. "Le geste et le calcul". *Protée*, vol. 21, n. 3, 1993.

DECROUX, Étienne. *Paroles sur le mime*.Paris, Gallimard, 1963.

HELBO, André *et al. Théâtre. Modes d'approche*. Paris, Méridiens Klincksieck, 1987.

MÜLLER, Jürgen. "Le labyrinthe médiatique du film". *Mots / Images / Sons*. Colloque international de Rouen, 1990.

______. "Intermedialität als Provokation der Medienwissenschaft". *Eikon*, n. 4, 1992.

NORMAN, Sally Jane. "L'image et le corps dans l'art vivant", communication au Collège iconique, novembre 1994.

PAVIS, Patrice. "Questions sur un questionnaire, pour une analyse de spectacles". *Voix et images de la scène*. Presses universitaires de Lille, 1985.

______. "*Film* est un film". *Protée*, vol. 19, n. 3, 1991.

PEARSON, Mike. "Theatre/Archeology". *The Drama Review*, 38, n. 4 (t. 144), 1994.

PIC ROGER & MEYER-PLANTUREUX, Chantal. *Bertolt Brecht et le Berliner Ensemble à Paris*. Arte éditions et Marval, 1995.

REUTER, Yves. *Introduction à l'analyse du roman*. Paris, Bordas, 1991.

RICHTERICH, Uwe. *Die Sehnsucht zu sehen. Der filmische Blick*. Francfort, Peter Lang, 1993.

VILLENEUVE, Rodrigue. "Les îles incertaines. L'objet de la sémiotique théâtrale". *Protée*, vol. 17, n. 1, 1989.

PARTE II

1. O Ator

O trabalho do ator

ABIRACHED, Robert. "Les jeux de l'être et du paraitre". *Le Théâtre* (D. Couty, A. Rey, éd.), Paris, Bordas, 1980.

BARBA, Eugenio. *The Secret Art of the Performer*. London, Routledge, 1991.

______. *L'Énergie qui danse*. Lectoure, Bouffonneries, 1995.

BERNARD, Michel. "Quelques réflexions sur le jeu de l'acteur contemporain". *Bulletin de psychologie*, t. XXXVIII, n. 370, 1986.

COLE, Toby & CHINOY, H. K. (eds.). *Actors on Acting*. New York, Crown Publishers, 1970.

COSNIER, Jacques. "Introduction". *Protée*, vol. 20, n. 2 ("Signes et gestes"), 1992.

ENGEL, Jakob. *Idées sur le geste et l'action théâtrale*. Paris, Slatkine, 1795 (reprint.), 1979.

GIL, José. "Le corps abstrait". *La Danse, naissance d'un mouvement de pensée ou le complexe de Cunningham*. Paris, Armand Colin, 1989.

JESCHKE, Claudia. "Le corps représenté". In: PAVIS, Patrice, VILLENEUVE, Rodrigue (éds.). *Protée*, vol. 21, n. 3, 1993.

JOUVET, Louis. *Molière et la Comédie classique*. Paris, Gallimard, 1965.

LECOQ, Jacques (éd.). *Le Théâtre du geste*. Paris, Bordas, 1987.

PAVIS, Patrice. "Du théâtre au cinéma: quelle méthodologie pour leur analyse?". *Recherches sémiotiques*, vol. 11, n. 2-3, 1991.

______. *Theatre at the Crossroad of Culture*. London, Routledge, 1992.

PAVIS, Patrice & VILLENEUVE, Rodrigue. *Protée*, vol. 21, n. 3 ("Gestualités"), 1993.

Explicação de gestos ou vetorização do desejo?

COSNIER, Jacques & A. BROSSARD. *La Communication non verbale*. Paris, Neuchâtel, Delachaux et Niestlé, 1984.

COSNIER, Jacques. "Synchronisation et copilotage de l'interaction conversationnelle", *Protée*, vol. 20, n. 2, 1992.

FEYEREISEN, P. de & LANNOY, J. D. *Psychologie du geste*. Liège, Mardaga, 1985.

FREUD, Sigmund. *Die Troumdentung, Studienausgabe*. Band 2, Francfort, Fischer (1900), 1972.

JOUSSE, Marcel. *L'Anthropologie du geste*. Paris, Gallimard, 1974.

LECOQ, Jacques (éd.). *Le Théâtre du geste*. Paris, Bordas, 1987.

LYOTARD, Jean-François. *Discours, figure*. Paris, Klincksieck, 1971.

______. "La dent, la paume". *De dispositifs pulsionnels*. Paris, UGE, 1973.

STATES, Bert. *Great Reckonings in Little Rooms. On the Phenomenology of Theater*. University of California, 1985.

SUVIN, Darko. "The Performance Text as Audience-Stage Dialog. Inducing a Possible World". *Versus*, n. 42, 1985.

Partitura e subpartitura do ator

BARBA, Eugenio. *The Floating Islands*. Odin Teatret Forlag, 1993.

______. "La fiction de la dualité". *Le Corps en jeu*. O. Aslan éd., Paris, CNRS, 1993.

BROOK, Peter. "À la source du jeu". *Le Corps en jeu*. O. Aslan éd., Paris, CNRS, 1993.

DECROUX, Étienne. *Paroles sur le mime*. Paris, Seuil, 1963.

JOHNSON, Mark. *The Body in the Mind. The Bodily Basis of Meaning, Imagination and Reason*. University of Chicago Press, 1987.

JOUSSE, Marcel. *L'Anthropologie du geste*. Paris, Gallimard, 1974.

MARTIN, John. *The Modern Dance*. New York, Barnes, 1993 (rééd. Dance Horizons, 1966). Traduction française: *La Danse moderne*. Arles, Actes Sud, 1991.

PAVIS, Patrice. *Le Théâtre au croisement des cultures*. Paris, Corti, 1990.

PAVIS, Patrice & DE MARINIS, Marco (eds.). *La Dramaturgie de l'acteur*. Bouffonneries, 1996.

Análise teatral, análise fílmica

BAZIN, André. "Théâtre et cinéma". *Esprit*, juin et juillet-août, 1951. Repris dans: *Qu'est-ce que le cinéma?*, éditions du Cerf, 1975.

BROOK, Peter. "À propos du *Roi Lear* et de *Marat-Sade*". *Cahiers Théâtre Louvain*, n. 46, 1981.

______. *The Shifting Point*. New York, Harper and Row, 1987.

BRYSON, Norman. "The Gaze and the Glance". *Vision and Painting*. Cambridge, King's College, 1983.

JONES, David. *Great Directors at Work*. University of California Press, 1986.

LACAN, Jacques. "Les quatre concepts fondamentaux de la psychanalyse". *Séminaire*, livre XI, Paris, Seuil, 1973.

PAVIS, Patrice. "Le Théâtre au cinéma: prolégomènes à une non-comparaison. A propos de *Tartuffe* de Murnau", *Protée*, vol. 17, n. 1, 1989.

2. Voz, Música e Ritmo

ARTAUD, Antonin. *Le Théâtre et son double*. Paris, Gallimard, 1964.

BARTHES, Roland. *Essais critiques*.Paris, Seuil, 1964.
_____. "Le grain de la voix". *Musique en jeu*, n. 9, 1972.
_____. *Leçon*. Paris, Seuil, 1978.
BERNARDY, Michel. "La métamorphose du verbe par l'acteur". *Change*, n. 29, déc. 1976.
_____. *Le Jeu verbal ou Traité de diction française à l'usage de l'honnête homme*. Éditions de l'Aube, 1988.
CASTARÈDE, Marie-France. *La Voix et ses sortilèges*. Paris, Les Belles Lettres, 1987.
CHARLES, Daniel. "Thèses sur la voix". *Traverses*, n. 20 ("La voix, l'écoute"), 1980.
CORNOUT, Guy. *La Voix*. Paris, PUF, coll. Que-sais-je?, 1983.
FINTER, Helga. "Autour de la voix au théâtre". *Performance, textes et documents*. C., Pontbriand éd., Montréal.
FRIZE, Nicolas. "La musique au théâtre". *Une esthétique de l'ambiguïté*. J. Pigeon éd., Les Cahiers du Soleil Debout, 1993.
FONAGY, Ivan. *La Vive Voix*. Paris, Payot, 1983.
GARCIA-MARTINEZ, Manuel. *Réflexions sur la perception du rythme, au théâtre*, thèse de doctorat, Université Paris 8, 1995.
HONZL, Jindrich. "La mobilité du signe théâtral". *Travail théâtral*, n. 4, 1971 (1940).
KRISTEVA, Julia. *La Révolution du langage poétique*. Paris, Seuil, 1974.
KUBIK, Gerhard. "Verstchen in afrikanischen Musikkulturen". *Musik in Afrika*. A. Simon éd. Berlin, Museum für Volkerkunde, 1960.
MEIERHOLD, Vsevolod. *Écrits sur le théâtre*. Lausanne, L'Age d'homme, t. IV, 1992.
SCOTTO DI CARLO, Nicole. "La voix chantée". *La Recherche*, n. 225, septembre 1991.
VAN KHÉ TRAN. "Techniques vocales dans les théâtres d'Asie orientale". *Encyclopedia Universalis*, vol. 18, art. "Voix", 1985.

3. Espaço, Tempo, Ação

BABLET, Denis. *Le Décor de théâtre de 1970 à 1914*. Paris, CNRS, 1965.
_____. *Les Révolutions scéniques au XXe siècle*. Paris, Société internationale d'Art, 1975.
Esthétique et théorie du roman. Paris, Gallimard, 1978.
BAKHTINE, Mikhaïl. *The Dialogic Imagination*. Austin, University of Texas Press, 1981.
BARTHES, Roland. *La Chambre claire*. Paris, Gallimard, 1980.
_____. *L'Obvie et l'Obtus*. Paris, Seuil, 1982.
BENVENISTE, Émile. *Problèmes de linguistique générale*. Paris, Gallimard, vol. 2, 1974.
CHEKHOV, Michael. *Être acteur*. Paris, Pygmalion, 1963.
_____. *L'Imagination créatrice de l'acteur*. Paris, Pygmalion, 1995.
COPEAU, Jacques. *Registres I. Appels*. Paris, Gallimard, 1974.
GARCIA-MARTINEZ, Manuel. *Réflexions sur la perception du rythme au théâtre*. thèse, Université Paris 8, 1995.

Garner Jr., Stanton B. *Bodied Spaces. Phenomenology and Performance in Contemporary Drama*. Ithaca, Cornell University Press, 1994.
Hall, Edward T. *La Dimension cachée*. Paris, Seuil, 1971.
Hiss, Guido. *Korrespondenzen*. Tübingen, Niemeyer, 1988.
______. "Freiräume für die Phantasie". *TheaterZeitSchrift*, n. 35, 1994.
Honzl, Jindrich. "La mobilité du signe théâtral". *Travail théâtral*, n. 4 (1940), 1971.
Merleau-Ponty, Maurice. *Phénoménologie de la perception*. Paris, Gallimard, 1945.
Pearson, Mike. "Theatre/Archeology". *The Drama Review*, n. 38-34, 1994.
Sami-Ali. *L'Espace imaginaire*. Paris, Gallimard, 1974.
Suvin, Darko. "The Performance Text as Audience-Stage Dialog, inducing a Possible World", *Versus*, n. 42, 1985.

4. Os Outros Elementos Materiais da Representação

Banu, Georges. *Le Costame de théâtre dans la mise en scène contemporaine*. Paris, CNDP, 1981.
Barthes, Roland. "Les maladies du costume de théâtre". *Essais critiques*. Paris, Seuil, 1964.
Baudrillard, Jean. *Le Système de la mode*. Paris, Seuil, 1967.
______. *Le Système des objets*. Paris, Gonthier, 1968. [Trad. bras., *O Sistema dos Objetos*, 4ª ed, São Paulo, Perspectiva, 2002.]
Barrault, Jean-Louis. *Le Phénomène théâtral*. Oxford, Clarendon Press, 1961.
Boucris Luc. *L'Espace en scène*. Paris, Librairie théâtrale, 1993.
Brecht, Bertolt. *Theaterarbeit*. Berlin, Henschelverlag, 1961.
Carlson, Marvin. *Theories of the Theatre*. Ithaca, Cornell University Press 1993.
Delsarte, François, *Une anthologie*. Paris-La Villette, IPMC, 1992.
Mauss, Marcel. *Sociologie et Anthropologie*. Paris, PUF, 1950.
Paquet, Dominique. *Alchimies du maquillage*. Paris, Chiron, 1989.
______. "Pour un théâtre de fragrances", n. 17, 1995.
Schechner, Richard. *Environmental Theatre*. New York, Hawthorn Books, 1973.
Shevtsova, Maria. *Theatre and Cultural Interaction*. Sydney Studies, 1993.
Valentin, Francois. *Lumière pour le spectacle*. Paris, Librairie théâtrale, 1988.

5. O Texto Impostado

Chion, Michel, *L'Audio*-vision. Paris, Nathan, 1990.
Copeau, Jacques. "Un essai de rénovation dramatique". *Registres* I. Paris, 1974, (1913).
Corvin, Michel. *Molière et ses metteurs en* scène. Presses universitaires de Lyon, 1985.
Decroux, Étienne. *Paroles sur le mime*. Paris, Gallimard, 1963.
Dort, Bernard. *La Représentation émancipée*. Arles, Actes Sud, 1988.
Elam, Keir. *The Semiotics of Drama and Theatre*. London, Methuen, 1980.
Fédida, Pierre. "Le corps, le texte et la scène". *Corps du vide et espace de* séance. Paris, Delarge, 1977.

FINTER, Helga. "Experimental Theatre and Semiology of Theatre: The Theatricalization of Voice". *Modern Drama*, vol. XXVI, n. 4, 1983.

FISCHER-LICHTE, Erika. *Das Drama und seine Inszenierang*. Tübingen, Niemeyer, 1985.

HISS, Guido. *Korrespondenzen*. Tübingen, Niemeyer, 1988.

HÖFELE, Andreas. "Drama und Theater: Einige Anmerkungen zur Geschichte und gegenwärtigen Diskussion eines umstrittenen Verhältnisses". *Foram Modernes Theater*. Band 6/1, 1991.

LEHMANN, Hans-Thies. "Die Inszenierung: Probleme ihrer Analyse". *Zeitschrift für* Semiotik. Band II, Heft 1, 1989.

LYOTARD, Jean-François. *Discours, figure*. Paris, Klincksieck, 1970.

MARTIN, Jacqueline & SAUTER, Willmar (éd.). *Understanding Theatre*. Stockholm, Almqvist and Wiksell International, 1995.

MEIERHOLD, Vsevolod. *Écrits sur le* theater. Lausanne, L'Age d'homme, 1973.

PAVIS, Patrice. *Marivaux à l'épreure de la* scène. Paris, Publications de la Sorbonne, 1986.

______. "Du texte à la scène: un enfantement difficile". *Le Théâtre au croisement des* cultures. Paris, Corti, 1990.

SERPIERI, Alessandro. *Come communica il teatro: dol testo alla scena*. Milano, Il Forrnichiere, 1977.

SLAMA-CAZACU, Tatiana. "Réflexion sur la dyade terminologique "lisiblevisible". *Approches de* l'opéra. A. Helbo éd., Paris, Didier, 1986.

TCHÉKHOV, Mikhail, *L'Imagintion créatrice de l'acteur*. Paris, Pygmalion, 1995.

TURK-HORST. *Soziale und theatralische Konventionen als Problem des Dramas und der* Übersetzung. Tübingen, Narr Verlag, 1989.

UBERSFELD, Anne. *Lire le théâtre*. Paris, Éditions Sociales, 1977.

VINAVER, Michel. *Écritures dramatiques*. Arles, Actes Sud. 1993.

PARTE III

1. A Abordagem Psicológica e Psicanalítica

ARTAUD, Antonin. *Le Théâtre et son double*. Paris, Gallimard, 1964.

BARBA, Eugenio. "Le corps credible". *Le Corps en jeu*. O. Aslan éd., Paris. CNRS, 1993.

BECKERMAN, Bernard. *Dynamics of Drama*. New York, Drama Book Specialists, 1979.

BROOK, Peter. *The Empty Space*. London, Penguin Books, 1968 (traduction française: *L'Espace vide*. Paris, Seuil, 1977).

______. *Le Dinhle, c'est l'ennui*. Paris, Anrat, 1992.

CHION, Michel. *L'Audio-vision*. Paris, Nathan, 1990.

FREUD, Sigmund. "Personnages psychopathologiques sur la scène". *Digraphe*, 1974.

______. "Le Moïse de Michel-Ange". *Essais de psychanalyse appliquée*. Paris, Gallimard, (1933) 1976.

GARCIA-MARTINEZ, Manuel. *Réflexions sur la perception du rythme au théâtre*. Thèse de doctorat, Université Paris 8, 1995.

GARNER, Stanton. *Bodied Spaces*. Ithaca, Cornell University Press, 1994.

GAUDIBERT, Pierre. "Entrevue". *Peuples et cultures*. Grenoble, 1982.

GREEN, André. *Un oeil en trop*. Paris, Minuit, 1969.

______. "L'interprétation psychanalytique des productions culturelles et des oeuvres d'art". *Critique sociologique et critique psychanalytique*. Bruxelles, Éditions de l'Institut de sociologie, 1970.

GROSZ, Elisabeth. *Volatile Bodies. Toward a corporeal Feminism*. Allen and Unwin éd., 1994.

JAUSS, Hans-Robert. *Ästhetische Erfahrung und literarische Hermeneutik*. Munich, Fink, 1977.

______. *Pour une esthétique de la réception*. Paris, Gallimard, 1978.

KONIGSON, Élie. "Le spectateur et son ombre". *Le Corps en jeu*. O. Aslan éd., Paris, CNRS, 1993.

LACAN, Jacques. *Écrits*. Paris, Seuil, 1966.

LE BRETON, David. "Le Corps en scène". *Internationale de l'imaginaire*, n. 2. 1994.

LYOTARD, Jean-François. "Psychanalyse et peinture". *Encyclopedia Universalis*. Paris, 1985.

MERLEAU-PONTY, Maurice. *Phénoménologie de la perception*. Paris, PUF, 1945.

______. *L'CEil et l'Esprit*. Paris, Gallimard, 1964.

PRADIER, Jean-Marie. *Le Théâtre et son corps*, (inédit), 1996.

TCHÉKHOV, Mikhail. *Être acteur. Technique du comédien*. Paris, Pygmalion. 1980.

TINDEMANS, Carlos. "L'analyse de la représentation théâtrale. Quelques réflexions méthodologiques". *Théâtre de tonjours. Hommages à Paul Delsemme*. Éditions de l'Université de Bruxelles, 1983.

2. A Abordagem Sociológica do Espectador

ALTHUSSER, Louis. "Notes sur un théâtre matérialiste". *Pour Marx*. Paris, Maspéro, 1965.

BOUCRIS, Luc. *L'Espace en scène*. Paris, Librairie théâtrale, 1993.

BOURDIEU, Pierre. *Questions de sociologie*. Paris, Éditions du Minuit, 1986.

CARLSON, Marvin. *Theories of the Theatre*. Ithaca, Cornell University Press, 1993.

DE MARINIS, Marco. "Dramaturgy of the Spectator". *The Drama Review*, 31, n. 2, 1987.

______. "Sociologie". *Théâtre. Modes d'approche*. A. Helbo *et al.* éds. Paris, Klincksieck, 1987.

______. "Cognitive Processes in Performance, Comprehension: Frames Theory and Theatrical Competence". *Altro Polo. Performance: from Product to Process*. T. Fitzpatrick, éd. University of Sydney, 1989.

DUVIGNAUD, Jean. *L'Acteur. Esquisse d'une sociologie du comédien*. Paris, Gallimard, 1965.

DUVIGNAUD, Jean & FAYE, Jean-Pierre. "Débat sur la sociologie du théâtre". *Cahiers internationaux de sociologie*, vol. XI, 1966.

ECO, Umberto. *Lector in fabula. Le rôle du lecteur ou la coopération interprétative dans les textes narratifs*. Paris, Grasset, 1979. [Trad. bras., *Lector in Fabula*, 2ª ed, São Paulo, Perspectiva, 2002.]

GOLDMANN, Lucien. *Le Dieu caché*. Paris, Gallimard, 1955.

GOURDON, Anne-Marie. *Théâtre, public, réception*. Paris, CNRS, 1982.
GURVITCH, Georges. "Sociologie du theater". *Lettres nouvelles*, n. 35, 1956.
GUY, Jean-Michel & MIRONER, Lucien. *Les Publics du théâtre*. Paris, la Documentation française, 1988.
JAMESON, Fredric. *The Political Unconscious*. London, Methuen, 1981.
JAUSS, Hans-Robert. *Pour une esthétique de la réception*. Paris, Gallimard, 1978.
KERSHAW, Baz. *The Politics of Performance*. London, Routledge, 1993.
MORENO, Jakob. *Psychothérapie de groupe et psychodrame*. Paris, PUF, 1965.
PAVIS, Patrice. *Voix et images de la scène*. Presses universitaires de Lille, 1985.
PROPP, Wladimir. *Morphologie du conte*. Paris, Seuil, 1965 (1929).
ROZIK, Eli. "Towards a Methodology of Play Analysis: a Theatrical Approach". *Assaph*, n. 6, 1990.
SCHECHNER, Richard. *Between Theater and Anthropology*. Philadelphie, University of Pennsylvania Press, 1985.
SHEVTSOVA, Maria. *Theatre and Cultural Interaction*. Sydney Studies in Society and Culture, 1993.
TURNER, Victor. *From Ritual to Theater*. New York, Performing Arts Journal Press, 1982.
UBERSFELD, Anne. *Lire le théâter*. Paris, Éditions Sociales, 1977.

3. A Abordagem Antropológica e a Análise Intercultural

MCALOON, John J. *Rite, Drama, Festival, Spectacle*. Philadelphie, Institute for the Study of Human Issues, 1984.
BALME, Christopher. *Theater im postkolonialen Zeitalter*. Tübingen, Niemeyer, 1995.
BARBA, Eugenio. "Théâtre eurasien". *Confluences*. P. Pavis éd., PPBBR. 1992.
BARBA, Eugenio & SAVARESE, Nicola. *L Énergie qui danse. L'art secret de l'acteur*. Lectoure, Bouffonneries, 1995.
BERNABÉ, Jean; CHAMOISEAU, Patrick & CONSTANT, Raphaël. *Éloge de la créolité*. Paris, Gallimard, 1993.
BURKE, Kenneth. *A Grammar of Motives*. Englewood Cliffs, 1945.
CLIFFORD, James. *The Predicament of Culture*. Harvard University Press, 1988.
GEERTZ, Clifford. *The Interpretation of Cultures: Selected Essays*. New York, Basic Books, 1973.
GOFFMAN, Erving. *The Presentation of Self in Everyday Life*. New York, Doubleday, 1959.
HASTRUP, Kirsten. "Incorporated Knowledge". *Mime Journal*, 1995.
LYOTARD, Jean-François. "La dent, la paume". *Des dispositifs pulsionnels*. Paris, UGE, 973.
MAUSS, Marcel. "Les techniques du corps". *Journal de psychologie*, XXXII, n. 3-4, 1936, repris dans *Sociologie et Anthropologie*, Paris, PUF, 1950.
PAVIS, Patrice. *Le Théâtre au croisement des cultures*. Paris, Corti, 1990.
PEARSON, Mike. "Theatre/Archeology". *The Drama Review*, 38, 4, t. 144, 1994.
PRADIER, Jean-Marie. "Ethnoscénologie, manifeste". *Théâtre/Public*, 1995.

TURNER, Victor. *Dramas, Fields and Metaphors*. Ithaca, Cornell University Press, 1974.

Conclusões: Quais Teorias para quais Encenações?

ABIRACHED, Robert. *Le Théâtre et le Prince, 1981-1991*. Paris, Plon, 1992.

BARBA, Eugenio. *Le Canoë de papier*. Lectoure, Éditions Bouffonneries, 1993.

CLIFFORD, James & MARCUS, George (eds.). *Writing Culture. The Poetics and Politics of Ethnography*. Berkeley, University of California Press, 1986.

COPEAU, Jacques. "Un essai de rénovation dramatique". *Appels, Registres I*. Paris, Gallimard, 1974 (1913).

DERRIDA, Jacques. *L Écriture et la Différence*. Paris, Seuil, 1967.

DORT, Bernard. *La Représentation émancipée*. Arles, Actes Sud, 1988.

FINTER, Helga. "Disclosure(s) of Re-Presentation: Performance *hic et nunc?*". *REAL, Yearbook of Research in English and American Literature*. Narr Verlag, 1994.

GAUDIBERT, Pierre. "Conversation sur l'oeuvre d'art". *Peuples et Cultures*. Grenoble, 1982.

GILLIBERT, Jean. *Les Illusiades*. Paris, Clancier-Guénaud, 1983.

HORMIGÓN, Juan Antonio. *Trabajo dramaturgico y puesta en escena*. Publicaciones de la Asociación de directores de escena en España, 1991.

JAKOBSON, Roman. "Deux types de langage et deux types d'aphasie". *Essais de linguistique générale*. Paris, Seuil, 1963.

JAQUES-DALCROZE, Emile. *Le Rythme, la Musique et l'Éducation*. Lausanne, Foetisch Frères, 1919.

JOHNSON, Mark. *The Body in the Mind*. University of Chicago Press, 1987.

LACAN, Jacques. "L'instance de la lettre dans l'inconscient ou la raison depuis Freud", *Ecrits I*. Paris, Seuil, 1966. [Trad. bras., "A Instância da Letra no Inconsciente ou a Razão desde Freud", em *Escritos*, 4ª ed, São Paulo, Perspectiva, 1996.]

LEHMANN, Hans-Thies. "Die Inszenierung: Probleme ihrer Analyse". *Zeitschrift für Semiotik*, vol. 11, n. 1, 1989.

LYOTARD, Jean-François. "La dent, la paume". *Des dispositifs pulsionnels*. Paris, UGE, 1973.

MEIERHOLD, Vsevolod. *Écrits sur le théâtre*. Lausanne, L'Age d'homme, t. IV, 1992.

PAVIS, Patrice. "Du texte à la mise en scène: l'histoire traversée. *Kodikas/Code*, vol. VII, n. 1-2, 1984.

ROY, Irène. "Schématisation du parcours créateur au théâtre". *Protée*, vol. 21, n. 2, 1993.

TINDEMANS, Carlos. "L'analyse de la représentatlon théâtrale. Quelques réflexions méthodologiques". *Théâtre de tonjours, d'Aristote à Kalisky, Hommages à Paul Delsemme*. Éditions de l'Université de Bruxelles, 1983.

VINAVER, Michel. "La mise en Trop". *Théâtre/Public*, n. 82-83, 1988.

ZEAMI. *La Tradition secrète du Nô*. Paris. Gallimard (1960).

Índice de Noções

Este livro foi impresso na cidade de Cotia,
nas oficinas da Meta Brasil, em 2019,
para a Editora Perspectiva.